Gens de Lorraine (

CW00556536

GENS DE LORRAINE
ET BEAUX QUARTIERS

TOME 3

Gérard Colin de Verdière

Du même auteur aux éditions Le Manuscrit
Gens de Lorraine et beaux quartiers tome 1, 2011
Gens de Lorraine et beaux quartiers tome 2, 2013

Gérard Colin de Verdière

GENS DE LORRAINE ET BEAUX QUARTIERS

TOME 3

Gérard Colin de Verdière

Edition : BoD - Books on Demand
12/14 rond-point des Champs Elysées, 75008 Paris
Imprimé par Books on Demand GmbH, Norderstedt, Allemagne
ISBN : 9782322017508
Dépôt légal : Septembre 2015

I

BELLES ARDEURS, TRAVERSES DU DESTIN
(1709-1715)

Le fait du Prince.

On peut dire que Charles Henri de Vaudémont inaugure son règne dans le froid cuisant que la Nature réservait à lui et à ses contemporains. Dans la nuit des Rois, du 5 au 6 janvier 1709, un anticyclone qui vient de se former sur l'Europe du Nord, ignorant les frontières, développe brusquement ses effets tout particulièrement sur la France, la Lorraine et Commercy. En quelques heures les rivières, les étangs, les vergers, le vin dans les calices, l'eau dans les brocs, tout est gelé. Durablement, puisque le phénomène se maintient pendant plusieurs semaines. Les vergers sont ravagés. Les animaux de la campagne meurent. Et si l'on note plus d'accouchements que d'inhumations dans les registres des paroisses de la Principauté, la population n'en est pas moins atteinte par la rigueur du temps. Les évêques de Metz et de Toul se voient même contraints de faire quelque accommodement avec le ciel en autorisant l'usage de la viande les jours réputés maigres étant donné qu'on ne sait comment attraper le poisson sous la glace. Le climat agit sur les prix ; ceux du blé et du pain quadruplent. Il influence aussi les esprits ; en pleine audience il arrive que les justiciables de Commercy injurient les magistrats. Le froid intense confère rapidement à cet hiver la double réputation d'avoir été horrible et grand[1].

Le Prince de Vaudémont s'emploie à consolider sa Principauté. En septembre 1710, il concrétise avec Léopold les termes de l'échange prévu de sa part dans Fénétrange contre l'extension du territoire dont il a l'usufruit. Sampigny, son écart Sompheu et les autres villages de son comté, Vadonville, Grimaucourt, Ménil-aux-Bois et Pont-sur-Meuse sont détachés du bailliage de Saint-Mihiel, la seigneurie de Vignot, face à Commercy, est prise sur le bailliage de Nancy[2].

Pour constituer son équipe de gouvernement et d'administration le Prince s'efforce d'équilibrer subtilement les

---

[1]   Cf. M. Lachiver, *Les années de misère.* 273-286. H. Champion, *Les inondations en France*, 5.49. Dumont, *Histoire de Commercy.* 2. 246-247.

[2]   Lorraine 304. 1 et 666. 97. Traité du 22 septembre 1710. Dans un premier temps le Prince conserve l'usufruit de Fénétrange mais en 1711 il y renonce.

différentes ressources dont il dispose. De son propre domestique il tire et met en avant Charles Henri Souart dont les titres fluctuants de conseiller d'État, d'intendant, de secrétaire d'État, commandements et finances traduisent l'ampleur du domaine qui lui est affecté et pourtant oublient l'une de ses spécialités, à savoir les négociations extérieures. Charles Henri de Vaudémont apprécie également beaucoup Joseph Le Rouge qui fait pour lui depuis plus de quinze ans office de valet de chambre et de chirurgien, qui même en remplit alors le premier rôle ; il ne voit donc que des avantages à pousser son préposé vers un horizon a priori très éloigné en le nommant receveur des deniers des impositions de la Souveraineté ; du coup il le laisse libre de rechercher du côté des chirurgiens et barbiers le lieutenant susceptible d'effectuer les tâches qu'il ne pourra plus assumer. La géographie ne constitue point un obstacle ; ainsi le sieur Joseph Baudré, originaire des Pays-Bas espagnols et qui était déjà l'aumônier des Vaudémont à Bruxelles, se voit-il confier le service de la chapelle du château.

À côté de cela, le Prince puise dans le vivier des notables locaux, d'ailleurs éventuellement remarqués et élus par ses prédécesseurs. Le poste de Gouverneur est tout naturellement attribué à Nicolas-Jean de Taillefumier, seigneur de la Hayville, dont on a déjà vu la famille présente aux côtés du feu cardinal de Retz, fils de prévôt et dont le grand-père est lui-même né à Commercy. La première présidence de la Cour souveraine est assurée par Charles Durand, seigneur de Waldeck, dont le grand-père Pantaléon a été fermier de la seigneurie de Commercy et le père François receveur, maire de la ville et président des Grands Jours. Joseph Nicolas, depuis longtemps curé de Commercy et doyen rural de la rivière de Meuse, est choisi comme premier aumônier tandis qu'il est fait appel à François Christophe Villeroy comme titulaire de la chapelle de Saint-Jean-Baptiste, annexe de la collégiale, au décès de son parent Antoine Bontemps. Nicolas Martin, fils de Jacques, concierge du château, déjà greffier de la prévôté, est propulsé comme dépensier de la Cour avant de se voir remettre la charge de trésorier lorsque de fréquentes maladies viennent réduire la pleine efficacité de Nicolas Longen. L'enracinement local et ancien profite également à des titulaires de places moins éblouissantes mais tout aussi nécessaires. François-Dominique Lallemand, déjà en fonction pendant le règne des Lillebonne, est receveur général des domaines et des services, autrement dit procureur fiscal, tandis que son fils Dominique-François dont seule l'inversion des prénoms le distingue, a la survivance tout en devenant procureur syndic de l'hôtel de ville. François Lapaillotte, un bourgeois enrichi et influent de la cité, est nommé commissaire aux saisies réelles et procureur auprès de la Cour souveraine. Enfin pour coiffer les messagers porteurs de courrier, le développement des activités de la Principauté exige la nomination d'un facteur de la poste aux lettres, sorte de commis de bureau de distribution servant d'intermédiaire auprès du bureau de Void ; le poste est attribué à un représentant d'une vieille famille de Commercy, Etienne Aubry[3] ; à sa mort, un autre bourgeois, Joseph Guillaumin, lui succède qui décède lui-même trois ans plus tard mais sa veuve Marie Juste prend alors la relève ; on ne recule pas toujours devant la féminisation du service !

La Lorraine et le Barrois fournissent essentiellement des militaires et des notables de la robe. Parmi les premiers se trouve Nicolas Boucher de Morlaincourt qui, de sous-lieutenant des chevau-légers de la garde du Duc Léopold et son gentilhomme ordinaire, devient gentilhomme de la chambre des Vaudémont. Au nombre des seconds, on compte Louis Ignace de Rehez d'Issoncourt, ancien du Parlement de Metz, qui fait remonter les services de sa famille auprès des Ducs de Lorraine à un ancêtre venu

---

[3] Gilberte Laumon, *Histoire des Postes en Lorraine*. 148.

d'Autriche en 1661 et qui va prendre beaucoup d'ascendant dans la Principauté, comme conseiller d'État, puis Gouverneur après Taillefumier et comte de Sampigny, dont il prendra l'appellation. François Haizelin, conseiller puis président de la Cour, Jean-Baptiste Raillard, avocat en Parlement et prévôt, comme Pierre Heyblot, gruyer et fils de gruyer, entrent dans cette catégorie en techniciens du droit[4].

Le Conseil est un organe collectif. Il est souvent saisi par des observations ou des remontrances du Public ou d'une institution de la Principauté tendant à informer le Prince de la situation et de leurs desiderata. Les problèmes posés sont examinés et font l'objet du rapport oral d'un secrétaire d'État, Souart par exemple. Il est accordé une grande attention à la tradition proche ou lointaine et le cas échéant aux pratiques des pays voisins. En tout état de cause la décision appartient au Prince seul, mais elle est motivée, tirant le plus souvent sa justification du but visé lui-même.

---

[4] Ces nominations sont rapportées dans les volumes 624 ou 709 de la collection de Lorraine de la Bnf. La distinction entre service de la Souveraineté et domesticité du Prince est assez floue. Les gentilshommes de la chambre sont nommés en Conseil ; le responsable de la poste aux lettres fait partie de la domesticité. La confusion entre l'État et le Monarque n'est pas une exclusivité de Louis XIV.

S'il est présent, il est généralement mis en scène avec la formule stéréotypée suivante : « Nous, de l'avis des gens de notre Conseil et de notre certaine science, pleine puissance et autorité souveraine...». En cas d'absence de Vaudémont, le secrétaire d'État signataire ne manque pas de faire mention de la décision de Son altesse sérénissime, prise de son lieu de résidence.

Selon les cas le Prince s'adresse à ses très chers et féaux présidents, conseillers et gens tenant ses Cours afin qu'ils tiennent la main à ce qu'il veut qu'on fasse ou bien il destine son message à l'ensemble du Public. Il est alors bien marqué que « les présentes seront lues, publiées et affichées partout où besoin sera afin que personne n'en prétende cause d'ignorance ». Lorsqu'elles sont signées de la main du Prince, elles sont contresignées par un secrétaire d'État. La législation devient officielle quand le « scel secret » a été apposé à l'acte qui vient d'être délibéré. Le Conseil dispose d'un secrétaire-greffier. Cette fonction est assurée dès le départ par Dominique Rouyer, par ailleurs lieutenant et notaire depuis 1702 de la prévôté. Une fois que ses incommodités l'empêcheront vraiment d'y vaquer avec l'exactitude dont il a l'habitude, son fils Alexis le remplacera au Conseil en attendant de profiter de la survivance de son office de notaire[5].

L'un des principaux attributs de la souveraineté consiste, pense-t-on souvent, à battre et à fixer la valeur de sa monnaie. La marge de manœuvre est pourtant étroite. Commercy et Vaudémont ne sont pas seuls au monde. La préoccupation permanente du second est de conserver l'uniformité des rapports de change avec la Lorraine dont le Duc a lui-même le souci de s'aligner sur le puissant voisin français. Car le développement du commerce des sujets des uns avec ceux des autres en dépend strictement. La série des arrêts sur les monnaies en témoigne dans les fluctuations mêmes qu'ils traduisent. Le 24 juin 1710, sur le rapport de Souart, les pièces frappées à l'effigie de Léopold circulant jusque là sont dévaluées ; le 26 novembre de la même année on entérine le mouvement inverse comme à l'étranger. En 1714, il est procédé à trois diminutions substantielles au moins, dont une dans la précipitation en mars, qui s'appliquent même à la menue monnaie ; on retient en novembre le principe d'un change variable ; toutefois pour ne pas trop mécontenter ses sujets, peut-être troublés par tant de fébrilité, Son altesse sérénissime croit pouvoir en fixer les modalités jusqu'en juin

---

[5] Lorraine, 624. 63. Délibération du 20 juillet 1718.

suivant ; la conjoncture et le désir de coller aux mesures prises par Léopold l'obligent à réviser au bout de deux mois seulement le schéma retenu, toujours dans le sens de la baisse, avant que l'évolution ne le conduise à revaloriser les espèces en fin d'année[6].

La fiscalité est susceptible de plus de facilités régaliennes. Encore faut-il en fixer les bases avec une certaine logique. L'essentiel du produit des impositions de la Principauté est fourni comme depuis longtemps en France et en Lorraine depuis que les occupants l'ont introduite, par ce que l'on appelle la subvention. Chaque année en février ou mars le Conseil en détermine l'assiette, c'est-à-dire le montant global à recevoir, à partir des états comptables de l'année précédente, 11 661 livres en 1711 par exemple, dont un peu plus de la moitié de Commercy et ses dépendances et le reste des territoires acquis l'année précédente. Ce budget comprend les gages de la maréchaussée et ceux des gardes nouvellement créés. Assorti d'un supplément d'un sol par livre destiné à rémunérer le

---

[6] L'alignement monétaire de Léopold sur la France est évoqué par Guy Cabourdin, *Histoire de la Lorraine. Les Temps modernes*. 2. 84. Arrêts pour les monnaies de Commercy et dépendances : Lorraine, 624. 123, 142, 146, 226, 229, 236, 244, 250 et 624 bis. 9. Rappelons que la monnaie de compte varie en sens inverse des espèces.

receveur et les collecteurs, il est ensuite réparti par la Chambre des comptes sur tous les contribuables, « le fort portant le faible ». Des exemptions particulières sont accordées à des chefs de famille très nombreuse ou sinistrés[7]. Les paiements se font en deux termes égaux au début d'avril et d'octobre. Il faut aussi compter avec les besoins du Prince et de la collectivité. L'assiette est augmentée de quinze pour cent en 1713 et encore de plus de six pour cent en 1715 ; il est vrai qu'alors on y inclut la moitié du coût du logement des officiers et des gens servant dans la maison de Vaudémont, ce qui représente près du cinquième du total ; la progression effective est peut-être moindre qu'il n'y paraît[8]. Par la suite le budget est stabilisé pour quelque temps.

Le Prince se préoccupe d'améliorer le cadre de vie de sa capitale. Il s'ensuit une phase de changement voire d'embellissement de Commercy. Pour faciliter l'assistance des Vaudémont aux offices religieux, des passages à l'abri des intempéries sont ménagés entre le château et les deux églises symétriquement

---

[7] Lorraine, 624. 162 : en mai 1712 à Claude Rouyer, maître d'école de Vignot chargé de dix enfants en bas âge dont l'aîné n'a que 14 ans, ou 202 : en 1713, remise à des sujets de Saint-Aubin, victimes d'incendie.

[8] Lorraine, 624. 145, 159, 202, 252 & 624 bis. 12 et 36.

situées que sont la collégiale Saint-Nicolas et la paroissiale Saint-Pantaléon ; dans le chœur de cette dernière une tribune est dressée au bout d'un escalier comme si on avait voulu faire une loge à l'opéra. Anne Elisabeth met d'ailleurs à profit son nouveau statut pour donner libre cours à son goût pour les œuvres pies en complétant l'action de son mari. Lui-même prolonge les initiatives antérieures de Léopold et de la Princesse de Lillebonne tendant à faire venir des communautés d'hommes et de femmes en vue d'élever le niveau moral et l'instruction de la population. Des Capucins, des Ursulines et des sœurs de Saint-Charles sont successivement accueillis à Commercy. Le Prince les soutient de ses bontés et de son autorité ; les objectifs premiers sont étendus aux besoins des pauvres, des orphelins, des filles en détresse et des femmes maltraitées ; le sel est fourni à bon compte aux communautés, une taxe spécifique pour les pauvres est instituée, une partie des amendes leur est affectée[9].

La protection de Vaudémont qui procure les terrains nécessaires et l'énergie déployée par son épouse leur permettent, au terme de transactions parfois complexes, de bâtir et, avec la participation de la ville, de faire vivre au quotidien des couvents

---

[9] Lorraine, 624. 158.

confortables et spacieux comportant chapelles et jardins. À l'institution de charité du cardinal et à la vieille maladrerie qui traitait occasionnellement les souffrants, est substitué un véritable hôpital géré sous le patronage de Saint-Charles par des sœurs de ce nom. Le développement rapide de l'établissement fait souvenir ses directeurs de l'existence, à Sommières près de Saint-Aubin, d'une léproserie ne fonctionnant plus mais dont le grand archidiacre de Meaux est chapelain et touche sans contrepartie les revenus de la fondation ; avec l'accord du Duc de Lorraine et la bénédiction de l'évêque de Toul, Issoncourt se charge de persuader, par l'intermédiaire de François Sergent, le bénéficiaire de démissionner moyennant une pension plus honnête et la caution d'André Herpon, frère des chanoines et seigneur de Longchamps. Après quoi Vaudémont peut décider en Conseil et promulguer le rattachement de cette chapelle à l'hôpital et lui fournir des revenus en rapport avec sa mission[10]. Dans ce domaine, il ne reste plus au

---

[10]   AN. MC. LXXXVII. 364 (11 mai 1713, Procuration Hyacinthe Chevalier pour résigner une chapelle et création de pension, François Sergent procureur d'André Herpon). Lorraine, 574. 803 (Lettre de Sergent du 20 mai 1713) et 624. 38 (Édit de Vaudémont du 5 janvier 1714). Dumont, *Histoire de Commercy*, 3. 293-294.

Prince qu'à interdire la mendicité dans ses États.

Des impératifs plus terre à terre déterminent le sort de la boucherie de la ville jusque là installée dans une petite halle à l'opposé de la Cour entre l'église et le marché, à la gauche du château-haut. Elle est complètement saturée. En outre on craint les effets dangereux de sa situation. Car elle jouxte le cimetière et dans le quartier on s'accommode mal maintenant des mauvaises odeurs répandues par l'un ou l'autre qui peuvent à tout moment provoquer de fâcheux accidents. Dès 1708 un décret princier ordonne aux officiers de l'hôtel de ville de déplacer la boucherie auprès des murailles sur le ruisseau, à vrai dire plutôt marécageux, de la Porte-au-Rupt qui vient de Breuil. Les édiles n'obtempèrent pas immédiatement, mais l'année suivante on s'avise d'une mesure plus radicale consistant à fixer son nouvel emplacement carrément sur la rivière dont le courant alimentant les moulins est plus satisfaisant. Le boucher Etienne, dit Dragon, est chargé de la mise sur pied du nouvel établissement. Et puis on démolit l'ancienne hallotte, devenue inutile, sans prendre garde qu'il s'agissait d'une ancienne maison appartenant aux chanoines de Saint-Nicolas, transformée pour partie en boucherie et louée à la ville pour neuf gros payables à la Saint-

Martin. Les propriétaires lésés ne l'entendent pas de cette oreille. Ils réclament et obtiennent que ce cens soit aussi reporté sur le nouveau bâtiment à la charge des compagnons bouchers et qu'on leur fournisse, en l'occurrence dans la ville même, une autre place commode de même valeur où ils feront construire une nouvelle maison canoniale[11].

La grande affaire de Charles Henri de Vaudémont est évidemment celle de la modernisation de son château. Avec ses tours et ses fossés qui surplombent la rivière, en dépit des modifications réalisées autrefois par le cardinal, celui-ci offre encore un aspect diablement médiéval. Le nouveau Souverain demande tout naturellement à l'architecte qu'il connaît, Germain Boffrand, d'imaginer les transformations capables d'y apporter davantage d'élégance et tout compte fait de le rapprocher de la dignité que le Duc de Lorraine tend à donner à la demeure qu'il fait lui-même rebâtir dans son refuge de Lunéville. Toutefois Boffrand est déjà très absorbé par la mise au point des projets de Léopold et par ses tâches parisiennes, notamment par les travaux que Vaudémont lui a commandés

---

[11] Lorraine, 666. 144 (8 octobre 1708) ; 624. 155 (3 septembre 1711). Dumont, *Histoire de Commercy*, 3. 261. A. Mathieu, *Recherches sur la topographie ancienne de Commercy*, 53, 59.

pour l'hôtel de Mayenne. L'inspiration une fois donnée par l'intéressé, la mise en œuvre est confiée dans un premier temps à un autre architecte parisien, Nicolas d'Orbay, avec qui collaborent plusieurs de leurs confrères lorrains, Jean-Nicolas Jadot qui entend parfaitement les travaux de charpente et même un Bénédictin de Breuil, spécialiste de la construction, Léopold Durand[12].

On commence par les ailes dont celle qui regarde la ville est prolongée et qui font toutes deux l'objet de réaménagements intérieurs. En 1712 une nouvelle étape dont les plans sont cette fois dressés par Boffrand, est destinée à agrandir le corps central en le faisant avancer sur la cour et à y aménager vestibule, salon et salle à manger. Un autre Parisien, Edme Fourier, est chargé de l'entreprise. Il faut remanier toute la charpente et cela nécessite une grande quantité de bois, tellement importante que la forêt de Commercy risque d'en être dépeuplée, partant la valeur de la terre amoindrie. Mais on a été prévoyant. Lors des négociations entre Vaudémont et Léopold, Souart a eu instruction et a su obtenir du propriétaire les autorisations indispensables. Le Duc, en grand seigneur, permet même de faire une vente de vingt-quatre mille arbres supplémentaires dont

---

[12] *Images du Patrimoine. Commercy, op. cit.* 13.

le produit pourra couvrir une partie des frais en complément d'emprunts auprès du banquier Hogguer. Il ne reste plus qu'à faire entériner par le Conseil du Prince l'ordre au gruyer de délivrer au sieur Fourier ce qu'il lui faudra « à prendre dans les différentes contrées de la forêt et dans les taillis des trois dernières années autant que faire se pourra en jardinant et si cela ne suffit pas à prendre dans les grands bois de la forêt aux endroits les moins dommageables ». Les voituriers qui effectueront le transport devront emprunter les routes que les gardes de la gruerie leur indiqueront. Malgré ce luxe de précautions, le présentateur de la Principauté conviendra quelques dizaines d'années plus tard dans son Mémoire que l'opération aura bien dépeuplé la forêt de gros arbres, même si cela ne l'a pas privée d'arbres d'espérance et si les taillis y sont restés beaux[13].

Afin d'améliorer encore la perspective, le Prince décide de faire réaliser une large place en forme de fer à cheval d'où partira une nouvelle rue allant jusqu'à la Porte-au-Rupt. Deux bourgeois de Commercy, l'architecte Antoine Calabraise et le marchand Pierre Le Rouge, se voient déjà gagnant de

---

[13] AN. K. 1194. 2. 24, Mémoire sur la Principauté de Commercy. Lorraine, 304. 89, 90 ; 574. 800 (20 juillet 1712) & 804 (5 avril 1713).

beaux bénéfices quand ils en sollicitent et obtiennent l'attribution des travaux. Malheureusement le rôle de promoteur n'est pas de tout repos. Il faut abattre les maisons qui encombrent les abords du château et les intéressés s'aperçoivent vite que les terrains disponibles alentour ne sont pas suffisants pour qu'on puisse y construire des logements raisonnables. Seules leurs dépenses deviennent considérables et comme ils ont le sentiment de contribuer au bien public en embellissant la ville, ils demandent d'abord des ressources en nature sous forme de chênes, puis le droit de mettre en loterie une par une des maisons qu'ils font construire un peu plus loin, puis l'exclusivité de la tenue des foires et marchés sur le Fer-à-Cheval pour y attirer les acquéreurs possibles. Tous ces privilèges qui leur sont accordés en Conseil ne suffisent pas à les enrichir[14]. Quant au Prince il persiste en prolongeant la rue neuve par une grande avenue, large de soixante pieds de Roi, devant conduire jusqu'à la fontaine royale et jusqu'à la forêt au travers des jardins des bourgeois les plus notables ; cette fois ce sont Dominique Rouyer, Pantaléon Roblot, Claude Jacquinot et quelques autres qui gémissent et demandent à être indemnisés à dire d'expert[15].

---

[14] Lorraine, 624 bis. 21, 25 et 62.
[15] Lorraine, 624 bis. 14 sq & 72.

Au total, comme le remarque l'auteur du Mémoire précité, « ce château a de la grandeur et, considéré avec sa forêt, il est digne de loger un Souverain » ; mais avant d'ajouter aussitôt « qu'en général tout a été fait à la hâte parce que le Prince de Vaudémont était pressé de jouir » Peut-être est-ce là paroles de mauvaise langue, acérées par des années d'usage. Mais plusieurs autres regrettent qu'on n'ait pas tiré toute la substance des projets de Boffrand. À celui-ci Vaudémont commande en tout cas une vue d'ensemble destinée à représenter et mettre en valeur le château avec toute la perspective de la ville et de la campagne. En acceptant, l'architecte ne sait pas qu'elle va lui demander une tâche formidable, comme il n'en aura pas tant fait depuis trente ans[16].

Tous les travaux ne sont d'ailleurs pas entrepris pour la seule gloire et l'unique confort des Princes. Charles Henri de Vaudémont a un réel souci d'urbanisme et d'aménagement de son territoire. Permission est donnée à des particuliers de percer les murs des remparts et à ceux qui veulent bâtir d'y adosser leurs maisons ; les fossés sont progressivement convertis en jardins. Plus loin la rue de Breuil est exhaussée en ce qu'on

---

[16] Lorraine, 587. 35-36. Témoignage de Boffrand lui-même une fois l'œuvre achevée.

appelle bientôt une levée. Le sieur Fourier, paré du titre d'entrepreneur des bâtiments de Son altesse, est aussi chargé d'établir les devis et les « plans géométriques », de faire remettre en l'état voire d'ouvrir de nouveaux chemins et des chaussées irriguant la Principauté depuis Commercy jusqu'à Lérouville ou à Ville-Issey[17].

En matière économique, le premier mouvement de Vaudémont le porterait plutôt à laisser faire, tout juste à infléchir la tendance en conférant quelque privilège, franchise ou exemption pour une courte durée. Cependant la ruine des maisons pendant les guerres passées, le faible peuplement de sa Principauté, les difficultés de toutes sortes, encore aggravées par le grand hiver, n'ont pu lui échapper non plus que le peu d'effet de mesures trop éphémères pour y remédier durablement. Il se décide à favoriser la venue d'étrangers « bien famés » et de bonne religion. Sur simple déclaration qu'ils répondent à ces critères, ceux d'entre eux qui manifesteront l'intention de bâtir des maisons neuves ou de restaurer des masures seront immédiatement et entièrement déchargés de la taille, de la subvention, des subsides et du logement des gens de guerre et de ceux de la maison de Vaudémont et de la moitié des

---

[17] Lorr. 624. 161, 163, 167, 173, 176, 223, 242.

taxes seigneuriales tout en ayant les mêmes droits que les habitants installés. Ils auront jusqu'au choix des masures qui leur conviennent même lorsqu'elles sont « en nature de jardins ». Quant aux jeunes mariés du cru, ils jouiront d'avantages semblables sauf en ce qui concerne les rentes domaniales et seigneuriales à compter de la célébration de leur mariage pendant quatre ans voire cinq s'ils se découvrent une vocation de bâtisseurs[18]. Le Prince est donc assez éloigné de la ténacité dont sa sœur faisait preuve autrefois à l'encontre des formariés !

L'intérêt de Vaudémont pour les techniques nouvelles trouve à se manifester auprès des siens. Quand le sieur de La Garde, médecin de la Cour et de Leurs altesses sérénissimes, lui représente que les expériences qu'il a faites l'ont conduit à percer le secret de fabriquer, à partir d'une certaine racine, de l'amidon beaucoup plus beau et de meilleure qualité que celui qu'on fait à partir de grain, il l'autorise aussitôt à établir une manufacture fonctionnant selon ce procédé, avec ateliers et magasins, à laquelle il concède souverainement privilège pour vingt ans dans l'étendue de la Principauté et interdiction concomitante de la concurrence y compris par

---

[18] Lorr. 624. 205-206. Déclaration en faveur des Étrangers et nouveaux mariés du 22 mars 1713.

l'amidon de grain[19].

Le Prince encourage aussi des productions plus banales. Ainsi permet-il à tout un chacun de fabriquer de la bière. Ce sont les officiers de l'hôtel de ville qui lui font observer les abus auxquels conduit sa complaisance : de nombreux particuliers se sont mis à en façonner, vendre et transporter hors de Commercy en si grande quantité qu'ils sont amenés à faire des levées excessives de grains et qu'ils renchérissent le prix de ceux-ci au détriment des habitants les plus pauvres. Vaudémont éprouve donc le besoin d'expliquer et de justifier son initiative tout en prenant sous la pression de ces édiles une nouvelle ordonnance qui enjoint aux officiers et gens de police de fixer aux brasseurs, semaine par semaine, en fonction des besoins et des usages de la ville, le nombre de tonneaux qu'ils pourront fabriquer et transporter[20].

Ce sont également les conséquences de l'abondance du vin - désordres dans les ménages, scandales publics, querelles et, pire que tout, jurons et blasphèmes du saint nom de Dieu - qui l'amènent à interdire le jeu et la boisson chez les particuliers de même que la fréquentation par le voisinage des cabaretiers

---

[19] Lorr. 624. 51. Décision prise à Paris le 20 janvier 1715.
[20] Lorr. 624. 122. Décisions des 3 avril et 21 mai 1710.

et assimilés les jours de fête et les dimanches ou la nuit. Encore se dépêche-t-on de préciser qu'il n'est pas question d'interdire aux professionnels de donner à boire à ceux qui viennent chez eux pour affaires pourvu que ce soit hors du temps du service divin et que ce ne soit pas l'occasion de former des groupes de plus de deux personnes[21].

C'est encore la préoccupation d'une saine concurrence qui dans une année d'abondance fait produire un arrêt contre les accapareurs et rétenteurs de blé et de grain. Alors que les boulangers essuient de la part des paysans des refus de vente à prix abordable, les traités et marchés passés antérieurement sont purement et simplement cassés, interdiction leur est faite d'amasser blé ou grain jusqu'à la moisson suivante et le niveau des envois des laboureurs sur les marchés est encore une fois fixé à la semaine[22]. Même l'arrêt qui confère au curé Nicolas voix délibérative lors des adjudications de travaux et de réparations concernant son église peut être interprété dans ce sens puisque les assemblées correspondantes n'en seront pas moins menées sous l'égide de l'hôtel de ville « dans le lieu et de la manière ordinaire et

---

[21] Lorr. 624. 167. Arrêt du 17 juin 1712.
[22] Lorr. 624. 219. Arrêt du Conseil du 22 novembre 1713.

accoutumée »[23]. Dans le domaine de la police, la réquisition des charpentiers, couvreurs et maçons avec haches et outils appropriés et celle plus générale de tous les bourgeois et habitants de la ville et des faubourgs, réglementée par l'arrêt concernant les incendies, n'est prévue que par pure précaution compte tenu du risque encouru ; d'ailleurs cet arrêt veut autant prévenir que guérir : il y aura provision permanente de 50 seaux de cuir bouilli et 7 ou 8 échelles spécialisées de différente grandeur et surtout les officiers de police, accompagnés de charpentiers, seront tenus de visiter toutes les maisons particulières deux ou trois fois par an, de vérifier si les cheminées sont bien nettoyées et d'y astreindre les occupants le cas échéant[24]. Reste à savoir si une telle prévoyance s'avèrera suffisante.

Charles Henri de Vaudémont est au moins aussi disposé à manier la carotte que le bâton. Ainsi qu'on le lui fait dire, « il est très raisonnable que les Princes soient portés ... à aimer ceux qui par leurs services ont bien mérité d'eux afin que par tel exemple leurs sujets cherchent les occasions de se rendre recommandables et acquérir par leur vertu les honneurs et prérogatives qui sont dus au

---

[23] Lorr. 624. 152. 22 août 1711.
[24] Lorr. 624. 151. Arrêt du 3 août 1711.

mérite ». En application de ce principe François Dominique Lallemand et sa postérité légitime sont anoblis et Charles Henri Souart est gratifié d'une prébende de chanoine de Saint-Nicolas que ses fonctions proprement laïques ne laissaient pas augurer[25]. Cela ne change d'ailleurs rien aux commissions dont on charge ce dernier. On sait qu'il est le négociateur attitré du Prince. En 1713 par exemple, aux conférences d'Utrecht destinées à mettre un terme à la guerre, il se trouve aux côtés des délégués de Léopold ; c'est lui qui continue à Düsseldorf les discussions sans fin avec l'ancien Électeur de Brandebourg devenu Roi de Prusse, mais aussi avec les financiers de Francfort auxquels on a recours[26].

À l'égard du deuxième seigneur de Commercy, celui du château-bas, Pierre des Armoises, qui réside plus souvent à Paris que dans la région, le Prince de Vaudémont calque son comportement sur celui du Roi de France envers la plupart des Souverains d'Europe. Le plus souvent il ignore le personnage ; il ne lui demande pas son avis quand il entreprend telle ou telle opération d'urbanisme ou quand il s'agit d'aménager le droit fiscal ou la réglementation des chasses. Il faut dire que

---

[25] Lorraine, 624. 15-17 (29 avril et 1er mai 1712) et 42 (6 mai 1714).

[26] Lorr. 574. 791-793.

l'intéressé semble donner prise à la suzeraineté de fait que Vaudémont s'est octroyée. Lorsque les gens du Prince veulent saisir ses meubles pour une sombre histoire de fauchée de prés ou parce que les habitants de Lérouville dont il est aussi seigneur refusent de payer les droits d'assise qu'ils lui doivent, c'est à Son altesse sérénissime qu'il s'adresse. Plus grave encore pour lui, Vaudémont ne manque pas d'accueillir avec bienveillance les supplications de Charlotte de Romécourt, son épouse dont il est séparé depuis longtemps, devenue son ennemie intime, qui affirme avoir reçu de sa part « les traitements les plus rigoureux que la bienséance l'oblige de taire » et remet en cause les conventions de séparation qu'elle a précédemment signées ; Vaudémont autorise la dame à poursuivre ses droits et la renvoie vers sa Cour souveraine[27].

La plus sûre façon d'exister en tant que Prince consiste à se manifester en accueillant chez soi les grands de ce monde. Dans l'été de 1712, Anne Elisabeth est heureuse de recevoir sa cousine, la Grande Duchesse de Toscane, Marguerite d'Orléans. Atteinte par la maladie, celle-ci a trouvé bon de recourir aux bains de Bourbonne. À l'issue de sa cure, elle a décidé de passer par

---

[27] Lorraine, 624. 147 (Comte des Armoises, 23 mai 1711) et 259 (Madame des Armoises, 3 août 1715).

Commercy, Ligny et Bar. Partout les honneurs lui sont rendus. Mais c'est avec le chevalier de Saint-Georges que Charles Henri de Vaudémont trouve l'occasion de faire paraître sa magnificence. Sous le déguisement de cet incognito, se cache en effet un personnage de sang royal, prétendant au trône, considéré même par certains comme le Souverain légitime d'Angleterre. Malheureusement pour lui, sa sœur qui exerce le pouvoir sur place, a obtenu à Utrecht qu'il soit chassé de France. Le Duc de Lorraine lui a accordé la faculté de s'installer au château de Bar. À deux reprises, les Vaudémont non seulement l'hébergent à Commercy, mais ils y font venir pour la circonstance les Souverains lorrains et leur propre cour. Bals, repas de chasse, comédies chantées s'enchaînent ; la ménagerie est transformée en réfectoire pour pénitents affamés ; le concours de galants militaires français stationnés au voisinage de Commercy est requis afin de divertir les dames en menant une guerre de siège miniature ; la Duchesse de Lorraine a même le plaisir de rendre la liberté aux prisonniers faits lors de ces combats parfaits. La dépense est à la mesure du faste déployé : quarante mille livres, rien que pour la première saison[28].

---

[28] Calmet, 7. 242-243.

On retouche l'ouvrage pour plus de commodités.

Parmi les œuvres encore brutes de la Maison figure la descendance de Louis d'Elbeuf. L'état de sa fille, la demoiselle du Theil, qui, au début de 1711, va sur ses vingt-et-un ans, n'est pas complet puisque les formalités qui la concernent, se sont arrêtées à l'ondoiement de sa naissance. La famille ne la perd pas de vue pour autant. Elle s'avise alors de compléter le baptême et de la pourvoir de prénoms. Encore faut-il une permission des autorités religieuses, que le cardinal de Noailles s'empresse d'accorder au vu d'un certificat fourni par la Dame de la Mesangère. Le 21 janvier, avec l'onction de l'abbé de La Chétardie, curé de Saint-Sulpice, en présence de ses parrain et marraine, respectivement le duc d'Elbeuf, par ailleurs exécuteur des volontés de son père, et la duchesse douairière, la demoiselle reçoit comme il est d'usage les prénoms d'Henriette, Françoise et Louise[29].

La Maison de Lorraine a beau régulariser ainsi de temps à autre le statut de ses membres, cela n'empêche pas que la généalogie de la famille donne lieu à des controverses. À peu de distance paraissent

---

[29] BNF. FR 32593. 456 et AN. MC. VIII. 1131 déjà cités.

quatre ouvrages sur le sujet qui ont le don de susciter l'ire du Roi de France. Celui-ci estime son honneur et sa dignité bafoués par les dires de leurs auteurs. Le Parlement de Paris s'en mêle. L'avocat Joly de Fleury plaide pour le Monarque. Il croit déceler sous l'anonymat du premier la plume du curé de Longwy, Jean Mussey. Au nommé Baleicourt surtout, recensé comme responsable du second, paru à Berlin, il reproche de manifester un zèle indiscret pour cette Maison. Pensez donc ! Selon ses termes « Les guerres ou les révoltes des Ducs de Lorraine contre la France sont représentées comme des voies légitimes de recouvrer les terres que la subtilité de nos Rois avait ravi à la Lorraine » et encore « le titre de Souveraineté qu'il attribue à la Seigneurie de Commercy ... n'a jamais rien eu qui approchât de ce caractère ... Avec quelle hardiesse ne parle-t-il pas des droits du Roi sur le Barrois ». Les deux derniers ouvrages visés n'étant que l'apologie de celui attribué à Baleicourt, la Cour, faisant droit aux conclusions du Procureur général du Roi, ordonne que les quatre livres seront supprimés[30].

Mais alors, comment apprécier un Mémoire, peut-être tiré des papiers du juge d'armes D'Hozier, qui affirme que la

---

[30] Arrêt du Parlement du 17 décembre 1712, reproduit en Lorraine, 20. 107-110.

Souveraineté de Commercy « est reconnue par tous les Princes et États voisins, même par les Rois de France ... que lesdits Seigneurs souverains ne jouissent pas seulement des droits souverains réguliers comme le Duc de Bar et autrefois les évêques de Metz, Toul et Verdun et quelques autres seigneurs des frontières de Champagne mais bien de la plénitude de la puissance souveraine ne relevant d'aucun prince et ne reconnaissant personne au dessus d'eux dans ledit Commercy » ?

Nonobstant toutes ces considérations, une lettre qui a été reconnue comme étant du style du comte de Marsan, frère de Monsieur le Grand, relative aux prétentions évoquées plus haut de Charles Henri à l'égard de ses cousins, et qui accompagne ce Mémoire, livre encore une autre clé du dérangement qu'elles provoquent : « Mr de Vaudémont ni par sa duché ni encore par aucun endroit ne peut être que bâtard »[31]. Sa nièce, désormais pourvue de prénoms, pourrait aussi méditer là-dessus.

Quand ils ne règnent pas à Commercy et lorsqu'ils ne se montrent pas à la Cour de

---

[31] Clairambault, 997. 585, 591-595 (ancienne numérotation) ou 353-357 nouveaux.

Versailles[32], les Vaudémont séjournent le plus souvent à Paris, en aristocrates certes, mais comme de simples particuliers, et longtemps au milieu des travaux de modernisation de l'hôtel de Mayenne. Là, le sieur Boffrand assure la conduite de l'ouvrage sans recours à un quelconque entrepreneur général, s'entendant directement et verbalement avec chacun des ouvriers, maçons mais surtout sculpteurs, peintres, doreurs, marbriers, appelés à orner et décorer les pièces occupées par les nouveaux locataires. Charles Henri s'est fixé au rez-de-chaussée, Anne Elisabeth au premier étage. Leurs chambres ont vue sur le jardin. Une partie de leur mobilier appartient aux Princesses de Lillebonne et d'Épinoy. Manuel Baldes, valet de chambre de Madame, Jacques Perrin, contrôleur, Guillaume Renéville, chef de cuisine, les demoiselles La Gorge, le confesseur de Monsieur et quelques autres domestiques sont installés au second ; les soupentes abritent les

---

[32] Vaudémont dispose d'un logement au château. En janvier 1709 le Roi lui donne « sans qu'il le demandât » un logement » beaucoup plus beau et plus commode « que celui qui lui avait été attribué un an plus tôt dans l'aile Nord » . R. Newton, *L'espace du roi*. 353, se référant au *Journal* de Dangeau.

serviteurs subalternes[33].

Les Vaudémont n'ont pas tout à fait fini d'entendre parler de leur fils Charles Thomas ou du moins de ses créanciers. Pendant qu'il servait l'Empereur, son père, alors à Milan, lui a souvent fait passer des subsides par lettres de crédit gagées sur la promesse de lui faire parvenir dix mille écus par an. Quelquefois, en 1700 par exemple, ces écus sont bien arrivés d'un seul coup chez le fils. En d'autres circonstances, les versements ont été échelonnés et partiels. Dans la plupart des cas ce sont des banquiers et des marchands étrangers qui lui ont fourni le complément nécessaire à sa subsistance contre l'espérance qu'ils seraient remboursés quand ils le voudraient. Faute de pouvoir s'en prendre à l'intéressé, ils se retournent vers le Prince. En 1713 deux marchands viennois demandent le règlement des obligations signées par Charles douze ou quinze ans plus tôt dont ils présentent la copie. Louis d'Issoncourt en qualité d'intendant se contente de répercuter les ordres de son maître et de les inciter à se donner la peine d'attendre que la paix soit faite et que le Seigneur dispose de plus d'argent comptant.

---

[33] Cf. AN. MC. LXXXVII. 377. Inventaire après décès de la Princesse de Vaudémont.

Alors on pourra examiner leurs prétentions ![34]

Anne Elisabeth et Charles Henri doivent aussi s'occuper des religieuses de la famille. Aux Visitandines parisiennes, ils versent plus ou moins régulièrement des pensions plutôt modestes de trois cents livres par an. Elles, ne cherchent qu'à servir Dieu en toute humilité. Marie Éléonore en particulier a ajouté à ses vœux l'engagement de refuser tous les bénéfices c'est-à-dire toutes les dignités enrichissantes qu'on lui proposerait[35]. Cependant les temps sont difficiles et la situation des communautés précaire. Les Vaudémont s'appliquent à leur apporter le réconfort de leur présence et s'attirent en retour une reconnaissance infinie. À la suite d'une visite de Vaudémont, rue du Bac où elle fait partie, elle aussi, du rang ordinaire comme simple professe, sa sœur éprouve le besoin d'annoncer à la Princesse la joie la plus sensible que cette démarche vient de lui procurer : « Il faudrait que mon cœur pût parler pour vous exprimer ce qu'il a senti de respect, de vénération et de vraie tendresse pour le respectable et digne frère. Nous avons supprimé le terme de Madame peu conforme à mes sentiments et nous nous sommes trouvés disposés à entrer dans tous les vôtres.

---

[34] Lorr. 572. 624-625 et 631.

[35] Duvignacq-Glessgen, *L'ordre de la Visitation à Paris* ..., 260.

Ce sera donc dorénavant mon très cher frère et il ne tiendra pas à moi que je ne devienne une très chère sœur... Quand je verrai l'incomparable et charmante sœur, il faudra m'y préparer car la surprise serait capable de me faire mourir. Laissez-vous toucher ma chère sœur à nos tendres embrassements et ne retardez pas de venir recevoir les assurances d'un dévouement inviolable qui ne finira qu'avec ma vie... Voilà tout ce que je vous puis écrire dans un transport que je m'en vais calmer et régler aux pieds du Seigneur qui connaît le sensible qu'il a mis en moi pour vous ma chère sœur »[36]. Tout de même, l'amour ne suffit pas. Un peu plus tard Vaudémont ordonne à Sergent de porter la pension de ses belles-sœurs à quatre cents livres par an à compter de 1714, dépense à inscrire bien entendu dans les comptes que l'intendant doit lui présenter[37]. C'est d'ailleurs celui-ci qui dispose maintenant de la procuration générale des Vaudémont, chargé d'apprendre lui-même au sieur Boursault qu'on se passera désormais de ses services[38].

---

[36] Lorr. 584. 177. Lettre de Marie Françoise, dite Marie-Xavier, de Lorraine à la Princesse de Vaudémont.

[37] Lorr. 41. 294. 2 janvier 1715.

[38] AN. MC. LXXXVII. 359. La procuration qui lui est donnée le 5 février 1712, d'abord limitée à l'encaissement

Le même homme n'en reste pas moins intendant de la Princesse de Lillebonne. Il doit d'ailleurs être un rouage essentiel de l'hôtel de Mayenne puisqu'à l'occasion l'hôtesse ne recule pas devant l'idée de servir de prête-nom de son officier, en constituant elle-même des rentes que par contre-lettre elle déclare appartenir dans les faits audit François Sergent[39].

Il est vrai que les Vaudémont et la Princesse de Lillebonne restent toujours aussi proches. C'est ainsi qu'Anne Elisabeth, en présence de son mari, « pour la sincère amitié que SAS porte à Madame de Lillebonne et pour toutes les marques qu'elle a reçues de la sienne et en considération de la parfaite union qui a toujours été entre les deux familles », fait donation entre vifs de la nue-propriété de la rente qui lui a été allouée pour le douaire préfix de sa mère, avec engagement qu'elle prend d'en faire le remploi dans l'éventualité d'un remboursement de cette rente avant le

---

des revenus et à la gestion courante, est étendue le 26 février 1714 au pouvoir d'obliger leurs altesses.

[39] AN. MC. LXXXVII. 370. Constitution du 16 avril 1714 de 221 livres de rente annuelle sur les aides et gabelles moyennant 5 525 livres de principal au denier 25, capital provenant d'un remboursement de rentes au denier 20 constituées sous son nom et pour lesquelles elle avait déjà fait le même type de déclaration.

décès de la donatrice ; il s'agit là de la transmission d'un capital convenable de 200 000 livres[40].

Un autre exemple permet d'illustrer la façon dont les deux belles-sœurs en viennent à s'épauler mutuellement. En 1702 la Princesse Anne s'est reconnue débitrice de 7 200 livres envers Daniel Royer, son intendant à éclipse, et pour cela elle s'est engagée à lui verser une rente annuelle. Ce personnage est celui dont Souart nous a signalé la disparition en 1708 dans des conditions suspectes. C'est qu'il était aussi conseiller du Roi, nommé, par les commissaires qui ont organisé la direction des créanciers d'Elbeuf, l'un des receveurs généraux des revenus des terres séquestrées de la maison. Cette fonction l'obligeait naturellement à déposer les fonds qu'il recueillait chez Pierre Caillet, notaire centralisateur de la direction, ou au Trésor royal. Or au moment de rendre ses comptes en 1707, Royer s'est révélé débiteur de 77 300 livres sans avoir à portée de main les espèces correspondantes.

Pendant plusieurs mois l'intéressé paraît avoir cherché à gagner du temps, fournissant des explications embrouillées et mettant même en cause le Prince de

---

[40] AN. MC. LXXXVII. 351. Donation du 17 novembre 1709.

Vaudémont, comme on l'a vu, jusqu'au jour de sa fuite. On n'a pas su s'il avait dissipé ou caché les deniers qu'il devait. Et voilà les directeurs informant contre lui, publiant monitoire pour que chacun révèle ce qu'il sait de ses agissements, faisant apposer à son domicile les scellés sur ses effets et entamant des poursuites au criminel. À la levée des scellés, le conseiller au Parlement Ferrand, chargé du procès-verbal, ne peut que constater que les créances additionnées du fuyard parmi lesquelles figure l'obligation contractée autrefois par la Princesse de Lillebonne, ne couvrent que le tiers de la dette. Henriette Hannus, son épouse, pour sauver l'honneur, propose de contribuer au règlement du gros du sinistre en abandonnant des rentes sur l'hôtel de ville qu'elle possède personnellement, ce que faute de mieux les directeurs ne peuvent qu'accepter. C'est comme cela qu'en septembre les créanciers d'Elbeuf deviennent propriétaires par transaction avec Madame Royer et son mari, retrouvé entre temps, des rentes en question, de créances sur divers particuliers plus ou moins illustres et de la rente consentie par la Princesse de Lillebonne. Cependant comme ils sont eux mêmes débiteurs des arrérages des 10 000 livres de rente du douaire de la princesse de Vaudémont, les deux parties ne voient qu'avantage à se servir de l'une pour payer les autres, à condition toutefois que la créance sur Anne de Lillebonne leur soit garantie. Après un peu plus de deux ans de tergiversations supplémentaires et une fois que la princesse d'Épinoy a bien voulu se dévouer en se portant caution de sa mère et de sa tante, la Direction d'Elbeuf cède à Anne Elisabeth ce que sa belle-sœur lui doit, dette bientôt honorée par cette dernière. La boucle est bouclée[41].

Un domaine où tout n'est pas réglé, c'est celui de la succession de Guise bien que les héritiers ne fassent plus de difficultés aux légataires depuis longtemps et quoique Beatrix et Elisabeth de Lillebonne aient quitté l'union des seconds quand elles ont cédé leur droit au duc d'Orléans. Car les Lillebonne sont concernés par Joyeuse dont ils ont la jouissance. Ce duché fait partie des actifs légués par Mademoiselle de Guise qui, au milieu de ses distributions, a forcément laissé des dettes que l'on a estimé représenter globalement trente-sept pour cent des terres laissées. Les donataires en espèces ou en rentes que sont Philippe d'Orléans, neveu du Roi, héritier à partir de 1701 de son père, et le cardinal de Noailles, représentant de l'Hôtel-Dieu et des communautés de son diocèse

---

[41] Ce schéma est exposé dans les minutes des études LXXV. 524 et LXXXVII. 356 (6 mai 1711).

parisien, ont tout intérêt à ce que les autres bénéficiaires d'actifs prennent leur part de passif. La chose est plus difficile à éclaircir qu'il n'y paraît. D'abord parce qu'il faut savoir quel droit il convient d'appliquer, celui de la coutume de Paris où vivait la duchesse défunte ou celles des lieux où sont situées les terres léguées. Ces dernières ignorent les dettes pour des legs mentionnés de façon très précise qu'on appelle pour cela des « corps certains ». L'argument a été utilisé en particulier par le comte d'Armagnac et sa descendance. Il a été débouté sur ce point et d'ailleurs il a lui-même rejoint les légataires unis dont la charte a précisément retenu le parallélisme entre doit et avoir. Mais les offres qu'il a faites alors n'ont pas été concrétisées. De plus si les dettes ont pu être recensées de manière à peu près exhaustive, la valeur des seigneuries en cause avec leur cortège de privilèges et d'obligations demeure sujette à contestations.

Le cas de Joyeuse est particulièrement complexe. Les Lillebonne n'en ont pas toujours profité. À l'heure présente la mère et ses filles s'en partagent le bénéfice de concert parce qu'elles s'entendent bien, mais à quel titre ? On se rappelle que c'est Charles de Commercy qui en avait été légataire, mais que le Roi avait procédé à une confiscation avant de donner le bien au prince Paul, tout en laissant le soin de la gestion au jour le jour à leur père. Or ces trois-là ne sont plus. De la donation ou de la confiscation, laquelle doit l'emporter dans ses effets ? Le cardinal de Noailles, ne considérant que la chronologie apparente, poursuit Anne de Lillebonne parce qu'il a vu Paul dans la place après Commercy et qu'il la croit héritière du premier. La Princesse a beau jeu de lui opposer que Paul est décédé sans biens, que c'est son frère qui en a été l'héritier avant de succomber à son tour alors que son absence continue du Royaume ne lui avait pas encore permis de se faire délivrer son legs. C'est seulement de ce dernier qu'elle-même est héritière. Quant à Béatrix, elle touche des revenus de Joyeuse à la suite de Paul et de son père par le contrecoup de la confiscation de la terre et par la volonté du Roi[42].

Anne de Lillebonne considère aussi que l'estimation qui en a été faite à 160 000 livres est excessive pour un duché où il a fallu indemniser des officiers de la ville de Nîmes, abandonner une partie de l'exercice de la justice, supprimer des droits de banalité, payer des religieux officiants et des maîtresses d'école, tout cela en vertu d'engagements pris par les ducs avant le décès de Mademoiselle de Guise et qui selon elle devraient entrer dans

---

[42] BNF. FR. 7660 (Bienfaits du Roi). 132 (mars 1694).

les comptes des héritiers et non dans ceux des légataires.

Près d'un quart de siècle après le décès de celle qui est la cause, sans doute involontaire, de tous ces différends, chacun est conscient qu'il convient d'interrompre la chaîne des procès et d'en terminer une bonne fois pour toutes. La Princesse et Béatrix finissent par admettre qu'elles doivent contribuer aux dettes et payer toutes les charges du duché quel qu'en soit le fondement. Elles consentent qu'on oublie les périodes où, du fait des confiscations, le trésorier de la succession a utilisé au profit des légataires unis des revenus provenant de cette Seigneurie, qu'il touchait directement. Cela étant, le cardinal de Noailles et Philippe d'Orléans se satisfont d'une participation réduite de plus de moitié par rapport à leurs demandes initiales, à vingt-sept mille livres, versées immédiatement par la Princesse, mais dont l'essentiel a été emprunté solidairement avec sa fille Elisabeth[43]. Cette transaction ouvre la voie à une autre pour les terres de Lambesc et d'Orgon intéressant la branche Armagnac. C'est chose faite au début de 1713, après l'avis favorable de tout ce côté de la

---

[43]   AN. R/4/1060. Transaction du 7 septembre 1711, ratifiée par les héritières le 11 janvier 1712 et homologuée par le Parlement le 9 novembre suivant.

famille, duc d'Elbeuf compris. Le montant des dettes alors retenu tient compte des pertes intervenues sur la jouissance des terres concernées[44].

Il ne tient pas moins au cœur de la Princesse de Lillebonne d'arriver à liquider ses droits sur la succession du Prince son mari. Celle-ci est entre les mains du curateur Pierre Suyreau. Anne de Lillebonne dispose de deux atouts : ses créances, faites du solde non réglé de sa dot, du douaire qui lui a aussi été promis par son contrat de mariage, d'un supplément fixé par la sentence de séparation de 1676, de son droit d'habitation, des sommes qu'elle a avancées à son époux pendant le mariage, sont immenses ; de plus elles sont antérieures à peu près à toutes les autres. Dans tous les cas la princesse prime sur le commun des créanciers, même si elle a pu recevoir le produit des adjudications de meubles auxquelles il a été procédé à Villemareuil et à Paris et s'il faut également tenir compte de la jouissance qu'elle a des immeubles. Le décompte qu'elle a fait montre, d'après elle, que ses droits, y compris les intérêts de retard, représentent environ trois fois les actifs. Il lui semble que, pas plus qu'elle, les créanciers n'ont intérêt au statu quo et qu'il faut à tout prix éviter l'intervention de

---

[44] Même source. Avis du 6 août 1712. Transaction du 14 janvier 1713.

la justice, génératrice de très gros frais. Elle somme donc le sieur Suyreau de lui faire adjuger les biens du défunt. Le curateur énonce encore diverses objections aux calculs de son interlocutrice. Pourtant la plus grande partie d'entre eux reposent sur le contenu de sentences rendues en faveur de la princesse. En tout état de cause Suyreau admet qu'elle est créancière d'une fois plus que la valeur des biens. Lui, ne voulant pas faire de mauvaises contestations ni l'empêcher de se les faire adjuger, tout en continuant d'en jouir, à la charge d'acquitter les dettes, elle, rabattant quelque peu de ses prétentions, en particulier sur la responsabilité du coût quotidien du foyer conjugal dans le passé, les deux parties parviennent à signer le 15 octobre 1714, en l'hôtel de Mayenne, un accord définitif. Pierre Suyreau consent qu'Anne de Lorraine soit adjudicataire de la terre de Gevry et de Tavaux pour vingt mille livres et du surplus pour 460 000 livres quand bon lui semblera, à la charge de deux rentes privilégiées sur celles de Villemareuil et de Vaucourtois, sauf aux créanciers du deuxième duc d'Elbeuf et de la Maison à recourir à la justice s'ils y tiennent. En attendant la réalisation effective de ces adjudications, elle pourra jouir de tous ces biens sans être inquiétée[45].

---

[45] AN. MC.LXXXVII. 377.

En fait les choses ne se passent pas tout à fait comme cela. Car, en renonçant à la succession de leur père, Béatrix et Elisabeth n'en sont pas moins restées créancières du fond qui devait garantir le versement du douaire de leur mère, fond représenté par les terres briardes de François de Lillebonne, dont sa veuve touche donc les revenus. Avant même d'obtenir ces promesses d'adjudication la mère et ses filles ont jugé qu'il serait préférable de réunir la jouissance et la propriété de Villemareuil, de Vaucourtois et de Saint-Jean-les-Deux-Jumeaux. Elles ont donc convenu que la princesse échangerait avec Elisabeth les revenus de ces terres contre une allocation de 4 500 livres par an et la prise en charge de tous les impôts et des réparations nécessaires sans pour autant qu'aucune des trois dames n'abandonne ses droits respectifs[46].

Quant au duché de Joyeuse, la Princesse de Lillebonne en ce qui le concerne tourne bientôt ses yeux vers le fils d'Elisabeth d'Épinoy, Louis de Melun. La famille a prévu de lui faire embrasser la carrière des armes. Le comte du Bourg, directeur général de la cavalerie et des dragons, Gouverneur de Belfort, commandant en Alsace, sur la Sarre et

---

[46] AN. MC. LXXXVII. 363. Abandonnement du 5 janvier 1713.

la Moselle, est disposé à vendre le régiment
Royal Cavalerie qu'il possède. Le cardinal de
Rohan, évêque de Strasbourg, résidant le plus
souvent dans son hôtel du Marais, oncle du
prince d'Épinoy, est prié par les parents, les
amis et la mère même de l'intéressé, encore
mineur, de s'entendre avec le propriétaire pour
l'acquisition de cette unité. Un traité est
conclu à Strasbourg en novembre 1712. Pour
le prix de 107 000 livres dont 30 000 à verser
rapidement et le reste sur quatre ans, le jeune
prince se voit pourvu de la qualité de mestre
de camp[47]. Ses parents paternels et maternels
parmi lesquels Charles Henri de Vaudémont,
réunis en assemblée ad hoc, sont alors d'avis
qu'il est tout à fait capable de soutenir
désormais la dignité d'un duc et pair que le
Roi a décidé de lui accorder, bien qu'il n'ait
pas encore atteint l'âge en principe requis.
Anne de Lillebonne lui fait aussitôt donation
de la nue-propriété de Joyeuse et de ses
dépendances avec quelques conditions
particulières : cette Seigneurie ne devra se
transmettre par primogéniture que de mâle en
mâle ; à défaut de postérité du donataire, elle
ira au prince Charles de Lorraine, fils puîné du
comte d'Armagnac, à ses enfants dans le
même ordre et si lui-même meurt sans

---

[47] AN. MC. LXXXIX. 243. Traité du 3 novembre 1712,
déposé le 18 février suivant en l'étude de Le Chanteur.

descendance, on se rabattra sur la sœur du donataire, Adélaïde ; en outre Béatrix de Lillebonne profitera de l'usufruit dudit duché au décès de la donatrice. Toujours est-il que la transmission ainsi faite de cette terre, à nouveau érigée en duché, permet au jeune prince d'Épinoy de devenir le onzième duc de Joyeuse et d'être reçu pair de France au Parlement en même temps que son beau-frère et cousin Hercule Mériadec de Rohan, en présence de plus d'une vingtaine de ses anciens[48].

Des préoccupations du même ordre animent le comte d'Armagnac. Henri de Brionne, son fils aîné, pour lequel il a peu de considération, est sujet à toute une série d'attaques d'apoplexie de plus en plus fréquentes, de plus en plus inquiétantes et dont il finit par mourir en avril 1712. Monsieur le Grand a déjà saisi en 1709 l'occasion du mariage de son fils Louis pour faire passer à ce dernier les terres de Lambesc et d'Orgon par dessus la tête du comte de Brionne. Mais celui-ci ayant la survivance du Gouvernement d'Anjou et de la charge de Grand Ecuyer, se voit forcé par son père de

---

[48] AN. T. 1503. 1 (Assemblée de parents du 7 novembre 1714) ; MC. LXXXVII. 377 (Donation du surlendemain 9 novembre). Réception du 18 décembre 1714. Ch. Levantal, *Ducs et Pairs ...op.cit.* 665.

démissionner avant de trépasser. Dans les deux mois qui précèdent cet évènement, avec l'accord du Roi, la première fonction est aussi transmise au petit-fils. Le prince Charles, par ailleurs maréchal des Camps et Armées du Roi succède à son père et reçoit la survivance de son frère aîné, l'un et l'autre démissionnaires conjointement. Il faut dire qu'il s'agit d'une charge importante puisqu'elle donne, au moins en théorie, le droit de commander à la Grande et à la Petite Ecurie et aux haras en dépendant ; elle est devenue depuis quelques lustres une chasse gardée que cette branche des Lorrains ne voudrait pour rien au monde laisser échapper. Le prince Charles se dépêche de prêter le serment qui la conditionne[49].

Par contre Vaudémont cherche à se débarrasser de la terre de Wavre. En 1715, il trouve un acquéreur en la personne de François Ansillion, un marchand et ancien bourgmestre de Bruxelles. Ce personnage est soucieux de prestige. Il veut passer pour quelqu'un capable de payer cher. À sa demande le prix en est affiché à 70 000 florins de Brabant correspondant à 97 672 livres de France dont il règle le tiers environ comptant, un peu plus du cinquième étant retenu pour solder diverses dettes du domaine tandis que

---

[49] O/1/856. Provisions du 6 mars 1712 ; serment du 14 mars. Saint-Simon, *Mémoires*, IV. 476 ; V. 683.

les titres de propriété lui sont remis comme il est d'usage. Mais ce n'est là qu'un prix artificiellement forcé de onze pour cent ; la transaction ne se révèle pas très heureuse ; les échéances ultérieures sont mal respectées, ce qui donne lieu à procès[50].

Françoise Gaillard s'emploie dans le même temps à parfaire la transmission à la filiation naturelle de ce que les créanciers ont laissé au duc Henri sur les bénéfices dont il a été gratifié par le Roi de France à la fin de septembre 1705. La demoiselle a quitté la rue du Sépulcre et la paroisse Saint-Sulpice pour la rue du Jardinet et la paroisse Saint-Côme près des Cordeliers. Ses enfants, Routot et Grosley, sont hébergés à proximité, rue de Sèvres, dans la demeure du sieur Lejeune ; ils restent surveillés par leur père via son secrétaire, Claude Noël. Dix ans après qu'elle a reçu les premiers ricochets de ce brevet royal, Françoise Gaillard s'avise de céder à chacun de leurs enfants communs la nue-propriété d'un quart du principal de la rente de trois mille livres que le duc lui a consentie. Cette donation est conditionnelle parce que la donatrice a encore quelques principes ; il est entendu qu'elle n'aura pas d'effet si, au jour de

---

[50] Lorraine, 572. 622 et 729. 79. Vente du 18 mai 1715 à Paris, suivie d'une contre-lettre. Remise des titres le 2 juillet 1715

son décès, il se trouve qu'elle a des enfants légitimes. En cas de disparition prématurée de l'un des donataires sans enfant, le survivant héritera de la part de son frère. Claude Noël, pour la circonstance, est nommé tuteur de Routot et de Grosley[51].

Le duché, lui, reste sous l'œil professionnel des directeurs parisiens de la Maison d'Elbeuf. Cela n'empêche pas le renouvellement par intervalle de son administration. Dès 1712, un nouveau bail est passé pour la période 1714-1722. Jean-Pierre Blanchard, bourgeois de Paris comme ses prédécesseurs, obtient le fermage. Un teinturier de la paroisse Saint-Etienne d'Elbeuf, Alexandre Martorey, qui fait aussi commerce de bois de construction, est sa caution locale. De toute façon, les créanciers rappellent à qui veut les entendre qu'en cas de défaillance du fermier, il leur est toujours possible de remettre la ferme en folle enchère pour se payer de leur dû. Le revenu net, déterminé un ou deux ans après chaque exercice, est partagé entre Henri et les Vaudémont dans la proportion d'environ deux tiers/un tiers, par référence à l'arrêt de 1691. C'est aussi ce que le prévôt des marchands de

---

[51] AN. MC. LXXXVII. 376. Donation du 20 septembre 1714 ; nomination du tuteur du 16 janvier 1715 ; avis des amis homologué à l'effet d'acceptation le 9 février 1715.

Paris tient à faire savoir[52].

Mars et Cupidon poussent Emmanuel d'Elbeuf sur les traces d'Hercule.

Durant cette période les troupes autrichiennes continuent à occuper le Royaume de Naples. Emmanuel d'Elbeuf qui en fait partie, sert en tant qu'officier supérieur dans la cavalerie locale. Ni la mort du vice-roi, le cardinal Grimani, chef du parti autrichien, remplacé par le comte Borromée, ni l'accession à la couronne impériale en avril 1711, au décès de son frère Joseph Ier, de l'archiduc Charles, rival de Philippe V, n'interrompent la guerre avec l'Espagne. Le Royaume de Naples n'est pourtant pas à ce moment là un champ de bataille. Les militaires autrichiens sont présents tout juste pour éviter les attroupements d'une masse de petites gens que l'abondance du pain n'empêche pas toujours de se mutiner[53] et aussi pour leur

---

[52] Lorraine, 41. 157, copie du bail passé devant Rémy et Boisseau, notaires à Paris le 22 août 1712, et 568. 13 et 21, comptes rendus par Jean Delarue à François Sergent et au Prince de Vaudémont, respectivement pour 1710 et pour les années 1712 et 1713.

[53] Laura Mascoli, *Le " voyage de Naples " (1719) de Ferdinand Delamonce*, 80.

offrir le spectacle complémentaire de leurs parades. Le prince Emmanuel habite un très beau palais de la capitale. Il peut profiter de tous les agréments d'une grande ville moderne et vivante. Les spectacles de théâtre et les fêtes qui s'y multiplient sont du goût de notre fringant guerrier. A plus de trente trois ans celui-ci est toujours célibataire. Peut-être plus pour longtemps. Car on a pensé à l'unir à la seule fille, Marie Thérèse, d'André Strambone, duc de Salza. L'idée de ce mariage a germé dans la tête de Tibère Carafa, prince de Chiusano, seigneur du Royaume, dont une sœur est alliée aux Stramboni. Tibère et son frère, prieur de Bari, s'entremettent pour les accordailles.

Leur choix n'a en soi rien de très extraordinaire puisqu'on recense dans ce coin d'Italie deux cent soixante quinze princes et ducs, pas toujours riches, pas toujours anciens[54], mais « accessibles chez eux aux étrangers »[55]. La maison de Salza, elle, a commencé à pointer à la fin du quinzième siècle. On pourrait s'attendre à une certaine réserve de sa part. Car l'aïeul de la demoiselle, un fidèle de Philippe IV, a été tué à Ariano dont il était Gouverneur, d'un coup d'arquebuse tiré par un partisan du duc Henri

---

[54] Harold Acton, *Les Bourbons de Naples*, 16.
[55] Président de Brosses, *Lettres d'Italie*, 1. 328.

de Guise[56] ; celui-ci avait pris fait et cause pour les Napolitains révoltés contre l'Espagne[57] ; aux yeux des hispanophiles il n'avait été en somme qu'un vulgaire envahisseur, une soixantaine d'années plus tôt il est vrai. Par ailleurs Emmanuel d'Elbeuf a exprimé le désir d'avoir quelque conférence avec sa future, ne serait-ce que pour faire sa connaissance. Mais on lui a répondu que ce n'était pas la coutume du pays. Le prince Emmanuel est peu satisfait de la raison avancée[58].

Toutefois l'essentiel des résistances qu'il rencontre ne vient pas de là. Plus curieusement les objections sont le fait de la Cour de Vienne. Celle-ci voit dans la future la représentante non pas d'une famille qui a témoigné autrefois sa fidélité aux Habsbourg, mais plutôt d'une population que globalement on sait peu sûre. Le prince d'Elbeuf est donc incité à la prudence.

Cela ne l'empêche pas de vouloir prendre ses quartiers d'été à la campagne où les chaleurs sont plus supportables qu'en ville. Son habitude est de passer cette période de l'année non loin de Naples, à Portici, à l'Est sur la baie et au pied du Vésuve. L'endroit est

---

[56] Erasmo Ricca, *La Nobilta del Regne delle Due Sicilie*, IV. 83.
[57] Poull, , 428.
[58] Lorraine, 959. 11.

assez sec ; les vergers, le tapis de verdure formé par les vignobles et les jardins lui confèrent pourtant un caractère riant et y permettent un séjour agréable. Emmanuel y occupe le palais d'un autre prince, toujours prêt à mettre ses propriétés à la disposition du public aristocratique, celui de Santo-Buono[59]. Il rend souvent visite à des Franciscains Alcantarins d'un couvent proche avec qui il s'entend bien. Puisqu'il a le projet de s'établir, le mieux est d'acquérir un bout de terrain au bord de la mer sur lequel faire édifier une plaisante résidence. Les moines lui cèdent ce qu'il lui faut.

Il ne reste plus qu'à trouver architecte et matériaux. Pour le premier un artisan qui connaît la France fera l'affaire. Quant aux matériaux, on n'en manque pas sur place. Encore convient-il d'enduire la pierre volcanique qu'on y trouve afin de l'éclaircir et de lui donner un aspect convenable. Un marbrier des environs, fournisseur d'ornements assez ordinaires de jardins, dispose justement d'une sorte de poudre de marbre ; mélangée à la pierre, elle forme un ciment à la fois dur et d'une belle couleur jaune. En poussant plus loin le prince Emmanuel apprend que le marbrier lui-même tient ce produit original d'un paysan du bourg

---

[59] Gérard Labrot, *Etudes napolitaines*, 154.

voisin de Resina, propriétaire d'un puits un peu plus profond que ceux d'alentour. Ce puits ne contient guère de quoi irriguer son verger, mais bizarrement au fond on y trouve de l'albâtre et du marbre qui servent à fabriquer la fameuse poudre. Le paysan en a même sorti des morceaux plus conséquents ayant tout l'air de débris de colonnes antiques qu'il a aussi livrés au marbrier et celui-ci en possède encore quelques éléments.

Emmanuel et son architecte sont excités. Ils pensent que le puits en question doit cacher un bâtiment enfoui. Le prince achète le champ du paysan et à partir du puits, à douze ou treize toises de profondeur, il y fait creuser des galeries. Il n'est besoin que de peu de jours pour qu'on y trouve une statue d'Hercule, des colonnes d'albâtre, des inscriptions énigmatiques concernant un certain Appius Pulcher, aussitôt assimilé à un personnage du même nom, jadis correspondant de Cicéron et comme lui proconsul en Cilicie. Il n'en faut pas plus pour que le nouveau possesseur se dise qu'il a mis la main sur le temple d'Hercule dont on se souvient tout à coup qu'il a disparu avec toute une ville à l'époque romaine durant le règne de l'Empereur Titus dans la catastrophe que Pline le jeune a jadis racontée. Ceci paraît d'autant plus sûr qu'on extrait encore du même site trois nouvelles statues qui ne peuvent être, croit-on, que celles de vestales qui desservaient le temple en question.

Le prince Emmanuel poursuit les travaux sans dire le fond de sa pensée. Toutefois puisqu'il dispose déjà de chefs d'œuvre, il conçoit le projet de s'en servir en les offrant à son parent, le prince Eugène qu'il tient pour bien en Cour à Vienne et qui, pense-t-il, pourrait peut-être lui faire accorder quelque pension bien venue pour maintenir son train de vie plutôt fastueux. La finesse du visage, le drapé des robes des prêtresses en font sans conteste des œuvres d'art. Elles ont tout de même besoin de restauration dans les détails: visage, mains, orteils, parties de vêtements. À Rome les sculpteurs restaurateurs sont nombreux, mais cette cité offre l'inconvénient d'avoir réglementé l'exportation des œuvres antiques. Le mieux est de les y envoyer et après qu'elles y auront fait leur cure, de les en faire partir en catimini, sans déclaration officielle, par le train des équipages jusqu'à Ancône et ensuite par bateau jusqu'à Trieste d'où elles gagneront Vienne.

Entre deux campagnes militaires le prince Eugène y préside le Conseil Aulique de Guerre. Sa demeure est au château du Belvédère. Il est ébloui à la réception des précieuses statues. Reconnaissant envers le prince Emmanuel pour ce cadeau, il les met en valeur dans sa propriété en leur affectant une pièce qu'il fait spécialement construire à cet effet. Bien qu'en contrepartie de ce présent il ne reçoive aucun subside de Vienne, le prince d'Elbeuf continue à fouiller à partir de son puits, sans plan bien établi. Dans les galeries qu'on y fore, on y trouve encore d'autres objets et fragments d'édifices. Le prince pense toujours qu'il s'agit d'un temple, alors que c'est en fait un théâtre.

Malgré le silence imposé par l'inventeur, la nouvelle de ces découvertes se répand. Le *Giornale De' Letterati d'Italia* de 1711, publié à Venise sous le patronage du Prince de Toscane en fait état de façon détaillée[60]. A Rome le bibliothécaire du Pape apprend, mais trop tard, le passage des statues et manifeste sa mauvaise humeur.

Le prince n'oublie pas pourtant qu'il lui faut aussi édifier sa maison, ce qui lui demande encore deux ans. L'année 1713 voit le retour à Naples du comte de Daun, toujours guerrier malgré le traité d'Utrecht qui ne met pas fin aux hostilités de l'Autriche et de l'Espagne. Le 25 octobre le contrat de mariage d'Emmanuel Maurice et de Marie Thérèse Strambone est enfin signé[61] ; la demoiselle est

---

[60] *Giornale De' Letterati d'Italia.* Tomo quinto, année MDCCXI, 399 sq.

[61] Anselme, *op.cit.*, 3. 494.

dotée de 35 000 ducats dont quinze comptant et l'intérêt du reste jusqu'au parfait paiement[62]. Le prince se constitue une domesticité ; il recrute en particulier à cette occasion un maître d'hôtel efficace en la personne de Jean Antoine Hoppen, appelé à le servir en toutes circonstances[63]. Le couple peut savourer sa lune de miel à Portici au milieu des curiosités antiques de ce qu'on n'appelle pas encore Herculanum[64]. En y dînant un jour avec quelques amis il y

---

[62] Lorr. 959. 11 ; chiffres avancés dans la correspondance déjà citée du Prince de Vaudémont.

[63] AD. MM. B 151. 140-141. Cf. Lettres de noblesse du 28 janvier 1721.

[64] Le récit de l'intervention du prince d'Elbeuf figure dans Egon Corti, *Vie, mort et résurrection d'Herculanum et de Pompéi,* 101 sq. Cf. aussi Président de Brosses, *Lettres d'Italie,* I. 360 sq. et 388 sq. et Johann J. Winckelmann, *Recueil de lettres sur les découvertes faites à Herculanum, à Pompéi, à Stabia, à Caserte et à Rome,* 24 et sur les " vestales ", *Réflexions sur l'imitation des œuvres grecques en peinture et en sculpture,* 30 et 61. Comme bien souvent la date des premières découvertes du prince a donné lieu à des assertions contradictoires. L'historien spécialiste de l'Art antique Winckelmann les fait remonter à 1706 ; beaucoup de dictionnaires et de guides à 1709. Mais Emmanuel d'Elbeuf n'était pas alors installé comme militaire de haut rang à Naples et pas encore fiancé. En sens inverse d'autres ne les voient qu'en 1720, trop tard par rapport aux évènements que nous relaterons. L'année 1711 est l'époque la plus plausible, citée notamment par Charles de Brosses, Acton et Corti que nous suivons sur ce point.

improvise même des vers latins à la gloire du génie de cet endroit et des nymphes hospitalières de ce délicieux rivage qui l'incitent à souhaiter y vivre heureux et tranquille et d'y goûter le plaisir entre amis avant d'inviter les esprits chagrins à s'éloigner[65].

Le traité négocié par Eugène de Savoie et le maréchal duc de Villars, signé à Rastadt en mars 1714, confirme l'affectation du Royaume de Naples aux Autrichiens déjà prévue à Utrecht. Il n'interrompt les hostilités que pour peu de temps. Mais les armes et le comte de Daun se portent cette fois-ci en Sicile[66]. Le prince d'Elbeuf peut continuer son existence dorée à Naples, entrecoupée de plusieurs séjours à Vienne.

Un mal répand la terreur à Commercy.

À Commercy l'état de santé du bétail est généralement bon. Cela tient au fait que l'élevage s'y fait sur place, les animaux paissant sur les bans d'alentour. Pourtant vers la fin de 1712 la nouvelle atteint la ville qu'un mal contagieux se répand dans les troupeaux de bêtes rouges des pays voisins de la

---

[65] H. Saint-Denis, *op.cit.*, 5. 208.
[66] Vittorio Glejeses, *La storia di Napoli*, 2. 482.

Principauté. Pour en éviter les inconvénients leurs propriétaires cherchent à s'en débarrasser avant que les signes de la maladie soient trop visibles. D'où un afflux d'offre et la baisse des prix à la production, conséquence inéluctable d'un tel cycle économique ; baisse qui touche par contrecoup les éleveurs de Commercy même.

Dans un premier temps les bouchers qui ont ainsi la possibilité d'acheter à bon compte la denrée qu'ils livrent aux consommateurs, se frottent les mains sans voir plus loin. Dans un deuxième temps les habitants et surtout les pouvoirs publics s'inquiètent. L'on a entendu dire que des personnes ayant mangé de cette viande, d'ailleurs souvent mal conditionnée, ont été, à leur tour, infectées.

Alors que l'épizootie sévit depuis près d'un an, la Princesse de Vaudémont qui assure l'intérim de son époux en voyage, se décide à signer[67] un arrêt comportant des mesures prophylactiques. Toute bête qui meurt de la maladie, doit être aussitôt enfouie avec sa peau dans un trou couvert ensuite de trois pieds de terre. Il est fait en effet défense de dépouiller l'animal atteint, et aux tanneurs d'en acheter la peau sous peine de cent francs d'amende. Quant aux propriétaires et aux bouchers, il

---

[67] Le 19 octobre 1713. Lorraine, 624. 225.

leur est interdit de tuer ou de distribuer, même secrètement, au public une telle marchandise. Pour cette catégorie de personnages les peines prévues sont renforcées : deux cents francs d'amende la première fois, le double la deuxième ; ils seront même fouettés et marqués la troisième fois. Les officiers de police de Commercy et des autres bourgs de la Principauté où des boucheries sont installées, sont invités à déléguer deux experts choisis par la profession pour examiner les bêtes destinées à l'abattage ; lorsqu'elles seront reconnues viciées, ils auront à ordonner également aux bouchers concernés de les enterrer à leurs frais avec leurs cuirs ; en outre ces bouchers seront frappés de cent francs d'amende comme leurs collègues en infraction. Pour plus d'efficacité on jouera sur la délation ; les dénonciateurs recevront la moitié du produit des amendes, l'hôpital Saint-Charles, responsable de la santé publique, en récoltant l'autre moitié. Le Procureur général de la Cour souveraine et les officiers de justice sont requis de tenir la main à l'exécution de cet arrêt et dans l'immédiat de publier et d'afficher cette ordonnance partout où cela s'avèrera nécessaire.

Le principal effet de ces dispositions est de faire remonter les prix, mais au détail surtout. Il apparaît donc bientôt qu'il faut aussi se prémunir de ce côté là. Il est décidé de limiter les tarifs de vente par le biais de la taxe de la viande. La Halle a du mal à s'y faire. Les cinq bouchers qui composent le corps de ce métier, dont leur maître Joseph Colin, évitent de mettre la réglementation en exergue dans leur boutique. L'un d'eux, François Martin, va jusqu'à tuer une bête sans faire de déclaration. En avril le Procureur met les uns et les autres à l'amende. Mais ils se rebiffent et font aussitôt appel devant la Cour souveraine et sa Chambre des comptes des mesures qui les frappent[68].

Il est décidément bien difficile d'organiser le marché. Les officiers de police ont beau avoir le sentiment que les précautions qu'ils ont prises étaient bien inspirées, le Prince de Vaudémont, revenu entre temps dans ses États, du château de Sampigny où il réside momentanément, est obligé de constater que les bouchers de la ville éludent les interdictions qui leur ont été faites. Alors que celles-ci visaient tous les étals de la Principauté, il paraît que les professionnels, même les charcutiers qui a priori ne sont pas concernés par le bœuf, s'échappent de nuit en catimini de la ville pour se rendre dans les villages n'ayant pas de commerce organisé de viande. Ils y achètent à vil prix des troupeaux

---

[68] AD. Meuse, archives de Commercy en dépôt. E 91. HH 11. n° 61. 18 et 19 avril 1714.

atteints par la maladie qu'ils cèdent aussitôt aux habitants par qui la marchandise avariée revient à Commercy. Loin de disparaître l'infection se propage et la panique aussi. Charles Henri estime que des mesures drastiques s'imposent[69]. Pour prévenir le danger auquel le peuple est exposé, le mieux est d'interdire carrément tout abattage de vache ou de génisse destinée à la consommation. L'amende des contrevenants sera triplée par rapport à celle que la Princesse avait prévue dix mois plus tôt ; elle continuera à être attribuée par parts égales aux délateurs et à l'hôpital. L'efficacité de la peine financière sera renforcée par le bannissement pour vingt ans de ceux qui n'auront pas respecté cette nouvelle réglementation extrême ; il est même défendu par avance aux juges d'accorder les circonstances atténuantes et de modérer les peines ou d'en faire remise.

Bien entendu un tel arsenal bloque tout le système. Les maîtres et compagnons bouchers n'ont pas de mal à faire valoir au bout de quelques semaines[70] qu'il est contradictoire de les obliger à garder en permanence leurs étals garnis et d'empêcher dans le même temps l'abattage de tous les bestiaux de la Principauté. Il leur paraît

---

[69] Arrêt du 9 septembre 1714. Lorraine, 624. 239.
[70] Arrêt du 14 novembre 1714. Lorraine, 624. 241.

également absurde de ne faire aucune distinction entre les animaux réellement malades et ceux qui sont manifestement de bonne qualité. À leur avis la prise en compte de la situation sanitaire est déjà correctement intégrée dans leur statut dont il suffit d'appliquer les clauses, sans recourir à une réglementation inadaptée parce que trop générale et sans les livrer aux tracasseries d'officiers trop zélés. Si on leur donne raison les vœux qu'ils feront pour la santé du Prince redoubleront comme il est d'usage de l'annoncer à l'occasion des recours de tout demandeur devant le Conseil.

Ils obtiennent gain de cause. Ce sont Souart et Rehez d'Issoncourt qui signent la décision de révocation. Il est probable que l'épizootie s'éteindra comme d'habitude, naturellement, après avoir prélevé son tribut, c'est-à-dire décimé les plus faibles des bêtes voire peut-être quelques personnes. Colin et ses collègues bouchers, qui n'envisagent pas cette dernière éventualité, respirent.

Cœurs en deuil, douleurs contenues.

Le 22 janvier 1709, Charles d'Elbeuf, le chevalier de Malte, s'éteint au Mans dans la discrétion qu'il pratique depuis longtemps. Son passage sur terre est surtout célébré dans

la paroisse de la Coulture à laquelle il est resté
fidèle jusqu'au bout. Il est inhumé dans l'église
des Minimes qui pour pérenniser le souvenir
de ce prince aimable lui gravent une épitaphe
sur une table de marbre noir incrustée dans le
mur[71]. Quelle que soit la sincérité des regrets
exprimés par ceux qui le connaissaient, son
décès oblige en tout état de cause son frère et
sa sœur, Henri et Anne Elisabeth, à se
rapprocher de leurs neveux du clan La
Rochefoucauld, François, duc de La
Rocheguyon et Henri, marquis de Liancourt,
afin de prévenir contestations et procès
susceptibles d'intervenir entre eux et
d'organiser le règlement des dettes du défunt.
En premier lieu les intéressés tombent
d'accord pour considérer comme nulle la
donation du 10 mars 1676 dont le chevalier,
on se le rappelle peut-être, avait pris l'initiative
et pour prendre comme base de discussion
celle du 1er avril qu'on lui avait extorquée et
qui le dépouillait de presque tous ses biens ; de
toute façon les négociateurs estiment que ses
besoins et ses désirs appartiennent au passé ; à
ce dernier acte, officialisé par eux, ils
n'ajoutent qu'un contre-échange : une maison
à porte cochère située rue des Poulies à Paris,
provenant de la succession d'Anne Elisabeth,
princesse d'Harcourt et première femme du

---

[71] A. R. Le Paige, *Dictionnaire .... du Maine*, 189.

troisième duc d'Elbeuf, est laissée à Henri en échange de Noyen dont une moitié appartiendra à Anne de Vaudémont et l'autre aux La Rochefoucauld[72].

L'assiette ainsi établie, il leur suffit de préciser qu'Henri d'Elbeuf prendra en charge les dettes que son frère a pu contracter depuis avril 1676, que celles intervenues avant sa profession de foi et qui dépasseraient la valeur des actifs, seront supportées au prorata des biens en cause, savoir les hôtels de Villequier et de Kerveno, ce dernier maintenant appelé d'Elbeuf, par le duc actuel, les terres picardes par la Princesse de Vaudémont et Brunoy par les La Rochefoucauld. Si au contraire elles sont inférieures à la valeur de Noyen, ceux-ci profiteront de la différence. Les rabais éventuellement consentis par les créanciers seront mis en commun entre les parties. Ces dispositions sont ratifiées par les Vaudémont dans l'après-midi à l'hôtel de Mayenne devant les notaires[73]. Dans leur prolongement et deux ans plus tard, Anne de Vaudémont ristourne à ses neveux le sixième des revenus des terres du Maine qu'elle a perçus entre le premier

---

[72] AN. *T 491. 1. n° 169. 27 avril 1709.

[73] AN. MC. Transaction du 27 avril 1709 passée devant Lange et son confrère, annexée à l'inventaire après décès d'Henri d'Elbeuf, VIII. 1078, pp. 113-121 (30 mai 1748).

septembre 1698 et le premier janvier 1709[74].

Les Vaudémont devraient alors être libres de gérer leurs terres de Picardie comme ils l'entendent. Cependant leurs points d'attache sont désormais Commercy et Paris. Les dépenses qu'ils y font les incitent à rechercher des ressources supplémentaires. De fait ils sont plutôt vendeurs du reste de leurs biens. Seulement les choses s'avèrent assez compliquées de ce côté-là. Car leurs terres sont dans la mouvance de fiefs d'autres seigneurs, procéduriers sinon puissants, qui prétendent de longue date toucher des droits féodaux de quint et de requint sur les acensements, baux ou cessions de domaines. Ce sont le marquis d'Hautefort qui réclame pour Grivillers, ceux de Nesle et de Mézières et la marquise de Belleforière qui visent Marquivillers et n'hésitent pas à en faire saisir les revenus ; quelques financiers comme René Boutin ne manquent pas non plus de pareilles exigences ; les ordres donnés par l'intendant ont aussi pour effet de dégrader les bois d'Ourscamp. Charles d'Elbeuf avait déjà dû se plier aux volontés de ces personnages, y compris pour le compte des Vaudémont. Les locataires, soumis aux pressions de ce beau monde, menacent à leur tour les propriétaires.

---

[74] Lorraine, 41. 337. Acte du 5 mai 1711, dont la minute est restée chez Lange.

Les héritiers des anciens fermiers, membres de la famille Aubert, ont fait il y a quelques années un premier pas vers l'acquisition de certains droits ; ils seraient disposés à aller plus loin, mais à condition que ce genre de problèmes soit réglé au préalable. Sergent et Issoncourt négocient. On s'interroge sur l'influence et l'entregent respectifs de la Maison de Lorraine, de ses préposés et de ses partenaires. Quand les opposants sont aux armées, les affaires n'avancent guère même si quelques arrêts favorables sont obtenus entre temps[75].

Au total il faut pas moins de trois ans pour que, la lassitude aidant, les parties se décident à mettre en œuvre la vente de la terre de Verpillières. En février 1714, trois Aubert, Louis Antoine, Pierre et son homonyme, sieur de Rozainville, tous agents du Roi en Picardie, depuis longtemps locataires, font le déplacement à Paris pour y signer le transfert de propriété. Une partie du prix sera consacrée à faire face aux revendications de la marquise de Belleforière et les Vaudémont seront dédommagés par les Aubert de ce que le bailliage de Saint-Quentin accordera peut-être un jour au marquis de Nesle sur ses propres

---

[75] Lorraine, 574. 806-817. Lettres de Sergent à Issoncourt et à la Princesse de Vaudémont.

réclamations[76].

Installée dans le domaine royal à Vincennes, la Duchesse de Mantoue, elle, a pu, un temps, entretenir l'illusion qu'elle pourrait être accueillie à la Cour en Souveraine, évincée de ses États certes mais tout aussi honorable qu'un Stuart par exemple. Quand elle se rend à Meudon, elle croit pouvoir se mettre sur le pied des princes du sang en faisant atteler six chevaux à ses carrosses. Pourtant leur passage provoque la réprobation de la foule du faubourg Saint-Antoine, contenue par les mousquetaires. Le Roi à Versailles, Monseigneur en sa demeure, ne consentent à la recevoir qu'incognito. Là ou ailleurs les Dames ne lui reconnaissent aucun privilège particulier ; elles se dispensent de lui rendre visite.

Suzanne Henriette d'Elbeuf commence alors à s'ennuyer dans sa résidence excentrée. Elle finit par se résoudre à prendre un logement à Paris même du côté de la rue Neuve-Saint-Augustin, offrant d'ailleurs plus de commodité à sa sœur naturelle, Marie Charlotte. La marquise d'Oissel lui sert en effet de dame d'honneur et n'a pas rompu les attaches qu'elle a avec le faubourg Saint-Germain. Tournant le dos au souci qu'elle a eu jusque là d'affirmer sa distinction, la Duchesse

---

[76] AN. MC. LXXXVII/ 367.

de Mantoue déclare aussitôt vouloir y vivre le plus simplement du monde. Son budget du reste l'y oblige, car les pensions promises par les Rois de France et d'Espagne ne rentrent pas comme elles devraient.

Atteinte à vingt-quatre ans d'un mal de poitrine attribué à la longueur de ses veilles, mal combattu par le quinquina, Suzanne Henriette souffre de douleurs horribles. Réconfortée par le Père Gaillard, un ami du cardinal de Bouillon, supérieur de la maison professe des Jésuites, elle ne songe plus qu'au sort de la duchesse d'Elbeuf, sa mère sur qui elle demande qu'on reporte ses propres pensions, à la peine des domestiques qu'elle prévoit de quitter bientôt et au malheur des créanciers qu'elle n'aura pas le temps de désintéresser. Le Père Gaillard est édifié par son courage et l'exemple d'une vie devenue si humble et si chrétienne. En décembre 1710, l'issue de la maladie ne fait plus de doute. Au lever du Roi, le 16, Henri d'Elbeuf apprend à celui-ci que sa sœur vient de mourir à quatre heures du matin. Deux ou trois semaines plus tôt, la défunte a encore eu la force de faire un testament par lequel elle a institué sa mère sa légatrice universelle. Louis XIV prend un deuil de cinq ou six jours, moins par nostalgie de celle qui vient de disparaître qu'en souvenir d'un Prince qui fut un moment utile à sa politique[77].

En revanche les vicissitudes qui atteignent la famille royale, ne sont pas sans retombée sur certains Lorrains. Noël et l'hiver estompés, le printemps ramène chacun à ses impératifs : alors, d'aucuns s'enferment dans la retraite ; les malades demandent à faire leurs pâques ; Monseigneur gagne Meudon par Chaville. La petite vérole y sévit. Quelques jours après avoir croisé dans la rue un prêtre exerçant son ministère auprès des victimes de la maladie, le pourpre apparaît sur le corps de Monseigneur qui trépasse en moins d'une semaine. De toute la société avec laquelle il partageait son existence jusque là, les filles de la Princesse de Lillebonne ne sont pas les dernières à mesurer l'abîme qui vient de s'ouvrir sous leurs pieds avec la disparition d'un ami de trente ans[78] sur qui reposaient

---

[77] La dernière phase de l'existence de la Duchesse de Mantoue a été évoquée dans les *Lettres* de la marquise d'Huxelles et les écrits des mémorialistes contemporains (Dangeau, Sourches et Saint-Simon). Cf. aussi Véronique Guasco, *La fin des Etats de Gonzague pendant la guerre de succession d'Espagne*, mémoire de DEA. Paris IV. Sorbonne. 44, cité par L. Bély, *La société des princes.* 497.

[78] En janvier 1682 déjà, elles et lui, au côté d'autres jeunes représentants de la Cour, s'illustrent dans l'opéra d'*Atys*, de Quinault, ainsi que le rapportait le *Mercure galant* de l'époque (278-282).

naturellement beaucoup d'espoirs.

Les conséquences pourraient n'être pas dramatiques pour la princesse d'Épinoy, chargée de famille et susceptible encore de s'appuyer sur Madame de Maintenon. Béatrix de Lillebonne n'a pas ces atouts. Elle est fille et même fille prolongée, puisque pour elle la cinquantaine approche. Et pourtant il y a ses cousins de Lorraine, dont la terrible maladie fauche trois rejetons presque au même moment, mais qui ont du répondant. Emmenée par son oncle Vaudémont jusqu'à Lunéville avec l'intention d'y passer l'été, histoire de se changer les idées, Béatrix rencontre la sympathie de Léopold. L'une des filles du Duc, Charlotte, qui vient précisément de mourir, avait repris, toute enfant qu'elle était, le flambeau de Madame de Salm en tant qu'abbesse de Remiremont, une institution de dames nobles du crû. La dignité est vacante ; elle ne déplaît pas à Béatrix qui n'ignore pas qu'elle est assortie de quarante mille livres de rente. D'elle le chapitre de cette communauté ne connaît guère que « l'éclat de son extraction, le bruit de ses vertus et la réputation de sa rare piété »[79]. Ajoutez à cela la recommandation du Duc de Lorraine. Mademoiselle de Lillebonne est élue par le

---

[79] Selon les termes de F. Andreu dans son *oraison funèbre* de la princesse. 15.

suffrage unanime des chanoinesses. Reçue le 4 août 1711, elle devient Madame de Remiremont et ne se reconnaît plus que comme la fille du grand Saint Romaric, patron du lieu. Il ne lui reste qu'à « étudier les rites, les usages, les cérémonies et à se faire instruire des différents droits généraux et particuliers de son chapitre ». Sa liberté subsiste, entière, car elle n'est pas astreinte à résidence mais à l'inverse sa sœur sait la faire profiter à l'occasion d'une compagnie familiale.

Les préoccupations de François Sergent sont différentes. Intendant et factotum de la Princesse de Lillebonne et des Vaudémont, il fait partie d'une structure bien organisée. Lui aussi est célibataire mais il songe à fonder un foyer. Ses vues portent sur la fille unique et seule héritière de l'ancien contrôleur général de la maison, Marie Françoise Hallé, qui a atteint les vingt ans ; elle habite le même hôtel de Mayenne et ne se sent pas de vocation particulière pour le couvent. En attendant sa majorité elle dépend d'un tuteur en la personne de Charles Hotman qui demeure rue Férou, à deux pas de l'hôtel d'Elbeuf. Toutefois puisque son père à sa mort l'a laissée libre de choisir le monde, elle peut convoler. En fait ce sont ses oncles maternels Herpon, le révérend René, doyen des chanoines de Commercy et André, seigneur de Longchamps, gentilhomme de

Léopold, intéressé à la Poste du Duché et dans les fermes de Flandre, qui tiennent les fils de sa destinée. Tout le monde est d'accord pour l'union de deux familles lorraines habituées de longue date à servir les Princes de la Maison. Les sieurs Herpon se chargent d'en concevoir le contrat comme de vrais professionnels. L'acte est signé le 15 juin 1712 sous l'œil attendri des princesses de Lillebonne et d'Épinoy et de la belle-mère de la mariée, Marguerite de Lonpré.

Les nouveaux époux formeront une communauté partielle. La demoiselle apporte vingt mille livres, essentiellement en mobilier et quelques portions de terres, son partenaire un peu moins de vingt-cinq ; le patrimoine de ce dernier est financier et assez éclectique puisqu'il a placé ses économies en rentes sur le clergé, sur la communauté de la volaille et celle des officiers du foin et qu'il dispose de billets sur divers banquiers, des espèces et, lui aussi, quelques meubles. Le surplus des biens de chacun restera propre. Le ménage continuera à habiter dans l'hôtel où un appartement de cinq pièces est mis à sa disposition ; un laquais et une fille composeront sa domesticité[80].

Tout se présente donc pour le mieux. François Sergent éprouve « un sincère attachement et une parfaite tendresse pour sa

---

[80] AN. MC. LXXXVII. 360 et 364.

jeune épouse et ses bonnes qualités ». Cependant Marie Françoise tombe rapidement malade. Elle souffre ses maux sans se plaindre « avec une patience qui semble au dessus de ses forces ». Elle meurt à l'hôtel de Mayenne le 12 mai 1713, moins d'un an après son mariage. La Princesse de Vaudémont envoie aussitôt ses condoléances à son intendant qui lui répond que sa peine est infinie et qu'il attend, du lieu où Dieu a placé la défunte dans un repos éternel, le secours de ses prières afin de lui procurer la consolation dont il a tant de besoin après avoir été frappé d'un si terrible coup[81].

Le bonheur du couple est passé comme un météore. Il faut maintenant reprendre le travail, s'inquiéter de questions terre à terre. Marie Françoise a laissé quelque 68 000 livres à partager ; plus des deux tiers consistent en immeubles. Ses cousins de la branche Hallé contestent les clauses du contrat de mariage ; ils estiment que des biens de cette nature doivent leur faire retour. Le veuf répond que la répartition qu'il propose est acceptée par les oncles représentant la branche maternelle. Finalement, après consultation d'avocats au Parlement, les Hallé reculent devant la perspective de procès. Voulant marquer tout de même la

---

[81] Lorraine, 574. 803. réponse de Sergent du 20 mai 1713.

considération qu'ils ont pour François Sergent et pour la mémoire de son épouse, ils abandonnent ce qu'ils appellent la rigueur du droit et se désistent de leurs prétentions[82].

La duchesse douairière d'Elbeuf et la Princesse de Vaudémont ne se portent pas non plus toujours très bien. Tel est le cas en particulier à l'automne 1712. La veuve de Charles III[83] ressent alors des douleurs d'estomac. La bile l'incommode et lui transporte même quelques vapeurs jusqu'à la tête. Sa belle-fille s'inquiète. Il semble pourtant que pour cette fois ce ne soit pas trop grave. Les « accidents » cessent peu à peu au point de permettre à la convalescente d'avaler quotidiennement une ou deux ailes de poulet, avant même que ses médecins aient jugé bon de la purger. Quelques semaines plus tard, elle paraît parfaitement guérie.

Les maux d'Anne Elisabeth de Vaudémont sont plus chroniques. Ses migraines sont notoires de longue date et ce ne sont pas les cures à Plombières ou ailleurs que s'offre son mari qui peuvent l'en

---

[82] AN MC. LXXXVII.365. Liquidation et partage des biens de la succession de Mademoiselle Sergent. 25 septembre 1713.

[83] Dès 1701, le bruit s'est répandu qu'elle pouvait avoir un cancer de la matrice (Sourches, *Mémoires*. 7. 164-165), mais ce n'était à tout prendre qu'appréhensions de la duchesse.

préserver. De façon plus impressionnante elles s'accompagnent désormais de battements de cœur ; ses indispositions s'enchaînent les unes aux autres. Elle offre bien ses souffrances à Dieu ; cela ne lui interdit pas de souhaiter que sa santé s'améliore. Quand elle apprend le rétablissement de Madame d'Elbeuf, elle en félicite le médecin de cette dernière, La Rouvière, mais en profite pour lui demander à tout hasard le remède qu'il a employé à cette fin. Modeste, son correspondant attribue principalement au Seigneur la guérison obtenue. Il convient néanmoins que la Princesse doit chercher à se dégager de ses infirmités et il lui raconte qu'étant allé en Lorraine quelques mois plus tôt, il a rencontré un certain frère Courtois, des chanoines réguliers de la congrégation de Pont-à-Mousson, apothicaire et bon chimiste, qu'il a incité à mettre au point le remède dont il se sert maintenant régulièrement et qu'il propose à la Princesse. Il s'agit « d'une opiase faite avec du sel de tartre, de l'huile de térébenthine, de l'opium et de la racine d'ellébore blanc » (qui constitue un purgatif) qui fait l'objet d'une préparation sur sept mois. Il lui adresse ainsi son ordonnance : la prendre trois heures après un léger souper puis se coucher. Et d'ajouter que le traitement qui n'oblige à rien de particulier, constitue « un bon remède pour calmer les trop grandes agitations des humeurs, fortifier l'estomac et adoucir l'acrimonie des sels qui l'exaltent ». Il le donne pour toutes sortes de maux et n'en a jamais vu de mauvais effets. La médication convient à tout âge et en tout temps. Il lui conseille donc de l'essayer hardiment[84].

Quoi qu'il soit du résultat, Anne Elisabeth est en mesure de faire, au printemps de 1714, le déplacement de Lunéville et d'y honorer son ami Marc de Beauvau, en étant marraine de son fils Léopold-Clément, à qui l'aîné des enfants du Duc de Lorraine alors subsistant fournit le prénom[85]. Aussitôt après, elle reçoit à Commercy l'inspecteur général de la marine et des galères de France, Cartigny ; tous les deux évoquent avec nostalgie le souvenir de la comtesse de Grignan, leur chère et respectable amie commune, et daubent ensemble, mais l'on espère, pas méchamment, sur son époux survivant. Au travers de ces conversations mondaines, l'état de santé de la Princesse n'est sans doute pas parfait, puisque le visiteur, une fois rentré à Paris, lui fait acheminer « de l'aigre de cèdre » afin de l'aider à supporter les chaleurs de l'été qui approche.

---

[84] Lorraine, 581. 57-60. Lettres de Raffelin, chef du conseil de Mme d'Elbeuf, du 8 octobre 1712 et de La Rouvière, du 7 janvier 1713.
[85] Ch. Denis, *Inventaire des Registres de l'Etat civil de Lunéville*, 72. 27 avril 1714.

Dans la nuit du samedi au dimanche 5 août, au petit matin, les gens de la Princesse la trouvent râlant dans sa chambre. Ils ne parviennent pas à la ranimer. Elle expire sur les quatre heures du matin. La nouvelle est immédiatement transmise à l'hôtel de Mayenne. Sergent se précipite jusqu'à l'étude de Pierre de Clersin. Munis du paquet qu'ils savent contenir le testament de la Dame, les deux messieurs vont de concert avertir le lieutenant civil. De leur côté la Princesse de Lillebonne et sa fille Elisabeth entreprennent le voyage de Commercy en vue de consoler le veuf. Selon ses volontés, le corps de Madame de Vaudémont est transporté et enterré dans la simplicité chrétienne, en présence tout de même d'une quinzaine de notables de Commercy, chez les Carmélites de Pont-à-Mousson, à l'exception de son cœur, réservé pour tenir compagnie à son beau-père dans la chartreuse de Bosserville[86]. Lorsque sœur et nièce quittent le Prince, celui-ci s'en va digérer sa douleur à Sampigny ; il a renoncé aux futilités estivales de Fontainebleau et momentanément aux souvenirs accablants de Commercy, pas aux suffrages de Versailles non plus qu'aux embarras de Paris qu'il gagne en octobre.

Il y avait un certain temps qu'Anne

---

[86] C.- E. Dumont. *Histoire de Commercy*. II. 258.

81

Elisabeth avait songé à ses dispositions testamentaires. Elle en avait même déjà esquissé les contours quand elle résidait à Milan. Depuis cette époque deux évènements sont venus modifier radicalement le contexte : d'abord bien entendu la reprise prématurée par Dieu du fils unique qu'il avait donné à elle et à son époux, supprimant du même coup un héritier potentiel ; l'installation ensuite à Commercy, dans un pays de droit écrit coutumier où il est permis à une femme de disposer par testament en faveur de son mari. C'est dans cette double perspective qu'elle a repensé ses dernières volontés. En tout état de cause elle avait réservé pour un ultime codicille ce qui est l'aboutissement de sa dévotion et qui doit, pense-t-elle, déterminer son sort dans l'au-delà. Sur ce point Carmes et Carmélites de Nethen, de Pont-à-Mousson, de Neufchâteau et de Milan auront à se partager la tâche principale d'assurer , à côté de la paroisse de Commercy, les milliers de messes à dire et les bonnes œuvres à accomplir en son nom en vue de répondre du salut de son âme et de celle de son fils et elle n'a eu garde d'oublier les pauvres de Commercy. Anne Elisabeth a été jusqu'à estimer nécessaire d'amener « la relique de la vraie croix qu'elle portait à son col » au couvent de Charenton cher à sa belle-sœur « pour être mise au dessus du Saint-Sacrement en réparation des irrévérences qu'elle avait commises dans les églises » ; ce don a été assorti d'une promesse de mille écus quand on pourra ! En deçà, sa priorité est allée au souci de payer les dettes mobilières qu'elle a faites et ses frais funéraires.

Elle a constitué Vaudémont son héritier pour tout ce qu'elle pouvait lui donner en vertu de la loi des domiciles ou des coutumes où sont situés les avoirs à répartir. Et pour tout ce dont il ne pourra jouir en propriété elle a entendu lui en laisser l'usufruit qui ne représentera, a-t-elle écrit, « qu'une faible indemnité de la patience avec laquelle il a souffert la longue attente du peu qu'on leur a laissé des biens qu'elle devait avoir », reconnaissant que « presque tout ce qu'elle avait en meubles, pierreries et bijoux » provenait en définitive de son mari.

L'articulation de son héritage est aussi faite autour de ses neveux La Rocheguyon et Liancourt à qui elle a légué les parts qu'elle avait à Noyen et dans le pays du Maine provenant de Catherine de Lannoy, à condition d'en payer les charges (éventuelles) de succession, a-t-elle ajouté. Cela pourrait laisser présager un adoucissement des relations avec ce clan, déjà simplifiées depuis le décès du Trembleur. Quant au détail des legs divers, il répond à son autre préoccupation, celle qui vise les domestiques. Outre leurs gages qu'elle

a recommandé de régulariser, elle a désiré
« marquer sa reconnaissance des longs et
signalés services » que Souart a rendus aux
Vaudémont, du « zèle et l'attachement
extrême » d'Issoncourt qu'elle a chargé par
ailleurs de l'exécution de ses volontés, et de
celui des Hunolstein, son écuyer et sa dame
d'honneur à Commercy, de l'affection des
deux demoiselles de La Gorge qui pourront se
partager ses habits avec Claudine et les autres
servantes ; enfin elle veut encore distinguer
Mademoiselle Baldes et Madame Le Rouge,
cette dernière profitant de la gratitude de la
Princesse envers le mari « qu'on ne peut assez
récompenser ». D'ailleurs le Prince est chargé
de veiller à ce que chaque élément de la
domesticité reçoive sa juste part.

Sur le plan familial, sa tendresse a été
à ses sœurs religieuses de la Visitation dont il
conviendra de maintenir les pensions leur vie
durant et même un an au delà, toujours pour
le repos de leurs âmes, et au cadet des enfants
de Léopold ou à son défaut à sa fille aînée
(non autrement précisés) qui jouiront après
Vaudémont de rentes de l'hôtel de ville qu'elle
possède[87].

En février suivant, le décès de

---

[87] AN. MC. VI. 638. Testament du 20 avril 1709 remis par
la Princesse le 19 mars 1710 et codicille du 10 septembre
1710 présentés à Jérôme d'Argouges le 8 août 1714.

Thérèse légitimée de Lorraine chez les Carmélites de la rue de Grenelle dont elle est à la fois la pensionnaire et la bienfaitrice, est l'occasion de donner un petit coup de pouce à son propre horizon, celui de la descendance naturelle des ducs d'Elbeuf, plus précisément à sa nièce Elisabeth légitimée de Surville et à Anne, fille infirme des Quatremare, ses légataires universels. Ce membre de la Maison, tout aussi dévot que la Princesse de Vaudémont, est animé du même souci de régler ses dettes et les frais de son enterrement (vingt-quatre heures au moins après son décès, peut-être pour qu'on soit tout à fait sûr de celui-ci) et de gratifier les personnes qui l'ont servie. Son bien matériel est peu de chose puisque l'essentiel tient dans deux modestes valises ; les Carmélites horrifiées repoussent vers leur parloir extérieur l'huissier priseur et le substitut du procureur qui prétendent jeter un coup d'œil aux fins d'inventaire sur l'appartement qu'elle occupe. Heureusement elle a eu l'esprit de recourir à Pierre Lefebvre, l'ancien intendant de la duchesse d'Uzès et homme d'affaires qu'elle partageait avec les religieuses voire au conseiller d'État d'Aguesseau, assez haut placés pour imposer l'exécution de ses volontés[88] ! La succession

---

[88] Décès du 24 février 1715. AN. MC. IV. 386 (testament déposé le 25 février) & 387 (inventaire du 9 mars 1715).

de la défunte est déclarée vacante, mais les Carmélites se débrouillent pour obtenir par sentence du Châtelet la délivrance de leur legs.

Le cardinal de Bouillon, allié autrefois influent des Elbeuf, finit aussi ses jours à Rome à cette époque, près du Pape mais peu considéré par le Pouvoir de France et appauvri. Retiré au noviciat des Jésuites, il y meurt le 2 mars 1715. Un reste de superbe lui fait désigner six cardinaux, pas moins, comme exécuteurs testamentaires. Du moins n'a-t-il pas oublié son neveu, duc d'Elbeuf ; destinataire de dix mille livres mais toujours besogneux et avide de liquidités, celui-ci s'empresse de monnayer sa créance auprès de Thomas Rivié, Secrétaire du Roi et riche munitionnaire[89]. Le premier septembre suivant le décès du Roi Soleil requiert encore la présence du duc d'Elbeuf ; le nouveau monarque lui fait savoir qu'il est « nécessaire de faire trouver des personnes de qualité et de confiance à l'ouverture et embaumement du feu Roi » ; il l'a donc choisi pour assister à l'autopsie en compagnie du maréchal de Montesquiou et du personnel de la maison du Roi. L'honneur ainsi fait à Henri de Lorraine est censé avoir pour contrepartie la preuve de son affection pour l'Enfant-Roi qu'il fournit le lendemain en spectateur impassible de

---

[89] AN. MC. XCII. 381. Transport du 12 juin 1715.

l'auguste dissection[90].

---

[90] AN. O^1/59. 164.

Gérard Colin de Verdière

II

JEUX D'ADULTES
(1715-1723)

Repli élastique d'Emmanuel.

Cela fait dix-huit mois que le
Royaume de Naples appartient officiellement
à l'Autriche. Les combats de Sicile n'ont guère
troublé la vie quotidienne du lieutenant
général de la cavalerie locale, pas plus que
quelques intermèdes en Allemagne et en
Hongrie. La période de paix semble devoir
durer ; elle commence à ennuyer le prince
Emmanuel qui se met à songer à se
rapprocher de ses bases. Puisque c'est pour
faire plaisir au Duc de Lorraine qu'il est allé en
Italie, il est normal qu'il s'adresse à celui-ci
pour une nouvelle destinée. Léopold a de
l'estime et de la considération pour son cher
cousin qu'il reconnaît être attaché à sa
personne et à ses intérêts. Il lui accorde de
quoi faciliter son existence, dans un premier
temps grâce à une pension annuelle de huit
mille livres. Cela ne paraît pas négligeable
quand on voit qu'il vient de gratifier quelques
jours plus tôt la veuve de l'ancien président
des grands jours de Commercy d'une pareille

pension de cent cinquante livres seulement soit plus de cinquante fois moins[91].

Cela n'est pas tout. La mort du monarque français que tout le monde craignait, incite Emmanuel et la princesse Marie-Thérèse, jamais encore sortie d'Italie, à rejoindre la France. Mais le proscrit n'ose encore s'y montrer. Il juge qu'il serait prudent de passer d'abord par la Lorraine. Et il cherche dans les environs de Nancy un endroit où il pourrait faire bâtir une maison digne de ce qu'il considère être son rang et sa qualité, où il serait susceptible de se retirer de temps à autre. En parcourant la région, notre prince tombe en arrêt sur le site fortifié mais accueillant de Gondreville. Ce bourg est situé sur la rive droite de la Moselle qu'il domine et qu'un bac permet de franchir. Il est entouré de vignes, de prés et de bois et il n'est qu'à deux lieues de la grande ville.

Le Duc de Lorraine y possède justement un château d'allure féodale qu'il n'habite pas. Celui-ci est d'ailleurs dans un triste état car il a été mis à mal par les Suédois et les Français au cours de la guerre de trente ans ; mais l'on pourrait sans doute le restaurer. Emmanuel fait part de son enthousiasme pour Gondreville à Léopold qui répond à son vœu en lui concédant à vie le château en question

---

[91] AD M & M, B. 138. 78 et 79 (8 sept. et 15 août 1715).

et, pour se distraire, les droits de chasse et de pêche qui en dépendent. Le nouvel occupant aura tout le loisir de l'agrandir et de l'embellir[92].

À la réflexion, Emmanuel se dit que rétablir le château n'offrirait pas de réel agrément s'il ne pouvait pas en jouir en véritable seigneur. Aussi demande-t-il à son cousin d'en faire un peu plus en lui accordant encore les droits seigneuriaux et domaniaux qui lui permettront de se dire Altesse Sérénissime. Pour faire passer la chose plus facilement, il propose à Léopold que cette libéralité soit laissée au bon plaisir de celui-ci et donc révocable à tout moment. Le Duc de Lorraine se laisse fléchir encore une fois. Tout en se réservant les produits de la gruerie et des greffes ainsi que les impôts et les amendes, il ajoute au château proprement dit les basses-cours, un petit jardin, les commodités et même le droit de raser la bâtisse si son cousin préfère rebâtir ; plus que cela les haute, moyenne et basse justices, le droit sur toute la prévôté, y compris les villages qui entourent Gondreville, de nommer les officiers, curés et fermiers qui plairont à Emmanuel et encore le bac, les fours banaux et les vignes. Outre la condition du bon plaisir qui lui a été suggérée il n'exige en contrepartie que la formalité de la

---

[92] AD M & M, B. 139. 178 (11 nov. 1715).

« foy et hommage » à rendre par le vassal au suzerain[93].

Le prince et la princesse d'Elbeuf vont maintenant habiter le château de Gondreville et sa quarantaine de pièces en face de l'église. Il faut donc que les maîtres du lieu organisent leur maison. À la tête ils y placent Jean Antoine Hoppen, qui joue aussi le rôle de secrétaire et prend rapidement du galon comme intendant. Celui-ci est assisté d'un autre personnage, Dominique Léonard Beaumont, qui le remplace comme maître de l'hôtel quand les fonctions de son chef s'élargissent. Pour la sustentation des occupants et des invités qui s'annoncent on songe d'abord à un gargotier extérieur ; mais comme on se rend compte qu'il n'est pas trop fameux, on nomme un maître rôtisseur pour veiller à la cuisine. Un menuisier, bien nécessaire pour procéder aux réparations les plus urgentes, assure également la fonction de concierge du château. Plusieurs valets de chambre destinés à des rôles variés tant au château que dans les services de la prévôté, parfois assortis de surnoms, sont recrutés progressivement dans la région ; tels Edme Gabriel dit Clermont ou encore Jean Sizaire, originaire d'Habay-la-Vieille en Lorraine belge, premier frère d'une série dont nous aurons

---

[93] AD M & M, B. 140. 62 (3 avril 1716).

l'occasion de reparler.

Son Altesse Sérénissime sympathise vite avec le curé Chassel, docteur en théologie de la faculté de Pont-à-Mousson, qui a sous sa coupe le régent et la régente d'école chargés d'apprendre à la jeunesse des deux sexes à lire, écrire, compter et surtout chanter aux offices et réciter le catéchisme. Elle se dépêche d'user de ses prérogatives en confirmant ou remplaçant les officiers de la prévôté et de la gruerie : capitaines, lieutenants, sergents, contrôleurs, assesseurs, curateurs, receveur des consignations, commissaire aux saisies réelles, garde marteau... L'exploitation générale du domaine est confiée à un fermier, par ailleurs greffier en chef.

L'autre préoccupation du prince Emmanuel vise autant l'agrément que la subsistance. Il ne conçoit pas la seigneurie sans un jardin digne de ce nom. Or la place lui manque près de sa demeure dans sa consistance du moment. Les alentours de son nouveau domaine appartiennent au couvent de Saint-Epvre de Toul qui y entretient les vignes d'où les religieux tirent comme beaucoup d'autres le vin que l'on consomme aux offices liturgiques et accessoirement chez les particuliers aisés. Après des négociations qui s'étalent sur un peu plus d'une année, Emmanuel, toujours lieutenant général des armées de l'Empereur, parvient à acquérir rue du château, tout contre le jardin de celui-ci, une maison, promise à la démolition, pour le prix de deux mille livres tournois[94]. Le premier juin, Léopold vient se rendre compte *de visu* de ce que représente le nouveau quartier général de son cousin pendant que la Duchesse sa femme en profite pour aller voir sa fille à Nancy[95].

Pour presque le même prix que sa première acquisition, notre prince achète encore la propriété des enfants mineurs d'un maître des comptes de Bar, conseiller du Duc, représentés par leur mère ; il laisse à celle-ci la possibilité d'en récupérer les matériaux puisque seul le terrain l'intéresse et de reconstruire une autre maison un peu plus loin entre la muraille de la ville et la porte basse[96].

En novembre il est prêt à accueillir toute une compagnie choisie composée, entre autres, du cardinal de Rohan, de la duchesse d'Hostun de Tallard, de Mademoiselle de Melun, des abbés d'Auvergne et de Rohan, du comte d'Harcourt et même de Vaudémont[97]. Celui-ci ne s'offusque plus de l'attention que les gens prêtent à son beau-frère.

---

[94] Acte du 4 mai 1717. AD M & M, B 731/ 58.

[95] Lettre d'Elisabeth Charlotte d'Orléans à la marquise d'Aulède, p. 52 (1er juin 1717).

[96] AD M & M, B 731/58, 29 juillet 1717.

[97] *Lettres à la marquise d'Aulède*, 78. 18 novembre 1717.

Ce dernier trouve en 1718 l'occasion de rompre les derniers liens qu'il a avec le sol napolitain et l'affaire d'Herculanum dont le chantier est en sommeil faute de crédits. Une entreprise de savon, la maison Faletti, lui rachète son palais de Portici pour y établir ses bureaux[98]. Malgré cette rentrée d'argent, Emmanuel préfère avec l'accord de Léopold pratiquer dorénavant une politique d'échanges de pièces agricoles et de bois situés sur le pourtour de Gondreville contre les terrains qu'il convoite, toujours dans le dessein d'agrandir ce qui devient peu à peu un beau parc avec allées, bosquets, vignes et verger[99]. Afin d'en assurer l'entretien, il sous-loue ce que l'on appelle maintenant le grand jardin à un jardinier vite remplacé par un autre, sans doute plus compétent mais aussi plus exigeant. Ces braves gens sont chargés de planter et de tailler arbres fruitiers et d'ornement et de fournir légumes et fruits à la table du prince, eux-mêmes conservant et faisant leur affaire

---

[98] Elle y restera dix ans avant d'intéresser, en 1738, Charles de Bourbon, alors Roi de Naples, qui reprendra avec plus de moyens l'aventure des fouilles.

[99] Actes sous seing privé du 18 décembre 1718 (AD M & M, B 731/58, mineurs Gauvain) régularisé le 4 oct. 1722 ; notariés du 29 août 1719 (d°, ordre de Malte, avec rétrocession d'une partie de l'acquisition des bénédictins de St-Epvre) ; du 24 août 1720, Claude Friry (d°, 3 E 570).

du surplus ; toutefois le rendement n'est pas garanti ; d'autant plus qu'Emmanuel a un faible pour les figuiers, peut-être en souvenir de Naples, qu'il impose sans reconnaître que le climat de Lorraine n'est pas tout à fait le même que celui du Sud de l'Italie. La pêche est aussi baillée à des habitants du secteur qui devront réserver à S.A.S. les plus beaux et les meilleurs poissons, barbeaux ou perches dont le gabarit minimal est minutieusement fixé.

Sa retraite en Lorraine où le prince Emmanuel mène rapidement l'existence d'un grand seigneur, ne lui interdit pas de se soucier de rétablir sa situation en France. Le nouveau gouvernement lui ouvre le droit d'expliquer les raisons qui l'avaient poussé à quitter le Royaume malgré la passion qu'il a toujours éprouvée d'y rendre des services à la hauteur de sa naissance, de rappeler que les traités de Rastadt et de Baden ont prévu d'englober dans la rémission, sans distinction ni exception, tous ceux qui ont servi dans les différents partis et de faire sa cour au Régent en implorant sa clémence. En août 1719, au nom du jeune Roi, la contumace autrefois prononcée est donc abolie et ordre est donné au Parlement, de façon plus expéditive que lors du procès, d'enregistrer cette décision sans que l'intéressé soit même tenu de se présenter en personne[100]. Emmanuel d'Elbeuf peut alors reparaître à Paris[101].

Ses droits à l'égard du Roi de France désormais revus dans le sens désiré, il s'attache à faire reconnaître ceux qu'il détient du fait de son appartenance à la famille de Lorraine-Elbeuf. Car à l'occasion de l'attribution de la succession de sa demi-sœur Anne Elisabeth, le beau-frère Vaudémont qui en a été chargé en tant que légataire universel, a tout simplement oublié de tenir compte d'un personnage mort civilement par l'effet de la contumace de 1707. Les meubles et acquêts de la Princesse défunte ont été attribués par moitié entre le duc de La Rochefoucauld et le marquis de Liancourt, descendants du premier lit de la mère d'Anne Elisabeth et donc les neveux de cette dernière, et le duc Henri d'Elbeuf, frère de la Princesse tout comme Emmanuel.

En apprenant cela le prince d'Elbeuf décide d'attaquer les trois transactions par lesquelles le partage a été réalisé. Il veut bien admettre qu'on l'ait ignoré quand il était absent, d'autant plus qu'Henri est, paraît-il, assez distrait en ces matières, mais il entend qu'au nom des bienséances et de la délicatesse de gens de bonne compagnie, on le prenne en considération maintenant qu'il est réapparu.

---

[100] Lettres d'abolition, O/1. 63. 200 sq.
[101] Jean Buvat, *Journal de la Régence*, I. 472 (7 décembre 1719).

Les La Rochefoucauld ont beau dire que sa résurrection et les lettres d'abolition sont postérieures de plusieurs années à la mort de sa sœur, il fait valoir que le rétablissement de sa situation a été visé dès le traité de Rastadt donc avant l'ouverture de la succession, l'abolition enregistrée au Parlement n'ayant qu'un effet superfétatoire, et qu'au surplus sa condamnation ne pouvait avoir d'effet dans l'État souverain de Commercy que les Vaudémont habitaient[102].

Vaudémont qui n'est pas directement concerné puisque de toute manière il n'a été que légataire de sa femme, ne s'oppose pas à cette argumentation. Échange de bons procédés : Emmanuel remercie son beau-frère de ses bontés et consent à débloquer l'exécution du testament de la Princesse tout en demandant que Vaudémont assure par écrit qu'il n'entend pas que cela puisse nuire ni préjudicier à l'intéressé[103]. Les bénéficiaires concurrents, en particulier le clan La Rochefoucauld, ne se laissent pas impressionner. La procédure s'étend sur plusieurs années avec saisies conservatoires demandées par Emmanuel.

À Gondreville le sieur Hoppen a eu

---

[102] Document Mazarine 2652 U/19, pièces 37 et 38.
[103] Lorraine 581. 67. Lettre datée de Saint-Aubin, le 31 août 1721.

les mêmes réflexes et a poursuivi parallèlement du côté du bac, à proximité de la rivière, le même genre d'acquisitions et d'échanges que son patron. Il dispose d'une maison et d'un jardin agréables. Cela va être utile au prince d'Elbeuf. Car la question de son parc une fois réglée, celui-ci se prépare à abandonner son château. En dépit de tout ce qui a été fait il reste en effet d'un inconfort rédhibitoire. Le prince décide en 1720 de faire construire de l'autre côté des jardins, en direction de Toul, une maison qui devra disposer des commodités que le progrès offre maintenant. Le chantier ouvert, le fidèle Hoppen s'en va habiter à Liverdun et lui loue pendant la période de construction sa propre demeure avec meubles, argenterie et livres[104]. En témoignage de gratitude son maître fait valoir auprès du Duc de Lorraine les bonnes qualités et les sentiments d'honneur qu'il lui reconnaît. Sur son rapport favorable le serviteur et sa postérité sont agrégés à la noblesse du Duché[105].

Le nouveau palais est un bâtiment assez simple, rectangulaire sur deux niveaux, à l'allure plus moderne évidemment que le château féodal, et décoré de belles têtes

---

[104] Bail du 17 septembre 1720. Cf. AD M & M 3 E 571 (29 juillet 1724).

[105] AD M & M. B 151. 140 (janvier 1721).

humaines sculptées[106]. Les aménagements sont faits comme souvent chez le prince sans grand souci d'économie ; le confort est procuré par des sièges de velours assorti de broderies d'or. Une belle chapelle dédiée à Saint Philippe de Néri répond à la piété du prince et de la princesse. Emmanuel se dote aussi, grâce notamment à l'acquisition des livres de son intendant, d'une imposante bibliothèque où figurent outre les livres religieux traditionnels, les œuvres de Montaigne, Corneille, Boileau, Molière, les ouvrages de Bayle, les dictionnaires de Dom Calmet et de Moreri et de nombreux livres d'histoire ancienne ou contemporaine. Les militaires d'un régiment de Toul lui ont fourni il est vrai à bon compte la main-d'œuvre nécessaire à l'édification de la terrasse qui lui offre une vue grandiose.

Le ménage princier emménage dans sa nouvelle demeure en 1724. Gondreville est désormais au centre de la curiosité lorraine, entre Lunéville et Commercy. De nombreux parlementaires, hommes de loi, chanoines et surtout des jolies femmes du sérail viennent entourer la sultane et agrémenter la cour d'un prince beau parleur sachant cacher sous une apparence de grande politesse une ironie

---

[106] Inventaire de Gondreville, Description par J. et O. Soncourt.

parfois goguenarde. Les fenêtres de ce château n'ont pas de balcons. Une distraction du seigneur du lieu, un jour où pendant la construction il faisait l'honneur du chantier, l'a fait s'avancer tout en parlant sur la terrasse sans penser au vide qu'elle surplombe ; l'intervention d'une visiteuse et le secours de monsieur Erbau ont empêché de justesse l'accident ; rétrospectivement on se demande ce qu'aurait fait écrire « à la Gazette ou au Mercure galant la chute d'un pareil Icare »[107]. Madame de Fürstenberg, le prince de Craon, d'autres encore viennent voir aussi à plusieurs reprises le maître de maison qui a maintenant tout ce qu'il faut pour régaler ses hôtes[108].

Des réjouissances équivoques

Parmi les activités auxquelles s'adonne Charles Henri de Vaudémont dans la Principauté de Commercy figure la chasse. Les forêts d'alentour, fractionnées en cantons, sillonnées de tranchées, peuplées de gros gibier, l'incitent à cet exercice, pratiqué à cheval. C'est d'ailleurs pour lui l'occasion d'y attirer les amateurs de ce passe-temps. À charge de réciprocité. Au commencement de

---

[107] Lorraine 576. 558.
[108] Lorraine 576. 588.

novembre 1715, le Prince est invité à une partie de ce genre par son ami le chevalier de Saint-Georges qu'il a souvent diverti à Commercy. Accompagné de ses chiens et de ses équipages, Vaudémont se présente dans la matinée du 3 au château de Bar, résidence de son partenaire. Or il n'est pas de Saint-Georges dans l'appartement du maître. Vaudémont le fait chercher partout et jusque dans le jardin. Sans résultat. Le personnage a pourtant la réputation d'un homme bien élevé, bien poli[109]. La petite troupe qui avait en tête la perspective d'une bonne journée au grand air, est déçue. Est-il arrivé un malheur ? Charles Henri manifeste tous les signes d'une grande inquiétude. En fait le chevalier s'est éclipsé dans la nuit avec six de ses officiers, en vue de prendre la direction de Calais et des brumes d'Angleterre et d'Écosse. Car il n'a pas renoncé à ses prétentions au trône et croit la popularité de George de Hanovre qui règne alors sur l'île, suffisamment basse pour que se ranime la flamme de ses propres partisans.

Quand la chose est établie, les craintes de Vaudémont s'évanouissent. Il avoue même qu'il était tout à fait au courant du départ du chevalier et s'empresse de réconforter ceux

---

[109] C'est en tout cas l'impression qu'il a laissée à la mère de la Duchesse de Lorraine. Palatine, *Lettres françaises, op. cit.* 493.

des officiers du prince laissés sur place ; il les exhorte à la joie que devrait produire, selon lui, le motif de l'absence. La partie de chasse n'a été qu'une mise en scène destinée à couvrir la fuite. Toutefois, pour qu'elle ait son plein effet, il préfère la prolonger. Des instructions impératives sont données à chacun d'éviter de sortir du château de tout le jour. Les ponts ne seront levés que le lendemain[110].

Saint-Georges a maintenu son objectif mais modifié son dispositif. La rumeur se répand qu'au lieu d'aller droit sur le pas de Calais, il est passé par la Bretagne, déguisé en abbé, avant de s'embarquer à Cherbourg. L'ambassadeur de George Ier accuse le Régent de connivence. Madame s'en indigne et demande comment son fils pourrait savoir ce qui se passe à Commercy et deviner ce que cache l'incognito d'un voyageur de Bretagne[111].

Toujours est-il que l'expédition du prétendant n'est pas couronnée de succès. En mars suivant, c'est encore à Commercy qu'il retourne. Mais cette fois, Léopold n'y vient le voir que pour lui exprimer son regret mais

---

[110] Buvat, *Journal*, I. 107.

[111] Van des Cruysse, *Madame Palatine*, 556-557. Postscriptum du 15 novembre à la raugrave Louise et Palatine, *Lettres françaises*. 507, à la duchesse de Lorraine. 24 novembre 1715.

aussi l'obligation dans laquelle il se trouve de le prier de s'en aller. D'abord en Avignon puis chez le Duc de Modène en Italie.

Deux ans plus tard, le 12 mai 1717, un autre évènement rassemble dans la gaieté une partie de la Maison de Lorraine. Ce jour-là Charles d'Armagnac, 33 ans, épouse Françoise Adélaïde de Noailles, âgée de 12 ans seulement, fille du Président du Conseil des Finances de France. La cérémonie religieuse de la matinée dans la chapelle particulière du prélat et le repas magnifique qui la suit dans les locaux de l'archevêché de Paris, sont présidés par le cardinal de Noailles lui-même. Les festivités se poursuivent le soir, rue Saint-Honoré, à l'hôtel de Noailles, avec ce qu'il faut d'illuminations pour faire éclater la joie que provoque cette union dans les deux familles et donner à Louis XV, encore plus tendre que l'héroïne du jour, la curiosité d'observer d'en face le début du spectacle. La cérémonie un peu plus intime de la présentation, sur les coups de minuit, de la chemise au marié fait appel à la plus haute autorité civile du moment en la personne du Régent du Royaume. Au demeurant les mariés ne sont laissés ensemble au lit qu'un instant de raison étant donné l'âge de la demoiselle.

Comme de coutume la phase visible du rapprochement a été précédée de tout un ensemble de négociations consacrées aux choses sérieuses. La convergence des deux familles provient d'un double souci. Le duc Henri d'Elbeuf, privé d'héritier, voudrait se trouver une postérité de remplacement par le biais d'un jeune cousin qu'il affectionne, le dernier des fils de Monsieur le Grand. Quant au duc de Noailles, déjà agrégé à la communauté assez fermée des pairs de France et associé, de façon forcément risquée, aux décisions gouvernementales, il vise encore plus haut en cherchant, pour sa gent féminine, quelque alliance princière ; une première tentative du côté des Bouillon, dont la qualité à cet égard est d'ailleurs discutable, a échoué. Chacun des deux instigateurs a donc pu penser qu'il était opportun de pactiser ; si l'avis de la demoiselle n'a préoccupé personne, le prince Charles, en adulte responsable mais cadet et donc peu pourvu de biens, a été tenu plus qu'au courant.

Le contrat, signé la veille de la cérémonie, prévoit l'articulation de la manœuvre. Le duc de Noailles engage au profit de sa fille un capital de 800 000 livres, dont les trois quarts seront alloués sous forme d'héritage à son décès ou celui de son épouse et le reste quand le numéraire correspondant aura pu être réuni[112]. L'autre côté de la balance est constitué d'un douaire de 10 000 livres de

---

[112] Dangeau, *Journal.* 5 mai 1717 et Marais, *Journal.* II. 79.

rente, garanti par une perspective de brevet de retenue d'un million de livres sur la charge de Grand Ecuyer dont le prince Charles a la survivance, brevet justifié par les services éminents rendus par lui-même et auparavant par ses père et grand-père, à accorder par le Roi sur l'avis conforme de son oncle Régent ; du côté familial c'est le duc Henri qui promet de façon irrévocable 300 000 livres composées de la pleine propriété du petit hôtel de Villequier, des deux tiers de l'hôtel de la rue de Vaugirard et de la nue-propriété de la fraction du duché d'Elbeuf dont il dispose ; ces dons constituent avant tout des assurances de train de vie[113].

Dans l'immédiat les relations entre les deux nouveaux époux restent ce qu'elles étaient jusque là, nulles. Chacun garde son nom, son propre nid, ses habitudes. Ce n'est que lorsque la jeune femme atteint ses seize ans qu'elle va rejoindre son mari et que son père se résout à verser en billets de banque la part de dot stipulée en numéraire. La cohabitation ne dure pas longtemps. Moins de six mois après qu'elle est devenue effective, le public apprend que la princesse se trouve chez les Dames de la Visitation de la rue du

---

[113] AN. O¹. 856 (105), extrait du contrat de mariage ; (48), brevet de retenue du 25 juin 1717. AN. MC. XCII. 392. Donation du duc d'Elbeuf du 13 septembre 1717.

Bac où elle vient d'être menée par celui-là même qui avait béni son union sans qu'on ait aucun écho d'un quelconque écart de conduite. Charles de Lorraine quant à lui fait état de l'incompatibilité d'humeur des deux protagonistes, laissant espérer à certains un possible raccommodement.

La vérité est plus terre à terre. Lorsque le prince ouvre son cœur à son avocat, il laisse paraître que le tempérament est ici sensible à la fortune voire au calcul. Le départ de son épouse n'a pas été spontané. Quand le Grand Ecuyer s'est avisé de placer en rente sur le clergé les sommes que son beau-père lui avait confiées, il s'est aperçu qu'au lieu des dix mille livres sur lesquelles il avait compté, il ne pouvait plus en attendre que quatre et que d'ailleurs l'ensemble des revenus de la dot était réduit dans la même proportion. Comment dans ces conditions était-il possible de conserver son considérable équipage de chasse et soutenir l'éclat que commande sa position en subvenant de surcroît à la dépense d'un conjoint ? Il a pensé qu'il valait mieux provoquer la dissolution de la communauté avec une épouse encore mineure. C'est ce qu'il est bientôt allé expliquer au duc de Noailles en lui proposant de reprendre sa fille. Mais celle-ci a refusé fermement de retourner dans l'hôtel familial, préférant encore à cela trouver un havre auprès de sa tante Marie Adélaïde, religieuse, et le faire savoir à son mari par gentilhomme interposé, une fois le mouvement exécuté. Le prince Charles est à la fois satisfait du résultat et piqué de l'indépendance manifestée par Françoise de Noailles qui a pris sa décision sans lui.

Encore faut-il entériner cette séparation en définissant le nouvel état de la femme, la reprise de ses biens et l'extinction des pouvoirs du mari sur son corps. C'est chose faite, sous les auspices du lieutenant civil, d'Argouges, ami des deux parties, par l'espèce de contrat de démariage en forme de transaction signée avec l'assentiment des parents des deux bords ; du côté du Lorrain en particulier sont témoins le maréchal de Villeroi, son oncle maternel, le prince de Lambesc son neveu, le procureur de son frère, évêque de Bayeux et même Henri d'Elbeuf pourtant à l'origine de cette union ratée mais que sa qualité de chef de la Maison de Lorraine empêchait de toute façon de s'abstenir. Lui et le prince Charles se déterminent d'ailleurs à faire mine d'ignorer désormais les Noailles[114].

---

[114] Acte signé en l'étude Lefèvre (MC. CXIII/287) le 29 mai 1721. Cette séparation est évoquée notamment par Barbier, *Chronique de la Régence*. I. 112-113, Buvat, *Journal*. II. 212-213, Saint-Simon, *Mémoires*. VI. 241-242 et surtout par Marais, qui

Le sentiment du public et du reste des Lorrains penche ailleurs. Madame de La Vallière délègue un prêtre de Saint-Germain l'Auxerrois vers le prince dans une tentative tardive et désespérée afin de l'engager à ne pas s'opposer à Dieu qui l'avait joint à sa femme ; le prince Charles lui répond qu'il s'en rapporte là-dessus au cardinal de Noailles qui, à la fois, l'a marié et a signé la transaction de rupture. La Maison de Lorraine se presse rue du Bac pour réconforter la délaissée. Quant à Elisabeth Charlotte, de Nancy, elle résume la position commune dès que la nouvelle lui est parvenue en confiant à la marquise d'Aulède ce message : « Pour le prince Charles, j'avoue que je suis surprise et en même temps fâchée de son procédé avec Madame sa femme ; mais il ... a de si mauvais conseillers que cela l'a engagé à faire cette mauvaise démarche qui est infâme, surtout quand c'est un sujet de vil intérêt qui (le) lui fait faire comme on le dit »[115].

À l'époque où Françoise de Noailles patientait encore en attendant en toute innocence le moment de devenir comtesse d'Armagnac, au milieu de l'été de 1717, les Souverains de Lorraine se sont souvenu qu'ils

---

a recueilli les confidences du prince Charles, *Journal.* II. 79 à 81, 84-85, 110, 154, 203-204.
[115] *Lettres..., op. cit.* 136. Lettre du 3 mars 1721.

n'avaient plus mis le pied en France depuis dix-huit ans. Le temps pourrait être venu d'y effectuer un petit voyage alors que le frère de la Duchesse y gouverne. Dans ce cas les Lorrains savent ce qu'ils recherchent. Ils veulent joindre l'utile à l'agréable. Cependant le déplacement de personnalités responsables suppose un certain nombre de mises au point préalables[116]. Aucun nuage ne doit encombrer le ciel des deux pays et il faut mettre de bonne humeur les interlocuteurs éventuellement appelés à se rencontrer. Léopold en particulier, éprouve un vif désir d'être reconnu en France même comme une Altesse proprement Royale. À Paris ses diplomates sont à l'œuvre pour pousser ses intérêts. De chez lui il ne dédaigne pas de suggérer à Madame de glisser un mot de temps à autre à l'oreille de son fils ou de presser quelque membre réticent du Conseil de Régence français. En janvier suivant un traité en bonne et due forme intervient entre les deux pays[117]. Léopold a largement satisfaction et peut

---

[116] Le 1er septembre, Léopold laisse entrevoir cette possibilité à sa belle-mère sans lui nommer un temps précis. Cf. la réponse de celle-ci du 5. Palatine, *Lettres française.* p. 538.

[117] Traité du 21 janvier 1718 qui en échange de quelques localités du Duché cède à la Lorraine plus de cent villages ressortissant jusque-là du Parlement de Metz.

envisager le départ. Il sait même que le titre qu'il envie ne lui est pas discuté. Pourtant la chose n'est pas publique et le traité n'est bien sûr pas encore enregistré. Afin d'éviter tout problème de préséance la prudence lui commande de recourir à l'incognito, du moins pour lui, puisque la place d'Elisabeth Charlotte, petite-fille de Roi, est fixée.

Le quinze février la Duchesse de Lorraine, sans mari donc mais escortée d'un certain comte de Blamont et de quatre carrosses de suite, s'ébranle de Nancy en direction de Bar, première étape du voyage ; une soixantaine de courtisans, d'officiers et de domestiques la précèdent, à cheval, à petites journées, requinqués dans les postes du Roi de France. La rencontre avec mère et frère a lieu le dix-huit au crépuscule à Bondy. Pendant les deux mois environ que va durer le séjour des Lorrains, l'appréciation des observateurs oscillera entre deux tendances. Au point de jonction le Régent et son beau-frère, sortis de leurs carrosses à l'opposé l'un de l'autre, ont besoin de se chercher avant de s'apercevoir et de s'étreindre. Madame caresse des yeux son gendre ; elle pleure de joie devant sa fille[118]. Les jours suivants la confirment dans l'idée qu'Elisabeth « sait vivre selon sa naissance et sa dignité » et qu'elle « ne laisse pas de se

---

[118] Lorraine, 42. 41 (compte-rendu du 19 février 1718).

divertir des plaisirs honnêtes »[119]. Du côté du devoir, la Duchesse ne manque pas d'aller voir à la Visitation les cousines religieuses, Eléonore et Françoise d'Elbeuf. Léopold de son côté, l'homme qu'elle aime avec passion, se garde d'oublier de renouveler son hommage au Roi de France pour le Barrois mouvant. Il répond aux exigences de la politesse en se rendant aux invitations de nombreuses personnalités en vue, de la duchesse de Berry au duc de Bourbon et pour celui-ci tant à son hôtel parisien qu'à sa résidence de Chantilly. Et pourtant dans ces rencontres on s'adonne intensément au jeu, on y représente la comédie, on se voile, on se masque (en période de carnaval, il est vrai). Madame se surprend, parmi les dames de Lorraine présentes, à aimer le plus celle qu'elle devrait le moins aimer, la marquise de Beauvau-Craon, dame d'honneur mais aussi rivale de la Duchesse puisque notoirement favorite de Léopold[120]. Il peut paraître étrange qu'une personne aussi privée que le comte de Blamont soit logée et défrayée de tout au Palais Royal ou que le prince Charles - ne se doutant pas encore de ses futurs ennuis

---

[119] Palatine, *Lettres françaises*. p. 565 (3 avril 1718), à Sophie Dorothée de Prusse.

[120] Palatine, *op. cit*. p.563. Lettre à Madame de Ludres du 15 mars 1718.

financiers - lui confie ses chiens pour courir le cerf en forêt de Saint-Germain. Tout cela à quelle fin ? Pour « l'arrondissement de la Lorraine » que déplorent aussi bien le duc de Saint-Simon que le Parlement de Metz faisant défense d'enregistrer le traité pendant ce séjour ou les enquêtes du Palais de Paris suspendant plusieurs causes pour n'avoir pas été consultées, avant de faire retomber l'un et l'autre leur aigreur ? Ou pour la « bagatelle » d'une « apparence » Royale hors d'un Duché qu'au fond de leur pensée Léopold comme Philippe pressentent devoir tomber un jour dans l'escarcelle de la France[121] ? À tout prendre, le symbole de ce voyage s'est peut-être manifesté dans le spectacle de Bellérophon qui leur a été présenté le premier jour : un cavalier aidé des ailes de Pégase terrassant la Chimère.

Le retour est plus comique. Près de l'abbaye de Montiers-sur-Saulx, le carrosse des Princes vient à verser rudement. L'accident y révèle une Duchesse insensible à la peur tandis qu'il faut saigner Madame de Fürstenberg qui l'accompagne, pour faire passer à celle-ci son immense frayeur[122]. Les rentrées de Vaudémont chez lui sont plus solennelles ;

---

[121] Saint-Simon, *Mémoires*. VI. 602-617 ; Buvat, *Journal*. I. 312.

[122] *Lettre* à la marquise d'Aulède du 23 avril 1718.

celle de 1719 mobilise 64 chevaux montés par les officiers de l'hôtel de ville, les avocats, bouchers et marchands de la ville et de la halle de Commercy ainsi que par quantité de pages venus à sa rencontre jusqu'à Saint-Aubin[123].

Règlements de comptes

Lorsqu'il y a changement de gouvernement, il arrive souvent que les nouveaux détenteurs du Pouvoir s'en prennent à ceux qui ont prospéré à l'ombre de leurs prédécesseurs. Après la mort du Roi-Soleil, la Régence n'a pas dérogé à l'usage. D'autant qu'elle a trouvé les caisses du Trésor à peu près vides alors que les dettes attribuées à l'État ont paru immenses. Pour commencer, il a été demandé aux créanciers de justifier leurs prétentions en présentant et faisant viser leurs titres[124]. Cette disposition n'a pas suffi. Face à la pénurie, il faut des responsables. Un édit[125] institue bientôt une Chambre de justice à laquelle il est alloué un nombre respectable

---

[123] Lorraine, 301. 157-158 (3 septembre 1719) ; les protestations du Parlement, rappelées dans l'arrêt d'enregistrement du traité franco-lorrain, ne touchent pas la Principauté de Commercy. Cf. Maz. 2652. U/19, pièce 37. 6.
[124] Édits de novembre et décembre 1715.
[125] de mars 1716.

de magistrats, pris parmi les meilleurs Parlementaires, assistés par toute une kyrielle de commis, d'hommes de plume et même de subdélégués dans les provinces du Royaume, sans compter les délateurs à qui des récompenses sont promises, en somme les grands moyens. L'une des missions de tous ces gens consiste à se procurer et recevoir leurs déclarations et à examiner les comptes des nombreux individus qui durant les dernières guerres, dans les affaires du Roi défunt, ont traité avec lui, trafiqué ou assuré les fournitures des armées. Puis de se prononcer. Philippe d'Orléans lui-même garantit l'impartialité des juges en affirmant qu'il veillera à ce qu'ils soient mis à l'abri des sollicitations. Mais il apparaît vite que, pour le public, demander à des personnes qui étalent leurs richesses de rendre des comptes, cela équivaut à exiger d'elles qu'elles rendent gorge. Les mesures infligées aux premiers prévenus avant même leur condamnation - saisie de leurs biens, arrestation - sont lourdes et infamantes. Le duc d'Elbeuf reste serein cependant puisque ceux à qui il s'est adressé pour sa subsistance, lors de ses campagnes d'autrefois, n'étaient que des bouchers ou boulangers de quartier, commerçants tout à fait ordinaires.

En mai la Chambre décrète la prise de corps du greffier des chasses de Livry et de

Bondy, Antoine Dubout, « homme de néant », et pourtant possesseur de biens considérables. Il lui est reproché de n'avoir rien déclaré et pis que cela d'avoir donné, en quantité d'ailleurs falsifiée, de la viande morte aux soldats et par là d'avoir peut-être contribué à propager parmi eux les maladies. En dépit des dénégations de l'accusé mis sur la sellette, faisant valoir au surplus qu'il y avait toujours des officiers présents aux tueries, que personne ne s'est jamais plaint et qu'en vingt-cinq ans, à raison de douze mille livres par an, il n'est parvenu à amasser que cinquante mille écus, les témoignages de ses anciens domestiques emportent la conviction des juges. Il est condamné à faire amende honorable, en chemise, la corde au cou, porteur d'une pancarte accusatrice de ses méfaits, mis à l'amende, banni pour neuf ans et menacé des galères s'il lui arrivait de s'immiscer à nouveau dans le commerce de boucherie[126].

Ce pourrait n'être qu'un exemple parmi d'autres. Mais ce que ces indications ne révèlent pas c'est que Dubout était, durant la période visée, le principal commis d'un entrepreneur des boucheries de l'armée de Flandre, Jacques Charpentier. Et ce dernier,

---

[126] Maz. Ms 2347. 67-74 et P. Ravel, *La Chambre de justice de 1716*. 81-83.

bien plus riche que son commis et se prétendant encore créancier du Roi pour trois millions de livres, se voit à peu près au même moment déchargé par la même institution de toutes poursuites à la simple condition de se faire plus discret à l'avenir sur ses droits. Le sieur Thomas Rivié, commandant les équipages d'un corps de réserve des armées du Roi, qui s'est longtemps fait rémunérer pour des chevaux morts avant qu'ils ne parviennent jusqu'aux affûts de l'Artillerie et qui d'un autre côté n'a pas hésité à subvenir maintes fois aux pressants besoins de la maison d'Henri de Lorraine, bénéficie d'une indulgence du même ordre. Il n'est donc pas étonnant que la rumeur impute au duc d'Elbeuf la raison de ces accommodements et de ces différences de traitement, indépendamment du fait que l'on est habitué à voir un subalterne payer pour son supérieur. Elbeuf est tout de même obligé d'aller se disculper auprès du duc d'Orléans de tout agiotage ; il lui suffit pour cela d'exhiber devant le Prince les deux modestes tabatières qu'il reconnaît avoir reçues des intéressés, sans mentionner bien sûr les pratiques, certainement légitimes, auxquelles il se livrait[127].

La Chambre de justice n'a d'ailleurs fait preuve de mansuétude apparente envers

---

[127] Buvat, *Journal*. I. 134.

Charpentier et Rivié que dans la mesure où il ne s'est agi à ce stade que de contrer leurs réclamations sans trop de violence. Un peu plus tard, sans que leur sort soit aussi dramatique que celui de Dubout, ils se voient taxés de trois millions de livres ou un peu plus chacun, contraints à taper dans l'éventail de toutes leurs ressources afin de réunir péniblement ce qu'il leur faut pour s'exécuter. La combativité de Rivié n'en est pas entamée pour autant ; il parvient à obtenir de la Chambre avant qu'elle ne disparaisse, une modération de 60% de sa condamnation et encore le remboursement de ce que le Trésor Royal a pu percevoir en trop dans l'intervalle[128]. La déclaration de fortune de René Boutin qui a bien aidé lui aussi Henri d'Elbeuf, fortune qui, compte tenu des dettes, n'atteindrait pas les deux millions de livres[129], est encore moins suivie d'effet ; il semble qu'il n'a pas été inquiété et s'est trouvé disponible pour d'autres entreprises. Il lui a fallu pour cela agir avec d'autant plus de prudence qu'en tant que receveur général des finances de Picardie il pouvait donner prise à des accusations de collusion avec le

---

[128] Dessert, *Argent, pouvoir et société ..., op.cit.* 262 et 757.
[129] Dessert, *op. cit.* 136.

Gouverneur[130].

Les particuliers également poussent quelquefois Henri de Lorraine à faire le point. À Philbert Marpon qui s'est si souvent mis au service des Elbeuf, Lillebonne, Vaudémont et duc Charles III, en 1686, alors qu'il n'était que simple prince, il avait confié un mandat général pour agir auprès des juridictions du Parlement et de toutes celles comprises dans l'enclos du Palais et ceci tant en son nom que comme récent donataire de son frère le chevalier ou comme héritier bénéficiaire de sa mère et aussi en prenant en considération les intérêts du duc son père. Cette délégation était alors d'autant plus nécessaire que les affaires de la Maison se trouvaient particulièrement embrouillées et que le Conseil du Royaume venait de charger la fameuse quatrième chambre des enquêtes du Parlement d'en démêler tous les fils. Elle a au surplus permis au procureur d'intervenir au cœur de toutes les disputes intestines, avec les d'Harcourt ou les Armagnac par exemple. Il y avait là pour

---

[130] Ainsi a-t-il pris la précaution de faire reconnaître par son débiteur qu'il n'a jamais agi que pour la facilité et le bien de ses affaires et à sa réquisition ; il a fait au surplus approuver les déclarations du duc par le sieur Rivié qui a avoué en même temps qu'il a été aussi quelque peu bénéficiaire des dites facilités : AN. MC. XCII. 386. Indemnité du 30 juillet 1716.

l'homme de loi un gros travail, générateur de frais, que par commodité, lui-même et Henri d'Elbeuf avaient été d'accord pour rémunérer le tout globalement sous forme de pension, arrêtée à cent cinquante livres par an[131].

Les choses ont été suivies à ce rythme jusqu'à la fin du premier semestre de 1699, moment du dernier compte établi entre eux. Puis l'habitude s'est perdue d'acquitter l'allocation sans que le rôle de Marpon ait cessé pour autant. Quand il meurt le 16 mars 1715, tous les dossiers sont restés à son domicile, rue de la calandre, face au Palais, alors que, compte tenu des intérêts de retard, Henri d'Elbeuf lui doit sept mille livres.

La famille Marpon a relativement bien tourné puisque des cinq enfants, une fille a épousé un trésorier général des ponts et chaussées de France et la cadette un procureur au Parlement ; le troisième fils est prêtre, docteur en théologie, doyen et chanoine de l'église collégiale et Royale de Saint-Cloud ; l'aîné, prénommé Louis Philbert, est avocat au Parlement. Ce sont tous gens avisés et organisés. Ils réclament ce qui reste dû à leur père. Le duc d'Elbeuf n'a pas trop de moyens pour les désintéresser mais il ne peut que convenir de ses obligations et accepter qu'ils rejoignent l'union de ses créanciers contre

---

[131] AN. MC. XCII. 255. Procuration du 12 septembre 1686.

remise de l'ensemble des pièces, titres et procédures des affaires en cause en attendant de connaître chez lui une aisance mieux affirmée. Le Duc de Bourbon qui, de par la succession de Monsieur le Prince, est dans une situation comparable à leur égard, est au même moment plus complaisant ; il leur adresse immédiatement ce qu'il leur doit par le ministère de son trésorier[132].

C'est encore le décès, en janvier 1717, de François Lange, titulaire de l'étude XCII, à laquelle recourt habituellement le duc Henri, qui amène celui-ci à examiner où il en est vis-à-vis d'Antoine Charles Lorimier, acquéreur de l'office et de sa pratique. En septembre 1721 le duc d'Elbeuf se révèle débiteur de trois mille livres ; la meilleure façon pour lui de se libérer consiste à compter sur et à faire le transport d'une fraction de ses appointements de Gouverneur de Picardie et de Montreuil à recevoir du Trésorier de l'extraordinaire des guerres pour la période 1722-1724[133].

Le Prince de Vaudémont n'est guère

---

[132] AN. MC. XCII. 384. Convention et obligation du 21 janvier dans le premier cas ; quittance du 26 février 1716 dans le deuxième.

[133] Pour des raisons de déontologie sans doute, la transaction du 9 septembre 1721 a lieu sous l'égide de Pierre Desplasses, confrère du créancier (étude VIII, située rue de Buci). AN. MC. VIII. 946.

plus pressé de payer ses domestiques les plus fidèles, même lorsqu'il est tout à fait satisfait de leurs services. À la longue il devient difficile de s'y retrouver. Ainsi à l'égard du couple Joseph Le Rouge pour lequel il fait dresser des récapitulatifs ; étant donné la période à parcourir le trésorier doit se livrer à un exercice difficile car il lui faut jongler avec les florins de Brabant, les pistoles d'Espagne, les livres de Milan, celles de Lorraine et de France, à quoi on peut encore ajouter les écus et les louis d'or vieux ! Hormis le séjour bruxellois et les années 1701 à 1707 où le Prince avait pu obtenir que son valet de chambre soit employé en tant que chirurgien major de l'armée d'Espagne[134] et donc payé pour l'essentiel par le Roi de ce pays, ses gages ne lui ont été versés qu'avec parcimonie, les augmentations de traitement qui lui ont été consenties à plusieurs reprises étant restées sans effet sur ses liquidités ; ceux de son épouse, Elisabeth Suzanne de Valfleury,

---

[134] Rappelons qu'un chirurgien d'alors, plus que les plaies ou les os, traite les poils du menton, de la joue et du crâne. D'autre part l'intégration dans l'armée n'a été qu'un artifice pour s'offrir à bon compte un moyen de subsistance ; elle ne l'a pas éloigné du chef. Les compétences de l'individu sont d'ailleurs multiples puisqu'à Commercy elles se sont étendues jusqu'aux Finances (Lorr. 624. 6 et AD. Meuse. 18 E 4. Minute Thiéry)

autrefois femme de chambre de la Princesse,
ont connu un rythme de rentrée tout aussi
lent. Quand, au printemps de 1716, on s'avise
d'examiner les choses, le retard représente
environ 11 années pour lui et 7 pour elle. Qui
plus est, quand ces serviteurs ont convolé en
justes noces, les Vaudémont ont trouvé bon
de leur accorder une dot de 1 500 livres qu'ils
ont affirmé avoir payée comptant, alors que
selon la tradition il n'en a rien été et qu'ils se
sont simplement engagés à la verser aussitôt
que faire se pourra. En outre Vaudémont a
emprunté au mari 3 000 livres pour éteindre
une dette d'égal montant. L'addition de tous
ces arriérés finit par se monter à 10 432 livres.
Ce ménage aussi devient quelque peu insistant.
Dans sa généreuse magnanimité le maître
consent à payer tout de suite la monnaie de 32
livres et promet cette fois-ci de régler les 10
400 de reste d'ici un an[135] !

   Le duc d'Elbeuf, nous l'avons vu,
considère le prince Charles de Lorraine
comme un successeur potentiel. Tandis qu'il
tend à favoriser le mariage de son cousin, il se
préoccupe, avec la complicité intéressée de

---

[135] AN. MC. LXXXVII. 757 du 4 mai 1716. En annexe,
extraits du registre général des gages des domestiques de
S.A.S. de Vaudémont ; contre-lettre du 6 juillet 1710 relative
à la dot ; billet Defages du 5 juillet 1715 repris par Le Rouge
le 28 août suivant. Cf. aussi Lorraine. 709. 38 et 82.

Monsieur le Grand, de prévoir la transmission de ses gouvernements de Picardie et de Montreuil. La chose est délicate car ces fonctions sont assorties d'un brevet de retenue que le continuateur, quel qu'il soit, devra verser à sa succession et dont le montant a été porté à 300 000 livres en 1705. Le prince Charles veut bien de la fonction mais il est attentif à sa bourse. Ce brevet sert de garantie aux créanciers du duc. Il ne peut donc être question d'en faire remise. D'ailleurs Henri d'Elbeuf n'a nullement l'intention de se retirer dans un avenir proche. Il a besoin et entend continuer à toucher des émoluments souvent déjà consommés avant même que d'avoir été perçus. Il est en outre un aléa qui pourrait le conduire à jouer sur l'existence. Entre Charles et lui, qui mourra le premier ? Rien ne l'annonce, même si à l'heure qu'il est le hasard des combats est écarté puisque aucun des deux ne sert plus. Le système imaginé dès 1716 pour la dévolution est subtil.

S'étant assuré que le Roi agréera son cousin, le duc d'Elbeuf démissionne de ses gouvernements que Louis XV confie effectivement au prince Charles qui en devient donc titulaire. Mais nonobstant cette mesure des lettres patentes du même jour accordent au démissionnaire une nouvelle commission pour continuer, sa vie durant, à commander et à exercer ses fonctions traditionnelles et jouir

parallèlement des appointements qui y sont
associés. Par ailleurs le Roi, de l'avis du duc
d'Orléans son oncle, donne le moyen d'assurer
aux créanciers du duc les garanties dont ils
disposent depuis 1705 en accordant au prince
Charles un brevet de retenue, aussi de 300 000
livres, que le survivant des deux cousins devra
à la succession du prémourant. Il est entendu
que si le prince Charles décède avant le duc
d'Elbeuf, celui-ci se trouvera à nouveau
titulaire des gouvernements abandonnés. Le
tout est complété par une série de mutations
de brevet et de constitutions de rentes, initiée
avant même l'obtention de l'acte officiel,
destinées à rendre communs à l'un et à l'autre,
à concurrence de la somme en question, les
créanciers initialement du seul Henri[136] :
quarante-deux pour cent de financiers dont
Rivié déjà repéré, trente-sept de personnes
liées au duché, en particulier le clan Delarue-
Gaugy, dix-sept de ce que l'on pourrait
appeler le secteur privé d'Henri d'Elbeuf, à
savoir Françoise Gaillard, établie maintenant
comme épouse d'un trésorier de France au
bureau des finances d'Alençon, Pierre Brice
Potier du Fougeray, mais toujours responsable
de Routot et Grosley, les fils que son ancien

---

[136] AN. MC. XCII. 386. Brevet du 10 août 1716 ; mutations
de brevet et constitutions de rentes étalées sur juillet et août.
Cf. aussi AN. *T. 491. 1. n° 1302.

amant et la nature lui ont donnés et toujours logée rue du Jardinet à Paris[137], pour le solde quelques fournisseurs au quotidien.

Bénéficiant par cette espèce de solidarité d'une marge de manœuvre accrue, le duc Henri peut songer aux accommodements qui lui permettraient de faire avancer les contentieux familiaux qui traînent en longueur. Avec Vaudémont en particulier. Celui-ci ou du moins François Sergent qui suit ses affaires, est mécontent. Ils savent que le fermier du duché, Blanchard, en poste depuis 1714, n'est qu'une créature d'Henri et ils constatent qu'en dépit de toutes les sollicitations écrites ou orales auxquelles ils le soumettent, il ne met pas plus d'empressement qu'eux-mêmes à arrêter ses comptes et à verser le produit qu'ils devraient faire apparaître. Il prétend mais sans en donner la preuve que les dépenses des trois premières années de son bail ont absorbé toutes les recettes. Cela amène Sergent à hausser encore le ton[138].

Au vrai le duc fait travailler André Boursault sur un projet de transaction dont le fondement serait un abandon par son beau-frère de la propriété de ce qui lui reste dans le duché, n'en gardant que l'usufruit, pour prix

---

137 AN. MC. XCII. 391. Donation ratifiée le 9 juin 1717.
138 Lorr. 574. 836. Lettre de Sergent du 13 mars 1717.

forfaitaire de toutes les prétentions contre Charles Henri en tant qu'héritier des propres paternels de sa sœur[139]. Tel est le schéma finalement retenu dans la convention que Sergent, procureur de Vaudémont, passe avec le duc en s'écartant des principes de l'arrêt de 1691. Ce dernier persiste à protester contre la donation que Vaudémont a laissé faire à la Princesse de Lillebonne du douaire de Lannoy mais il lui abandonne tout l'héritage de Madame de Vaudémont sauf à remplir les obligations concomitantes[140]. Encore faudrait-il déterminer quels sont les revenus réels du duché dont le tiers devrait rester à Vaudémont. Les deux parties finissent par s'entendre sur un montant annuel de neuf mille livres, net de charges, qu'Henri promet de payer à son beau-frère quels que soient les comptes du fermier et même si le loyer du duché devait à l'avenir être révisé en hausse[141]. Dans l'intervalle Vaudémont a offert ses bons offices en tant que médiateur entre Henri et les La Rochefoucauld ; Boursault s'est aussi préoccupé du montage conduisant à les

---

[139] Lorr. 574. 889. Lettre du même du 30 août 1717.

[140] AN. MC. XCII. 394. Transaction du 17 février 1718.

[141] Lorr. 41. 298 et AN. MC. XCII. 413, 28 avril 1720. Ce traité est suivi d'effet ; le 26 août les intendants respectifs se transmettent un premier acompte de 6 000 livres : Lorr. 1011.

désintéresser sur la succession de la Princesse de Vaudémont. La convention à laquelle on a abouti est celle qui a suscité l'ire du prince Emmanuel[142]. Il est bien difficile d'arriver à des conclusions définitives !

Insensiblement néanmoins le duc d'Elbeuf parvient à satisfaire aux exigences de tel ou tel de ses créanciers les moins notables. Au printemps de 1720, il imagine une opération d'une amplitude plus grande. Ceux à qui il doit encore quelque chose, sont des financiers dont les circonstances contrecarrent les entreprises, Rivié par exemple, ou bien des héritiers comme le tout jeune fils de Delarue qui s'était remarié en 1716 avant de succomber trois ans plus tard. Le duc préfère les remplacer par un ou deux prêteurs seulement, en particulier par le grand responsable de la direction de ses créanciers, Pierre Lucas de Fleury. Bien qu'il lui ait déjà beaucoup avancé d'argent, celui-ci est assez fin pour se rendre compte que le double brevet sur les gouvernements de Picardie est susceptible de le garantir convenablement. D'ailleurs Henri de Lorraine déclare avoir de l'estime et de l'amitié pour lui et pour son épouse, Aubine Brouillart, manifestation

---

[142] Lorr. 574. 919 (assemblées préparatoires de septembre) et AN. MC. XCII. 404. Transaction du 10 octobre 1719. V. *supra*, p. 278-279.

assortie d'une pension viagère de cinq mille livres par an[143]. Le duc lui emprunte encore une centaine de milliers de livres supplémentaires et lui en fait régler au moins autant à plusieurs de ses créanciers. Moyennant quoi tous les membres de l'union qui les rassemblaient jusque là se trouvent désintéressés d'un seul coup. Lucas de Fleury peut enfin donner mainlevée au titulaire du duché et autoriser ses receveurs et fermiers à vider désormais leurs mains en celles du seigneur[144]. Monsieur d'Elbeuf retrouve la maîtrise de son duché. De tuteur, Pierre Lucas de Fleury devient son mandataire chargé de recueillir les comptes du fermier et de sa caution. Cette hiérarchie est bientôt confirmée, car le duc d'Elbeuf estime que l'appartenance de ce gentilhomme à la grande fauconnerie du Roi le prédispose sans doute à honorer avantageusement la charge de verdier, rachetée à Louis Delarue, sieur de Freneuse, neveu du défunt fermier[145].

---

[143] AN. MC. XCII. 413. Création de pension du 30 avril 1720.

[144] AN. MC. XCII. 413. Emprunt à Pierre Lucas de Fleury et remboursements de mars à avril. *T491. 1. n° 1304. Mainlevée du 4 juillet 1720.

[145] AN. MC. XCII. 417. Comptes du duché pour la période 1717-1719, déposés le 29 novembre 1720 et convention du même jour avec Lucas de Fleury ; H. Saint-Denis, *Histoire*

Tandis qu'il procède à ces remaniements qui tendent à le faire jouir au mieux de tous les avantages de son domaine d'intervention, Henri d'Elbeuf se donne une apparence plus offensive. Ainsi le soutien qu'il apporte aux Etats d'Artois qui prétendent s'occuper de quelques paroisses voisines de la Lys, en Flandre, autrefois conquises sur les Espagnols et groupées sous l'appellation de pays de l'Alleu en raison de leur tradition d'indépendance, entraîne-t-il l'inquiétude du duc de Boufflers, Gouverneur à Lille, et de la mère de celui-ci. Son attitude amène aussi le duc de Saint-Simon, cousin par alliance, à le soupçonner de vouloir y « allonger ses mains ». Lorsque la question de l'appartenance de ce pays est évoquée au Conseil de Régence, Saint-Simon veille ; les Etats d'Artois gagnent leur cause, mais seulement après que le Conseil a décidé que cela ne pouvait avoir aucune influence sur le gouvernement de Picardie et d'Artois. Ce n'est pas ce qu'attendait le duc d'Elbeuf, furieux de se voir opposer une fin de non-recevoir, lors de la démarche, pressentie par Saint-Simon, qu'il effectue comme une simple conséquence logique de la réunion de trois des paroisses

---

d'Elbeuf. IV. 360 et 408-409. Lucas de Fleury est reçu par le bailli et prête le serment d'usage en 1722.

visées à la province d'Artois[146].

La gourmandise du duc se porte également sur la terre et la propriété de La Saussaye et de Saint-Martin-La-Corneille proche d'Elbeuf. Il paraît regretter la cession que son père en a faite autrefois[147]. Il s'agit certes d'une ferme plutôt que d'un véritable manoir. Du sieur Conart de La Patrière qui en avait été l'acquéreur, mort sans descendant, elle est passée à la sœur de celui-ci, Anne d'Hérouville, une Parisienne qui en a fait sa maison de campagne. La Dame meurt à son tour en 1716, sans postérité, faisant de l'avocat au Parlement de Paris, Guillet de Blaru, son légataire universel, à l'exception de La Saussaye précisément, qu'elle estime devoir revenir à ses héritiers. Or la terre en question est mouvante du duché d'Elbeuf et le duc Henri, par la voix du procureur fiscal Alexandre Flavigny, dépêché au moment même de l'inventaire, prétend l'avoir par droit de fief, justement parce que la testatrice n'avait pas d'enfant et parce que c'était son frère qui en avait réalisé l'acquisition. Le duc d'Elbeuf a tort. Les juristes consultés n'ont pas de peine à

---

[146] Dangeau, *Journal*. 14 novembre 1717. Saint-Simon, *Mémoires*. VI. 497-499 et 981-992 (Mémoire pour le Conseil de Régence).

[147] Le 16 juin 1662. AN. MC. Contrat passé devant Parque et Gigot.

affirmer que le seigneur ne peut prétendre à rien lorsque la défunte a laissé des parents proches, en ce cas le fils d'un cousin germain, de famille également noble, Charles Roy, curé de Saint-Bonnet de Moulins en Bourbonnais. Du fait de ses fonctions et de l'éloignement de son domicile, ce dernier n'est peut-être pas susceptible d'aller goûter les charmes d'un séjour à La Saussaye. Du moins serait-il intéressant de monnayer le bien, ne serait-ce qu'à l'avantage de son ministère. Après quelques mois de procédures, le légataire universel et le grand seigneur renoncent à leurs objections et à leurs actions en justice. Ils consentent de concert à la vente de cette propriété par l'héritier reconnu à l'un des chanoines de la collégiale, qui s'en dit amateur, Nicolas Pollet, cession aussitôt faite[148]. Il se peut qu'en donnant son accord, Henri d'Elbeuf ait eu l'arrière-pensée qu'une transaction avec un prébendé de sa sphère d'influence représentait un moindre mal, prémisse d'arrangements plus favorables. Toujours est-il que notre duc est bientôt en mesure d'en faire profiter sa favorite du

---

[148] AN. MC. XI. 437. Transaction entre le légataire universel et l'héritier du 8 mai et XCII. 391. Vente et convention du 13 mai 1717.

moment, Marie-Joseph Vollant[149].

Son beau-frère Vaudémont n'a pas d'ambition particulière sur le plan territorial. Le rôle de suzerain de celui-ci lui fournit déjà d'amples satisfactions d'amour-propre. Il ne lui est pas indifférent d'assister à l'élévation progressive des descendants de vieux serviteurs de la Maison restés fidèles à leurs origines. La famille Herpon a été honorée en la personne d'André, anobli par le Duc de Lorraine au début du siècle et flanqué désormais d'une particule[150] ; l'activité déployée par ce gentilhomme de Léopold lui a en plus donné les moyens d'acheter auprès du comte de Chulemberg et de son épouse, née Marguerite Euphrosine de Tailfumyr[151], une large partie des deux seigneuries qui couvrent le territoire de Méligny-le-Grand. Son désir de concrétiser la chose rencontre la faveur de Vaudémont qui confirme le contrat d'acquisition et marque son affection à l'intéressé en l'autorisant à en prendre

---

149 H. Saint-Denis, *Histoire d'Elbeuf.* IV. 409. AN. MC. LXXV. 524. 24 fév. 1725, annexe ; acquisition faite par la demoiselle à Rouen le 20 oct. 1722.

150 Le 15 septembre 1701. Registre d'anoblissement. Années 1701 et 1702. Fol. 100.

151 Avatar d'appellation d'une partie de la famille Taillefumier.

possession[152]. Le plaisir du Prince n'est pas moindre lorsqu'il reçoit le serment de fidélité de notables appelés à reprendre toutes les formules de la vassalité à l'égard de leur seigneur dominant pour les fiefs qu'ils viennent à posséder dans la Principauté ; François Haizelin comme procureur de la comtesse de Gourcy et de ses enfants à cause du fief de Waldeck en plein Commercy, Louis Ignace d'Issoncourt en tant que détenteur de droits de justice à Ménil-la-Horgne et à Pont-sur-Meuse et surtout titulaire du comté de Sampigny créé pour lui par le Duc de Lorraine et encore Dominique-Hyacinthe de Taillefumier pour le fief adjacent du Fresnel, s'engagent tour à tour à servir Charles Henri de Vaudémont « envers et contre tous »[153].

Il arrive que les questions de patrimoine et de famille s'enroulent comme volubilis et grillages. En février 1716, la princesse d'Épinoy préside au mariage de son fils Louis, le duc de Melun et de Joyeuse, avec la fille du duc de Bouillon et d'Albret, Armande de La Tour d'Auvergne. Bien qu'aînée de sa famille, la demoiselle n'a que dix-huit ans ; toutefois son jeune âge ne nuit

---

[152] Lorr. 624. 61. Décision du 30 juillet 1718.

[153] Lorr. 624. 66-71. Reprises, fois et hommages faits respectivement le 29 octobre 1718 par les deux premiers et le 18 février 1719 par le troisième.

nullement à sa beauté et ne l'empêche pas de paraître toute aimable ; en outre cette alliance a l'avantage de resserrer les liens entre deux Maisons aux préoccupations communes de « princerie étrangère ». L'éclat en est attesté à propos du contrat établi sous le régime de la communauté, signé en priorité au Louvre par le Roi et la famille royale, le lendemain par les princes du sang en leurs palais et le surlendemain à l'hôtel de Bouillon par les parties contractantes[154]. Un peu plus tard la démission de Pierre de Montesquiou d'Artagnan, Lieutenant Général de la province et des pays d'Artois, pousse le mari sur les voies de son cousin Elbeuf ; à cette occasion le Régent lui confère en effet cette charge et donc le soin d'assister le cas échéant Henri de Lorraine.

Entre temps et comme il est assez naturel, la duchesse de Melun s'est trouvée enceinte. Elle s'en porte bien, demeure gaie et enjouée et n'hésite pas à souper de temps à autre avec quelques amis. Tout laisse penser que ce ménage est assuré du bonheur en dépit du rappel à Dieu de la mère de la mariée, affectée « d'une longue et cruelle maladie »[155]. Lors d'un après-midi printanier, alors qu'elle

---

[154] Levantal, *Ducs et pairs ... op. cit.*666.

[155] Saint-Simon, *Mémoires*. VI. 162. La duchesse d'Albret décède le 5 mars 1717.

est dans son neuvième mois de grossesse, la duchesse ressent un petit mal de cœur. Refusant la saignée, elle s'étend sur son lit, voulant se contenter d'un peu de repos. Un ronflement un peu fort éveille l'attention de sa femme de chambre. L'heureux évènement est-il proche ? La Dame est sans connaissance. Les plus fameux accoucheurs, prévenus on ne sait comment, accourent. À l'invitation de la belle-mère demandant qu'on ouvre le côté de la mourante, affirment les mauvaises langues - mais il ne faut pas forcément les croire - les hommes de l'art cherchent à précipiter les choses ; ils parviennent à tirer l'enfant et à le mettre au jour. Si le signal de la princesse d'Épinoy n'est pas avéré[156], les conséquences juridiques possibles sont claires : la naissance d'une fille vivante, même pour très peu de temps, suffit à en faire une héritière. Le bébé est ondoyé mais ne vit pas, c'est-à-dire qu'on ne lui reconnaît pas d'existence. L'accouchée « étouffe dans son sang ».

C'est la fin de la personne, pas celle des problèmes des survivants. Le duc de Melun est obligé de concrétiser les promesses

---

[156] L'intention d'orienter la succession de la duchesse de Melun est prêtée à la princesse d'Épinoy par Louis de Caumartin, marquis de Saint-Ange. E. de Barthelemy, *Les correspondants de la marquise de Balleroy*. I. 153. Lettre du 19 avril 1717.

faites lors du contrat de mariage, en particulier de rembourser la dot de la défunte et de régler quelques dettes complémentaires. Il lui manque 33 000 livres qu'avec sa mère et la garantie des revenus de sa châtellenie de Lille, il s'en va emprunter auprès de celui qui est souvent le recours de ceux dont les finances sont mal en point, Samuel Bernard[157].

Et pourtant ses mère, tante et grand-mère parviennent peu à peu, comme le reste de la Maison, à stabiliser leur situation financière. Ces dames finissent par s'entendre avec l'un des plus coriaces de leurs créanciers, le marquis de Plancy et Marie-Françoise de Mérode, son épouse. Ceux-ci ont déjà pu au début du siècle reporter une large fraction de leur créance sur la marquise de Beuvron. Après quelques nouvelles discussions les parties arrêtent un schéma amiable définitif de règlement : le marquis délègue à la Princesse de Lillebonne et à ses filles tout ce qui provient de la succession du deuxième duc d'Elbeuf et de la fille d'Henri IV pour un prix forfaitaire de 20 000 livres, lui-même composé d'un paiement de 2 000 livres à six mois et d'une rente perpétuelle mais rachetable à tout moment de 900 livres. Simultanément, la Princesse de Lillebonne met fin à son vieux

---

[157] AN. MC. Ét. LXXXIX. 14 août 1717. Liquidation entre les ducs d'Albret et de Melun.

litige avec le fermier Thiébault qu'elle avait récusé pour Viviers ; elle s'entend avec le neveu de celui-ci, Jean-Nicolas, président à mortier au Parlement de Metz, à l'occasion d'un de ses déplacements à Paris[158]. Les principales difficultés paraissent ainsi surmontées.

La tranquillité du duc d'Elbeuf est cependant troublée par une attaque provenant d'un côté auquel il ne pensait pas. La demoiselle du Theil, fille de Louis et filleule d'Henri, en quête de légitimité, a entamé une procédure contre son parrain, destinée à faire reconnaître ses droits à récupérer l'essentiel du patrimoine de son père dévolu à son oncle. Pour cela il lui faut justifier qu'elle est fille légitime et qu'il y a bien eu mariage de ses parents, certes clandestin parce que l'abbé de Lorraine ne voulait pas perdre ses bénéfices, mais néanmoins effectif. Pour preuve elle produit un contrat sous seing privé, un acte daté de célébration par un prêtre du diocèse d'Evreux, nommé Lecomte, et la permission qu'en aurait donnée le curé de Marcilly-sur-Eure. Une première vérification des documents présentés, ceci devant l'abbé Pucelle, conseiller-clerc, retient l'attention de la Cour sur pas moins d'une huitaine de

---

[158] AN. MC. LXXXVII. 764. Transactions des 5 et 10 mars 1718.

séances étalées entre la fin de 1721 et le début de l'année suivante. La conclusion des enquêteurs est formelle : les pièces apportées sont fausses ; ils ont en effet remarqué que la signature prêtée à Louis comportait deux n à Lorraine et que celle de Pierre du Fay était très grossière.

Henri d'Elbeuf demande aussitôt que le procès-verbal de vérification soit entériné et que l'on en tire les conséquences. À cela la demoiselle réplique qu'il y aurait peu de justice à statuer dans une affaire aussi importante à partir d'un seul rapport et propose que soit prévu, à ses frais, l'examen technique des documents par cinq experts professionnels appelés à les confronter à d'autres actes où les intéressés ont pu intervenir, demande rejetée par l'avocat général Lamoignon de Blancmesnil. L'affaire est toutefois délicate. Des initiés murmurent que si le duc d'Elbeuf perdait cette procédure, le procès serait susceptible de lui coûter plus de deux cent mille livres[159]. S'il décide de contester des actes attribués à des autorités ecclésiastiques, le débat sera porté à la Grand'chambre du Parlement, composée des magistrats les plus anciens donc les plus expérimentés et les plus prudents et qui est surtout la chambre où l'on

---

[159] Lorraine, 574. 1107. C'est ce que François Sergent a entendu dire.

plaide, par conséquent celle où l'efficacité dépend de l'éloquence de ceux qui argumentent. Il s'avise qu'il a besoin d'un habile avocat. Les péripéties de La Saussaye sont oubliées. Henri d'Elbeuf choisit Philippe de Blaru dont un fils, conseiller au Parlement, est en mesure d'y prolonger le talent et qui lui-même a de l'influence sur les présidents à mortier. En face, la demoiselle compte sur le brillant d'un représentant de la génération des quarante ans, l'avocat Aubry. En l'absence du Premier Président que son état de santé pousse à manquer certaines audiences afin d'expérimenter quelques remèdes dans la discrétion de sa campagne, l'affaire sera présidée par Étienne d'Aligre dont les lumières ne paraissent pas évidentes au gros de la Compagnie. En tout cas Henri d'Elbeuf, Blaru et son confrère Marais ne manquent pas d'évoquer les tenants et aboutissants de toute cette histoire entre la poire et le fromage au cours du dîner qui les réunit au Louvre un dimanche de février avec le prince Charles, toujours préoccupé de la défense de l'honneur de la Maison et intéressé par les affaires judiciaires[160].

Le duc d'Elbeuf entame donc la procédure d'appel comme d'abus ; sa nièce est maintenant défenderesse. Trois audiences sont

---

[160] Marais, *Journal*. II. 234.

consacrées aux plaidoiries. La discussion sur l'authenticité des pièces est rapidement dépassée. Quant aux intentions de mariage manifestées par le défunt au seuil de sa mort, on ne s'en préoccupe guère car chacun admet que même dans ces circonstances, il n'est pas exclu qu'il ait menti. L'avocat général invoque une maxime latine que tout le monde ne comprend peut-être pas mais qui revient à exiger pour sa validité qu'un mariage soit célébré par le propre curé du lieu, ce que la langue utilisée fait passer pour vrai. En outre il aurait fallu la présence ou au moins le consentement de deux curés. Les vices de forme doivent entraîner la nullité. Le jugement rendu le 12 mars entérine cette position. L'union n'a pu être valable ; l'incertitude sur les conclusions des experts est secondaire ; il y a eu abus dans le prétendu mariage ; Françoise du Theil est déclarée bâtarde ; les biens de l'abbé de Lorraine sont attribués à son frère Henri ; la demoiselle perd son procès et se trouve condamnée aux dépens. Il s'est donc agi d'une sotte démarche[161].

Elle conduit cependant à ce qu'on pourrait prendre pour un sursaut de pitié de la

---

[161] AN. x/1a/7048. Acte du jeudi 12 mars 1722 au matin. Lorr. 574. 115 (14 mars 1722) et 959. 59 (Extrait de gazette imprimée à Leyde le 20 mars 1722) et Marais, *op. cit.* II. 259-260 (commentaires du jugement).

part de son parrain. Afin de lui permettre de subsister un peu commodément, celui-ci s'engage à lui verser une pension viagère de mille livres par an, à recevoir sur les revenus du passage des poulains par Montreuil-sur-mer. Mais la générosité n'est pas gratuite ; elle s'accompagne d'une condition expresse. Sa nièce qui pour lors demeure du côté de la porte Saint-Honoré, devra impérativement aller dans un couvent dont elle ne pourra plus sortir sans le consentement du duc, exprimé par écrit[162].

Ses pensions, Vaudémont a confié à Sergent qui réside plus constamment que lui à Paris, la mission d'en suivre et d'en percevoir les arrérages. Elles forment trois catégories. La première est représentée par l'allocation en 1707 par Philippe V de trente mille écus pour services rendus à la monarchie d'Espagne, en particulier dans son gouvernement du Milanais. Payable de mois en mois, elle a été ponctuellement versée jusqu'à la fin de 1710. Depuis, l'habitude en a été oubliée. Pour rappeler au gouvernement espagnol ses engagements on ne trouve pas de meilleur intermédiaire que l'épouse de l'ambassadeur de France à Madrid, Madame de Saint-Aignan, une femme intrigante c'est-à-dire active et

---

[162] AN. MC. XCII. 429. Création de pension du 19 mai 1722.

pleine d'entregent, réputée être en assez bons termes avec le principal ministre de l'époque, le cardinal Alberoni, et surtout cherchant à trouver de l'argent par tous moyens pour parer aux propres soucis financiers de son mari[163]. La perspective de la laisser partager avec le cardinal, aussi intéressé qu'elle-même, le tiers des sommes à recouvrer ne réjouit nullement l'intendant de Vaudémont. En tout état de cause, l'état déplorable des relations entre Madrid et le Régent et la quasi-fuite consécutive de l'ambassadeur et de sa femme à la fin de 1718 en vue d'échapper à la hargne et aux poursuites d'Alberoni, ruinent cet horizon-là. Voilà une ressource entièrement perdue[164].

Deux rentes de Bourgogne, en fait de Franche-Comté, dont l'origine remonte aussi au Roi d'Espagne mais au prédécesseur Habsbourg de Philippe V, transmises par Charles IV de Lorraine à ses enfants, constituent la seconde catégorie. Maintenant que la Franche-Comté se trouve française, elles dépendent du bon vouloir du Roi de France, du moins de ses représentants. Elles devraient rapporter 22 000 livres par an, mais sont-elles soumises à la réglementation française et aux aléas des taux d'intérêt ? C'est

---

[163] Lorraine, 574. 873-878 (juin 1717).
[164] Lorraine, 574. 903 (6 février 1719).

ce qui inquiète le Prince, d'autant plus que si les versements ne sont pas interrompus, ils n'en sont pas moins fort irréguliers.

Enfin la pension attendue du Roi de France, d'un montant de 72 000 livres par an, ne repose que sur une simple lettre de Chamillart quand il était ministre, censée tenir lieu de brevet et de titre de propriété. Pour cette rémunération les contraintes sont particulièrement nombreuses : il faut l'assentiment du duc d'Orléans, l'établissement d'états de revenus à distribuer, des ordres de payer, l'expédition de documents divers, d'autres ordres de délivrance. La patience de Vaudémont et celle de Sergent sont mises à rude épreuve. Ils disposent de quelques relations, notamment de l'approche du maréchal de Villeroi qui depuis longtemps a quitté les champs de bataille pour les fonctions de gouverneur du Roi et en l'occurrence de chef du Conseil royal des finances. Le maréchal est d'une politesse exquise et ne manque aucune occasion de s'inquiéter des conditions d'existence de Vaudémont. Mais chacun s'accorde à trouver qu'il sait rarement ce qu'il dit voire ce qu'il veut dire[165]. Le plus souvent il s'abrite derrière le trésorier de l'ordinaire des guerres, Le

---

[165] Le reproche est avancé par Saint-Simon (*Mémoires*, IV. 882), mais il semble assez généralement partagé.

Couturier, « plus difficile à voir qu'un ministre », à qui la goutte porte atteinte de temps à autre comme au maréchal et toujours fort occupé. Le premier commis de l'administration en cause traîne tout autant. La Princesse de Lillebonne qui se dit amie de Le Couturier, la princesse d'Épinoy qui connaît bien le conseiller de finance Le Pelletier des Forts, proposent leurs services, mais Sergent craint que cela ne fasse de l'ombre au circuit officiel ; son maître a d'ailleurs insisté pour qu'il évite d'abuser des bontés de Villeroi et qu'il prenne bien garde de l'importuner mal à propos.

En réalité l'obstacle ne vient pas des hommes, même quand des erreurs diverses augmentent les délais. Le fond du problème réside dans l'infinité des dépenses à faire par le Trésor Royal, à l'arrivée de l'infante promise à Louis XV ou lorsque celui-ci se déplace par exemple, alors qu'il n'y a pas d'argent. La conséquence est que Vaudémont reste dans le besoin. En dépit des consignes de prudence qui lui ont été laissées, Sergent ne peut s'empêcher de glisser à l'oreille de Villeroi, quand il pense que l'entourage de ce dernier ne l'entendra pas, que les créanciers du Prince commencent à faire des poursuites en justice, que quelques uns même ont déjà fait saisir des revenus au moment où l'on s'apprêtait à les toucher, que tout cela est générateur de frais.

Le seul moyen d'y échapper consiste à trouver des substituts : d'abord solliciter de très bonne heure, avant que le besoin ne presse ; surtout à imaginer des montages d'avances au Trésor. On essuie quelquefois le refus du Régent. Tout de même, grâce à Villeroi, un système d'assignation sur des banquiers de la ville de Lyon dont il est aussi gouverneur, et sur les fermes générales du Royaume permet de débloquer quelques sommes, représentant parfois une année d'un seul coup, de quoi s'acquitter notamment des engagements pris vis-à-vis des La Rochefoucauld. Le retard finit par être ramené à cinq trimestres seulement. Par ailleurs le revenu des salines comtoises est maintenu, l'attente en ce cas ne dépassant pas deux années. Ces succès partiels suscitent l'admiration de la Cour de Lorraine et entraînent les félicitations de Beauvau-Craon[166].

Tous spéculateurs.

Non pas comme prévu, mais comme les gens blasés ne se font pas scrupule de le déclarer, les poursuites de la Chambre de

---

[166] Lorraine 582. 466. Le détail des démarches et négociations de Sergent est rassemblé dans le volume 574 de la collection.

justice n'ont guère regonflé les caisses de l'État, en tout cas pas suffisamment. Et ce ne sont pas seulement les victimes de la répression judiciaire qui regimbent. Ceux qui font l'opinion sont désenchantés. Au bout d'un an le Pouvoir constate « une interruption dangereuse dans le commerce et une espèce d'ébranlement général dans tout le corps de l'État »[167]. Les quelques taxes supplémentaires envisagées et les velléités d'économies allant jusqu'aux pensions des princes du sang ne changent pas fondamentalement la situation. Il devient urgent de penser à autre chose. En apparence, par un effet de balancier, on en revient à un type de mesures déjà pratiquées dans le passé : l'ajustement des monnaies et des rentes à servir. Quand la Chambre ne constituait encore qu'une éventualité, en 1715, un arrêt du Conseil d'État a réduit à 21 deniers les pièces de 24 deniers et à 15 celles de 18. François Sergent et les religieuses de Valdosne établies à Charenton, chères à la Princesse de Lillebonne, qui pensaient avoir fait en toute sécurité des placements avantageux, le premier auprès de l'Administration de la Taille, les secondes sur la ferme des Postes, se sont vus par ailleurs, avec bien d'autres, imposer par un Édit de décembre le denier 25 qui a largement

---

[167] Préambule à la suppression de la Chambre cité par E. Faure, *La banqueroute de Law*, 125.

amputé le rendement de leurs titres. Des pressions sont exercées sur Vaudémont pour qu'il convertisse les billets privés qu'il détient en billets d'État, ce qui à ce tarif serait susceptible de lui faire perdre jusqu'à quatre mille livres de rente par an, perte triplée si les réductions s'étendaient aux rentes sur les salines[168].

En fait il y a tout de même quelque chose de nouveau, la présence à Paris et l'entregent de cet Écossais au nom qui devrait être facile à retenir puisque c'est celui de la Loi en anglais mais que ceux qui se croient connaisseurs s'évertuent à prononcer Las(s) avant que la rue ne le scande, avec un peu plus d'effort, Laou. Des exemples anglais et hollandais, l'intéressé a retenu et s'est fait le promoteur de l'idée qu'il faudrait dans le Royaume remplacer les espèces métalliques, lourdes à manier et à transporter, par des billets de papier qui lui paraissent autrement plus commodes à utiliser. D'où la concurrence possible de deux instruments de paiement. John Law est un homme non seulement imaginatif, mais aussi convainquant en se donnant comme désireux de stimuler l'économie du pays et soutien des intérêts du Roi. En 1716, il lui a été accordé, à titre

---

[168] Lorraine. 574. 882. Compte-rendu de Sergent à son maître du 21 août 1717.

expérimental, le privilège de fonder une banque, à la qualification curieuse de générale alors qu'on la considère comme devant travailler pour son compte particulier. En mai, il est autorisé à ouvrir chez lui, dans l'hôtel qu'il occupe place Louis-le-Grand, plus tard à l'hôtel d'Avaux, celui-là même où Henri d'Elbeuf avait résidé un certain temps, « un registre pour recevoir les soumissions des personnes qui voudront y prendre intérêt et y acquérir tel nombre d'actions qu'elles voudront ».

Afin de donner un coup de pouce à son produit, il est bientôt décidé, sans se donner la peine de consulter le duc de Noailles, pourtant président du Conseil de Finances, que les billets de cette banque « seraient reçus comme argent dans tous les bureaux de recettes, fermes et autres revenus de Sa Majesté pour le payement de toutes espèces de droits et d'impositions, et ceci sans aucun escompte »[169]. Simultanément il est ordonné de rapporter les louis d'or à la Monnaie de Paris pour y être réformés ; on annonce que tous les anciens seront décriés de tout commerce et reçus seulement au marc, tandis que les écus devront subir des

---

[169] Du Tot, *op. cit.* 37. 10 avril 1717.

diminutions et réductions progressives[170]. Ces manipulations contrastent avec la stabilité promise aux billets de papier.

À ce stade, un observateur tel que l'est Sergent, exprime à Vaudémont sa satisfaction du grand et beau travail de « réasseignement général des finances du Royaume » dont il crédite généreusement le duc de Noailles. Cela ne l'empêche pas de se faire l'écho d'expédients destinés à donner un débouché aux billets d'État[171].

À côté de la banque générale, au cours de l'été de 1717, le sieur Law est encore autorisé à créer, sous l'appellation de Compagnie d'Occident, une entreprise de commerce, officiellement destinée à mettre en valeur les territoires d'Amérique arrosés par le Mississippi et accessoirement à profiter de la ferme du contrôle des actes notariaux de France. Le capital de cet Établissement doit être composé d'actions de cinq cents livres pouvant être souscrites en billets d'État qui, officieusement cette fois, seront échangés contre des rentes perpétuelles du Trésor Royal. Et voilà le public appelé à concrétiser des rêves de profits en se débarrassant par la même occasion de titres déconsidérés et dont

---

[170] Lorraine, 574. 837. Informations fournies par Sergent le 13 mars 1717.

[171] Lorraine. 574. 876. Lettre du 26 juin 1717.

il ne savait sans doute que faire !

En fait, en dehors de la Banque qui amorce le processus, la souscription ne connaît le succès qu'auprès d'un cercle restreint d'initiés, princes et princesses du sang de France, magistrats des Finances, quelques étrangers de haut rang. Cela n'entame pas l'optimisme du sieur Law qui lance dans la foulée une nouvelle et importante émission. Afin de séduire, la souscription est permise en ne versant dans l'immédiat qu'un acompte de vingt pour cent en billets ou en espèces dévalorisées, le solde pouvant être reporté à la fin de l'année 1718. Durant ce temps là le domaine de la Compagnie est étendu au Sénégal et à la ferme du tabac. L'opération est couverte dans l'année, mais ce que le public ne sait pas, c'est que le Roi en est le principal souscripteur, en même temps qu'il reprend la Banque privée devenue royale, tout en en laissant la direction à son fondateur.

Le développement et l'enjolivement de l'Établissement d'à côté se poursuivent l'année suivante : les fermes générales, avec leurs perspectives tangibles, lui sont confiées, le Régent veut bien se faire le protecteur de la Compagnie, la prime de souscription d'une nouvelle augmentation de capital est diminuée. Tout est donc fait pour allécher le public. Parallèlement la valeur du billet de papier est maintenue alors que les espèces métalliques sont dépréciées ; chacun commence à courir après celui-là ; le crédit de la Banque prend corps ; la dette de l'État s'amenuise.

Dans l'intervalle les relations entre le duc de Noailles et Law se sont envenimées. Le maréchal de Villeroi n'aime pas le premier et n'a pas d'inclination pour le second. Quant au duc d'Orléans, lassé par les disputes de ces protagonistes, il a fait appel au lieutenant de police de Paris, Marc René d'Argenson, pour s'occuper des finances à la place de Noailles qui a eu le bon goût de se démettre, mais c'est Law qui pour l'heure le fascine, ce qui ne manque pas d'orienter le nez de Villeroi. Vaudémont, régulièrement informé de toutes ces évolutions, est aussi dirigé vers le personnage. Puisque, dit-on, c'est quelqu'un qui sait trouver le moyen de régler les dettes de l'État, il pourrait peut-être accélérer le paiement des pensions. D'ailleurs l'intéressé a déjà fait des offres de service à Vaudémont[172]. L'obstacle vient du duc d'Orléans qui, même enchanté, fait savoir qu'il a déjà chargé Monsieur Las de tant d'autres choses qu'il aurait bien de la peine à satisfaire son Altesse

---

[172] Au cours de l'hiver 1717-1718, au dire de Sergent, lettre du 25 janvier 1719. Lorraine. 574. 900-902. Law faisait des propositions à d'autres personnalités, ce que Saint-Simon par exemple reconnaît pour ce qui le concerne. Cf. *Mémoires*, VII. 428.

Sérénissime[173].

Il n'empêche que la faveur des billets de banque commence à se répandre sur les actions de la Compagnie d'Occident. Dès qu'elles viennent au pair, en mai 1719, les porteurs découvrent avec plaisir qu'ils sont déjà gagnants, puisqu'ils les ont payées en billets d'État dépréciés des deux tiers au moins ; comme l'exprime le sieur Du Tot, ils se voient récompensés, en devenant plus riches, de la confiance qu'ils ont mise dans cette nouveauté[174].

Conscient de cet état d'esprit, Law s'avise de faire décider et souscrire lui-même au côté de quelques personnalités une nouvelle émission d'actions, censée financer la réunion de sa Compagnie avec celle des Indes orientales. Puis il frappe un grand coup au début de l'été. La Compagnie obtient le privilège et donc la perspective de nouveaux profits de la fabrication des monnaies ; un gros dividende est versé aux actionnaires et le public est appelé à rejoindre les fondateurs en versant sa contribution de façon certes étalée sur vingt mois, mais avec une prime de cent pour cent ! Une pareille proportion qui met l'action à 1 000 livres pourrait paraître dissuasive. Il n'en est rien. En moins de trois

---

[173] Lorraine. 574. 903-904. Lettre du 6 février 1719.

[174] Du Tot, *Histoire du système de John Law*, 90 [160].

semaines, l'opération est terminée. Il n'y en a pas pour tout le monde.

Vaudémont et sa sœur n'ont sans doute pu se manifester à temps. Ils ont d'ailleurs peu de disponibilités, mais ils disposent d'autres atouts. Le Souverain de Commercy pense que le plus sûr est de s'adresser au sommet du système et de confier la gestion de son patrimoine à Law lui-même. De sa part, le fidèle Sergent lui apporte dix mille livres et lui en promet cinquante autres, tandis que la Princesse de Lillebonne en trouve trois pour le même objet. À défaut d'actions fraîches, il existe un marché secondaire. Les cours du titre auxquels de plus en plus de gens commencent à s'intéresser, ont de quoi faire saliver. Ils correspondent vite à trois, quatre, cinq et six fois le prix de souscription ! Au mois d'août Law ne peut procurer à la Princesse de Lillebonne qu'une seule action, valant certes trois fois sa modeste mise.

La mission de la Compagnie est bien de réduire les dettes de l'État. Elle y contribue en finançant le remboursement des rentes, ce qui accentue le besoin de placement des épargnants. Le succès de ses opérations financières accroît l'audace de sa direction. Le capital est rouvert à l'automne afin d'émettre six fois plus d'actions, payables à crédit, cinq fois plus cher ! Sergent ne sait pas ce que Law a fait des 10 000 livres qu'il lui a déjà remis. Mais il se prend à rêver aux bénéfices supposés. S'il les a employées en actions nouvelles, il y aurait 24 000 livres de profit, calcule-t-il, alors que les 6 000 que la comtesse de Fürstenberg s'est aussi laissé aller à fournir, devraient en avoir gagné à proportion 14 400. Le Régent a donné trois millions d'actions à ses neveux de Lorraine et la Duchesse sa sœur est dans l'enchantement face aux deux millions et plus « qu'ils gagnent déjà »[175]. Et on ne doute pas que ces actions augmentent encore. La seule chose qui embarrasse Sergent, c'est qu'il faut honorer l'engagement pris à la souscription en payant tous les mois. Peut-être que Monsieur Las en fera les avances nécessaires en laissant le profit à Vaudémont. Peut-être aussi les premiers profits ont-ils été réinvestis, portant le bénéfice à 48 000 livres. Le rêve n'a pas de limite[176].

Même si quelques raisons objectives telles que l'annonce que les actions en souscription seront les dernières ou l'attribution à la Compagnie des Indes de recettes nouvelles, favorisent le placement, ce n'est pas la connaissance des principes de ces opérations financières qui fait converger vers Paris les provinciaux et les étrangers et

---

[175] Lorraine, 582. 482. 25 novembre 1719.
[176] Lorraine, 574. 936-939. Lettre du 18 octobre 1719.

rejoindre la queue du côté des agioteurs pratiquant rue Quincampoix, mais plutôt l'aveuglement moutonnier ainsi que l'observe le sieur Du Tot[177]. Charles Henri Souart s'est rendu à Lunéville ; reçu en audience par Léopold, celui-ci n'a pas manqué de lui parler de Mr. Las et de ses projets, à quoi le visiteur a répondu que pour sa part il ne connaissait rien et le Duc de Lorraine d'avouer que lui non plus[178]. Mais l'enthousiasme est général ; Craon signale à Vaudémont que le prince Emmanuel, arrivant de Gondreville, « plus bruyant que jamais », repart dans une heure pour aller porter à Mr. Law son offrande de 150 000 livres dont il prétend faire 100 000 écus en quinze jours avant de regagner son domicile[179].

Vaudémont a l'habitude de venir faire quelques séjours à Paris de temps à autre, au printemps comme en 1719, ou en hiver ainsi qu'il l'envisage pour la suite. Chaque fois, il faut déterminer et compter du mieux possible la composition de sa suite tant en personnages notables qu'au niveau des domestiques que l'hôtel de la rue Saint-Antoine et un logement loué rue Beautreillis ne suffisent pas forcément à contenir, et aussi les carrosses et

---

177 *Op. cit.* 104-105 [188].
178 Lorr. 574. 798. Lettre de Souart du 14 septembre 1719.
179 Lorr. 582. 521. 28 janvier 1720.

les chevaux à remiser. Pour ce qui est des distractions, il lui est venu le désir d'agrémenter le temps qu'il compte y consacrer grâce à une « petite maison », c'est-à-dire en fait une résidence à la campagne mais toute proche de Paris, l'un de ces lieux discrets d'Asnières, de Bagnolet ou de Charonne par exemple, où l'on peut se livrer facilement à la compagnie de femmes délicieuses ou se délasser avec de joyeux compagnons. Pour lui, vu son âge, il s'agirait de plaisirs simplement champêtres.

Il a jeté son dévolu et pris en location une maison située dans le faubourg Saint-Antoine, rue de Charenton, en face de la « folie » appelée désormais château, créée par le financier Nicolas de Rambouillet. Précisément, la grille franchie, le jardin et la serre qu'elle comporte l'attirent. Un potager y produit des légumes qui sortent de l'ordinaire tels que des artichauts susceptibles de régaler le maréchal de Villeroi et quelques autres personnalités à qui on pourra aller les porter ; il y a aussi des arbres fruitiers ; dans la serre prospèrent des orangers et des lauriers roses. Pour le reste la maison n'est pas aussi restreinte que sa désignation pourrait le laisser supposer. Elle dispose d'un étage. Un appartement, autrefois occupé par d'Argenson, avant qu'il ne se rapproche encore du couvent des Bénédictines de la Madeleine de Trainel et de leur

supérieure qu'il révère fort, en a gardé le nom
« d'aile d'Argenson ». L'édifice a seulement
besoin de restauration portant sur la
maçonnerie, les accès, les planchers, les
fenêtres voire d'un nouvel escalier à
construire. Les travaux nécessaires sont
confiés au sieur Fourier qui a déjà réalisé ceux
de Commercy et supervise l'entretien de
l'hôtel de Mayenne. De façon prévisionnelle
ils sont estimés devoir se situer au niveau des
5 000 livres. La Princesse de Lillebonne et ses
filles ne manquent pas d'aller voir le chantier
quand elles vont ou viennent de Bercy
chercher leur amie Mademoiselle de Choin à
qui elles sont restées fidèles quand celle-ci a dû
quitter la Cour ; elles donnent leur avis sur
l'aménagement et l'ameublement qui leur
paraissent le plus à propos. Les sieurs Husson
et Sergent s'y rendent plus fréquemment en
hommes de la maison chargés de l'intendance.

Ainsi qu'il arrive, les ouvrages
prennent de l'ampleur et les délais s'allongent.
Les fêtes nombreuses du calendrier poussent
les ouvriers au chômage quand ce n'est pas à
l'ivrognerie. La concurrence des Grands, à
commencer par le Roi pour qui on aménage le
château de la Muette, s'exerce. Quelques
fausses bonnes idées conduisent à reprendre
ce qu'on a déjà exécuté. Toutefois les
fournisseurs se veulent rassurants. Tout
devrait être prêt avant la venue du Prince au

début de 1720. L'emballement du « Mississippi » ainsi qu'on résume les affaires de John Law offre à Vaudémont des avantages. Récoltant beaucoup de fonds, la Compagnie en fait profiter l'État en accélérant, moyennant une remise (autrement dit une commission) de 3 pour cent, le règlement des fameuses pensions qu'attendent avec impatience tous les obligés de celui-ci. Sa subsistance devient plus facile nonobstant même les paiements qu'il doit faire lui-même aux La Rochefoucauld et à d'autres avec qui il a entrepris de mettre fin aux contentieux. L'État en est même venu à compatir à la situation pénible de quelques institutions dont il affecte d'oublier l'origine alors que c'est lui qui les y a précipitées. Quoi qu'il en soit « le Roi étant informé que le clergé général et les diocèses avaient emprunté des sommes considérables à des deniers très onéreux, et voulant ... participer à l'heureuse situation où se trouvent ... ses finances ... ordonne » en octobre que les rentes sur le clergé seront tout simplement remboursées, en tout cas cesseront de rapporter à leurs détenteurs le moindre arrérage à compter du premier janvier 1720. Or Vaudémont est l'un d'eux à concurrence de 16 000 livres, à cause d'un reliquat sur le douaire de feue la Princesse sa femme qui avait donné lieu à contestation et qu'il avait fallu déposer sous cette forme.

D'autres rentes sur l'hôtel de ville sont dans le même cas, ce qui ne veut pas dire qu'elles soient faciles à récupérer, car il faut toujours compter avec les créanciers de la Maison d'Elbeuf[180].

Vaudémont est surtout riche de potentialités. Il dispose tout de même de quelques liquidités en billets de banque, notamment des 50 000 livres qu'il souhaite toujours mettre entre les mains de Law. Le plus difficile pour François Sergent est d'établir le contact avec celui-ci. Chaque fois qu'il se rend chez lui ou à la Banque, il n'arrive pas à lui parler tant l'homme est occupé, même quand l'arrivée de son frère William ou Guillaume, comme on voudra, est censée le soulager. L'intendant n'ose pas non plus lui écrire de peur de paraître faire montre par là d'une certaine inquiétude sur le sort des 10 000 livres déjà remises. Quand le personnage parvient à s'échapper quelques instants de ses activités laborieuses pour rendre visite à la Princesse de Lillebonne, ce ne peut être évidemment que pour échanger diverses mondanités et parler de Vaudémont, non des actions.

La veille de Noël, Sergent est enfin assez heureux de rencontrer, de pouvoir parler

---

[180] AN. MC. LXXV. 524. Ordre des créanciers d'Elbeuf & Lorraine 574. 946-948.

et de solliciter les conseils de M. Las, qu'il suivra bien entendu en comptant infiniment sur l'amitié que ce dernier a promise à Vaudémont qui a lui-même une extrême confiance dans son interlocuteur. Law « pour faire plaisir » au Prince veut bien se charger encore des cinquante mille livres supplémentaires qui lui sont confiées séance tenante. Mais les choses sont plus compliquées que ce qu'on présente parfois. Toutes les actions ne sont pas égales. Il y a les anciennes qu'on appelle d'Occident et les nouvelles, celles qu'on souscrit par « soumissions ». En bon banquier, Law demande quel est le désir du client à cet égard. Sergent n'en sait rien et s'en remet ainsi que son maître le lui a d'ailleurs ordonné au choix du professionnel. Law déclare donc qu'il placera l'argent en actions du premier type, celles qu'il recommande à tous ses amis, moins risquées parce que payables en bloc et moins sujettes à variations, celles aussi en quoi il a employé le premier versement de Vaudémont. Il sait du reste de quoi il parle. Il vient de donner ordre à quelques directeurs de l'Établissement d'acheter et de vendre des actions avec les fonds de la Banque, précisément pour en régulariser le cours[181]. De

---

[181] Clairambault, 529. 91. Texte repris dans les *Oeuvres complètes* de Law, III. 358 et aussi cité par E. Faure, *La*

ce point spécifique il ne souffle mot à Sergent qui n'ose pas pousser la curiosité plus loin[182].

La contagion du calcul gagne aussi le cerveau de la princesse d'Épinoy. Pour le compte de son oncle elle observe le montant des travaux déjà réalisés dans la petite maison dont le statut précaire de bien loué risque de profiter à d'autres ; elle considère le loyer de quinze cents livres par an susceptible d'être économisé. L'idée lui vient d'en proposer l'acquisition, suggestion retenue par Vaudémont. Là encore, l'exécution devient vite compliquée. Il n'y a pas un propriétaire mais plusieurs et encore partie en nue-propriété partie en usufruit parce que le domaine leur est venu par la famille de leurs femmes qui, elles, font du sentiment et répugnent à s'en défaire. En outre tout le monde spécule également sur les terrains, Law le premier, à Paris dans le quartier Mazarin et de la place Louis-le-Grand pour le siège de la Banque et pour sa demeure, et jusque dans le coin même de Rambouillet où il achète et

---

Banqueroute de Law, 307.

[182] Les démarches de Sergent et les informations qu'il fournit à Vaudémont sont décrites par lui *in* Lorraine, 574 ; sa visite à Law en particulier pages 960 sq.

afferme[183]. Les gains sur les actions font monter le prix des terres et les prétentions des vendeurs qui sont dans le sillage de maîtres des requêtes du Conseil. Par la voie d'amis de Mademoiselle de Choin et avec l'expertise juridique des autres, Elisabeth d'Épinoy, afin de ne pas laisser échapper le bien convoité, brusque les choses et parvient à conclure un contrat d'achat partiel avec l'un des propriétaires[184]. L'inconvénient est d'impliquer Vaudémont dans les procédures qui agitent les autres possesseurs. Le reste est acheté et les travaux achevés un peu plus tard en y consacrant la rente sur le clergé et quelques autres en mal de remploi ainsi qu'une partie des pensions dont le versement a été accéléré. Une fois dans la place le goût du Prince pour l'objet s'étiole. Au bout de deux ans, en séjour à La Malgrange en pays lorrain, il demande à son intendant de s'efforcer de la revendre. Quelques semaines plus tard, il change d'avis, indiquant qu'il préfère la donner à la princesse

---

[183] Cf. *Les correspondants de la Marquise de Balleroy*, II. 35 (Hôtels de Nevers et de Mazarin) et Hillairet, *op. cit.* I. 315 (Grand clos de Rambouillet).

[184] Lorraine., 574. 956 ; Acquisition d'un peu plus d'un tiers du 22 décembre 1719 annoncée par Sergent, revenant à 7 520 livres compte tenu des accommodements sur les droits avec le grand prieuré de France dont relève le domaine mais sans compter les frais de notaire, ce qui finalement ne lui paraît pas excessif eu égard au temps.

d'Épinoy qui n'a plus qu'à s'y sentir chez elle ; ravie et reconnaissante, celle-ci s'empresse d'aller l'examiner pour la faire meubler à sa convenance avant d'entreprendre le voyage de Commercy[185].

Lorsque Vaudémont et Sergent ont eu recours aux services de Law, ils ont visé le directeur général de la Banque et de la Compagnie des Indes. Si l'intéressé en est venu à s'occuper de plus en plus de la politique et du commerce de la France il ne l'a fait jusque là qu'à titre purement officieux. Le responsable officiel, d'Argenson, lui, constate tous les jours qu'il ne lui reste qu'à mettre en forme le détail des principes avancés par le premier, autrement dit à peu près rien. Il en tire la conclusion qu'il vaut mieux pour lui « abdiquer les finances », d'autant plus qu'il est de moins en moins d'accord avec son partenaire. Le Régent est conscient que les vues des deux protagonistes divergent trop. L'union nécessaire ne peut être obtenue qu'en confiant l'ensemble de ce domaine à une seule personne. Le jour des rois de 1720, la notoriété de Law est consacrée. Il devient contrôleur général du Royaume tout en gardant la haute main sur la Banque, à vrai dire royale elle aussi, avec le titre d'inspecteur

---

[185] Lorraine, 568. 81 (25 août 1722) et 574. 1124 (samedi 3 octobre 1722).

général qu'une assemblée de l'Établissement lui attribue quelques semaines plus tard. D'Argenson doit se contenter désormais de garder les sceaux.

Tout devrait donc être pour le mieux pour John Law, pour ses obligés et pour le pays tout entier. Et pourtant il se met à flotter assez vite comme une atmosphère d'incertitude. Pourquoi donc, puisque le pays est en pleine activité ? Certains attribuent cette brume au fait qu'à l'assemblée de la Banque de février, le duc d'Orléans qui en a assuré la présidence, a négligemment indiqué que la valeur de l'action devait être d'environ dix mille livres, somme assez cohérente avec la propre idée que s'en fait Law. Mais alors, se dit un certain public, si l'on ne doit plus voir monter indéfiniment le cours du titre, il n'y a plus de gain facile à espérer du seul dividende, peut-être fixé hardiment par les administrateurs mais jugé toujours trop médiocre par les actionnaires. Des personnages importants et bien placés, Monsieur le Duc et le prince de Conti entre autres, auraient décidé de prendre immédiatement leurs bénéfices.

L'horizon du nouveau contrôleur général s'est étendu puisque celui-ci est maintenant chargé de la politique monétaire. Le cinq mars paraît un décret qui augmente d'un tiers la valeur du louis et des autres espèces. Le neuf, Léopold décide d'augmenter celles de son Duché de trente cinq pour cent. Le onze, à Commercy, Vaudémont se déclare prêt à faire « profiter ses sujets du bénéfice » d'une mesure analogue[186]. On ne sait quand ni comment il a appris les dispositions prises en France, puisque la correspondance de Sergent est alors momentanément interrompue, mais compte tenu de la chronologie on peut supposer que l'information, circulant de Paris à Commercy, a fait le détour de Lunéville. En fait de générosité envers la population, lui et son cousin ont surtout peur d'une fuite de capitaux, comme on dirait aujourd'hui. Il existe d'ailleurs dans le Duché une administration spéciale ayant en permanence pour mission d'empêcher la sortie d'espèces hors de l'État[187].

À Paris, la Banque de Law s'est engagée à racheter les actions à prix fixe et chaque fois qu'elle effectue cette opération, elle paie le vendeur en billets qu'elle émet pour l'occasion ; de façon symétrique on dit que le vendeur convertit ses actions en billets ; il y a

---

[186] P. Chevallier, *La monnaie en Lorraine sous le règne de Léopold*. 170. Lorr. 624 bis. 106.

[187] Lorraine, 572. 115-117. Administration comportant un inspecteur général, Nicolas Bagard, des employés et des commis, la tête basée à Nancy et les commis répartis dans toute la province.

une quasi-assimilation entre les deux formes de titres, préservées du mouvement qui affecte les espèces sonnantes. Et voilà qu'en mai François Sergent reprend la plume pour avertir immédiatement son maître du coup de tonnerre provoqué par un arrêt qui prévoit la réduction progressive et parallèle jusqu'à la moitié de leur valeur et du billet et de l'action, sans toucher néanmoins au niveau de revenu de cette dernière dont le rendement relatif devrait donc pratiquement doubler ; un autre arrêt, postérieur de quatre jours seulement, a même préféré ramasser la réduction du billet de banque en une seule fois. Le tollé est, paraît-il, général face à la constatation qu'on demande à chacun de faire, qu'il vient de perdre la moitié de son bien, du moins de celui qu'il a en billets de banque, ce qui est précisément le cas du surplus de liquidités que Vaudémont n'a pas encore dépensé. Villeroi s'est agité. D'autres aussi. La mesure est rapportée et l'on décide de rétablir le billet comme il était. Pour toujours ajoute-t-on. La confiance dans ce genre de promesse est cependant rompue. La spéculation se porte cette fois-ci sur l'avenir du contrôleur général[188]. Sergent ne voit plus qu'une seule chose à faire des billets qu'il a entre les mains,

---

[188] Arrêts des 21, 25 et 27 mai 1720; commentaires du 28 de Sergent *in* Lorraine, 574. 976-981.

à savoir aller trouver tous les créanciers de Vaudémont pour les payer aussitôt, exactement le contraire de l'attitude habituelle. À moins que son Altesse préfère le voir transférer tous les fonds disponibles en Lorraine avec le risque que le mimétisme déjà observé de son gouvernement à l'égard des Français rende tout cela inutile. Dans l'immédiat le cours des actions s'est réduit des deux tiers avant de reprendre péniblement un peu de hauteur. Afin de développer sa panoplie d'experts et de recueillir le maximum d'avis, Vaudémont, sans savoir que le duc d'Orléans en fait autant, se tourne vers les frères Paris, un attelage de quatre financiers. Il sait que ceux-ci ont su s'enrichir. Joseph, l'un d'eux, a des intérêts en Lorraine et lui sert d'intermédiaire dans un achat de mules pour Commercy. Sur les instructions du Prince, Sergent consulte Antoine, l'aîné. Ce dernier ne dissimule pas son embarras : le mieux serait sans doute de convertir les billets de banque en argent, mais cela n'est pas possible parce qu'à la Banque cet argent n'est délivré qu'avec parcimonie ; en définitive il pense que le billet sera soutenu dans la nécessité où le gouvernement s'est trouvé de le rétablir[189].

Sur le plan ministériel, il y a eu ce

---

[189] Lorraine. 574. 986. Compte-rendu de Sergent du 5 juin 1720.

qu'on pourrait appeler une semaine de dupes. Law n'est plus contrôleur général mais c'est d'Argenson, à qui l'on impute l'arrêt ayant mis le feu aux poudres, qui porte le chapeau et s'en est allé rejoindre sa retraite du faubourg Saint-Antoine. C'est Law qui est venu lui-même chercher le remplaçant, d'Aguesseau, dans sa campagne et c'est le même Law, toujours directeur de la Banque et de la Compagnie des Indes qui figure au Conseil de Régence en tant que conseiller d'épée. Un peu plus tard on apprendra que les frères Paris ont été priés de regagner leur Dauphiné natal.

Cela ne veut pas dire que les choses cessent d'être délicates pour Law, ses affaires, celles de Vaudémont voire du public en général. La hausse des prix d'abord[190] est préoccupante. Les perturbations qui touchent les moyens de paiement et la rareté des petites coupures obligent les Parisiens à se rendre à la Banque, maintenant installée rue Vivienne. La presse y confine à l'étouffement. Provocateurs ou non, des manifestants conspuent le sieur Law ou s'en prennent à son carrosse. Un nouveau plan avancé par les autorités aboutit le 15 août au retrait, étalé sur six semaines, des

---

[190] Celle de la livre de chandelle par exemple, dont le prix est passé de 28 à 30 sols en dix-huit mois, soit finalement moins de 5% par an, peut aujourd'hui nous faire sourire, mais elle impressionne François Sergent.

gros billets de 10 000 et de 1 000 livres. Or justement, malgré tous les apurements de dettes qu'il s'est efforcé de réaliser, du fait du remboursement imposé des rentes anciennes, Sergent a encore 70 000 livres entre les mains en billets de mille livres. Le duc d'Elbeuf qui jusque là faisait traîner le règlement des revenus du duché que Vaudémont s'est si longtemps battu pour obtenir, trouve bon tout à coup d'envoyer son intendant rue Saint-Antoine porter l'équivalent de huit mois des produits de l'année en cours, soit six mille livres et là encore en billets de mille. Beaucoup veulent se persuader qu'une décision qui, selon eux, ruine les deux tiers du Royaume, sera vite révoquée. Personne ne veut ouvrir de compte en banque ainsi que l'a suggéré pour débouché aux porteurs malheureux l'arrêt fatal. Les nouvelles rentes, viagères ou perpétuelles, n'offrent qu'un intérêt dérisoire. Faut-il se rabattre sur les actions en quoi les billets en question peuvent aussi être convertis et qui engendrent pour l'heure un meilleur dividende mais comportent tellement d'aléas ? Dans cette période d'incertitude, Sergent est prêt à baisser les bras et à se raccrocher à l'idée que son Altesse Sérénissime saura faire un meilleur sort à tous ces billets de banque que ne pourrait un particulier ordinaire. Du coup c'est le statu quo qui l'emporte au moins momentanément en matière de trésorerie[191]. Pour son compte personnel François Sergent est prêt à dépenser comme tout le monde. Il souhaite même s'offrir la calèche rouge que Vaudémont n'a pas réussi à vendre pour mille livres il y a cinq ou six ans, qui depuis s'use tous les jours dans la remise sans servir et dont les quatre roues à elles seules nécessitent quatre cents livres de réparations ; il est aussi disposé à acheter et nourrir les deux chevaux qui vont avec. Quant aux protagonistes de la mêlée spéculative, il note avec son entourage l'entrée en lice de la Providence ; celle-ci a fait tomber la pluie tout le mois d'août et ramène le soleil, avec le concours de la nouvelle lune, début septembre ; le raisin sera sans doute sauvé ; en revanche le blé ne sera pas de garde, les usuriers ne sauront que faire des magasins qu'ils ont aménagés, la mise précipitée sur le marché du froment récolté limitera la hausse du prix du pain[192] !

---

[191] Le sieur Sergent continue à exprimer les faits et ses états d'âme dans sa correspondance, réunie dans le volume 574 de la collection de Lorraine de la BNF. 1001-1020. Une autre préoccupation du moment vise au paiement des pensions d'Espagne à travers un système compliqué de fermage ad hoc qui passerait aussi par la Compagnie de Law, montage d'ailleurs refusé par les autorités de Madrid.

[192] Lorraine. 574. 1017. 2 septembre 1720.

À la mi-décembre, on passe à l'acte suivant, John Law quitte Paris et ses fonctions pour sa terre de Guermantes à sept lieues de là, avant d'entamer une série de déplacements et séjours européens qui finiront à Venise. Le ballet ramène les frères Paris, chargés de la liquidation du « système » mis en place par le premier. Cela veut dire des déclarations à faire par les particuliers des actions, billets et effets encore possédés par chacun, des justifications à produire de tous les achats de terres et d'immeubles, le tout croisé par les minutes des notaires, l'ensemble aboutissant aux dépréciations et taxations que de nombreux précédents auraient dû laisser pressentir. Vaudémont a beau exciper de façon irréfutable que ses acquisitions récentes proviennent de remboursements de rentes et de pensions tout à fait naturelles, les dix actions que Law lui avaient procurées se trouvent réduites à six par la seule raison que leur nombre excède cinq . Et encore s'agira-t-il d'actions d'une nouvelle société créée sur les décombres de l'ancienne dont ni la valeur ni l'éventuel revenu ne sont fixés. Les bonnes relations entretenues avec le grand liquidateur n'évitent pas une taxation supplémentaire d'un sixième. Au total, en octobre 1722, Sergent constate qu'au prix du marché le portefeuille a perdu les trois quarts de sa valeur ; n'ayant pas le courage de vendre à ce prix-là, attendant une éventuelle reprise de faveur, il ne peut qu'essayer de se consoler en se persuadant qu'au total la mise de son maître a été faible. Le Rouge de Commercy, Husson à Paris qui ont cru notamment aux mérites des billets de banque, n'ont pas exactement le même sentiment ; ils sont fâchés de perdre eux-mêmes sans ressource des sommes à leurs yeux considérables et pensent n'avoir point mérité pareille disgrâce.

Les réactions de Léopold et de son épouse ont été plus contrastées. Dès le départ du contrôleur général, cette dernière a cru voir dans les détournements de ceux qui ont profité du système, « à commencer par les plus élevés » la cause des disparitions constatées, oubliant que les contes de fées ont toujours une fin[193]. Le Duc qui ne s'est pas livré personnellement à la frénésie du jeu, a voulu croire que le don d'actions de la Compagnie du Mississippi par son beau-frère aux jeunes princes, a réellement représenté un bienfait et qu'il était possible d'en récupérer au moins la valeur nominale en espèces sonnantes. Le plus étonnant est que trois ans plus tard, quand tout le monde a changé d'avis, le Duc est encore persuadé de l'utilité du système de Monsieur Las et que son conseiller secrétaire d'État, le baron Olivier, croit à la réputation

---

[193] *Lettres à la marquise d'Aulède*, 132. 21 décembre 1720.

d'heureux bénéficiaire de Vaudémont.
Issoncourt le détrompera. L'aventure s'est
terminée par une perte de quatre-vingt-dix
pour cent de ce qui n'a pas été employé par
son Altesse Sérénissime quand les violons
chantaient[194].

Le Duc de Lorraine et les siens

Le sort de sa Maison préoccupe,
comme il se doit, Léopold de Lorraine. Bien
entendu son attention s'applique au noyau
familial. La conduite irréprochable de la
Duchesse suscite l'estime sinon la fidélité du
mari ; elle attire vers la première, en tant que
bonnes amies, les cousines Élisabeth d'Épinoy
et surtout Béatrix de Remiremont. En ce qui
concerne les enfants, le Duc chercherait plutôt
l'inspiration de leurs règles d'hygiène et
d'éducation physique du côté de l'Allemagne
de sa jeunesse sans toujours éviter, hélas ! les
miasmes de la petite vérole. La formation de
l'esprit emprunterait de préférence aux
romans pédagogiques français en vogue. En
tout cas la Maison de Lorraine ne se limite pas

---

[194] Lorraine 566. 291/ 568. 92/ 574. 1049, 1082, 1090,
1126/ 575. 197/ 576. 628. L'orthographe de Sergent est
variable ; le même interlocuteur est présenté aussi bien
comme étant M. Las que M. Law.

à ce noyau familial. La belle-sœur de Louis XIV ne se fait pas faute de rappeler à Léopold qu'il est devenu son fils par le mariage de sa fille et que ses enfants sont ses propres petits enfants. L'attention du Duc se porte également sur ses frères Charles et François, ecclésiastiques, dont il soutient les intérêts, en contrariant les galanteries du premier avec la marquise de Lunati, sans doute peu compatibles avec cet état, sans qu'il pense lui-même à surmonter toutes les difficultés qu'engendrent les siennes propres.

Léopold s'est appliqué à imiter le Royaume de France sur un point au moins. Aux cousins de la Maison présents dans le Duché, il a souhaité conférer un statut de Princes du sang. Il s'agit avant tout d'un rang à tenir. Ainsi en va-t-il du second fils du comte de Marsan. Jacques-Henri de Lorraine, prince de Lixheim, a décidé au cours de l'été 1721 d'abandonner la carrière des armes pour venir épouser à Lunéville Marie Gabrielle de Beauvau, une fille du grand Ecuyer, conseiller d'État et de la maîtresse du Duc. À cette occasion l'intéressé est établi grand maître de l'hôtel en remplacement de Couvonges, opportunément décédé, et par là même admis en la Cour souveraine du Duché. Léopold estime qu'un prince de son sang doit avoir rang, séance et voix délibérative avant son grand chambellan et son grand Ecuyer et veut qu'il les y précède ; il signe des lettres patentes à cet effet juste avant le mariage de son cousin[195].

Cette question de rang devrait, selon lui, réserver aux princes de sa Maison l'exclusivité des missions diplomatiques concernant le Roi de France. En tant que princes du sang Lorrains à la fin de l'année, le duc Henri d'Elbeuf, les princes Emmanuel et Charles se consultent avec l'avocat Marais et s'en vont trouver le cardinal Dubois voire le Régent lui-même en vue de contrer le clan des Rohan chargé d'une députation en Espagne dans le cadre des projets de mariage de Louis XV. Il faut que le duc d'Orléans admette qu'il était établi en France que les ambassadeurs étrangers n'étaient conduits aux audiences du Roi que par des princes de la Maison de Lorraine et qu'ils n'en voudraient point d'autres et que l'on décide que le prince Emmanuel conduira le duc d'Ossone, ambassadeur extraordinaire d'Espagne pour les mariages à l'audience du Roi pour contenter les princes[196].

Être de sang ducal devrait aussi attribuer une responsabilité de bon aloi. Ce

---

[195] Lettres du 16 août 1721.

[196] Marais, *Journal.* II. 211. Saint-Simon, *Mémoires.* VIII. 68. Dom Leclerc, *Histoire de la Régence pendant la minorité de Louis XV.* III. 231.

n'est pas toujours le cas. Le prince de Lixheim, oublieux de la dignité que Léopold lui a confirmée au moment de son mariage, se prend de querelle à table avec le marquis de Ligniville, frère de sa belle-mère ; les deux parties poursuivent bientôt la dispute dans un bosquet de Lunéville et le marquis fâche le Duc de Lorraine en portant l'épée contre le prince de son sang ; la blessure est légère mais l'audace de l'agresseur mérite plusieurs mois de séjour en citadelle de Nancy par la seule qualité de la victime qui, elle, bénéficie de l'indulgence du Duc[197].

Les préceptes d'arboriculture généalogique de celui-ci le poussent aussi de façon curieuse à faire renaître les branches éteintes de la famille. L'opprobre dont Léopold a, un temps, chargé le comte d'Harcourt parce que celui-ci s'était agrégé à une famille de financiers, a d'autant moins duré que son alliance lui avait procuré par là même des terres et une aisance potentielle. En avril 1716 des ventes faites en France au marquis de Rochepierre, au chevalier frère de celui-ci et au comte de Vogüe[198] lui permettent

---

[197] Mémoires de la Société d'Archéologie Lorraine, Tome XLIX. 1899. 274.

[198] Avec la complicité de la marquise de Montjeu à qui on a été bien content de recourir et qui a garanti les transactions avant de disparaître. AN. MC. XLV. 349. 3 & 4 avril 1716.

d'acquérir quelques semaines plus tard du marquis de Bissy la terre d'Acraignes dans le bailliage de Nancy et d'autres proches sans s'embarrasser des consignes d'autrefois qu'il considère comme obsolètes. C'est effectivement bien jugé, puisque avec 210 000 francs lorrains à l'appui, non seulement Léopold ne voit plus d'inconvénient à sa présence dans le Duché, mais il lui accorde divers droits seigneuriaux, lui concède la basse justice dans la région de Chaligny et lui fait cadeau de quelques cantons de bois puis par lettres patentes du 19 juin 1718 la terre d'Acraignes et ses dépendances est tout simplement transformée en comté de Guise-sur-Moselle ; ses possesseurs sont donc les nouveaux Guises, successeurs de ceux qui ont autrefois ébranlé le Royaume de France ; il suffisait d'y penser ! En Novembre, Léopold y joint la ville de Pont-Saint Vincent et quelques milliers d'arpents de bois.

Dès lors, ceux qu'on ne désigne plus que sous leur nouvelle dénomination débordent d'enthousiasme pour leur domaine de pionniers. Ils y effectuent des dépenses considérables en y embellissant le château, en y construisant un auditoire destiné à y rendre la justice sur place. Ils acquièrent des sieurs Bermand et de Ceintrey les parts et portions que ceux-ci détiennent dans la terre et seigneurie de Pulligny, ceci dans le dessein d'agrandir leur propre comté de Guise. Partout ils réparent, ils améliorent, ils empruntent au besoin auprès des grands[199].

Ils sont bientôt en mesure de faire valoir leur activisme auprès de leur cousin avec l'argument supplémentaire que ce comté est réversible à la couronne ducale en cas d'extinction de ligne directe. Par lettres patentes additionnelles, Léopold unit au comté de Guise les terres acquises, fait une nouvelle donation au prince et l'autorise à créer un tabellionage[200]. Celui-ci n'a plus qu'à suivre l'exemple de son cousin Emmanuel en faisant ses reprises pour se déclarer vassal lige et fidèle du Duc et chef de Maison[201].

Pour quatre cent mille livres tournois de plus et après trois années de persévérance le prince de Guise obtient de Léopold un véritable apanage supplémentaire dans le Barrois, dans la région de Mirecourt et sur un territoire situé près de Pont-à-Mousson comprenant notamment des moulins à Maidières et Montauville, dont le chef-lieu sera

---

[199] AN. MC. XCII. 404. Constitution du 22 septembre 1719 auprès du Duc et de la Duchesse de Bourbon de 4 000 livres de rente correspondant à 100 000 livres de capital au denier 25 avec mention explicite de biens fonds en Lorraine.

[200] AD. MM. B 151. 48-49. 12 nov. 1720.

[201] AD. MM. B 151. 69. R°. 20 nov. 1720 (Pce de Guise). Celles du Pce d'Elbeuf du 2 janv. 1720. figurent f° 124.V°

Essey-en-Woevre, avec juridiction de première instance, érigé en comté. La Duchesse rapporte ainsi l'évènement : « Il y a encore une nouvelle qui ne me fait pas grand plaisir, qui est des domaines considérables que Son A. R. a donné à Mr. de Guise ; mais c'est l'ordinaire, il ne vient jamais ici que pour avoir, étant fort intéressé ; sa femme est partie hier matin pour Paris... »[202]

En fait ces mouvements ne sont pas que le résultat d'influences que subirait un Souverain trop soumis au poids d'une famille envahissante. Pierre des Armoises n'était pas seulement atteint par le mépris de Vaudémont à Commercy. Il était au surplus la proie à Paris de ses créanciers et il avait un frère cadet, Jean-François-Paul, que le destin avait mis autrefois dans les bras du cardinal de Retz sur les fonts baptismaux avec ces prénoms, à l'évidence désigné pour relier une petite cause à de grands effets. Désireux d'aider son frère à s'en sortir, grand maître de la garde-robe de Léopold, il est bien placé pour persuader celui-ci de l'intérêt que pourrait représenter la réunification, après quatre siècles, de la Principauté de Commercy et par voie de conséquence une meilleure valorisation de la

---

[202] *Lettres à la marquise d'Aulède, op. cit.*166. 24 janvier 1724. AD. MM. B 163, concession et érection en comté pour Mr le Prince de Guise.

portion que le Duc ne possède pas. Il le convainc. En mai 1719 un contrat est passé devant le tabellion général Fallois établi à Nancy par lequel il est prévu que Léopold reprendra la part dite de Sarrebruck de Louis Joseph des Armoises à Commercy (c'est-à-dire le château-bas) et à Lérouville pour 70 000 livres, la maison de Mirecourt, les moulins de Maidières et de Montauville et les seigneuries de la Woevre dont nous avons parlé[203]. Aussitôt après, Son Altesse Royale se fait un plaisir de transférer la jouissance de cette nouvelle portion de Principauté à son cousin et charge Louis Ignace d'Issoncourt, comte de Sampigny et surtout Gouverneur de Commercy, d'aller en prendre possession au nom des deux Princes, ce que le préposé s'applique à faire sans délai avec toute la solennité requise en faisant allumer du feu dans la grande salle du premier étage, ouvrir et fermer les portes du château-bas, destituant les officiers, les invitant à vider immédiatement les lieux, leur faisant défense de percevoir désormais aucuns droits, se faisant remettre les clefs, y compris celles de l'appartement fermé de Pierre des Armoises[204].

---

[203] Lorraine 666. 97. Contrat du 20 mai 1719. Dumont, *Histoire de Commercy*. II. 289.

[204] Cf. Lorraine 624 bis. 83-84. Procès-verbal de prise de possession du 25 mai 1719 et 666. 97.

Les créanciers du souverain minoritaire pourraient être satisfaits et de toute façon le fait est accompli. Seulement Léopold ou l'officier qui a préparé l'acte, s'est un peu emmêlé les pieds. Il a oublié qu'en 1713 il avait déjà donné les moulins de Maidières et de Montauville à un autre des Armoises, Joseph, son chambellan et premier Ecuyer, à l'occasion de son mariage avec Elisabeth de Beauvau, alors fille d'honneur de la Duchesse. Quant à Mirecourt, Pierre des Armoises n'en veut pas et refuse de ratifier le traité. Ce n'est qu'en 1722 qu'un nouveau dispositif, toujours sous l'égide de Jean-François-Paul comte de Saint-Balmont, au nom de Louis Joseph, et concernant cette fois essentiellement la seigneurie de Spincourt élevée en marquisat est venu à bout de la difficulté et même en avril 1724 que l'étonnement du chambellan de Léopold a été complètement apaisé. Le comté d'Essey est aussi un avatar de la politique domaniale lorraine.

C'est précisément en 1722 que s'est offerte une occasion exceptionnelle de mettre à l'épreuve les principes qui irriguent depuis toujours le cerveau des Princes de la Maison de Lorraine à l'égard des grandes cérémonies. Cette année-là a été retenue pour le sacre du Roi de France à Reims. La question qu'en tirent les premières personnes consultées dès le début du printemps est celle de la date à retenir pour l'évènement. Ceux qui souhaitent une grande pompe et tablent sur le beau temps penchent pour le mois de septembre ; pessimistes, les Champenois qui redoutent de voir leurs vignes piétinées par la foule et par les troupes chargées de l'encadrer, obtiennent que le sacre soit reporté après les vendanges, dans la dernière décade d'octobre.

Mais ce qui dès ce moment-là agite les courtisans, ce n'est pas tant le sort du raisin que le cérémonial. Chacun recherche les livres et les figures faisant état des précédents. Le Prince de Vaudémont, de Lorraine, reçoit la correspondance suivante : « M. le duc d'Elbeuf me mande qu'il était sur le point de venir mais qu'il est obligé de rester à Paris pour veiller à tout ce qui se passe par rapport au sacre où les prérogatives des princes de la Maison pourraient être diminuées »[205]. Le prince Charles, grand Ecuyer, a décidé de ne souffrir aucune atteinte à sa charge et pour mieux la défendre, il fait rendre à la Chambre des comptes puis porter au Régent l'ordre qui le regardait tel qu'il avait à fournir le carrosse de Louis XIV en 1654. Un entretien du même prince Charles avec le cardinal Dubois quelques jours plus tard concrétise sa victoire sur le premier Ecuyer et justifie cette double

---

[205] Lorraine, 582. 463. 2 mai 1722.

conclusion, marquée par Mathieu Marais dans son Journal : « Le P. Charles a été nommé pour porter le manteau du Roi au sacre. Le Grand Ecuyer n'y ayant point de fonction, on lui a donné celle-là, qui est très honorable, et qu'un prince de la maison de Savoie a eue. Voilà la preuve que, dans les grandes cérémonies, les P. de la maison de Lorraine sont toujours les premiers après les princes du sang, et ni les Bouillon ni les Rohan, qui veulent faire les princes, n'atteignent à ces honneurs à leur préjudice. Le duc d'Elboeuf, aîné de la branche qui est en France, et le prince de Lambesc, fils du comte de Brionne, aîné du prince Charles, auroient pû être nommés avant lui, mais on l'a préféré à cause de sa charge, de sa fermeté et de sa bonne mine ... »[206].

Le rôle de Léopold sera bien moins ostensible. Outre le fait qu'il souffre d'une fistule de toute façon fort douloureuse, il subit les effets d'une autre affection plus diplomatique, la crainte d'indisposer l'Empereur. S'il vient, ce ne sera que pour une visite éclair le jour du sacre et incognito comme d'habitude avant d'aller attendre que sa famille ne vienne le rejoindre à Commercy. Madame sa belle-mère espère faire le voyage mais tout juste, dit-elle, pour donner à sa fille

---

[206] *Journal, op. cit.* II. 286. jeudi 7 mai 1722.

le plaisir de lui présenter ses propres enfants qu'elle ne connaît pas car elle ne peut qu'être spectatrice et n'est pas curieuse de voir le sacre[207].

On notera que les évènements vont confirmer ces programmes. Quand on parle du prince Charles, sa qualité de Grand Ecuyer n'est jamais oubliée ; son importance se mesure au fait qu'il recueille la Toque que le Roi abandonne durant la cérémonie pour la remettre aussitôt au premier valet de garde-robe ou qu'il porte la queue de son manteau, qu'il est juste à sa droite ou à cheval devant lui lors de la cavalcade des chevaliers de l'Ordre ! L'incognito s'étend aux enfants du couple ducal. Les échanges sont tout ce qu'il y a de plus protocolaires entre le Roi et Madame, sentimentaux et même saisissants entre celle-ci et sa fille[208].

La scène se vide.

Madame d'Elbeuf n'a plus à gérer

---

[207] *Correspondance, op.cit.* 746. Lettre du 27 septembre 1722 à son ami Eberhardt Von Harling.

[208] AN. K 1714. 20. Papiers du Grand Ecuyer. Gazette n° 47. Relation de la cérémonie du sacre et couronnement du Roy [Louis XV] faite en l'Eglise Métropolitaine de Reims le Dimanche 25 octobre 1722.

l'hôtel de la rue de Vaugirard, depuis longtemps entre les mains du duc Henri. Le prince Emmanuel est loin. Ce qu'il reste de filles religieuses ne compte point. Insensiblement le goût avéré de la douairière pour le brassage des affaires et la promotion de son entourage devrait la faire dériver du côté Navailles. On la dit en très bons termes avec sa plus jeune sœur, la seule encore vivante, Gabrielle, mariée au marquis de Pompadour, qu'elle pousse de temps à autre auprès de la duchesse de Berry ou pour un projet d'ambassade en Espagne par exemple. Les Pompadour comme la duchesse ont encore un lien avec les Elbeuf, eux par le biais d'une rente constituée auprès des Brevedent, aussi leurs proches voisins[209]. De fait Madame d'Elbeuf prévoit-elle de faire de sa sœur le moment venu sa légataire universelle.

Mais l'inclination dans cette direction n'est peut-être pas aussi exclusive qu'on pourrait le penser. Car dans la retraite de son appartement, Françoise de Montaut a également envisagé quelques legs particuliers : au marquis de Saint-Geniès, son demi-frère, fils naturel de son père, à la présidente Le Coigneux, en plus d'autres à son personnel. Et

---

[209] AN. MC. LXXXIX. 243. Constitution du 26. 01. 1713. Les premiers domiciliés rue du Pot-de-fer ; les seconds, rue des Fossoyeurs, à l'ombre de Saint-Sulpice.

l'on voit dès l'abord que les véritables personnages à qui elle fait confiance sont des professionnels : Thomas de Dreux, conseiller à la grand-chambre du Parlement dont l'intégrité et le désintéressement ne sont plus à établir ; le sieur Raffelin, chef de son conseil et le fils aîné de celui-ci, tous deux avocats au Parlement ; Nicolas Henin, conseiller au grand conseil. Madame d'Elbeuf connaît bien en particulier les Raffelin qu'elle rencontre très souvent, qui l'aident à poursuivre ses fantasmes de liquidation des droits, reprises et conventions matrimoniales de la Duchesse de Mantoue et dont la famille nombreuse a su l'apitoyer. Tous seront chargés d'exécuter le testament qu'elle a préparé et indemnisés de leurs peines par divers legs particuliers. Or l'attribution du legs universel à la chère sœur sera conditionnée - mais elle ne le sait pas encore - par l'acceptation de tous ces legs particuliers et de la diminution de son rôle effectif qui autrement sera dévolu à l'Hôtel-Dieu !!

Madame d'Elbeuf avait réfléchi et rédigé son testament dès 1712. Cependant à l'époque, Madame de Maintenon était encore proche. Des fêtes à Paris telles que celle donnée un peu plus tard par le duc d'Ossone[210], la jeunesse relative de la Dame, à peine sexagénaire, ont pu le lui faire oublier pendant près de quatre ans, avant de le déposer chez son notaire habituel et de procéder à cette occasion par codicille à quelques ajustements touchant surtout les domestiques et son conseil. Le travail technique ne donne qu'une prise assez lisse au temps. La duchesse douairière non plus que ses proches ne s'est aperçue du mouvement des horloges. Ce n'est que le 25 mai 1717 qu'elle reprend ses explications et ses dernières consignes[211]. Elle expire le onze juin pour aller rejoindre le corps de son époux aux Jacobins du faubourg Saint-Germain, place Saint-Thomas d'Aquin.

La défunte avait au moins deux points communs avec sa belle-famille : le nombre de terres et celui des dettes. Et qui dit dettes annonce par là même créanciers à l'horizon, certains étant de sa propre famille d'ailleurs, de toute façon intéressés à faire cause commune. C'est chose faite dès janvier 1718[212]. La duchesse douairière, de son vivant, ayant

---

[210] Dangeau, *Journal,* 26 janvier 1713. Ayant assisté au dîner avec sa nièce, Mme de Courcillon, les deux femmes ne se sont pas senti très bien ensuite et sont rentrées chez elles.

[211] AD Paris. DC 6/ 214. Testament Montaut.

[212] AD Paris DC 6/3. Union des créanciers de Montaut de Bénac de Navailles.

toujours été séparée de biens de son mari, on ne pense pas que sa succession doive avoir une influence quelconque sur le patrimoine des Elbeuf. Quant à la marquise de Pompadour, elle croit bon d'accepter les conditions mises à son rôle de légataire universelle. Mais elle doit aussi compter avec d'autres partenaires familiaux, les enfants de leur sœur commune, intermédiaire et défunte, d'Orléans Rothelin, cohéritiers d'autant plus redoutables, qu'ils font bloc, sont même un peu consanguins, quelques uns demeurant ensemble, conduits par l'un d'eux, Charles, abbé de Sorbonne, connaissant les arcanes du droit ; pour tout dire ceux-ci manifestent leur intérêt et leur prudence d'un seul mouvement en acceptant la succession sous bénéfice d'inventaire[213].

Depuis longtemps la Princesse de Lillebonne a montré à ses proches que ses reins ne fonctionnaient pas de façon satisfaisante. Seulement quand le mal semble vraiment sérieux et lorsqu'elle autorise les domestiques à appeler un médecin, le conflit

---

[213] Cf AN. MC. XCII. 415. 29 juillet 1720. Accommodement de famille. Les héritiers de la duchesse d'Elbeuf/ XCII. 417. Oblig. 4 oct. 1720/ XCII. 424. 16 janvier 1721. Partage des biens de la succession de la duchesse d'Elbeuf/ XCII. 43x. 22 oct. 1722. Quittance Nicolas Henin à la succession de la duchesse d'Elbeuf.

est inévitable entre ceux qui ne parlent que d'humeurs glaireuses et de remèdes classiques tels que lavements, saignées ou purges et celle dont la grande idée est qu'il faut avant tout laisser faire la nature et agir le bon air. Son autorité naturelle parvient d'ailleurs à inculquer ses convictions à l'homme de l'art qui n'insiste pas. D'autre part d'après le sieur Sergent, ses indispositions viennent de loin et préexistaient avant qu'elle ait ressenti une quelconque douleur qui, pour elle, ne peut être que d'ordre néphrétique. Dans l'immédiat elle se contente de prendre du thé et une certaine dose d'huile qui ne conduira qu'au vomissement[214].

Cela s'est passé en octobre 1716. Une nouvelle alerte violente, présentant les mêmes symptômes et mettant en avant les mêmes antagonismes, s'est produite au printemps suivant ; après quoi la Princesse s'est rétablie sauf en ce qui concerne l'appétit et l'odeur du vin qu'elle ne peut souffrir. Elle retrouve du moins le sommeil. Elle offre désormais un visage frais et vermeil et peut donc triompher de tous les prétendus soigneurs. Sa journée s'étend de dix heures et demie du matin à onze heures du soir. Après Pâques elle profite du fauteuil roulant habituellement réservé à son frère, alors en séjour en Lorraine, pour

---

[214] Détails fournis par Sergent, 19 oct. 1716. Lorr. 574. 822.

s'offrir le petit plaisir de se faire transporter, le dernier vendredi d'avril, jusqu'à la chapelle au bout de l'appartement pour y entendre la messe. Elle envisage même de reprendre les voyages de Charenton tout en ayant tout de même une certaine appréhension que les cahots de son carrosse ne réveillent la néphrétique, cherchant à se persuader qu'en tout état de cause elle aurait plutôt été atteinte de rhumatisme. Bien entendu elle ne veut pas entendre parler de purgation. Il lui est bientôt possible d'aller exercer sa bienveillance naturelle jusqu'au couvent des religieuses du Valdosne en acceptant de leur emprunter, sous la garantie de l'ensemble de ses propres biens, l'argent qu'elle leur avait généreusement donné quelques années plus tôt et dont les belles prouesses des financiers de l'État ont piteusement compromis le rendement et donc l'équilibre de la subsistance de ces dames[215]. À Noël de 1719, si elle ressent un peu de fluxion à la tête, cela ne l'empêche pas de sortir pour aller à la messe[216]. Le diagnostic rénal n'était peut-être pourtant pas si déplacé qu'il paraissait à certains. C'est bien de cela que la Princesse succombe le dix-neuf février 1720, rue Saint-Antoine près de cette paroisse Saint-

---

[215] AN. MC. LXXXVII. 774. et 775. Délaissements de rente et conventions du 15 novembre et du 20 décembre 1719.
[216] Lorraine 574. 842, 846, 848, 962.

Paul où il y a place pour l'inhumer au côté du mari et [217]des caveaux d'Elbeuf.

Le fonctionnement de l'hôtel paraît interrompu. En réalité, c'est désormais Charles Henri de Vaudémont qui y règne, concurremment avec ses nièces. Il disposait déjà de Sergent qui servait indistinctement le frère et la sœur. Il prend à son service le cocher de la Princesse, des Essarts, qui lui facilitera les voyages en Lorraine et vice versa ; ceci sans se préoccuper il est vrai de la femme dudit cocher, bientôt au désespoir de ne plus recevoir aucune nouvelle de son homme qu'elle croit mort. Béatrix et Elisabeth déclarent que par respect pour leur mère, elles se soumettront à toutes ses volontés y compris pour le legs de trois cents mille livres au prince Charles qui n'a certainement pas été le plus mal traité de ceux à qui elle a pensé ; elles paieront, disent-elles, toutes ses dettes mais pour le reste elles préfèrent renoncer à sa succession et se contenter du statut de légataires universelles qu'elle leur a réservé, qui leur assure tout de même tous les titres de famille qu'elles ne possédaient pas encore et la fameuse action de la Compagnie d'Occident sur laquelle avait porté la spéculation de leur

---

[217] Père Anselme, *op. cit.* 3. 428. Denis de Hansy. *Notice historique sur la Paroisse Royale Saint-Paul Saint-Louis*. 55.

mère[218]. Béatrix va pouvoir bénéficier de la pension de douze mille livres dont jouissait sa mère et garder son adresse de la rue Saint-Antoine tout en allant honorer de temps à autre ses chanoinesses de Remiremont et égayer au passage le séjour de sa Duchesse de cousine.

Il s'établit une sorte d'osmose entre plusieurs fondements de la Maison : Commercy, Saint-Antoine-Vaugirard-Elbeuf, Lunéville-Nancy. À l'automne de 1720, le sieur Sergent est amené à se déplacer à Commercy pour mettre au point les problèmes posés par la nouvelle situation créée entre autres par le décès de sa maîtresse. Il doit désormais s'entendre avec Issoncourt, intendant bénévole de la maison de Vaudémont depuis que celui-ci lui a fait don de Ménil-la-Horgne, tandis que Charles Henri Souart a pris une retraite progressive à Nancy

---

[218] Il faut rappeler que la Princesse vivait pour partie des droits que son contrat de mariage lui avait conférés sur la succession de son mari et de pensions qu'elle avait convenues avec ses filles sur les revenus des propriétés briardes. AN. MC. LXXXIX. 325. Inventaire après décès, février-mars 1720/LXXXIX. 327. Délivrance de legs. 11 mars 1720. AD. Paris. DC 6. 215. Folio 90 V°. Testament du 7 mars 1694. Codicilles des 3 nov. 1699, 14 juin 1715, 6 jt 1716 + addition du 26 mai 1719 déposés pour minute chez François Delaballe, notaire. Cf. PV d'ouverture du 19 fev. 1720 (ordonnance du Lt civil).

tout en faisant suivre ses propres affaires de Paris par un procureur habitué de la paroisse Saint-Paul. Des appartements de l'hôtel de Mayenne sont mis à la disposition de la comtesse de Fürstenberg ou de la marquise de Lunati, attachées à la Cour de Léopold et à son cousin Charles Henri, lorsqu'elles se rendent à Paris mais le marquis de Mouchy, bailli de Vaudémont, y passe aussi quelques jours en octobre 1721 avant de retourner à Commercy alors qu'il avait fêté les Rois à Nancy au début de l'année[219].

Paris est la source indispensable des musiciens destinés aux concerts de Commercy. C'est par les mains de François Sergent que Vaudémont y acquitte le legs de sa femme aux religieuses du Valdosne de Charenton et, qu'il s'entende ou qu'il ferraille avec ses beaux-frères Henri et Emmanuel à propos là encore des affaires de la Princesse, c'est l'hôtel de Mayenne qui sert de point d'ancrage[220]. Les recettes et dépenses font de

---

[219] Les traces de tous ces mouvements peuvent être retrouvées, en particulier au travers de la correspondance du sieur Sergent réunie dans le volume 574 (Voir aussi 709. 6) de la Collection de Lorraine, dans celle de la Duchesse à la marquise d'Aulède (*op. cit.* 134) et dans les minutes notariales de Paris (LXXXVII.765) et de Nancy.

[220] AN. MC. XCII. 413 Convention Vaudémont-Henri du 28 avril 1720/ LXXXIX. 336. Quittance de remboursement pour les dames religieuses du Val D'Osne à Mgr le Prince de

plus en plus l'objet de rapprochements. Les premières sont désormais pour plus de commodité souvent désolidarisées des revenus effectifs qui les produisent. Tel est par exemple la substance de la transaction conclue avec Emmanuel qui forfaite à neuf mille livres la part du Prince dans le duché d'Elbeuf sa vie durant. Sergent pense que pour le bien même du service de son Maître il ne faut pas hésiter à utiliser les revenus d'une catégorie quelconque, par exemple la rente sur les salines de Franche- Comté, pour payer les vingt pauvres ouvriers qui s'assemblent tous les jours à la porte de l'hôtel pour demander leur paiement ou les rations locales, la dépense du mur de la petite maison qui vient d'être réparé et régler les marchands de la bouche qui ont fait crédit pendant le séjour parisien de Vaudémont, « sans quoi on ne peut plus espérer que ni les uns ni les autres fournissent à l'avenir, au lieu qu'en leur donnant de temps en temps quelque petite chose, cela les aide et entretient le crédit ». Paroles qu'un financier avisé ne renierait sans doute pas.

Mais le synchronisme des préoccupations porte aussi sur les problèmes de santé et par le fait du hasard autant que par celui du vieillissement ; car avant même le

---

Vaudémont. 9 août 1720/ Lorraine 574. 1093. 16 janvier 1722.

décès de la Princesse de Lillebonne, un billet du sieur de La Chapelle, daté du 21 juillet 1719, informe Vaudémont que son intendant a reçu un coup d'épée, frappé avec force, reçu du côté droit entre les côtes dans la région du bas-ventre. Cette agression paraît d'autant plus extraordinaire qu'on ne lui a rien demandé, même pas sa bourse. La victime en a été quitte pour de belles plaies, une grosse fièvre, un dévoiement et la frayeur qu'il a inspirée aux médecins qui ont voulu le soigner d'abord par la diète avant de se raviser avec de plus solides bouillons[221].

Par la suite l'intéressé lui-même nous signale plusieurs épisodes de plaies et de fièvre à soigner ainsi que de médecines à prendre ; mais c'est pour nous indiquer que ces sortes de maladies courent alors tout Paris et l'efficacité du quinquina, remède à la mode, sans doute justifiée[222]. Les sautes de santé de Vaudémont sont plus chroniques et plus délicates. Comme tout un chacun il attrape rhume et mal aux pieds ce qui peut avoir pour effet de retarder un voyage à Paris, en 1719 par exemple. Il est demandeur de médicaments réputés utiles à sa santé, tels que des tablettes absorbantes, encore que leur effet

---

[221] Lorraine 574. 915.

[222] Lorraine 574. 1002 (19 août 1720), 1067, 1079 (novembre 1721).

soit peut-être surtout de persuasion. Vers la fin du premier semestre de 1721 une certaine hésitation se produit. Vaudémont quitte Paris après y avoir connu quelques jours difficiles, livre au passage de Lunéville Madame de Lunati qui l'avait accompagné jusque là et poursuit son voyage vers Plombières dont il compte, d'accord avec Sampigny d'Issoncourt et la princesse d'Épinoy, que les eaux fortifieront et achèveront de rétablir entièrement sa santé[223]. L'évêque de Toul, Camilly, aussitôt prévenu de la présence de Vaudémont, compte sur une autre force et mande au curé du lieu d'inviter tous ses « peuples » à assister les dimanches et fêtes au salut après les vêpres pour demander à Dieu la conservation d'un Prince dont, selon lui, « le nom seul est respectable et qui dans toutes les occasions après s'être fait admirer dans toute l'Europe donne des marques de sa piété, de sa religion et de son attachement à l'Eglise »[224]. Sergent, pour sa part, ne méprise ni Dieu ni l'eau, mais il sait aussi que Vaudémont a besoin des douceurs du chocolat qu'il lui envoie donc par le carrosse de Nancy avant que le patient aille présider sérieusement à Commercy un conseil sur les monnaies.

---

[223] Lorraine 576. 731. 30 juin 1721. *Lettres à la marquise d'Aulède*, 139. 19 juillet 1721.
[224] Lorraine 41. 296. 27 juillet 1721.

Aucun de ces secours, hélas ! ne parvient durablement à enrayer les progrès du mal. Les douleurs ressenties par Vaudémont redoublent même de violence. Quand, en octobre, un empirique, connu sous le nom de Vinache, prétend faire mieux que les experts, à condition que ce soit à Paris, on voudrait tout de même le voir à l'œuvre à Commercy avant de se livrer à lui, voyage qu'il refuse de faire. Les médecins professionnels de Paris, du duc d'Orléans et autres, consultés de leur côté, se méfient, convenant qu'ils ne connaissent pas assez le remède pour oser le conseiller à une personne par ailleurs éloignée et hors de portée du secours au cas qu'il ne réussisse pas. Finalement on se résout à expérimenter quelques bouteilles de la tisane de Vinache. Résultat au bout d'un mois : quelques bonnes nuits pour Vaudémont et quelques autres mauvaises. Rien de vraiment positif puisqu'un de ses anciens domestiques, en passe d'être réintégré, cherche peu après, à le persuader de faire appel à un chirurgien qui se flatte lui encore de le guérir ou du moins de lui ôter les douleurs violentes qu'il ressent de ses rhumatismes et sciatiques. Contrairement à l'autre, celui-ci a une envie extrême d'aller à Commercy. Son remède n'est composé que de simples. De façon tout à fait classique il montre à Sergent un registre rempli de certificats et d'attestations de personnes prétendument guéries et des lettres patentes qui l'habilitent à débiter ses remèdes dans Paris et dans tout le Royaume ; mais le même Sergent n'est nullement étonné d'apprendre que l'intéressé a été persécuté par les médecins de la capitale et qu'il n'est guère à son aise[225]. On ne sait si Vaudémont s'est laissé convaincre de recourir aux potions de ce dernier faiseur de miracles. Toujours est-il que si sa santé s'est révélée un peu meilleure par la suite, on n'observe rien de décisif. En mai Joseph Le Rouge que son emploi de chirurgien donne l'occasion de côtoyer et d'observer Vaudémont en permanence à Commercy, décrit ainsi les choses en mai à François Sergent : « La santé de S. A. S. Monseigneur continue toujours de même, c'est-à-dire de l'intérieur admirable, et les douleurs de rhumatisme et sciatique plus ou moins grandes selon les mouvements du temps qui a été fort inconstant et mauvais jusqu'à présent ». On voit donc que les progrès médicaux ont marqué le pas ; les douleurs et leur violence n'ont pas abandonné leur victime. Elles ne lui ont pourtant pas interdit les déplacements.

En décembre la Cour de Léopold s'est installée à Nancy dans le dessein d'y passer l'hiver et Vaudémont est l'hôte du Duc

---

[225] Phase empirique retracée *in* Lorraine 574. 1048-1106.

dans son propre Palais ; échange de bons procédés puisque les cousins venaient de faire résidence commune à Commercy peu de temps auparavant. Léopold passe avec succès l'épreuve de l'opération de la fistule. Par contre sans qu'il y ait aucun lien de cause à effet, Vaudémont se trouve à peu près au même moment pendant une quinzaine de jours dans un grand abattement. La chose est attribuée cette fois par le sieur Du Péage, son intendant, à un simple accident hémorroïdal sans importance ; selon ce dernier, la santé du Prince se rétablit à vue d'œil depuis que les choses sont rentrées dans l'ordre ; il est prêt désormais à profiter des agréments conjugués de la Chartreuse, de la Malgrange et de Nancy même. Du Péage ne veut pas chanter victoire toutefois puisqu'il n'y a encore rien qui puisse servir à porter un jugement solide, confie-t-il le 5 janvier au trésorier de Vaudémont, Nicolas Martin, resté à Commercy[226]. De fait neuf jours plus tard à quatre heures du matin, Charles Henri de Lorraine succombe.

Les secrétaires d'État de quartier sont aussitôt mobilisés. Monsieur de Girecour est prié de se transporter sur le champ au château

---

[226] Lorraine 574. 490. Lettre de Du Péage à Monsieur Martin, trésorier de SAS Monseigneur le Prince de Vaudémont à Commercy, adressée de Nancy le 5 janvier 1723.

de Commercy afin d'y mettre les scellés. Son collègue Bourcier de Monthureux est chargé d'en faire autant dans l'appartement où repose le corps du défunt, tandis qu'on se met à jeter un coup d'œil tout autour pour voir de quoi son chevet était composé et, justement, l'on y trouve son testament dont la lecture est faite par un autre secrétaire d'État, le comte de Coussey, celui qui, dans le Conseil de Léopold, a précisément dans ses attributions la Principauté de Commercy. Cela permet au moins de connaître sa volonté d'être enterré dans la Chartreuse de Bosserville, fondée par son père et où il a pu faire ramener le corps en 1717 depuis Coblence avec la permission de Léopold. C'est donc là qu'on le conduira, à l'exception du cœur, séparé par tradition et réservé aux Visitandines de Pont-À-Mousson.

L'annonce de la mort de Vaudémont suscite l'émotion de certains. Madame de Remiremont, autrement dit sa nièce Béatrix, est inconsolable. La Duchesse qui avait cru avoir tout perdu en perdant Madame, disparue cinq semaines plus tôt, n'ayant pas résisté aux fatigues du sacre de Reims, est d'autant plus touchée par cette nouvelle défection et voit sa douleur ravivée[227]. De façon plus convenue les maisons pieuses de Commercy et de Bruxelles

---

[227] *Correspondance citée.* 145-146. Lettres des 15 décembre 1722 et 19 janvier 1723.

que Vaudémont avait honoré, disent-elles, de sa protection et de ses faveurs, ne manquent pas de s'affliger et de s'endeuiller pour le repos de son âme.

Le testament et les codicilles subséquents donnent lieu à relecture officielle à Paris quatre jours après le décès du Prince sur réquisition de l'envoyé du Duc de Lorraine auprès de la Cour de France. Le testateur, après avoir rappelé qu'il avait plu à la Divine Providence d'appeler à soi l'unique héritier qui lui avait été donné, a institué son héritier le fils aîné du Duc de Lorraine, Léopold Clément, à défaut l'aîné de ses enfants mâles, les nièces de Vaudémont étant usufruitières. Il a aussi nommé comme exécuteur de ses volontés le sieur d'Issoncourt à qui il a par ailleurs demandé de régler les frais de ses funérailles et qu'il a chargé de vendre ses meubles afin de payer ses dettes. Ce qu'il n'a pas prévu c'est que son homme de confiance, alors à Paris, est lui-même quasiment cloué au lit, souffrant aussi affreusement des jambes. Il faut donc que celui- ci donne à son tour procuration au baron Olivier, également secrétaire d'État de Léopold qui avec l'aval de ce dernier, va devoir se charger de l'essentiel du travail[228]. Issoncourt fera seulement, sans sortir de sa chambre, ce qu'il pourra pour faire rentrer les

---

[228] Lorraine 566. 128-133.

sommes qui restaient dues à Vaudémont. Il
pourra encore compter sur l'assistance de
Sergent, dédommagé, sur son intervention, par
une allocation de trois mille livres, tant pour
son deuil et pour la nourriture de ses chevaux
de carrosse que pour une année de ses
appointements, outre ce qui est échu jusqu'au
décès de Vaudémont, mais qui se verra
néanmoins dans l'obligation de quitter la rue
Saint-Antoine pour aller se loger rue de Bièvre
chez l'un de ses cousins, Jacques Nouette,
procureur de la Cour[229].

La précaution de substitution prise
par Vaudémont dans son schéma de
dévolution va jouer rapidement puisque dès la
fin mai Léopold-Clément est attaqué par la
petite vérole. Il meurt à Lunéville le 4 juin. Les
princes d'Elbeuf et de Pons, en tant que
princes du sang, représentent Son Altesse
Royale à ses obsèques dans l'église des
Cordeliers de Nancy. L'héritage passe au
prince François. On pourrait croire que la
malédiction s'est abattue sur la Maison de
Lorraine. Mais ce sont plus de quinze cents
morts de cette maladie qu'on compte dans le
second semestre rien que dans cette ville et à
proportion dans les campagnes. Il est vrai que
la Duchesse est encore accablée par une autre
perte avant que l'année ne se termine, celle du

---

[229] Lorraine 574. 1131-1134.

duc d'Orléans.

À propos du disparu de janvier, le sieur Chanot, résidant à Paris, emploie un langage direct en confiant au baron Olivier qui l'a interrogé sur ce qu'il comptait faire pour « le bout de l'an » : il a regardé son travail et sa peine « comme l'ouvrage du perroquet de César, *oleum et operam perdidi*. Car sonner les cloches après une année révolue pour appeler les passants à l'éloge funèbre d'un mort, duquel plusieurs se souviennent à peine s'il fut jamais vivant, c'est de la besogne un peu trop tardive »[230].

---

[230] Lettre du 14 janvier 1724 adressée à Bruxelles où le baron en est encore à régler les problèmes de succession posés aux Pays-Bas.

III

LE TEMPS DES FONDATIONS
(1724-1747)

La Réunion léopoldienne.

En ce qui concerne Commercy le principe est simple. La souveraineté de son Prince, Charles Henri de Vaudémont, n'était que viagère. Elle est passée de plein droit au Duc Léopold de Lorraine par le fait même de sa disparition. Et c'est bien ce que celui-ci entend seulement expliciter et préciser en procédant à la publication rapide, neuf jours après le décès de son cousin, d'un édit spécial. La Cour de Commercy, jusque là souveraine, est remplacée par un simple bailliage, susceptible d'appel à la Cour du Duché qui, elle, comporte cette qualité. Un conseil est institué à l'Hôtel de la ville de Commercy qui sera élu par les bourgeois. L'espace juridictionnel est remanié, les villages de Vignot et de Malaumont étant détachés de la prévôté de Gondreville pour être rattachés à la juridiction de Commercy, ceux de Sampigny, Vadonville, Grimaucourt et Ménil-aux-Bois étant à l'inverse reportés sur le bailliage de Saint-Mihiel. La rigueur de cette décision est complétée le 4 février suivant par un autre édit qui soumet Commercy à tous les droits et autres impositions fiscales établis en Lorraine.

Par delà la fermeté des principes évoqués, la pratique est plus souple. Il ne faut pas heurter de front les habitudes. D'autant plus que jusque là ce n'était pas forcément les textes officiels qui servaient de guides en matière de droits de gabelles, tabacs, contrôles et autres, compris dans le bail des fermes générales de Lorraine mais des règles implicites résultant d'un accord secret entre Vaudémont et Léopold. Il faut maintenant beaucoup de ménagement pour faire la transition. Personne n'est à court d'astuce sur ce terrain. Pour le sel par exemple on profite de ce que la mesure courante à Commercy est d'environ un huitième plus forte que celle de Lorraine et on la servira néanmoins au même prix (absolu) que l'autre soit avec une petite ristourne (fiscale, à l'air innocent mais bien venue)[231]. De même tous ceux qui, jeunes mariés, nouveaux venus, bâtisseurs de la rue neuve et du Fer-à-Cheval, veufs de l'un ou l'autre sexe et d'une manière générale les exemptés d'impôt de l'époque Vaudémont qui

---

[231] AN. K. 1194. n° 2. Mémoire sur la terre de Commercy, chapitre cinquième et dernier des divers revenus de la terre de Commercy depuis la mort du Prince de Vaudémont, p. 26. 6.

avaient pu frémir un instant à l'idée qu'ils allaient être pressurés séance tenante, se voient aussitôt reconnu le droit de faire valoir leurs titres et certificats leur permettant l'entérinement de leurs dispenses auprès de la chambre des comptes de Son Altesse Royale[232]. D'ailleurs, de façon générale, Léopold décide bientôt de ne rien bouleverser et de proroger tout son édifice fiscal pour six ans[233].

Il est tout de même un inconvénient perceptible presque immédiatement après la mort de Vaudémont. Au lieu d'être un centre, Commercy est devenue un cul-de-sac. Car c'est à Void, sur la route de Paris à Toul, que passe la correspondance et Claude Lombard, le facteur des postes, juge les relations épistolaires de moindre intérêt désormais, peut-être parce qu'on y consommera moins de gazettes, et il n'est obligé de par sa commission que de faire deux liaisons par semaine avec Void ; il lui faut de la rentabilité donc du revenu ; la ville se résigne à négocier un courrier supplémentaire hebdomadaire

---

[232] AD Meuse. E dépôt 91. BB 2. Délibération Hôtel de ville de Commercy du 4 mars 1723.
[233] AD Meuse. E dépôt 91. BB 2. Délibération Hôtel de ville de Commercy, 24 décembre 1723.

contre un sol par lettre au delà de la taxe[234].

La même prudence s'impose à l'égard des animateurs et du personnel de la Principauté sous le règne de Vaudémont. Dans la revue des problèmes qu'énumère le baron Olivier, se place le paradoxe que l'usufruitier qu'était ce souverain avait accordé des charges et des offices au delà de sa propre existence et ce pour la vie des titulaires, la plupart ayant même leurs pensions et leurs gages garantis par les revenus que le donateur tenait de ses terres de Flandre et de ses rentes de Bourgogne. Si on les dépossède de leurs offices par une application stricte du droit de la propriété et si on les prive de leurs revenus par voie de conséquence, il prévoit que les officiers en place jusque là se pourvoiront infailliblement sur les terres de Flandre et les rentes de Bourgogne en question, ce qui provoquera une onde de choc en retour de la part des nièces du défunt. En vue d'éviter les murmures et de témoigner de la reconnaissance légitimement due au Prince disparu, il va jusqu'à suggérer « de regarder la terre de Commercy pour un temps comme si elle n'était pas obtenue à S. A. R. »[235], ce qui est sans doute aller un peu loin. En tout cas le

---

[234] Ad Meuse. E dépôt 91. BB 2. Délibération de l'Hôtel de ville de Commercy du 25 février 1723.

[235] Lorraine 566. 275. art. 27 des problèmes posés.

mode habituel de gestion, c'est-à-dire l'affermage est maintenu. Le bail est à peine remanié. Nicolas Martin, maintenu comme trésorier, s'informe des quelques modifications qui y sont apportées : les tiers deniers des bois et les amendes en sont exceptés ainsi que l'affouage et une indemnité qu'il avait fallu accorder pour des sujets contestés à Saint-Aubin (cela rappelle quelque chose). Compte tenu d'une remise faite par Joseph Le Rouge, resté de son côté grand répartiteur de la subvention échue en janvier 1724, et de ce que le fermier des domaines devait pour 1723, tout compte fait, le dit Martin est assez fier d'avoir de quoi payer au moins six mois des pensions de 1723. Par ailleurs François Haizelin qui était comme l'on sait intendant de Vaudémont et procureur par intérim de la Cour de Commercy, est tout simplement fait Conseiller d'État de Son Altesse Royale et son Lieutenant Général au bailliage de Commercy, désormais chef de la police de ladite ville, syndic en l'Hôtel de ville. Léopold profite d'une vacance opportune dans la maison de ses enfants pour y employer comme sous-gouvernante la plus jeune des demoiselles de La Gorge, arguant de la bonne éducation qu'a su lui donner elle-même en son temps la Princesse de Vaudémont. Les Chanoines de Commercy trouvent aisément un point de chute à Nancy. Quant à Du Péage, il se case tout seul ; il a en effet décidé d'entreprendre une nouvelle carrière ; il vient d'écrire à son collègue trésorier qu'il est entré dans un séminaire à Lyon et le sieur Martin, perfide, nous l'apprend en ajoutant que « c'est ce qui lui convient le mieux car il aime à prêcher »[236].

Le troisième point d'application de cette opération d'intégration est celui du patrimoine. Et d'abord du plus visible, le château. Tout de suite le nouvel ayant droit se préoccupe de sa garde. Le major de Commercy, Pantaléon Roblot, a été chargé d'y veiller avec un effectif qu'il juge au demeurant excessif : deux officiers et douze soldats. Il estime que l'on pourrait se contenter de la moitié, au moins depuis le soleil couchant jusqu'au lendemain à son lever. Mais c'est précisément quand les apparences sont les plus anodines que les changements sont les plus réels. Le guet de Vaudémont, décliné en garde de Léopold, fait souffrir le bourgeois de Commercy qui ne peut se défausser contre monnaie trébuchante.

En tout état de cause, là encore, le baron Olivier insiste sur la nécessité de

---

[236] Lorraine 576. 372 (28 février 1724), AD Meuse. E dépôt 91 BB 2 Délibérations de l'Hôtel de ville de Commercy des 25 février 1723 et 8 avril 1725. *Lettres...d'Aulède*, 159 (4 déc. 1723). AD M & M. B 163. 150. Pension Dlle Marie Charlotte de La Gorge.

spécialiser quelqu'un dans la recette et les réparations nécessaires du château, la conservation des chasses, l'entretien des vignes et des jardins, si l'on ne veut pas que les travaux coûtent plus tard le double, que les fruits se gâtent ou que généralement tout aille en décadence. Cette tâche sera dévolue à Jacques François Martin qui, d'échevin banal de la Principauté, est établi secrétaire des commandements du Duc et receveur général des domaines pour payer notamment l'entretien du château et les gages des domestiques[237].

Léopold paraît avoir entendu l'appel de son conseiller, principalement pour ce qui est de la forêt de Commercy. En 1720, Issoncourt, voulant se concentrer sur sa fonction de gouverneur, avait cédé aux frères Paris son comté de Sampigny, tandis que Léopold convoitait la terre d'Ancerville. Tout naturellement les Paris lui avaient avancé la somme nécessaire. La vente de ladite forêt à ses créanciers avait réduit sa dette, mais privait le château de son prolongement naturel. À la fin de 1724, en échangeant avec Antoine Paris les contrées les plus « bienséantes » du château contre d'autres bois proches de Sampigny, l'équilibre est rétabli sans recours au trésor

---

[237] Lorraine 566. 275. art. 27 des problèmes, déjà cité et AN. E 3157. 29. Rappel de son curriculum vitae par l'intéressé.

ducal[238].

Parmi ces pensionnaires de Vaudémont que les envoyés du Duc de Lorraine ont trouvés sur leur route à Commercy il en est un tout particulier parce qu'à lui tout seul il fait autant de bruit que tous les autres réunis et parce qu'on pourrait le prendre parfois pour un caméléon. Celui-ci n'est autre que le prince Emmanuel d'Elbeuf. Il lui est dû une rente viagère de quatre mille livres, créée à Nancy par feue son altesse en 1716, à prendre au cours du jour de son trépas, sur les revenus des terres de Flobecq et de Lessines, tels qu'ils ont dû être mis en évidence dans les comptes locaux à partir de novembre 1717. En fait cette rente a été constituée dans le cadre de la succession de la Princesse de Vaudémont. Elle a été suivie d'une promesse, apparemment verbale, faite le jour même, en avril 1720, où le duc d'Elbeuf manifestait son accord pour forfaiter à neuf mille livres la part de Vaudémont dans les revenus du duché, promesse donc de ce dernier de transférer pareille somme à Emmanuel et exploit de celui-ci tendant à faire saisir tout ce que Vaudémont devait aux La

---

[238] Lorraine 666. 98. n° 52, contrat d'échange du 30 décembre 1724 concernant certaines contrées de bois scises es bans de Commercy, P. Briot , *Les forges de* Commercy, p.4 et *Mémoire sur Commercy*, p. 24.

Rochefoucauld dans le cadre de la fameuse affaire qui les opposait[239].

Face à tout cet éventail qui va d'Elbeuf à Flobecq en passant par Commercy exhalant un parfum d'entreprises d'Emmanuel et de La Rochefoucauld, on comprend que les conseillers du Duc de Lorraine restent perplexes et se demandent si celui-ci est bien obligé de payer ce qu'on a déguisé en pension, que l'on a certes de quoi régler, ne serait-ce que pour faire taire l'intéressé[240] mais qui est plutôt destiné à éteindre des prétentions du créancier puisqu'il ne s'agissait par là, de la part de Vaudémont, que d'une reconnaissance implicite des droits de son beau-frère, geste qui devait surtout ne pas attirer l'attention des La Rochefoucauld tant que la justice n'avait pas tranché.

Emmanuel a toujours pris la précaution au travers de ses démarches judiciaires de laisser entendre qu'elles ne devaient en rien altérer le respect et la politesse qu'il continuerait à pratiquer comme ci-devant. Pour l'heure, il ne veut rien entreprendre contre les intérêts de S. A. R. Pour ce qui est des terres qui garantissent les paiements qui lui seront faits, il est prêt à remplacer les biens des Pays-Bas par d'autres

---

[239] Lorraine 729. 90 et 573. 254 et 263.
[240] Lorraine 566. 275. art. 28 ; 576. 372.

de Lorraine. Par étapes il restreint ses demandes du côté familial à six mille livres que ses cousines acceptent de lui fournir mais dont les deux tiers seront supportés par Léopold, tout cela conclu sans rien abandonner de ses prétentions vis-à-vis des La Rochefoucauld[241].

Cette pension va lui être d'autant plus utile qu'en dépit de toutes les précautions prises et des arguments avancés par Emmanuel d'autre part sur les conséquences des traités de paix, des lettres de rémission obtenues et de la mort de la Princesse de Vaudémont en terre étrangère de Commercy, les conclusions de l'avocat général, fils du chancelier, Henri-Charles d'Aguesseau de Plainmont, sur la non rétroactivité de tous ces évènements, entraînent la conviction des Parlementaires de la Grand-Chambre et le gain du procès par les La Rochefoucauld. Le prince Charles qu'on rencontre toujours dans ce genre de débats, trouve que la procédure a été malséante et en est fâché plus que d'un revers juridique à proprement parler. Emmanuel, aussi surpris que lui, n'estime-t-il

---

[241] Cf. Lorraine 576. 376. Demande d'Emmanuel du 18 janvier 1724. AN. MC LXXXIX. 362. Transaction du 16 mars 1724 entre les princesses de Remiremont et d'Épinoy et le prince d'Elbeuf avec référence à l'accord passé entre SAR et les princesses le 6 septembre précédent.

pas « qu'entre personnes d'un certain rang, le succès des affaires ne doit pas faire oublier … la délicatesse des procédés » ?, rappelle Marais qui a vu le Mémoire du perdant, étonné encore que celui-ci, après cet assaut judiciaire, fasse échange de civilités parisiennes avec le duc de La Rochefoucauld au lieu de vivre simplement et familièrement auprès de l' épouse qu'il a, quelques années plus tôt, ramenée de Naples[242].

Si l'intégration de ce qui appartient déjà à Léopold soulève ainsi quelques menues difficultés et déborde sur d'autres branches de la Maison de Lorraine, que dire de ce qui composait le domaine privé de Vaudémont ? Passons sur tel de ses débiteurs de l'étranger à retrouver, de ses meubles à inventorier ou même le cas de la petite maison du faubourg Saint-Antoine, donnée à la princesse d'Épinoy du vivant du Prince mais dont les actes n'ont pas encore pu être régularisés lors de son décès ou même sur les questions lancinantes mais purement financières déjà évoquées qui dépassent les responsables car elles mettent en cause des administrateurs d'État. Une question essentielle mais qu'on pourrait trouver saugrenue, trouble les agents de Léopold. Au

---

[242] Mazarine Mémoire 2652. U^{19} pièce 37 et Marais, *Mémoires*. III. 101-102. 6 avril 1724.

fait, Vaudémont a rédigé un testament en faveur de l'héritier de la couronne ; mais avait-il la faculté de disposer de son bien ? Oui certainement s'il lui est venu de sa mère, mais s'il le tenait de Charles IV ? Le sieur Guillelmi, agent de Léopold à Bruxelles, croit savoir que Vaudémont avait reçu en héritage les biens qu'il possédait aux Pays-Bas et il entrevoit un risque de procès avec les princesses de Lillebonne pour ceux du Hainaut, en particulier Flobecq et Lessines, dès qu'on en aura pris possession au nom du Prince royal en vertu du testament, parce que leur possesseur ne pouvait les repasser qu'à ses plus proches parents, en l'occurrence ses nièces, cette règle, découlant de la loi coutumière du lieu où les biens sont situés, s'appliquant implacablement non seulement à l'usufruit mais aussi au fond lui-même, autrement dit à la propriété. De là sa recommandation de faire fi de Vaudémont pour en revenir au parcours dynastique qui, de Charles IV est allé à Léopold par l'intermédiaire de Charles V, en procédant à la prise de possession des biens concernés au nom du Duc au lieu et place de son fils[243].

Un peu plus tard Issoncourt tente de répondre à la même question. Sur la foi d'une

---

[243] Explications données au baron Olivier, alors à Nancy, le 20 mars 1723, conservées *in* Lorraine 576. 215-216.

consultation entreprise par Souart, il pense que Vaudémont avait reçu ses biens de Flandre par donation de son père confirmée par le Roi d'Espagne, alors souverain des Pays-Bas, ce qui, semble-t-il, élimine les éventuelles difficultés soulevées[244].

Curieusement personne n'a l'idée de se reporter au contrat du mariage de l'intéressé par quoi cette fortune lui est parvenue et où tout est expliqué. Le patrimoine en cause lui a effectivement été donné par Charles IV au moment de son union avec Anne Elisabeth mais tant Flobecq que Lessines ou Ninove ou Sautour, tout avait été acquis antérieurement par le Duc de ses deniers personnels et celui-ci, on s'en souvient peut-être, tirait alors fierté de ne rien devoir de ce fait au Trésor du Duché.

L'application du droit aux terres de Lorraine devrait être plus facile. Elle donne pourtant lieu à frictions voire à procès entre le Duc et les nièces du testateur, toujours pour le même objet. Il faut transiger du côté de Montiers-sur-Saulx, Louppy et Revigny[245]. Remarquez que les relations entre les personnes, selon qu'on les considère sous un angle juridique ou dans un contexte social, peuvent s'avérer toutes différentes. La

---

[244] Lorraine 576. 636. 21 mai 1723, de Paris.
[245] Dumont, *Histoire de Commercy.* II. 265.

princesse d'Épinoy par exemple quand elle perd son procès contre le fils de la Grande Duchesse de Toscane que celle-ci avait voulu priver d'héritage au profit de celle-là, paraît aussi contrainte et chagrine que dans les affaires de succession de son oncle, sous des dehors de grande politesse, au point qu'Issoncourt ne sait démêler les véritables raisons de son air[246] ; de même quand elle postule à un emploi de Cour, la Duchesse de Lorraine ne peut pas s'empêcher de trouver que cette personne « qui n'a plus de famille à soutenir .... n'est plus jeune ... je trouve qu'elle ferait mieux de vivre tranquillement chez elle, du moins je le pense ainsi », insiste-t-elle. Et pourtant cela ne lui interdit pas d'écrire dans d'autres circonstances : « Je regrette extrêmement Madame de Remiremont et Madame sa sœur qui s'en sont retournées à Paris » ou « Nous avons ici, depuis lundi, Mmes de Remiremont et d'Épinoy, ce qui me fait bien du plaisir »[247].

Les mêmes poussées d'intérêts agitent à Commercy les domestiques de Vaudémont et les responsables des fondations pieuses de la Princesse parce que celui qui les avait tant

---

[246] Lorraine 576. 631. 12 mai 1723.

[247] *Lettres à la marquise d'Aulède,* respectivement 184 (26 décembre 1724), 159 (20 novembre 1723), et 243 (24 juillet 1727).

aidés, à Milan en particulier, à franchir les fins de mois, don Carlos Hugo Semple, s'en est encore souvenu dans son testament. La justice est conduite à trancher en accordant quarante-cinq mille livres de sa fortune à l'hôpital et vingt-cinq mille aux religieuses[248]. D'autre part une accusation de détournement par Benoît Le Rouge, l'un de ses valets de chambre et trésorier de ses plaisirs, de quelques objets ayant appartenu à Vaudémont, fait long feu[249].

Les sujets nouvellement annexés continuent sans s'émouvoir à s'unir, à procréer, construire, échanger maisons et jardins potagers, emprunter éventuellement, notamment afin de financer leurs acquisitions[250]. Durant ce temps les délégués de Léopold, en Allemagne, en Italie, aux Pays-Bas, en France poursuivent la liquidation de la succession de l'ancien souverain. C'est l'inventaire du tabellionnage de Commercy qui

---

[248] Dumont, *op. cit.* II. 266.

[249] Lorraine 566. 402 et 404. Mémoire des choses détournées et réponse de l'accusé.

[250] Les traces individuelles nous en sont restées dans les registres paroissiaux et notariaux. À titre de simple exemple le boucher de Commercy Claude Colin et son épouse Anne Huot comptent trois nouveaux enfants en quatre ans à cette époque dont Christophe dont nous reparlerons ; ils empruntent aussi auprès de l'ancien maire de l'ère Vaudémont, Nicolas Martin, homonyme du trésorier, et de sa femme Claude Massard.

donne le plus de fil à retordre aux préposés en raison de l'incendie arrivé cinq ou six ans plus tôt dans la tour du château où les minutes avaient été entreposées. Car pour les sauver du feu on n'avait rien trouver de mieux que de les jeter en bas de la tour d'où le vent et la rivière ont emporté la plus grande partie des documents. Ce qu'il en reste est si confus qu'on ne peut qu'en faire des liasses grossières peu exploitables[251].

Un peu plus de deux ans après le décès du Prince, Léopold et le Baron de Mahuet jugent que le moment devrait être venu « d'audiencer » le compte que le baron Olivier doit rendre de l'exécution de la succession du défunt et ils désignent à cet effet le conseiller d'État Le Febvre[252]. Quelques mises au point voire un peu de jurisprudence s'avèrent cependant encore nécessaires avant que le sieur Martin en tant que capitaine du château de Commercy puisse se transporter à Lunéville pour rendre compte à Léopold en son Conseil de l'état dans lequel il a laissé les affaires qui regardent ses intérêts, spécialement aux Pays-Bas, et qui concernent la succession. On peut alors penser que le Duc a désormais l'esprit plus libre vis-à-vis de

---

[251] Lorraine 729. 151. Observation faite à titre justificatif dans l'inventaire final.
[252] Lorraine 573. 198. 14 mars 1725.

domaines fraîchement administrés. Il reprend à son compte une politique de son prédécesseur et soutient les enseignants, en particulier le régent d'école de Commercy, Nicolas de Foug, qu'il exempte bientôt de toutes impositions publiques tant ordinaire qu'extraordinaire et généralement quelconque et même de la subvention[253].

Un grand mouvement de charité.

Les émois de la Duchesse de Lorraine, les penchants de son époux, la curiosité mêlée d'inquiétude du prince d'Elbeuf offraient de fortes chances de faire converger le regard des uns et des autres vers le champ de la santé ou plutôt vers celui du mal. Au seuil du premier quart de ce siècle, après les guerres et à côté de la famine, chacun peut considérer les effets des épidémies. Il n'y a pas si longtemps que Léopold a cru devoir tenter de mettre, par voie d'ordonnance, ses États à l'abri de la peste qui a sévi à Marseille et en Provence, en instituant un contrôle des voyageurs et des marchandises voire en « parfumant » la correspondance qui en venait. Plus directement, lui-même et Elisabeth-Charlotte ont subi dans leur propre famille les

---

253 AD. Meuse. BB 2. 28 août 1727.

ravages de la petite vérole. Si leur fille aînée, Elisabeth-Thérèse, a pu en réchapper après avoir été à la dernière extrémité et procuré inquiétude et peine en proportion à ses parents pendant sa maladie, les deux frères du Duc et quatre de leurs enfants sont morts « de cette horrible et maudite maladie ». À côté de cela, il y a toutes les autres qu'ils rencontrent au fil des jours qui, pour être moins troublantes, n'en sont pas moins douloureuses voire effrayantes, parfois mortelles : dysenterie, apoplexie, fièvres diverses, abcès, rhumatisme, varices, jambes et pieds malades, sans parler des accidents.

Voilà de quoi appeler les soins dont on peut espérer la guérison ou du moins l'atténuation du mal. Les souverains comme l'était Vaudémont et comme Léopold l'est encore, ont des médecins et des chirurgiens attachés à leur Cour. C'est aux traitements de Louviot et aux conseils de Bagard, combinés avec toutes les prières de la famille, qu'Elisabeth-Charlotte a attribué en son temps la quasi-résurrection de sa fille[254]. Même si cet effectif n'a pas toujours toutes les compétences souhaitables puisque pour certaines opérations particulièrement délicates ou lorsque les traitements classiques se révèlent inopérants, il leur faut malgré tout

---

[254] *Correspondance citée*, 42-44. Avril 1717.

faire appel à l'extérieur, ces Princes sont encore mieux lotis que leurs sujets notables de leurs bonnes villes. Là, ceux qui en ont les moyens, peuvent se faire soigner à domicile, car il y existe peu d'institutions collectives : un hôpital à Metz, un autre à Lunéville, celui que les initiatives des Vaudémont et la générosité du sieur Semple maintiennent à Commercy. D'une manière générale la clientèle pauvre n'est pas recherchée ; si elle est malade, on préfère l'écarter ; si elle est vagabonde ou abandonnée, on estime convenable de l'enfermer. En 1724, une ordonnance de Léopold a prévu la création d'un bureau de charité dans chaque paroisse lorraine. À Gondreville, il existe, près du château, sous le patronage de Saint-Lazare, une Maison-Dieu qui assiste et prête aux malheureux plutôt qu'elle ne les soigne.

C'est dans ce contexte que le prince Emmanuel fait valoir auprès du Duc que les gens de la campagne en général et ceux de Gondreville en particulier, lorsqu'ils sont attaqués par les maladies, ne peuvent trouver le secours et le soulagement dont ils auraient besoin à la fois parce qu'ils sont éloignés des lieux où les médecins et les chirurgiens sont établis puisqu'il n'existe pas de médecins de campagne et parce qu'ils ne sont pas en état de fournir à la dépense nécessaire pour faire venir ces praticiens jusque chez eux. La solution

qu'il propose consiste à créer, à Gondreville
même, un hôpital dont l'administration serait
confiée à des Religieux connus tant pour leur
piété que pour leur expérience dans la
chirurgie et dans la pharmacie. Il s'agit de
frères dépendant de l'Ordre de Saint Jean de
Dieu, dit justement de la Charité, qui ont
fondé quelques années auparavant un
Établissement de ce genre sous les auspices de
l'évêque de Metz et surtout depuis plus
longtemps le grand hôpital que le prince a
peut-être eu l'occasion de voir fonctionner rue
des Saints-Pères à Paris[255].

Léopold se laisse convaincre et par
lettres patentes un hôpital royal dit de la
Charité y est donc fondé, sous l'égide de son
saint patron, composé de six lits, financé au
départ, moitié par des revenus de Gondreville
fournis par Emmanuel moitié par d'autres, de
Foug, alimentés par Léopold à hauteur de
trois mille livres au total. Y seront reçus,
soulagés, traités, alimentés, éventuellement
opérés gratuitement, en vue de leur guérison
les malades les plus nécessiteux. Ainsi les
objectifs médicaux et d'assistance se

---

[255] Cf. Pays Lorrain. François Streiff a consacré un article
aux *Frères hospitaliers de Saint-Jean de Dieu en Lorraine. Leurs
hôpitaux de Metz, Gondreville* dans le numéro I. 1996. 239 sq.
Jacques Hillairet, *Dictionnaire historique des rues de Paris*. II. 499-
500. (L'Hôpital de la Charité, rue des Saints-Pères).

rejoignent-ils.

Quatre Religieux, soit deux chirurgiens, un apothicaire et un infirmier sont prévus non seulement pour desservir l'hôpital mais aussi pour visiter et traiter, toujours gratuitement, tous les malades pauvres de la prévôté de Gondreville et des quelques villages environnants et même, s'ils disposent d'encore un peu de temps, dans tout le reste du Duché dont Gondreville devient de façon quelque peu forcée le haut lieu sanitaire. Ils seront installés dans le château aux quarante chambres, gage d'aisance pense-t-on, qu'Emmanuel met à leur disposition. Jean Antoine Hoppen avec l'assentiment de son épouse, Anne de Saint-Simon, y ajoute immédiatement tout ce qui lui appartient dans les jardins qui sont au dessus du bac de Gondreville dans l'enclos sur le grand chemin sur le côté dudit bac pour le prix de mille livres provenant des aumônes et bienfaits du prince, qui en contrepartie s'en est réservé la jouissance durant sa vie[256].

Pour diriger l'équipe le prince d'Elbeuf va dénicher à Paris le sieur Élisée Gontier, un frère de la Charité que lui-même et la Duchesse de Lorraine considèrent comme un très habile chirurgien et qui se trouve disponible car il est en butte à l'hostilité

---

[256] AD M & M. 3 E 572. 8 août 1726.

- eux pensent à la jalousie - de ceux du Roi qui lui ont fait défendre d'y travailler parce qu'il en sait plus qu'eux. Assisté des frères Léandre Heulhard, Savinien Macé et Amateur Miroir, délégués par leur Province sans qu'on sache si cet ordre d'énumération correspond à celui des fonctions des lettres patentes, ils se mettent donc à l'ouvrage. Le sentiment de la Duchesse sur la qualité des soins prodigués par le père Élisée est conforté par le rétablissement spectaculaire du comte de Lenoncourt, frère de la marquise d'Aulède, qui a quitté un charlatan impuissant à lui épargner les douleurs consécutives à une fracture de la jambe pour se mettre entre les mains de ce praticien. Pour un peu Elisabeth-Charlotte regretterait que ses jambes ne lui imposent pas pour le moment le même recours ![257]. Toutefois les Religieux s'aperçoivent vite qu'espace n'est pas synonyme de commodité et qu'un manoir féodal, même retravaillé, n'a pas de vocation médicale. Ceux qui les soutiennent et ont inventé le projet, à savoir le prince d'Elbeuf et son intendant, sont du même avis. L'ensemble va prendre la direction qu'a déjà suivie le seigneur de Gondreville en descendant de son promontoire pour venir caresser la Moselle du côté du bac.

Dans un premier temps le couple

---

[257] *Correspondance citée*, lettres de juillet et septembre 1727.

Hoppen cède à l'hôpital la maison qu'il y possède avec jardins et dépendances y compris un droit de colombier, pour l'heure non utilisé, attenant au grand chemin, complémentaire de la transaction de l'année précédente et surtout située dans le prolongement de l'actuelle demeure du prince et qui lui sert d'ailleurs d'annexe ; le prix en est fixé à cinq mille livres payables en deux fois, début 1729 et 1730, mais les Religieux supporteront un surplus de charge en laissant la jouissance gratuite de ce local au prince, sa vie durant, tandis que celui-ci récompense le vendeur par une pension viagère et annuelle de trois cents livres. Il y a donc une véritable association des protagonistes qui va même au delà puisque le droit de colombier qui ne les intéresse pas, est cédé à Jean Sizaire, ce dernier se chargeant d'installer ce qu'il faut et de l'exploiter après autorisation[258]. Quelques semaines plus tôt le prince a promis de fournir, dans le secteur même, l'emplacement et les deniers indispensables pour bâtir la nouvelle maison qui servira d'hôpital.

Le sort de l'institution est donc ainsi définitivement scellé. Le prince Emmanuel est dans son élément pour entreprendre une nouvelle campagne de communication. Il fonde sept lits supplémentaires et avec le Duc

---

[258] AD M & M. 3 E 573. 28 juillet 1727.

il confirme qu'il engagera à cette fin une rente et des recettes provenant de vignobles voisins. Un ecclésiastique de Toul possède des pièces de terre dans la zone visée. Quelques visites du prince à cet honorable doyen et les arguments qu'il déploie sur les sommes considérables engagées pour un Établissement aussi avantageux au public, sur tous les soins et les peines qu'il ne ménage pas, persuadent son interlocuteur de faire une donation généreuse desdits terrains à ses propres neveux et eux de les rétrocéder respectueusement à l'hôpital ; la cession est gratuite mais évaluée à deux cents livres par le curé Chassel afin que chacun soit conscient de l'ampleur du bienfait[259]. Leurs voisins Le Heux, Bary et Friry se laissent persuader sans difficulté de céder leurs bouts de jardin par une dialectique qu'on peut imaginer du même genre, peut-être davantage expéditive, encore qu'appuyée par des espèces plus trébuchantes et assorties par eux de quelques réserves[260]. La construction est facilitée par l'installation préalable, à proximité, d'une tuilerie produisant les briques et les tuiles nécessaires.

---

[259] AD M & M. 3 E 574. Transaction initiée en 1727, mais régularisée le 20 mai 1729 et lettre du 3 janvier 1728 impliquant les sieurs Jobal de Vernéville et de Pagny.

[260] Toutes transactions consignées aux AD M & M. 3 E 573. 10 mars 1728.

Les choses étant ainsi bien engagées sur le plan matériel, Emmanuel de Lorraine a de plus le souci d'assurer ce qu'à l'instar de ses cousins, il considère comme indispensable à toute guérison à savoir l'apport spirituel. Désormais le père Raymond Colin en tant que prêtre viendra renforcer l'équipe des Religieux. En prévision de son arrivée, le châtelain a fait donation au couvent des desservants de sa belle chapelle toute meublée qui, étant près du bac, se trouve par là même maintenant située à côté de l'hôpital et en mesure de leur servir d'Église. Il a seulement imposé à ses partenaires quelques obligations en contrepartie de ses faveurs : en premier lieu il s'en réserve la jouissance pour faire tels services qu'il lui plaira durant son existence ; en second lieu il interdit aux Religieux d'y inhumer quiconque qui ne soit pas de son auguste Maison ; enfin lors de son décès, ils devront en aviser toutes les maisons de leur Ordre en France, chanter un service solennel pour le repos de son âme et leurs successeurs chanter une grande messe avec l'office des morts au jour anniversaire et à ceux des indulgences plénières[261].

Le prince d'Elbeuf, l'hôpital et tous

---

[261] AD M & M. 3 E 573. 8 août 1727. La douzaine de tableaux environ qui ornait la chapelle, a depuis disparu ; l'édifice aussi.

ceux qu'ils intéressent à leur entreprise ne comptent pas en rester là. Ils songent à un nouveau développement consistant à adjoindre au soin des malades ce qu'ils appellent l'hospitalité c'est-à-dire l'entretien des vieillards. Cela suppose de nouvelles extensions. Une opération éclair au printemps de 1729 amène l'ensemble des propriétaires de vignes et surtout de chènevières situées depuis la chapelle et la tuilerie jusqu'au chemin de Villey-le-sec et la porte haute de Gondreville, y compris les Dames locales de la Congrégation et le chapitre de la cathédrale de Toul, à céder leurs terrains à l'hôpital afin que celui-ci y établisse la maison où il va exercer cette nouvelle activité. La vieille Maison-Dieu qui dépendait jusque-là de la cathédrale de Toul et sommeillait d'ailleurs sous la même appellation de Saint Léopold au cœur du vieux village, peut alors y être transférée[262]. Mais c'est aussi dans cette perspective que le prince d'Elbeuf a déjà procédé à une démarche à

---

[262] Les différentes transactions sont recensées dans les minutes du tabellion N. Vaudrey aux AD de M & M. 3 E 574 & 575, principalement en mai et juin 1729 avec une nouvelle vague au cours de l'été 1731. C'est aussi le 23 août de cette année-là que les chanoines et le chapitre de la cathédrale de Toul cèdent à l'hôpital Saint Léopold leur Maison. Extrait des registres capitulaires de l'Eglise cathédrale de Toul. R. Royer, *op. cit.* 39.

double fin. En présence du sieur Joseph Gille dit Provençal, professeur de l'Académie des Arts et Sciences, de peinture et sculpture de S. A. R. de Nancy, effectivement peintre renommé et travaillant souvent pour le prince d'Elbeuf, qu'on aurait plutôt attendu lors du transfert de la chapelle, et d'Edme Gabriel, homme de main du prince, celui-ci a cédé par anticipation à l'hôpital sa bibliothèque. Les résidents s'ils savent lire et les Religieux auront donc de la distraction et du plaisir intellectuel. Et ce que demande Emmanuel de Lorraine pour prix de la somme de connaissance qu'il met à la disposition de l'Établissement, c'est tout simplement une assurance pour les vieux jours de ses domestiques au travers de la famille Sizaire. Dès la mise en route de la nouvelle activité l'aîné des trois frères, Jean, garde marteau de la gruerie locale, pourra choisir entre une pension de 300 livres tournois payables par l'hôpital ou y disposer d'une chambre meublée, éclairée et chauffée, où il serait nourri, blanchi et soigné sa vie durant. Par la suite ce privilège est susceptible de passer successivement à ses frères cadets Gilles et Martin[263]. L'hôpital Saint Léopold est

---

[263] AD M & M. 3 E 573. Acte de cession du 14 juillet 1728 et inventaire annexé. Certaines dispositions de cet acte qui en faisaient dépendre la subrogation du décès du prince d'Elbeuf ont été simplifiées par un acte rectificatif du 28

aussi devenu une maison de retraite. Ses responsables n'ont d'ailleurs pas exclu qu'on puisse y achever son existence. Une partie des terrains acquis est à usage de cimetière. Étendue sous l'emblème de la charité, sa réputation, telle que la résumera un peu plus tard un sympathisant, est faite « d'honneur et de probité ». L'Établissement est prêt à recueillir le cas échéant la générosité des donateurs ; celle des particuliers dont les terrains, regroupés progressivement dans le jardin que messieurs Sizaire ont acquis dans les fossés du village pour être ensuite repris à bon compte par l'hôpital ou celle de guerriers de l'extérieur qui, suivant l'exemple de Jean Jérôme Caëtan de Guicciardy, lieutenant-colonel du régiment d'Escar ci-devant de Vaudémont, au moment de faire leur testament, pensent à cette œuvre charitable[264].

Des princes du sang en représentation.

Le Duc de Lorraine a de longue date,

---

août 1732 classé en 3 E 575 qui a supprimé cette condition. La place à l'hôpital est alors formellement retenue pour les Sizaire comme conséquence de la vente de la bibliothèque.

[264] AD M & M. 1 F 238. Censes des fossés de Mrs Sizaire à présent à l'hôpital (1741). AN. MC. VIII. 1082. Testament du 14 mai 1747, déposé le 29 avril 1749.

nous l'avons vu, réservé un sort particulier aux princes de son État dans lesquels il savait que coulait le même sang que le sien. En tête de la catégorie, au moment du décès de Léopold-Clément, figure le suivant des frères de celui-ci que l'on a eu jusque là l'habitude d'appeler François, dénomination que le public viendra progressivement compléter en y adjoignant son troisième prénom, Étienne. L'évènement conduit son père à le mettre à part en le faisant déclarer majeur, bien qu'il n'ait pas encore tout à fait atteint ses quinze ans, et en le parant du titre de « prince royal » comme l'était son aîné. Dans le même temps il le laisse partir afin d'aller compléter son éducation à Vienne. Sa principale épreuve dans l'immédiat, selon sa mère, consiste à faire dès le dix août « sa première révérence à l'Empereur » qui cinq jours plus tard doit lui remettre le collier de la Toison d'or. La relation avec le Monarque a des apparences familiales voire bourgeoises plutôt que diplomatiques puisque ce dernier l'a traité de fils, mais il paraît qu'il ne faut y voir qu'un effet de l'amitié ; car personne n'a parlé de ce à quoi certains pensent tout bas et la Duchesse ouvertement, à savoir le mariage éventuel - à vrai dire l'un des motifs effectifs du séjour du prince - avec l'archiduchesse Marie-Thérèse[265]. Il est permis de penser que

---

[265] *Correspondance citée*. 149 et 150. 10 et 26 août 1723.

les six ans de la demoiselle n'accordent guère plus d'attention à ces perspectives qu'aux contes de fées.

L'autre fils, « celui d'ici », indique Elisabeth-Charlotte quand elle écrit à Lunéville ou à Nancy, par opposition à celui de Vienne, c'est-à-dire le plus jeune, Charles-Alexandre, n'a pas de mission particulière, ce qui correspond aussi à son âge. Ceux que l'on désigne communément comme princes du sang sont les quatre adultes de la Maison peu ou prou présents dans le Duché : Anne Marie Joseph, prince de Guise ; Charles Louis, prince de Pons et son frère Jacques Henri, prince de Lixheim ; Emmanuel, prince d'Elbeuf. Dans le cours quotidien du temps, Léopold ne les met que peu à contribution, hormis pour quelques manifestations auxquelles il ne souhaite pas paraître en personne ; ainsi le prince de Lixheim est-il sollicité pour ouvrir le bal donné à Nancy par l'envoyé de France en réjouissance de la « consommation » du mariage de Louis XV ; une autre fois Léopold leur demande d'encourager, toujours à Nancy, des acteurs qui présentent une comédie rappelant les splendeurs du camp de Compiègne sous Louis XIV[266]. Seul le prince de Lixheim dispose d'un

---

[266] Évènements rapportés par Nicolas dans son Journal. MSAL, 1899, p. 277-280.

emploi permanent de conseiller d'État et grand maître, donc officier de la maison, et pas à cause de son rang[267].

En mars 1729, à la suite d'un faux pas le Duc tombe au moment de franchir un ruisseau. Sous le coup ou sous l'effet du froid, la fièvre le prend ; en cinq jours il est emporté par une sorte de pneumonie.

L'héritier, François, est toujours à Vienne. En attendant son retour, il faut un Conseil de Régence. Dès le lendemain du décès de Léopold, Elisabeth-Charlotte s'y emploie. C'est alors que les princes du sang ont une première occasion de participer à une action proprement politique. Autour des grands officiers de la Couronne et des conseillers d'État du Duché, la Duchesse réunit Charles, Emmanuel, Joseph et Henri de Lorraine, destinés à faire entendre la voix légitime de la Maison. Lecture est donnée du testament du défunt. Celui-ci a bien prévu l'existence possible de ces périodes d'entre-deux et envisagé la création d'un Conseil. Mais il ne devrait s'agir que d'un simple organe de suppléance, géré par les principaux officiers de la Cour sans aucune immixtion de la Duchesse. Or celle-ci peut encore moins

---

[267] Et encore le prince de Lixheim exerce-t-il ce poste-ci plus nominalement qu'effectivement, selon Harsany, *La cour de Léopold, duc de Lorraine et de Bar.* 345.

accepter d'être ignorée des Institutions lorraines que son frère autrefois n'avait admis les restrictions que Louis XIV, avant de mourir, avait mises à sa Régence. Comme dans ce cas, le testament est cassé et à l'unanimité des présents, Son Altesse Royale Madame est déclarée « seule et unique régente des États .... avec pouvoir de les régir, gouverner et administrer », unanimité d'ailleurs confirmée par la ratification de François III quand le nouveau Duc apprend tous ces évènements. Lors de la cérémonie des obsèques solennelles de Léopold, faites à Nancy en juin, les princes du sang sont encore dans leur rôle en montrant par leur mine grave aux notables et à tout le peuple combien la disparition du souverain est conséquente pour le pays.

Les bonnes dispositions de la Régente à l'égard des princes du sang considérés collectivement ne sont pas forcément celles qu'elle manifeste à chacun d'eux pris individuellement. Elle poursuit Monsieur de Guise de sa vindicte et signale à sa correspondante habituelle avec une certaine satisfaction qui transparaît, que le voyage que ce prince a effectué à Vienne, a été très peu diplomatique ; en effet l'intéressé « n'y a pas même vu l'Empereur ni l'Impératrice » et son fils a abrégé le séjour du voyageur en le renvoyant promptement, ne l'ayant vu que pour le bonjour et l'adieu. La Duchesse se dit même étonnée qu'un tel accueil n'ait pas altéré sa satisfaction et ajoute que d'autres, à sa place, ne seraient pas si contents[268]. Plus grave encore pour lui et pour les autres bénéficiaires des largesses de Léopold pourrait être la décision, pourtant prise en Conseil de Régence, de les obliger à restituer toutes les portions du domaine ducal que le défunt leur avait aliénées. Les princes de la Maison croient d'abord qu'ils pourront être dispensés de cette mesure. Mais de Vienne même, vient l'ordre de n'en excepter personne[269].

En novembre le jeune Duc se décide à quitter Vienne et reparaît un beau matin dans ses États au moment même où le duc d'Elbeuf et le prince Charles y font une excursion. Il réveille bien agréablement sa mère qu'il flatte de mille amitiés ainsi que ses sœurs et son frère. Mais comme le constate la Duchesse « rien n'est tel que d'être le maître de son pays ». François III est désormais en état d'exercer pleinement sa fonction. Sa mère, quant à elle, déclare que la retraite est tout ce qu'elle désire le plus. L'attitude du Duc envers

---

[268] *Correspondance citée.* 280-282, octobre 1729.
[269] Archives des affaires étrangères. Dépêche du représentant de la France auprès de la Cour lorraine, M. Audiffret, du 23 mai 1729, citée par d'Haussonville, *op. cit.* 4. 223.

les princes de son entourage est contrastée. Charles est honoré publiquement dans une brillante cérémonie de la Toison d'or qu'il lui remet de la part de l'Empereur. Ce frère et les princes du sang sont au premier rang des Seigneurs qui l'accompagnent lors de son entrée solennelle dans Nancy. Le prince de Lixheim va siéger à la tête du Conseil d'État qu'il installe pour remplacer celui de la Régence. Et pourtant l'envoyé du Roi de France note rapidement qu'il ne manifeste aucune complaisance pour ses cousins venus lui rendre visite, qu'il ne peut souffrir le même prince de Lixheim et qu'il aspire à voir Monsieur de Guise regagner son pays d'origine. D'ailleurs tous les observateurs, et Elisabeth-Charlotte la première, s'accordent à penser que la Cour de Lunéville est devenue méconnaissable et bien triste[270].

Toutefois le séjour du Duc en Lorraine, coupé une première fois par l'hommage traditionnel qu'il va rendre à Versailles au Roi de France pour le Barrois mouvant, est encore écourté au printemps de 1731. François de Lorraine s'est mis en tête de sacrifier à la mode du voyage d'information à travers l'Europe que les hommes d'État les plus modernes ont cru bon d'entreprendre avant lui en vue de parfaire leur apprentissage

---

[270] d'Haussonville, *op. cit.* 4. 230. E. C. d'Orléans, *op. cit.* 290.

du Pouvoir. S'il est décidé à conserver et à exercer de loin plusieurs attributs de sa souveraineté tels que « la distribution des grâces et des emplois, le droit législatif et la connaissance de certaines affaires », il lui faut tout de même prévoir l'intérim du gouvernement durant son absence qui ne devrait pourtant pas excéder deux mois. La Régence qu'il laisse une nouvelle fois à Madame sa mère, y pourvoira. Et celle-ci sait vite surmonter les limites théoriquement apportées à son autorité et conduire le Duché comme elle l'entend en s'appuyant sur un Conseil d'État à sa dévotion face aux autres organes de gouvernement maîtrisés.

Les princes du sang sont davantage magnifiés qu'il n'est fait appel à leur savoir-faire. Chacun se retire donc sur son pré carré. À Gondreville Emmanuel d'Elbeuf a tout loisir de développer l'administration de son domaine, de s'entendre avec les Religieux de l'abbaye de Saint-Epvre, propriétaire du grand jardin qu'il occupe, afin d'en remodeler les contours, d'acenser les surfaces dont il n'a pas besoin, de recevoir hommages et compliments du voisinage et de continuer à faire évoluer son œuvre de charité[271]. Il lui arrive cependant de s'échapper pour des séjours occasionnels

---

[271] AD. M & M. 3 E 575 (Minutes de N. Vaudrey, Années 1731 et 1732).

plus ou moins prolongés, par exemple en Provence en 1730 où la princesse de Ligne, en délicatesse avec son mari à propos d'une dot mal constituée et surtout non payée, lui fait part de ses malheurs[272] ou bien à Paris où, résidant rue du Pot-de-fer, sa bienveillance s'étend sur les placements de Gilles Sizaire, son valet de chambre[273].

Parti sans dire un mot au prince de Lixheim ni à aucun de ses courtisans les plus fidèles[274], le Duc François, lui, effectue son tour d'Europe, commencé à Luxembourg. Il visite successivement la Flandre, Bruxelles et la Hollande avant de découvrir Londres et sa Cour. Il se décide alors à prendre une tout autre direction qui lui est plus familière, celle de l'Est, à travers la Prusse, avant d'être attiré, de façon presque irrésistible, peut-on imaginer, vers Vienne qu'il ne peut oublier.

Sa mère a du mal à suivre le périple. L'absence se prolonge. Le Roi de France en vient à estimer qu'il est tout à fait inutile de continuer à entretenir un ministre à caractère d'envoyé extraordinaire dans une Cour où le souverain ne réside pas[275]. M. d'Audiffret dont

---

[272] Marais, *op. cit.* IV. 156. Lettre du 15 août 1730 au Président Bouhier.

[273] AN. MC. VIII. 1007. Tontine du 19 juillet 1734.

[274] H. Poulet, *Revue lorraine illustrée*, 1909, p. 32. "Les Lorrains à Florence".

[275] Nicolas, *op. cit.* p. 295. Marais IV. 390. Lettre XXVIII. 24

c'était la mission, est rappelé en France. La régente du Duché, apprenant, sans y croire absolument, que l'Empereur vient de donner à François de Lorraine le gouvernement de la Hongrie, remplie de rebelles, en vient à désespérer de le revoir jamais, alors même que le mariage désiré avec Marie-Thérèse d'Autriche se fait attendre. À son avis le Duc serait mieux dans ses États[276].

D'autres Princes s'intéressent au sort de leurs proches. La Reine d'Espagne, Elisabeth Farnèse, se satisfait de l'établissement récent de son fils Carlos à la tête du Duché de Parme et de Plaisance, longtemps possession de sa famille ; elle le verrait bien aussi s'installer à Florence, que laisse espérer l'absence d'héritier du Grand-duc en place. Charles VI de Habsbourg de son côté est en passe de faire admettre par tout le monde que sa fille Marie-Thérèse puisse un jour lui succéder.

Mais ceux qui conseillent les chefs d'État ignorent le sentiment. Les alliances ne peuvent être qu'un élément de leur politique. La Lorraine est située à la frontière française. Le Royaume la surveille, voire la convoite. La possibilité qu'elle bascule du côté de l'Empire

---

juillet 1732.
[276] Lettres des 10 avril et 1er mai 1732 à la marquise d'Aulède.

lui déplait tout à fait. Par ailleurs le trône de Pologne devient vacant par la mort d'Auguste II de Saxe. Une élection est nécessaire pour qu'il y soit pourvu. Le Roi de France soutient la candidature de son beau-père, Stanislas Lesczinski, prédécesseur et rival malheureux du défunt. Le fils de ce dernier, électeur du Saint Empire, a les préférences de l'Empereur. Charles VI qui jusque là n'avait pas fait d'objection aux avancées de don Carlos, ne veut plus de celui-ci en Italie, parce qu'il est espagnol et que l'Espagne est aux côtés de la France.

L'argent distribué à ceux des Polonais qui ont à choisir leur souverain peut aider leur décision. Les armes aussi. De fait, quand le maréchal de Berwick est mis à la tête d'une armée de cent mille hommes assemblés en Alsace, on sent bien qu'une guerre se prépare. Pour répondre à l'insulte personnelle que l'Empereur lui a faite en s'opposant ouvertement à son beau-père, le 10 octobre 1733, Louis XV la déclare à Charles VI. Le 12, Elisabeth-Charlotte qui, depuis un peu plus de trois semaines, séjourne avec ses enfants à Nancy, est priée de laisser passer sur son territoire les troupes françaises. On veut, lui dit-on, mettre sa famille à l'abri des ennemis. Quelques heures suffisent à l'adjoint de Berwick, Belle-Isle, pour mettre en mouvement les troupes qui s'entraînaient aux

environs de Commercy et faire son entrée à
Nancy[277]. La Duchesse de Lorraine garde sa
dignité. Elle se retire à Lunéville. L'armée de
Berwick et de Belle-Isle poursuit sa marche en
direction du Rhin et de l'Allemagne où ils se
trouveront bientôt face au prince Eugène,
toujours là quand il faut en découdre avec les
Français.

En Italie, c'est le maréchal général de
Villars qu'en dépit de ses quatre-vingts ans l'on
a chargé de régler le sort des Duchés du Nord,
avec l'acquiescement du Roi de Sardaigne. Il
paraît que le maréchal ne peut pas se passer de
la collaboration du prince Charles de Lorraine.
Connaissant la valeur et la vertu du Grand
Ecuyer de France, il pense que cette charge et
la santé un peu branlante de l'intéressé ne sont
pas telles qu'elles puissent faire obstacle à une
bonne campagne militaire. D'ailleurs il s'agit
d'un ancien lieutenant général des armées du
Roi de France. Le prince Charles quitte
aussitôt la Cour pour courir à la gloire[278]. Il ne
sera pas de trop pour relever, avec le duc
d'Harcourt et quelques autres, les tranchées
qu'exige tout siège bien mené[279].

---

[277] C. E. Dumont, *op. cit.* II.301-302 ; Barbier, *Journal*, 2.429-
430 ; Lorraine, 42, p. 84 R°.

[278] *Correspondance de Mathieu Marais avec le Président Bouhier*,
Lettre XXXIII du 7 octobre 1733.

[279] Le 20 novembre, il est à l'œuvre du côté de l'Adda, au
siège de Pizzighettone. *Mémoires du duc de Villars*, T. 3, p. 279.

Beaucoup de personnages ont imité le prince Charles. Ce n'est pas le cas de Monsieur de Guise. Celui-ci ne réside alors qu'épisodiquement dans la terre lorraine qui lui a procuré son nom. Il lui préfère désormais l'atmosphère et les mondanités de Paris où il habite ordinairement dans l'enclos du Temple. Quant à sa maison d'Arcueil il en fait profiter le sieur Voltaire ; ces deux-là se piquent alors d'amitié l'un pour l'autre et le second trouve on ne peut plus juste que « les descendants du Balafré et du jeune d'Aumale fassent quelque chose » pour lui. D'un autre côté Voltaire s'intéresse tellement à la famille de son hôte qu'il met sur pied le mariage de la fille cadette de celui-ci, Elisabeth Sophie, avec Louis Armand de Vignerot, duc de Richelieu, parent du feu cardinal du même nom, un veuf, ancien ambassadeur et tout nouveau brigadier d'infanterie, mais plus guerrier que diplomate. La noce a lieu à Montjeu en avril 1734. Le duc de Richelieu a tout prévu pour participer comme il faut à l'expédition d'Allemagne. À cette fin il dispose de mulets, de chevaux, de valets, de tentes et plus généralement de tout ce qu'il faut pour étaler sa magnificence en campagne. Le nom qu'il porte et l'ostentation qu'il manifeste ne suffisent pas à convaincre les princes de Pons et de Lixheim de juger le nouveau marié digne d'une fille de la Maison de Lorraine, même dotée de peu. Ils n'ont pas trouvé bon de signer le contrat de mariage. En revanche, le prince de Lixheim ne dédaigne pas de servir le Roi de France parallèlement au Duc de Lorraine. Également brigadier des armées du premier, la guerre une fois déclarée, le hasard le met en présence du duc de Richelieu lors du siège de Philipsbourg auquel ils participent tous deux. L'humeur belliqueuse des deux soldats les conduit à revenir sur l'alliance familiale contestée et à se départager par un bon duel. Richelieu est blessé mais l'issue du combat est fatale à Lixheim. Déguisé en imprudence dans la tranchée d'une redoute, le véritable motif du décès est vite découvert. Voltaire, arraché à sa quiétude de dieu charitable, ne peut que déplorer le funeste mariage qu'il a fait[280]. Toujours est-il que la Lorraine compte un prince du sang en moins.

Près d'un an plus tard aucun des belligérants n'a obtenu de succès décisif. Les Français ont fait une campagne glorieuse en Italie, mais ils ont le dessous en Allemagne. Les chefs des armées du début des hostilités ont quitté les champs de bataille. Le maréchal de Berwick a été frappé d'un coup de canon meurtrier à Philipsbourg. L'âge et un flux de sang ont été fatals au maréchal de Villars, à

---

[280] Président Hénault, *Mémoires.* 230 ; Saint-Simon, *Mémoires.* VII. 801 ; Barbier, *Journal.* 462 et 463 (juin 1734). Voltaire, *Correspondance.* I. 503, 505, 508 et 533.

Turin, alors qu'il était en train de retourner en France. Le prince Eugène a reçu l'ordre d'abandonner son commandement et de revenir précipitamment à Vienne.

Les Puissances adverses, tout autant que celles qui ne sont que spectatrices, en viennent à penser qu'il est temps de négocier, dans la discrétion naturellement, sans s'attarder à consulter les populations. À bien analyser les choses la solution devrait aller de soi. Il existe des territoires et des fonctions disputées et d'autre part des prétendants à caser ou à fixer. Parmi ces derniers, deux personnages ont pris une sérieuse option sur un établissement stable. Les deux prétendants au trône de Pologne ont été élus successivement. Mais c'est Auguste de Saxe qui a, en définitive, gagné. Son concurrent a dû se réfugier en Prusse au terme d'une équipée périlleuse qui l'a conduit de Varsovie à Dantzig et de là à Königsberg où il trouve un réconfort auprès du Roi Frédéric-Guillaume. Don Carlos s'est emparé du Royaume de Naples. Leur pouvoir ne peut qu'être confirmé, sans contrepartie pour le premier, au prix de l'abandon de Parme et de Plaisance pour le second.

Que faire de Stanislas, ex-Roi de Pologne ? Le mieux serait de lui confier le Barrois dont le Roi de France est déjà le suzerain. La France demande encore le Duché de Lorraine proprement dit sur lequel le beau-père de Louis XV pourrait régner, sa vie durant. Mais du coup c'est le Duc François, protégé de l'Empereur, qui n'y trouverait pas son compte et l'Autriche qui peut déjà faire son deuil du Royaume de Naples, perdrait l'occasion d'ajouter à ses États un territoire souvent compté dans le passé comme partie de l'Empire. Il faut accorder à François de Lorraine autre chose. On pense à lui laisser le Milanais, pour lors occupé par les Français, ainsi que Parme et Plaisance, susceptibles d'être disponibles par le succès de Don Carlos à Naples. Et surtout la France consentirait à ce que Charles VI désire depuis toujours et qu'il a proclamé unilatéralement, il y a presque vingt-cinq ans, à savoir que l'aînée de ses enfants, en l'occurrence sa fille Marie-Thérèse, soit appelée à lui succéder. Par ailleurs, la Toscane, plus grande que toute la Lorraine, reviendrait à la Maison d'Autriche au décès du grand Duc régnant qui n'a pas de postérité, afin d'indemniser François III et de lui faire admettre de renoncer à son Duché.

Cette construction politique est faite au moins autant de spéculations sur l'avenir que de réalités du présent. Mais les chancelleries y croient et se font fort d'obtenir l'agrément des Puissances qui comptent en Europe. Les intéressés n'ont pas été consultés et, en dépit de quelques rumeurs qui ont circulé ici ou là, le secret a été bien gardé. Afin de ménager les susceptibilités et les réticences éventuelles, c'est tout juste si l'on veut bien qualifier de préliminaires les conventions franco-autrichiennes, établies au début d'octobre 1735.

Les gouvernants sont alors si sûrs d'eux qu'ils en entament aussitôt le processus d'exécution. La première étape consiste à conclure un armistice. Six semaines y suffisent. Il est tout de même nécessaire d'obtenir le consentement des personnages concernés, voire de leur entourage. La Reine d'Espagne regrette l'évacuation de Parme et de Plaisance, craignant que cela porte atteinte à ses intérêts personnels. Cela ne se traduit que par de l'hésitation, mais aucune clameur ne viendra de son fils Charles. Celui-ci sera d'ailleurs autorisé à diriger sur Naples toutes les collections et les valeurs des Farnèse[281]. La situation de Stanislas est moins favorable. Il lui faut enterrer son rêve polonais. Il se laisse aller à un premier mouvement d'humeur, dû notamment au fait qu'il n'a été prévenu qu'une fois les décisions prises, sans savoir apparemment qu'il n'est pas seul dans ce cas. Cependant tout compte fait, il pourra vivre de façon sédentaire, pas trop loin de sa chère fille. Il doit abdiquer, mais on continuera à lui

---

[281] H. Acton, *Les Bourbons de Naples*, p. 43.

laisser le titre de Roi de Pologne, sans allusion au passé. D'ailleurs régner sur un Duché constitue un rôle honorable.

En ce qui concerne les Lorrains c'est autre chose. Ulcéré de la désinvolture des gouvernements qui disposaient de son patrimoine, en fait le dépouillaient, sans même lui en parler, François III ne veut pas abandonner la Lorraine, la terre de ses ancêtres, celle qui a fait la gloire de sa Maison. L'idée de trahir l'attachement de ses fidèles sujets pour sa personne lui est insupportable. Apprenant les conditions qu'on veut lui imposer, sa mère est atterrée. Son frère ne comprend pas qu'un Souverain puisse se déshonorer en devenant vassal d'un autre et en se contentant d'un statut de simple gouverneur ; il désapprouve totalement le projet né dans le cerveau des diplomates. Ses conseillers pensent à l'Histoire, à la dynastie, à tout ce qui sera perdu[282].

Face à l'attitude négative de leur protégé, les responsables autrichiens l'accusent d'ingratitude en dépit de ce qui a déjà été fait pour lui. L'acceptation de l'échange, tel qu'il a été conçu, est la condition du mariage, lui dit-on. S'il trouve que la main de la princesse Marie-Thérèse est trop cher payée, après tout,

---

[282] Mémoire cité par Michèle Galand, *Charles de Lorraine* …, p. 20.

rien ne s'oppose à ce qu'elle soit accordée à un autre prétendant. Il ne s'agit là que d'un chantage. Avant que le Duc de Lorraine ait signé quoi que ce soit, deux mois après les fameux préliminaires, son mariage est déclaré le 3 décembre[283]. L'intéressé persiste à considérer tout le mal de ce qu'on lui demande. Mais il ne peut que constater la malheureuse situation dans laquelle il se trouve « d'être trop faible pour résister au plus fort...Contre la force, nul ne peut »[284].

Le processus est engagé. Dès janvier suivant, Charles-Alexandre part pour Vienne, accompagné par un grand nombre de seigneurs lorrains, laissant sa mère accablée de douleur et bien persuadée que toutes les promesses faites ne sont qu'un leurre[285]. Le 31 janvier, le Duc de Lorraine demande à l'Empereur, officiellement, mais hors de la vue du public, la main de l'archiduchesse, sa fille. Puis il va solliciter l'agrément de l'Impératrice, avant de faire part de sa démarche à l'Impératrice Amélie, leur belle-sœur, veuve de

---

[283] Renate Zedinger fait observer que les affaires de famille de Charles VI suivent un cours indépendant des problèmes politiques. « L'échange de la Lorraine » *in* Il Granducato di Toscana e i Lorena, p. 49.

[284] Lettre à Emmanuel de Nay, comte de Richecourt du 23 novembre 1735, citée par H. Poulet, *Revue lorraine illustrée*, 1909, p. 34.

[285] Calmet, Livre L, 295 ; lettre de la Duchesse du 9 janvier 1736 à sa correspondante habituelle.

Joseph 1er. Étant donné qu'il s'agit d'une affaire privée, Charles de Lorraine est admis à dîner avec leurs Majestés Impériales.

Pendant quelques jours, politique et vie de famille s'entremêlent. Les fiancés sont priés de jurer qu'ils se conformeront aux dispositions auxquelles tient Charles VI[286]. D'un autre côté, on leur fait savoir que les convenances exigent qu'il soit mis quelque distance entre eux en attendant la célébration de leur union. C'est à François-Etienne de s'éloigner[287]. Le sacrifice n'est pas trop grand puisque la cérémonie nuptiale a lieu le 12 février, en grande pompe mais selon un protocole strict. Il revient au Nonce du Pape de faire la bénédiction en l'église des Pères Augustins de Vienne. Les envoyés des pays étrangers, y compris celui de France, ont été invités. Des compatriotes pourvus de charges et ses principaux conseillers entourent le héros du jour. Quant à Charles, son frère, s'il est un personnage en Lorraine, il n'a ni rang ni titre en Autriche. Dans une cérémonie publique il n'a pas de place officielle. Il en est donc réduit à en suivre le déroulement d'une simple tribune. Il n'est point du souper qui suit. La Duchesse de Lorraine affirme qu'il a dû rester

---

[286] C'est-à-dire ce que l'on appelle *la Pragmatique Sanction*, relative à la succession.

[287] Jean-Paul Bled, *Marie-Thérèse d'Autriche*, p. 29.

dans sa chambre qu'elle regarde comme une prison[288]. Le bon peuple de Lorraine ne connaît que le côté spectacle de l'affaire. Le mariage est l'occasion de réjouissances nombreuses à Lunéville, à Nancy et dans toute la Lorraine[289].

Une fois les festivités terminées et François de Lorraine devenu gendre de l'Empereur, les responsables autrichiens s'attendent à ce qu'il soit encore plus difficile de le faire consentir à la cession immédiate de la Lorraine[290]. Ses conseillers mettent l'accent sur la condition, indispensable et préalable à leurs yeux, à tout changement de cet ordre : que le Prince obtienne la garantie qu'il resterait un souverain. À défaut de la Lorraine, il accepterait peut-être de se reporter sur les Pays-Bas. Cependant, tandis que notre Duc refuse encore, les gouvernements autrichiens et français conviennent de mettre leur programme à exécution avec ou sans l'accord du Duc. Qui plus est, le Roi très chrétien prendra possession du Barrois six semaines

---

[288] Le détail des cérémonies de fiançailles et de mariage est rapporté par Dom Calmet, Livre L. 295-301. Le compte rendu au cardinal de Fleury par M. Du Theil et les appréciations de la Duchesse de Lorraine sont reproduits par le comte d'Haussonville, T. 4, pièces justificatives LV et LVIII.

[289] *Lorraine* 42, choses remarquables arrivées en Lorraine, 83 V°.

[290] Cf. Propos de M. Bartenstein à M. Du Theil en avril.

après l'échange des ratifications de leur convention. Mis devant le fait accompli, François III se rend chez son beau-père pour lui annoncer qu'il consent à la cession de son duché, à la condition tout de même que toute garantie soit prise pour que le duché de Toscane n'échappe pas à l'emprise impériale. Jean-Louis Bourcier, de la Cour souveraine de Lorraine et du Barrois, qui se trouve sur place en tant que collaborateur de son souverain, en a les larmes aux yeux et refuse de concourir à la conclusion d'un traité qui dépouille son Prince et les princes de son sang [291].

La Régente n'est pas en reste. La souveraineté de son fils aîné, selon elle, ne dépend que de Dieu. La cession de la Lorraine est un péché. C'est aussi une action contraire à la gloire de la Maison. Elle ne reconnaît en rien son sang dans tout ce qu'il vient de faire contre lui-même, son frère et ses sœurs et elle l'aurait cru plus de fermeté. Le cadet, au moins, n'a rien consenti[292].

En fait plusieurs mois d'hésitation et d'angoisse, avec le désir de retarder l'inévitable, seront encore nécessaires avant

---

[291] Récit de Bourcier de Monthureux cité par Hubert Collin, Cas de conscience dynastique *in Il Granducato di Toscana*, p. 53.

[292] Lettres du 4 mai 1736 au ministre français Chauvelin, citée par H. Collin, *op. cit*, p. 54. Autre lettre du 11 juin 1736 à la marquise d'Aulède.

que François III concrétise la promesse qu'il avait faite. Cela se fait en deux temps : en septembre, il cède le Barrois ; en février qui suit, il renonce à la Lorraine. Quant à Charles-Alexandre, il n'a rien signé. À vrai dire personne ne l'a sollicité. Cela renforce néanmoins l'amour qu'éprouve sa mère pour lui. En tout état de cause, de par son passé et de par son nom, il a une qualité que personne ne peut lui enlever. Il restera prince de Lorraine.

Les princesses de la famille paraissent éloignées des péripéties de la diplomatie. Elles n'en sont pas moins actrices de jeux subtils tendant à maintenir et à affirmer la place qui convient à leur sang. François et Charles ont encore deux sœurs, Elisabeth-Thérèse et Anne-Charlotte. Leurs parents et, plus spécialement Elisabeth-Charlotte, se sont préoccupés de leur avenir dès leur prime jeunesse. Les deux princesses sont, paraît-il, aussi séduisantes l'une que l'autre. Mais, naturellement, la priorité va à l'aînée, Elisabeth-Thérèse. Si celle-ci n'est pas aussi ravissante qu'on veut bien le dire, du moins a-t-elle si bonne mine que sa grand-mère maternelle estime qu'on ne peut la trouver laide[293]. En tout état de cause, la beauté n'est

---

[293] Lettre citée par Pierre Heili, *Anne-Charlotte de Lorraine*, p. 22.

pas forcément le facteur le plus déterminant d'une alliance désirable. À cet égard, les espoirs et les projets n'ont pas manqué. Mais rien ne s'est concrétisé.

Or l'abbaye de Remiremont, on l'a déjà constaté, est dans la zone d'influence des Ducs de Lorraine. Son chapitre, composé de dames nobles, voire de sang royal, présente l'avantage de permettre à celles-ci de jouir, dès leur entrée, des privilèges que leur confère leur origine tout en leur laissant le temps d'approfondir leur vocation : religieuse peut-être, mais aussi matrimoniale le cas échéant. Elle est toujours gouvernée par Béatrix de Lillebonne, sans histoire, dit-on, mais surtout en sachant apaiser l'aigreur et les contestations des chanoinesses quand il le faut. C'est une femme entreprenante qui, elle aussi, a su fonder et prospérer, à l'ombre de son abbaye, un établissement moderne consacré aux activités hospitalières et de charité[294]. Elle est clairvoyante. Elle est pleine de tendresse pour son sang et ce d'autant plus quand elle y décèle un caractère au dessus de tous les éloges[295]. Elisabeth-Thérèse connaît bien sa tante abbesse. Elle lui rend visite, il lui arrive même

---

[294] Mireille-Bénédicte Bouvet, *Politique hospitalière et sociale des dames et de la ville de Remiremont au dix-huitième siècle*, p. 181 et suivantes, *in Les chapitres de dames nobles entre France et Empire*.
[295] Témoignage de François Andreu, curé de Remiremont.

de l'accompagner lors des déplacements de celle-ci entre Remiremont et Lunéville. Les points de vue des deux femmes ne peuvent que converger.

De fait, la Régente, s'entendant avec le chapitre de l'abbaye, a obtenu que sa fille, alors âgée de vingt-trois ans, y soit apprébendée et donc accueillie comme chanoinesse. Bien entendu, on visait plus haut. Le 17 octobre 1734, l'abbesse révélait à son monde qu'elle avait l'intention d'en faire sa coadjutrice[296]. La promotion de la princesse a été confirmée par bulles papales en décembre et officialisée par une réception officielle fin juillet 1735. La nouvelle dame y ajoutait une visite de courtoisie aux chanoines du prieuré voisin de Saint-Mont. Tout laissait prévoir pour Elisabeth-Thérèse de Lorraine un cursus ecclésiastique menant à un gouvernement doux, tranquille et glorieux.

Pourtant quelques jours plus tard, sa mère s'est présentée à Remiremont pour reprendre la toute nouvelle coadjutrice et la reconduire à Lunéville[297]. Elle y a mené à la Cour une existence qui, sans doute, ne devait choquer ni sa tante abbesse ni les dames nobles de Remiremont puisque l'une et les autres ne s'interdisaient pas de s'éloigner de

---

[296] Lorraine, 42. 83.
[297] Pierre Heili, *opus cité*, p. 30.

temps à autre de leur abbaye pour vivre dans le monde[298].

Le sort de la Lorraine ne faisait pas obstacle aux préoccupations familiales. Il s'est trouvé qu'un souverain, Charles Emmanuel III de Savoie, le Roi de Sardaigne est devenu veuf pour la deuxième fois au début de 1735[299]. Tout de suite, d'aucuns ont supputé que, dans cet état, il pouvait être tenté ou sollicité pour un mariage[300], perspective susceptible de faire songer plus d'une princesse. L'union de deux grands personnages présente plusieurs aspects. Sur un plan politique, le monarque a montré qu'il était aux côtés de la France et de l'Espagne. Sur un plan plus personnel, c'est un cousin d'Elisabeth-Thérèse, car ils descendent tous deux de Monsieur, frère de Louis XIV. Il n'a que dix ans de plus que celle-ci. Si elle était superstitieuse, elle pourrait s'inquiéter de la jeunesse de celles qui l'ont précédée quand le destin les a arrachées à leur mari. Mais la Providence a décidé de s'en mêler.

Les discussions inévitables aboutissent à l'automne 1736. Les représentants des deux familles s'accordent sur un canevas équilibré où chacun trouve son compte. Le Roi de

---

[298] F. Boquillon, *opus cité*, p. 97-102.
[299] De Polyxène de Hesse-Rheinfels-Rottenbourg, décédée le 13 janvier.
[300] Barbier, *Journal*, III-4.

Sardaigne adresse sa demande en mariage à Vienne où résident François et Charles. Le contrat détaillant la dot, le douaire et les bijoux auxquels aura droit la future, est bientôt établi et signé par ces derniers et même par l'Empereur avant que la Duchesse douairière en prenne connaissance. Le 25 novembre, « à son dîner », celle-ci rend publique l'alliance projetée en déclarant qu'elle vient d'en signer l'acte décisif. L'essentiel ayant été fait, les cérémonies ont été fixées aux 3 et 5 mars suivants. Tout le monde est d'accord pour qu'elles soient joyeuses et somptueuses. La première chose à faire est d'en arrêter le programme, d'en désigner les acteurs et de choisir les personnalités qui y seront invitées.

Charles Emmanuel ne sera pas là. Il sera remplacé par Victor Amédée de Savoie Carignan, son oncle, premier prince du sang du Royaume et cousin du prince Eugène. Comme Henri d'Elbeuf en son temps pour le compte de Léopold, ce personnage, après qu'il aura fait une entrée publique dans Lunéville, aura la charge d'épouser par procuration la future souveraine. Le célébrant ne pourra être que l'évêque de Toul lui-même qui aura à cœur de discourir sur l'importance de l'événement et la qualité des époux. Du côté lorrain, Madame Royale exercera sa bienveillance d'Altesse et de mère. On aura aussi recours aux princes du sang. Le prince de Guise, avec le prince de

Craon, tiendra le poêle au dessus des mariés et seront leurs témoins conjointement avec le comte de Hunolstein et le marquis de Spada. Le prince Charles sera absent. Mais la princesse d'Armagnac, son épouse, et la duchesse de Richelieu, fille du prince de Guise, siègeront à droite et à gauche, derrière le trône symbolique qu'on installera pour Elisabeth lorsqu'elle sera devenue Reine à l'issue des épousailles. Naturellement, la Cour fournira ce qu'il faut de dignitaires pour introduire, accompagner, conduire et complimenter ces hauts personnages.

Seront conviés les ministres étrangers, les représentants du clergé et des institutions du Duché et les principaux seigneurs du pays. Il faudra aussi compter avec l'entourage de ces derniers. La princesse d'Armagnac, notamment, est annoncée avec une suite des plus belles et des plus nombreuses[301]. On accordera un soin particulier aux repas qui suivront chaque phase de la cérémonie.

Le moment venu, tout se passe dans les règles. Les plus riches tapisseries, les fontaines illuminées contribuent à rehausser le décor du palais, de la chapelle et des jardins. La splendeur de la Maison ducale de Lorraine brille de tous ses feux. Pour la dernière fois[302].

---

[301] Nicolas, *Journal* ; MSAL 1899, février 1737.

[302] Ces festivités ont été contées par le menu par Dom

Dès le lendemain, la Duchesse et Anne-Charlotte accompagnent la nouvelle Reine jusqu'au château d'Haroué, chez le prince de Craon, avant de la laisser poursuivre son chemin vers Chambéry pour une réplique de son mariage, avec Charles Emmanuel cette fois, puis vers Turin où elle résidera désormais.

Charles-Alexandre a beau affirmer qu'il reste prince de Lorraine, il n'est pas moins vrai qu'il n'y a plus de place pour lui dans le Duché. À la réflexion, le plus naturel en ce qui le concerne est de s'attacher à la fortune de son frère, donc de le suivre en Autriche. Ce dernier, après son mariage, a reçu une charge honorifique, en étant membre du haut conseil de l'Empereur et une mission de représentation en tant que gouverneur général des Pays-Bas. Plutôt qu'à des fonctions administratives, il serait peut-être plus utile de le faire participer aux actions militaires de l'Empire. Dans ce domaine, l'intégration de Charles dans une unité de l'armée peut constituer pour celui-ci une bonne initiation au métier des armes. Et, précisément, l'Empereur est, une fois de plus en guerre contre les Turcs. Voilà l'occasion d'employer

---

Calmet (*Histoire de la Lorraine*, Livre L, 309-310) et jugées par le comte d'Haussonville (*Histoire de la Réunion de la Lorraine à la France*).

nos deux princes lorrains. En janvier 1737, la décision est prise de les envoyer sur le front. François reçoit un titre de commandant en chef de la principale armée, Charles fera campagne, sans grade particulier au départ.

Un mois plus tard, le décès de Jean-Gaston de Médicis, âgé de soixante-six ans, surprend parce que trop longtemps espéré. Le prince de Craon, délégué par le gendre de l'Empereur, est à Florence, mais c'est parce qu'on lui a donné mission de négocier avec le grand Duc, alors vivant, les simples droits de son maître à la succession de Toscane, le moment venu. D'ailleurs les yeux de François et de Marie-Thérèse sont tournés vers les Pays-Bas où l'on a déjà commencé à déménager les effets et objets personnels du Duc et ceux de la couronne de Lorraine. Mais on ne retire pas d'une armée celui qui vient d'être mis à sa tête. Notre général devient donc grand Duc de Toscane sans quitter la zone des batailles. C'est par personne interposée, en l'occurrence par le prince de Craon, qu'il prend possession de son nouvel État. Les affaires locales seront désormais traitées par ce prince, bientôt assisté par un autre Lorrain, Emmanuel de Nay, comte de Richecourt, apparenté aux Taillefumier et aux Platel du Plateaux.

La Toscane devient un territoire qui offre à de nombreux Lorrains une raison de venir s'employer activement au service de leur ancien souverain. Elle va être aussi un lieu où peuvent se resserrer les liens qui unissent, de longue date, François et d'autres membres importants de la Maison de Lorraine. Parmi ceux-ci, il en est un qui a tout de suite apprécié la possibilité d'y jouer un rôle en vue : Emmanuel d'Elbeuf. Le nouveau grand Duc a décidé de l'honorer en lui conférant l'ordre de Saint-Etienne de Toscane dont il est, de droit, le Grand Maître. C'est d'ailleurs un personnage qui n'a pas dédaigné de se battre pour l'Empire, qui se trouve disponible et prêt à servir une nouvelle fois.

Pour l'heure il se partage entre Gondreville et Paris, dans son hôtel, situé rue Sainte-Anne, sur la paroisse Saint-Roch. Il est tenté de profiter des bonnes dispositions de son cousin à son égard. Cependant, le souvenir sans doute des déboires que lui ont valus autrefois ses séjours hors du Royaume de France l'a rendu prudent. Avant de se décider, il juge bon, en mars 1738, de demander au Roi, par la voie de son secrétaire d'État, le comte de Saint-Florentin, la permission d'aller en Toscane de la même manière qu'il va en Lorraine. En fait le gouvernement français est assez indifférent aux mouvements du prince d'Elbeuf puisque le ministre met presque une semaine à en entretenir le Roi. L'intéressé obtient sans difficulté le brevet lui permettant de se rendre en Toscane lorsqu'il le jugera à propos. Sa Majesté trouve même bon qu'il accepte l'ordre que le grand Duc veut bien lui donner. Emmanuel Maurice de Lorraine se précipite chez son notaire pour y déposer le précieux brevet[303].

Il sait que le voyage envisagé ne sera pas une simple promenade. Avant de partir il lui faut régler toutes les affaires sérieuses. Parmi celles-ci le sort des reliques « authentiques » de Saint-Maurice que le Pape lui-même, on s'en souvient, lui avaient données lors de son séjour à Rome en compagnie du cardinal de Bouillon. La communauté des Gentilshommes à qui le bénéficiaire les avait remises, n'existe plus. Afin que le corps de ce saint martyr soit honoré avec décence, il croit devoir en faire présent au curé de Saint-Sulpice, Jean Baptiste Languet de Gergy, dont il connaît la piété, le zèle et l'attachement pour sa paroisse et qui paraît le plus à même de l'exposer à la vénération des fidèles[304].

Le prince d'Elbeuf arrive à Livourne, porte d'entrée de la Toscane, au début de l'été. À défaut de précisions sur le rôle qu'il doit y tenir, certains imaginent qu'il sera nommé

---

[303] MC. VIII. 1023. Dépôt du 17 avril 1738 chez Desplas.
[304] MC. VIII. 1023. Donation du 20 avril 1738.

gouverneur de cette ville[305]. Mais il ne s'attarde pas à Livourne. Poursuivant son voyage jusqu'à Florence, il y reste quelques jours, avant de se fixer avec ses gens, un peu à l'écart, dans une villa sans beauté, mais majestueuse, la villa Ambrogiana. Ses rapports avec le prince de Craon sont, de prime abord, un peu tendus, puisqu'il prétend légiférer lui-même en concurrence avec le pouvoir établi et surtout que sa qualité de Monseigneur, voire d'Altesse lui soit reconnue. Mais de ce côté-là tout rentre dans l'ordre rapidement. En revanche il se met à dos Richecourt, l'homme fort du pouvoir établi, en voulant prescrire pour son propre compte[306].

Les Toscans ne connaissent toujours pas leur souverain. On commence à trouver que son absence prolongée fera mal dans son histoire[307]. Trois évènements vont permettre d'y remédier. François-Etienne comme son frère Charles est brave. Mais la guerre contre les Turcs est dure. Les revers succèdent aux succès. Et quand la victoire ne vient pas, les chefs se disputent. Notre général reconnaît que son génie militaire ne suffit pas à en faire un grand capitaine. Il ne lui reste rien d'autre à

[305] H. Poulet, article cité, p. 138.
[306] H. Poulet, article cité, p. 139 ; Antonio Cocchi, *Journal*, cité par Maria Augusta Morelli Timpanaro *in* Il Granducato di Toscana e i Lorena nel secolo XVIII, p. 550.
[307] D'Argenson, *Journal*, 26 octobre 1738.

rapporter à son beau-père qu'il lui est infiniment douloureux de ne pas être en état d'accomplir ce qui avait été peut-être escompté et espéré[308]. Sa présence n'est plus indispensable. Des généraux aguerris feront aussi bien l'affaire. En octobre, Marie-Thérèse accouche d'une fille[309] ; délivrée, elle doit pouvoir supporter le voyage. Le 18 novembre, les puissances concernées prennent acte que l'échange des Duchés de Lorraine et de Bar avec le grand Duché de Toscane est devenu définitif.

Le 17 décembre, Marie-Thérèse, François et son frère Charles, dispensé des vaillants services militaires qu'il a rendus jusque là, quittent Vienne avec toute la suite qui leur est nécessaire. En cette saison d'hiver, la route est longue et difficile. La principale complication du parcours survient à Vérone. La peste y sévit. Pour en éviter la propagation, le Sénat de Venise dont dépend la région a ordonné que toutes personnes passant par là seraient mises en quarantaine, le temps de vérifier qu'elles ne sont pas contaminées et de les désinfecter si nécessaire. Il ne s'agit pas de voyageurs ordinaires. Mais il leur faut néanmoins négocier pour abréger leur halte

---

[308] Lettre à Charles VI du 15 septembre 1738, citée par Jean-Paul Bled, *Marie-Thérèse d'Autriche*, p. 31.
[309] Marie-Anne, née le 6.

qui dure tout de même une quinzaine de jours[310].

À l'autre bout, la Régence de Florence se préoccupe de mettre au point le cérémonial détaillé à appliquer durant le séjour du souverain. Par exemple il est convenu que le grand Duc mangerait en public avec son épouse, Charles et Emmanuel d'Elbeuf, et aussi l'électrice palatine et la princesse de Guastalla, respectivement sœur et tante du grand Duc défunt. Autrement dit, les membres de la Maison de Lorraine et ce qu'il reste des Médicis. Afin de s'assurer que tout se passera bien, Richecourt va à la rencontre de l'expédition à Modène[311].

Le 20 janvier de l'année nouvelle, Emmanuel d'Elbeuf est en première ligne pour accueillir son cousin au seuil de Florence dans la villa d'un notable de la ville, le marquis de Corsi. Dîner selon le protocole et hommages des grands constituent la première étape des solennités. Dans la marche qui suit, à sept heures du soir, jusqu'à la porte de Florence, les huit carrosses du cortège, entourés des chevau-légers et des gardes du corps, portent les personnalités dans l'ordre croissant de leur dignité. Les princes Emmanuel et Charles roulent de concert juste

---

[310] Ch. De Clercq, *La succession de Toscane*, p. 59.
[311] H. Poulet, *article cité*, p. 44.

devant celui de Leurs Altesses qui ferme la marche. La foule, les illuminations, les arcs de triomphe, la joie, les compliments, sénateurs, noblesse, clergé, distribution de sequins, rien ni personne ne manque. Le *Te Deum* au Dôme a son pendant dans la distinction des Juifs dans un temple de Salomon qu'ils ont édifié. Leurs Altesses n'arrivent qu'à dix heures au palais Pitti ; elles peuvent enfin se mettre à table à minuit et manger en public comme prévu.

Les deux jours qui suivent, marqués par la messe à l'Annunziata et la musique à l'opéra, la solidarité de la Maison de Lorraine est encore plus visible, puisque les quatre princes qui la représentent font carrosse commun. Le plaisir du peuple est complet quand François autorise, à titre exceptionnel, courses et jeu de calcio[312].

Il ne faut pas négliger les diplomates étrangers en poste à Florence qui défilent les uns après les autres pour présenter leurs hommages à François-Etienne et à Marie-Thérèse, mais qui veulent aussi que leur qualité soit respectée, ce qui n'est pas toujours facile. Ainsi l'ambassadeur extraordinaire de la République de Lucques, Laurent Diodati, croit avoir le droit d'être logé au palazzo vecchio.

---

[312] Cérémonies recensées, en particulier par le sieur Dulys, en Lorraine, 42/99-102.

Malheureusement pour lui, la majeure partie et la meilleure est déjà occupée par le prince d'Elbeuf que l'on ne saurait déloger. Après avoir consulté son gouvernement et lu attentivement ses lettres de créance, il est obligé de se contenter d'un logement dans la villa San Marco, moins prestigieux, mais finalement plus confortable. Les visites réciproques que se rendent le prince et lui-même contribuent à adoucir l'amertume de l'intéressé[313].

Le grand Duc se doit également d'aller reconnaître l'ensemble de ses États. Le quadrille habituel des Princes de Lorraine, escorté de Richecourt, mais pas de Craon, y consacrent le mois de mars et le début d'avril[314], de Pise à Livourne et Sienne, en s'intéressant aux questions économiques, culturelles et militaires, sans compter le temps affecté aux inévitables harangues des notables, à la réception des personnalités étrangères, aux divertissements et, naturellement aux obligations religieuses.

Le grand Duc n'avait jamais manqué de s'occuper de l'administration de son État. Quotidiennement, il réunissait le Conseil de gouvernement afin de réfléchir aux réformes nécessaires. Durant son absence le projet

---

[313] Ch. De Clercq, *opus cité*, 173-180.
[314] Ch. De Clercq, *opus cité*, 64-68.

d'une nouvelle structure a été élaboré. Quelques jours après être rentré à Florence, François tient un conseil important. Lecture est faite des arrangements proposés : le Conseil, unique jusque là, sera remplacé par trois institutions, un conseil de régence, un autre pour les affaires militaires et un troisième pour les finances. Le Prince a donné à tous les participants la liberté d'objecter ce qu'ils jugeraient à propos. Seul Craon qui sent bien que le rôle qui lui sera demandé et qu'il pressent plus honorifique que réel, déclare ne pas vouloir accepter la présidence du premier. Son opposition n'est pas suivie d'effet. L'édit qui entérine la nouvelle articulation est publié le 25 avril. Le pouvoir réel sera entre les mains de Richecourt, titulaire des finances.

La diffusion des changements adoptés était d'autant plus urgente que Charles VI est très fatigué et qu'on a fait savoir que l'on réclamait la présence à Vienne du grand Duc et de son épouse. François et Charles se dirigent aussitôt vers Livourne, avec l'intention de rejoindre Gênes par mer. Marie-Thérèse prend la route de Bologne. Le mauvais temps oblige les premiers à se rabattre sur le trajet par terre. Rattrapant la grande Duchesse à Reggio d'Emilie, François se donne le temps d'aller rendre visite à Charles Emmanuel, son beau-frère, à Turin avant que nos voyageurs aillent prendre un

bain de famille à Innsbruck auprès de mère et
sœurs, venues y faire la connaissance de
Marie-Thérèse[315].

Emmanuel d'Elbeuf, lui, est resté sur
place à Florence, en qualité de premier prince
du sang. Au fait, quelle est donc la vocation
d'un tel personnage ? Sûrement pas d'y
gouverner et d'administrer le grand Duché,
tâche réservée à des spécialistes. Non, être
prince du sang, c'est d'abord faire connaître la
grandeur, la noblesse et surtout l'éclat d'un
représentant de la Maison de Lorraine. Ici,
l'appartenance ne garantit aucune fonction
particulière, mais, si place il y a, ce ne peut être
que celle de devant[316]. C'est aussi donner du
lustre à toutes les cérémonies et défilés donnés
en spectacle au bon peuple et aux réceptions
de la bonne société.

Le prince est encore utile pour
atténuer le sentiment qu'ont, de temps à autre,
les Florentins vis-à-vis de la rudesse de
l'occupation lorraine. Le Président de Brosses,
lors de son séjour à Florence, a pu observer
que le prince d'Elbeuf était conscient des
mauvaises manières de ses congénères. Quand
il le veut bien, il sait parler avec toute la
politesse dont un membre de la haute société

---

[315] Cf. H. Poulet et Ch. De Clercq.
[316] Lettres de Léopold du 16 août 1721 en faveur du prince
de Lixheim.

française autant que lorraine est capable de les enrober. Il sert donc à atténuer la rancœur des Toscans et leur souci de se débarrasser le plus tôt possible des Lorrains.

Ajoutons que le prince d'Elbeuf a une supériorité plus importante, encore qu'éphémère, dans le cas particulier que constitue la rencontre de notre magistrat bourguignon avec le personnage. Celui-ci sait parfaitement faire sortir de la cave du grand Duc le vin de Tokay, si agréable au palais de son hôte[317]. La fonction présente enfin un intérêt non négligeable pour le prince du sang lui-même. Elle peut être lucrative, puisque assortie d'un traitement rémunérateur. Quand il quitte la Toscane en août 1740, regretté de la bonne société florentine, il lui est encore accordé une pension —certains parlent de prébende – de quarante cinq mille livres de Toscane par an.

Une royale douairière.

Si la Duchesse douairière ne retourne pas à Lunéville après avoir laissé partir sa fille vers Turin, c'est que l'acquisition de la Lorraine et du Barrois par la France et l'avènement prévu de Stanislas n'ont pu que

---

[317] Lettre à M. de Neuilly du 8 octobre 1739.

soulever une difficulté. Le nouveau Duc a décidé de s'installer à Lunéville avec sa cour. Mais il n'était pas question que la veuve de Léopold continue à demeurer dans un lieu maintenant sous la dépendance d'un étranger. Elle n'a pas davantage accepté de résider à Vienne, voire aux Pays-Bas comme son fils le lui a proposé. N'étant pas haïe des Lorrains et désireuse de rester près d'eux, la solution trouvée a consisté à la diriger vers Commercy.

Le Roi de France et celui de Pologne se sont entendus pour qu'Elisabeth-Charlotte d'Orléans, duchesse douairière de Lorraine, ait l'usufruit de la principauté de Commercy telle que et dans les mêmes conditions qu'en a joui le feu Prince de Vaudémont. Cela comprend donc non seulement le château, la forge et la ville de Commercy, la seigneurie d'Euville, mais aussi de tous les villages et seigneuries d'alentour qui en dépendent, de Saint-Aubin à Ville-Issey et de Méligny-le-Grand à Sampigny et, bien entendu, toute la forêt de Commercy.

Sur ce territoire dont les frontières sont explicitement fixées, elle sera souveraine sans restriction. Aucun chancelier ou autre homme lige du Roi de France ne viendra l'assister comme ce doit être le cas pour Stanislas. Elle y disposera d'institutions propres et d'une maison particulière. Il y a quand même quelques bémols à son pouvoir mais en fonction d'un accord entre États : les monnaies de Lorraine et Barrois y auront le même cours que dans leurs duchés d'origine ; les monopoles fiscaux sont réglementés et des arrangements spécifiques d'assistance juridique sont fixés. Cela ne dépare pas vraiment sa dignité. D'ailleurs ses sujets, comme tout un chacun, lui conféreront vite le nom de Madame Royale, sous lequel elle est restée connue à Commercy[318].

La Reine de Sardaigne et son cortège magnifique partis, Madame et Anne-Charlotte quittent Haroué le 14 mars « pour se coucher sous l'horizon de Commercy », dira plus tard poétiquement l'un des biographes de la Duchesse[319]. Le lendemain, Madame reçoit les fleurs de rhétorique de François Joseph Duhaut, curé de St. Pantaléon. À l'entendre, tous ses paroissiens ont été consternés par « le départ de cette auguste Princesse qu'un grand Roy, charmé de ses vertus, vient de s'associer dans le gouvernement et pour la félicité de ses États ». Leurs désirs sont désormais remplis et il glisse gentiment qu'il oserait bien sur ce

---

[318] Le principe de l'accord avait été convenu à Versailles le 1er décembre 1736. L'adhésion officielle de la Duchesse douairière se fera par traité du 4 juillet suivant, mais l'application pratique débute au lendemain du mariage de la Reine de Sardaigne.

[319] *Journaliers de la famille de Marcol*, MSAL 1909, p. 401. R. P. Collins, *Histoire abrégée de la vie privée et des vertus de Son Altesse Royale Elisabeth-Charlotte d'Orléans*, p. 148.

point se la donner pour modèle plus qu'aucun autre de ses sujets. Il l'engage à vivre pour la très auguste Maison de Lorraine dont elle est le lien, ajoutant que lui-même serait heureux mille fois, si la protection dont l'honorait le plus sage de tous les Princes, lui tenait lieu de quelque mérite aux yeux de son auguste épouse[320].

Après ces belles paroles, il faut penser à des contingences bien matérielles. Madame et sa fille ne sont pas seules. Beaucoup d'anciennes personnalités et de serviteurs du Duché de Lorraine les ont attendues, d'autres se proposent de les rejoindre. Tout compte fait, la maison de Madame sera composée de plus de deux cents personnes à quoi doit s'ajouter la propre maison d'Anne-Charlotte. Un certain nombre sont Commerciens de souche ou de longue date ; quelques uns, les Le Rouge ou Lapaillotte par exemple, ont même servi autrefois le Prince de Vaudémont. Mais le marquis de Spada, la comtesse de Gallo, les Bagard et des dizaines d'autres viennent de Lunéville. Le château ne peut accueillir tout le monde, d'autant plus qu'il s'est bien dégradé depuis près de quinze ans qu'il n'est plus occupé. Il faut, dans l'urgence, trouver des logements en ville et en fixer le prix et les conditions d'occupation. Une

---

[320] Le discours complet est reproduit *in* Lorraine 42, 65-66.

commission, nommée spécialement à cet effet, va s'y employer[321].

Un autre préalable de la souveraineté est de disposer d'institutions politiques et administratives. Jean-François Humbert, comte de Girecour, jusque là chef du conseil des finances du Duché, est aussitôt nommé chancelier. Sa première tâche va être de convenir, régler et arrêter avec le commissaire des nouveaux occupants de la Lorraine les conditions sous lesquelles Madame va jouir de la souveraineté que lui accorde le traité récemment conclu[322]. Au-delà, il présidera, avec le titre de garde des sceaux, un conseil d'État, destiné à définir les grandes règles de la Principauté. En tant que tel il jouera le rôle d'un chef de gouvernement et il a même vocation à assurer la régence, en cas d'absence de S. A. R. Madame. C'est à lui qu'elle fait appel lorsqu'elle a entrepris le voyage qu'elle pensait être de courte durée, jusqu'aux frontières de l'Empire et des Suisses, voyage qu'elle n'a pu refuser à la prière de ses fils et à la tendresse qu'elle a pour eux. Ce déplacement, déjà évoqué, l'a menée avec bien des réticences jusqu'à Innsbruck et aux

---

[321] Dumont, *op. cité*, II. 310.

[322] AN. E 3159³. Registre des Expéditions de chancellerie faites à Commercy pendant la jouissance de S. A. R. Madame la Duchesse douairière de Lorraine et Barrois depuis 1737 jusqu'en 1744. Commission du 2 juillet 1737.

embrassades avec sa belle-fille[323].

Parallèlement, Madame crée ou plutôt rétablit une cour souveraine des grands jours de la Principauté, destinée à couvrir le domaine judiciaire en matière civile, criminelle ou fiscale. Celle-ci est présidée par François Haizelin, ancien intendant de Vaudémont et conseiller de l'ancienne cour souveraine pendant le règne de ce Prince, lieutenant général civil et criminel du bailliage de Commercy et conseiller d'État de Léopold durant l'éclipse de la Principauté[324]. Ces deux institutions, en fait complémentaires[325], vont avoir d'autant plus d'activité qu'avant même d'instruire et de faire face aux problèmes nouveaux, il leur faut donner suite aux affaires pendantes et tenir compte du changement d'État. À côté de la cour des grands jours, est maintenue une justice de bailliage et de gruerie avec Dominique Lapaillotte à sa tête, Richard Delisle reprenant l'office de lieutenant général civil et criminel que détenait François Haizelin, son beau-père.

Pour ce qui est de l'administration au

---

[323] E 3159³. Déclaration de la Régence de Mr le comte de Girecour pendant l'absence de S. A. R. Madame, du 1er mai 1739.
[324] E 3159³. Patente du 30 juillet 1737.
[325] Il existe de nombreux va-et-vient entre elles deux. Quand la solution de l'affaire portée devant le conseil d'État ne va pas de soi, l'avis de la cour est sollicité, avant de décider.

jour le jour de Commercy, Madame Royale réunira régulièrement ces messieurs de l'Hôtel de ville, dont Claude Rouyer est nommé procureur. Joseph Le Rouge qui s'était consacré pendant dix-sept ans au service de Charles-Henri de Vaudémont, avant de remplir le même rôle auprès de Léopold, est confirmé receveur général des finances et domaines.

C'est à partir de questions soulevées par des particuliers, jugées une à une, au nom de et en présence de Son Altesse Royale, que s'élabore progressivement une ligne de conduite aboutissant aux mesures générales que prend ce gouvernement. Il n'existe pas vraiment de programme d'ensemble déterminé à priori, à part le souci de maintenir les principes qui guidaient le Duc Léopold (liberté du commerce et de l'exercice d'une profession …[326]) ou simplement les usages anciens[327]. Sur ce qui a été conservé des ordonnances de ce temps, quatre seulement ont été prises d'en haut : la première touchant les chemins, ponts et chaussées, une seconde qui confirme un édit de François III sur l'interdiction de la chasse au filet et au pipeau, une autre à propos de l'aumône publique et la dernière sur la surveillance des communautés dépendant de la

---

[326] AN. E 3157. 6 juillet 1740 et E 3159[1] du 17 février 1741.
[327] AN. E 3158. 9 juillet 1744.

Souveraineté[328]. Quelques dispositions sont prises en conseil d'État sur demandes expresses des curés de la Principauté ou des officiers de l'Hôtel de ville de Commercy voire des prud'hommes[329].

L'ordonnance pour l'aumône publique mérite l'attention. Partant du fait que la cherté des vivres avait considérablement augmenté, il a été décidé de faire une collecte auprès des gens de la cour et des notables de la ville. Malgré la générosité de quelques uns, il s'est avéré que d'autres n'ont rien promis, en tout cas pas en proportion de leurs moyens. Le total récolté est bien inférieur aux besoins. Il est donc créé un bureau de charité chargé de prendre les choses en main. Celui-ci est invité à taxer les récalcitrants. S'ils persistent, leurs meubles seront saisis à hauteur de ce qu'ils n'auront pas versé spontanément et vendus sur le champ en place publique sans autre forme de procès. Seul le comte de Girecour est habilité à trancher les contestations. Le même bureau recensera ceux qui sont réellement dans la nécessité et veillera à l'achat

---

[328] Lorraine 298, p. 223 20 avril 1738 ; AN. E 3159³ des 1er septembre 1739, 23 janvier 1741 et 22 février 1742.
[329] AN. E 3157. 21 janvier 1738, sur la reddition des comptes des fabriques ; 15 novembre 1738, instituant un octroi sur le débit des boissons alcoolisées ; 20 novembre 1741, communication des comptes de la ville et des rôles de subvention.

des grains et à la distribution du pain qu'on en tirera.

L'équilibre des ressources et des besoins étant supposé ainsi résolu, l'ordonnance va plus loin. On ne doit plus voir rôder aucuns mendiants, vagabonds, libertins et gens sans aveu. La garde de l'Hôtel de ville sera renforcée par deux gardes vigilants, hardis et robustes afin d'écarter cette engeance.

Comme le mal peut venir de l'extérieur, l'ordonnance se préoccupe aussi des étrangers. Ceux-ci seront invités à présenter leurs passeports ou certificats de vie et mœurs. Ceux qui n'en auront pas seront conduits hors de la ville avec défense d'y rentrer, à peine de huit jours de prison. Ils disposeront par jour, d'une demi-livre de pain et de l'eau avant d'être à nouveau chassés. Si on les retrouve une troisième fois dans la ville ou dans les faubourgs, ils seront fouettés et bannis pour toujours de la Principauté.

Une perquisition exacte de toutes les maisons de la ville et des faubourgs sera faite afin de vérifier par qui elles sont habitées et si l'on y trouve des étrangers, établis depuis un an sans être munis de bons certificats de vie et de mœurs justifiant qu'ils sont de religion catholique, apostolique et romaine et sans être en état d'y vivre de leurs métiers ou professions ou de moyens suffisants pour y subsister, ceux-ci devront sortir incessamment de la ville. Désormais les mêmes exigences seront appliquées à ceux qui voudraient s'y établir, les magistrats négligents à cet égard étant menacés de perdre leur emploi.

Au vocabulaire près, nous trouvons là des problèmes et des mesures d'aujourd'hui : pouvoir d'achat, immigration, clandestins, sans papiers, impôt sur la fortune, justification d'emploi et de moyens de subsistance, reconduite aux frontières.

L'ordonnance sur les chemins, ponts et chaussées s'inscrit dans la lignée des « sages règlements » du Duc Léopold. Elle détaille les obligations des communautés, nécessaires à l'entretien de la voirie existante de la Souveraineté. Les communications de Commercy en direction de Saint-Aubin, de Saint-Mihiel et de Toul seront facilitées grâce à la construction ou la prolongation des chaussées déjà commencées. Dans la ville même, hormis la poursuite de travaux déjà engagés à l'hôpital Saint-Charles, le remaniement intérieur des ailes du château afin d'en augmenter le nombre de pièces et la décision de faire rétablir les pavés les plus défectueux, la pratique individuelle a souvent devancé la réglementation générale. Les permissions de démolir et de construire n'ont été nécessaires et d'ailleurs accordées au cas par cas que pour les logements nouveaux ou aménagés sur le pourtour de la ville. Il n'a pas été question d'abattre systématiquement l'ensemble des murs de la cité. Le serrurier Christophe Boillée est autorisé à faire bâtir une petite maison au-delà du Pont-Neuf dans l'alignement de celles qui y sont déjà construites et en suivant la régularité des façades, mais sans être obligé de lui donner la même hauteur[330].

L'un des soucis des autorités est celui de l'écoulement des eaux pluviales. Obligation de s'en charger pour leur compte en est faite aux Ursulines et à divers particuliers en contrepartie des autorisations qui leur sont données. La question, aggravée par les immondices que les particuliers jettent dans les ruelles derrière et à côté de leurs maisons, semble pouvoir être réglée en fermant ces ruelles et en n'y laissant passer que les dites eaux. À la fin de l'année 1738 et sur demande, la cour souveraine décide que le ruisseau qui recueille les eaux de la Vaine Vau et de Breuil sera élargi aux frais des particuliers qui possèdent des jardins de part et d'autre de ce qui n'est qu'un filet d'eau en temps normal, mais qui peut déborder soudain en cas d'orage ou de mauvais temps[331].

Or, sans réfléchir aux conséquences, Madame et ses conseillers trouvent bon de

---

[330] Autorisation du 26 mars 1738.
[331] Arrêt du 22 décembre 1738.

poursuivre l'avenue, amorcée par Vaudémont, qui fait face au château et que l'on rebaptise pour la circonstance rue d'Orléans. Les volontaires sont incités à y bâtir. Une fontaine est aussi destinée à y embellir le site. Les sieurs Bouchot et Sérolle, les nommés Vergand, Friry, La Grandeur, Sottiaux et les Blondeau qui croyaient avoir fait une bonne affaire et pouvoir montrer un peu de leur faste en y construisant et en s'y installant, connaissent vite le désagrément de voir leurs caves et leurs cours très souvent inondées. Ils comprennent que les jardins une fois disparus, il n'y a plus de place pour l'écoulement de toutes ces eaux. Portant un peu plus loin leur regard, ils constatent que quelques particuliers, autorisés ou non autrefois, ont réalisé diverses installations qui contribuent au reflux des eaux vers le centre de la cité.

Excédés, les intéressés demandent en février 1741 qu'il soit remédié à cette situation en tenant compte de leurs remarques. Sur une pareille initiative, le réflexe du Conseil est de nommer un expert, architecte, Nicolas Le Tixerant, supervisé par René Herpon, conseiller d'État. Un mois plus tard, les officiers de l'Hôtel de ville se joignent aux victimes déclarées. À fin juillet, Le Tixerant, trop occupé à Saint-Mihiel, doit être remplacé par un Prémontré de Rangeval, le frère Nicolas. L'enquête de ce dernier montre l'ampleur du problème. Le cours du ruisseau a été « dévoyé », notamment au dessus de Breuil, le rendant oblique (*sic*) et sinueux. Outre ce que les plaignants ont signalé, des particuliers ont pris la liberté de construire sur ce ruisseau des ponts de pierre destinés à faire communiquer leurs jardins, des latrines et autres commodités. Des tanneries se sont installées. Les fossés de la ville servent d'égouts ; les marais situés à proximité sont des cloaques. Le reflux des eaux atteint non seulement les maisons de ceux qui se sont manifestés, mais aussi toutes celles qui sont construites depuis le Pont-Neuf jusqu'au Fer-à-cheval, autrement dit pratiquement jusqu'au château. Ce n'est que treize mois après la plainte que, décidé à réprimer les abus constatés et ceux qui pourraient naître dans la suite, le Conseil, soucieux du bien public, toujours préférable à celui des particuliers, dit-il, se résout à adopter un règlement général des travaux à faire, le plus souvent aux frais des particuliers, et à interdire les mauvaises pratiques. En ce domaine, l'initiative est venue de la base.

Au crédit des autorités, il faut porter leur bienveillance envers les belles-lettres. Henry Thomas, imprimeur libraire à Nancy, a souhaité s'établir à Commercy pour y travailler de son art, comme ceux qui approchent ordinairement les souverains. Sa demande est accueillie avec faveur ; les droits, privilèges et exemptions correspondants lui sont accordés. Il est même autorisé, quelques jours plus tard, à produire un dictionnaire économique en quatre volumes in-folio[332]. Outre un volume sur la médecine, il saura montrer sa reconnaissance ou peut-être sa perspicacité en publiant successivement des ouvrages dédiés à ses protecteurs : un *Abrégé de l'Histoire généalogique de la Maison de Lorraine,* par un certain marquis de Ligniville derrière lequel se cache un rhétoricien, pensionnaire au collège de la compagnie de Jésus, le père Leslie, in-octavo[333], des *Heures dédiées à S. A. R. Madame,* en grand in-octavo et même une *Apothéose de la Maison de Lorraine,* dont le format ne pourra être moindre qu'in-quarto.

La Duchesse a eu le souci de la sécurité de ses sujets. Elle s'est entourée d'une compagnie de gardes du corps et une compagnie de gardes à pied. L'une et l'autre ont offert accessoirement un débouché pour ceux des anciens soldats de Léopold qui risquaient de perdre leur emploi dans le nouveau régime lorrain. Le corps de garde ainsi constitué a été abrité, à côté du Fer-à-cheval, dans un bâtiment en prolongement du

---

[332] AN. E 3157. Décisions du Conseil des 19 juillet et 1er août 1740.
[333] Encore utile aujourd'hui.

284

palais[334]. Le zèle de certains de ses membres n'a pas été sans provoquer quelques bavures. Par exemple un garde de la ferme des tabacs, François Bernard, demeurant à Saint-Mihiel, « revenant de Vignot et étant dans les fonctions de son emploi, revêtu de la bandoulière aux armes de Madame », rencontre un jour, à l'entrée de Commercy, Joseph Chaumont, l'un des grenadiers de la garde. Ce dernier met le sabre à la main pour empêcher le premier nommé d'entrer dans la ville. Il lui porte même plusieurs coups que l'attaqué pare de son mieux avec la baïonnette qu'il a mise au bout de son fusil. Cela ne suffisant pas, il se sert du fusil lui-même pour lâcher un coup dans la cuisse du gardien de la ville, naturellement sans l'avoir au préalable couché en joue. Le blessé meurt quelques jours plus tard, au grand regret du tireur. Faisant valoir la « juste défense » et l'absence de préméditation, le tueur, jugé extraordinairement, est pardonné et gracié[335].

Pour le reste, la rubrique des faits divers de la souveraineté ressemble à celle de toute communauté : questions de préséance entre laïcs et clercs ; jalousie de chirurgiens à l'égard d'un apothicaire chimiste à succès ; abus du personnel de Madame qui profite trop

---

[334] Pierre Boyé, *Revue lorraine illustrée*, 3e volume, p. 135.
[335] AN. E 3157, jugement du 5 octobre 1741.

largement de la bonté qu'elle a eue de tolérer qu'il puisse pêcher, au point que l'amodiateur de la rivière ne sait plus comment obtenir la quantité de poissons qu'il s'est engagé à livrer à l'hôtel ; conflits entre les bouchers et les officiers de l'Hôtel de ville qui voudraient, entre autres choses, réglementer leur commerce (du temps) de carême, etc. Rien de vraiment grave, malgré le ton parfois suppliant pris par les parties. La plupart des villages font mention de l'augmentation de leur population, ce qui les conduit à solliciter un affouage plus consistant, voire de grosses cloches pour mieux entendre sonner le service divin !

L'économie de la région est contrastée. L'agriculture, tributaire des conditions météorologiques, connaît plusieurs années difficiles. L'hiver 1739 est rude ; il fait souffrir les prairies et réduit les récoltes. L'année suivante, les inondations ont le même effet. Le pain vient à manquer. En 1742, on meurt de faim. Cette série de sinistres affecte, bien sûr, la population qui regimbe[336]. Elle explique sans doute que l'on ait eu besoin de statuer sur les pauvres et les mendiants. L'industrie, par contre, y est prospère. En particulier, les forges de Commercy et de

---

[336] Dumont, *op. cit.* II. P. 322-323 ; observations du curé de Sampigny, *in* Mémoires de la Société des Lettres, Sciences et Arts de Bar-le-Duc, 1883, p. 134.

Sampigny, soutenues par les souverains de la principauté, lancées sous l'égide de Louis Ignace Rehez d'Issoncourt et développées sous celle de ses successeurs dans le comté de Sampigny, sont en plein essor. Elles comprennent deux fourneaux à Vadonville, une chaufferie et deux affineries à Commercy et une platinerie à Grimaucourt. La propriété en est passée d'Antoine Paris, mort en 1733, à sa fille et héritière, Antoinette-Justine qui a elle-même épousé le frère cadet d'Antoine, Jean de Monmartel et au fils de ce couple, Amédée Victor Joseph[337]. L'ensemble qu'elles forment déjà a encore besoin d'être complété. Le fermier général du comté de Sampigny souhaite accroître le débit des fers qui s'y façonnent. Il lui faut encore une fenderie et une filerie de fer qu'il veut établir sur le ruisseau de Grimaucourt. La Duchesse exauce son vœu au cours de l'été 1740. L'année suivante, il obtient même la permission de rechercher le minerai nécessaire dans toute l'étendue de la souveraineté[338].

---

[337] En fait la succession est directement passée d'Antoinette-Justine à Victor Joseph. Ce n'est qu'à la mort de ce dernier en 1745, à dix-huit ans, de la petite vérole comme elle, que le père et mari entre en possession de la seigneurie. De 1729 à 1745, c'est Victor Joseph qui est le comte de Sampigny (article cité, p. 134).

[338] AD M & M. B 143 & 145 ; AN. E 3159³ et P. Briot, *Les forges de Commercy de 1706 à 1895.*

À Commercy, il y a la ville, il y a la Cour. Entre les deux, une nébuleuse de personnalités en visite ou en séjour plus ou moins prolongé. Le protocole existe, mais il n'est strict que dans des circonstances particulières. Madame, certes, impose la décence à ses demoiselles d'honneur et ne tolère aucune incartade de leur part. Pourtant, quand il se révèle que Charlotte de Spada, l'une d'elles, est grosse hors mariage, la princesse Anne-Charlotte se contente de lui faire parler par le curé afin qu'elle prenne des précautions. La sanction sera d'ordre diplomatique. Elle empêchera le père d'être désigné pour complimenter à Turin la Reine de Sardaigne à l'occasion de la naissance de son fils Charles, duc d'Aoste[339].

Dans la vie de tous les jours, nulle ostentation. On ne parle pas du château, mais plutôt de la maison de Madame que celle-ci fait volontiers visiter, des chambres au moindre recoin, avec toute la bonté et la douceur imaginables et ne craignant pas de laisser apparaître son émotion le cas échéant. Sa fille n'est pas en reste. On la rencontre souvent dans la cour. Elle aime s'y promener et bavarder en compagnie des dames un peu distinguées. Si elle est sans nouvelle de l'une

---

[339] Lettres de Mme de Graffigny à son ami Devaux du 27 septembre et du 22 décembre 1738.

d'entre elles pendant plus de deux jours, elle s'en inquiète. L'humeur d'Anne-Charlotte est toutefois plus inégale que celle de sa mère.

Le château est facilement accessible. Personne ne trouve étrange qu'une de ces dames de l'extérieur vienne y méditer dans la galerie, voire y échanger quelques confidences avec l'écuyer ordinaire des équipages et le secrétaire des commandements de la Duchesse. L'étiquette se réfugie dans le cérémonial de la table. Quand il est l'heure que Madame s'y mette, il est préférable de se retirer. Pas une des demoiselles n'ose manger chez elle. Y dîner en son absence ou se laisser entraîner par la princesse Anne-Charlotte jusqu'à la cuisine constituent des faveurs réservées aux plus intimes des amies. Celle-ci préfère d'ailleurs parfois envoyer les plats au domicile des personnes concernées sans barguigner sur la quantité et la qualité[340].

Les occupations de la princesse sont simples : elle aime se promener en bateau sous les yeux de sa mère. Elle est bonne cavalière et

---

[340] Exemple d'envoi de ce genre pour un dîner : de la soupe, deux côtelettes, un poulet, une grive, douze rouges-gorges, une grosse truite de Bar et de la tarte. Il n'est guère étonnant que de telles agapes provoquent mal à l'estomac à la destinataire, Françoise d'Happoncourt, alias Mme de Graffigny, acteur et observatrice de tous ces traits durant son séjour à Commercy en septembre et octobre 1738 et que cela lui inspire des réflexions sur le « furieux métier que celui de courtisan ».

va volontiers à la chasse. Elle s'entremet quand tel ou tel s'imagine utile de profiter de son influence. Elle n'est pas loin quand Madame prend médecine. Elle n'a pas de rôle politique et ne fait pas partie du gouvernement. Cependant la Duchesse lui réserve le domaine du droit féodal. Ainsi quand Jean-Nicolas Jadot, alors directeur général des bâtiments du grand-Duc de Toscane, créancier du prince de Craon, acquiert de celui-ci la terre et baronnie de Ville-Issey, c'est entre les mains de sa très chère et bien aimée fille qu'il fait ses fois et hommages en tant que nouveau titulaire[341].

La Cour de Commercy ne vit pas repliée sur elle-même. Elle est ouverte sur l'extérieur. Madame est naturellement portée à la bienfaisance et à la générosité. En 1743, elle accorde dix-huit mille livres pour la fondation de six lits destinés aux pauvres malades de la ville et des villages de la souveraineté et même, éventuellement, à de simples passants venant de l'étranger. Elle se penche aussi sur le sort des vieillards abrités par l'hospice[342].

Commercy s'intéresse à la marche du monde, surtout quand les évènements ont des répercussions sur la famille. Beatrix de

---

[341] AN. E 3158. Décret du 10 août 1744.
[342] Actes du 17 février et du 25 mai 1743, cités par C. E. Dumont, op. cité. III. P. 296.

Lillebonne avait une constitution délicate et une santé fragile. En 1735 une alerte a inquiété son entourage, avant qu'elle se remette d'aplomb. Mais au début de 1738, âgée de soixante-quinze ans, elle rechute à l'Hôtel de Mayenne. Détachée de tout, même de sa sœur et des princes de son sang, elle ne veut plus penser qu'à Dieu et tout de même à son chapitre, parce qu'elle considère que c'est son devoir. Elle se sent aussi responsable de ses domestiques qu'elle encourage à ne point s'attrister. Les soins accordés par les médecins ne sont guère efficaces. L'assistance du curé de Saint-Paul, sa paroisse, ne peut être que morale. Elle s'éteint le neuf février[343].

Juridiquement, la princesse d'Épinoy est indiscutablement sa seule héritière. Politiquement, les choses sont moins claires. Depuis la défection d'Elisabeth-Thérèse, rien n'a été entrepris pour organiser la succession à Remiremont. Les sentiments de la Maison de Lorraine à l'égard de la dignité d'abbesse n'en ont pas pour autant disparu. La Duchesse douairière désire y placer son autre fille, la princesse Anne-Charlotte. Mais la chose ne va pas de soi. Certes, les chanoinesses se sont souvent tournées, spécialement dans les temps

---

[343] Acte de décès reproduit dans le *Journal de la Société d'archéologie lorraine*, 1892, p. 278. François Andreu, Oraisons funèbres des 18 et 20 mars 1738.

les plus récents, vers des représentants de la Maison de Lorraine, suffisamment illustre pour défendre voire rehausser le prestige de l'abbaye. Mais ce penchant n'était pas tout à fait spontané. Même Beatrix a dû son siège à l'insistance de Léopold et alors qu'il était à la tête du Duché. Le véritable instigateur du choix est le Pouvoir en place. Et justement Madame, toute royale qu'on veut bien la reconnaître, n'est souveraine qu'à Commercy. Le Duc de Lorraine, c'est maintenant Stanislas et encore par la grâce de son gendre, le Roi de France, représenté par le chancelier Antoine-Martin Chaumont de la Galaizière.

Pour servir les intérêts de la Maison en général et d'Anne-Charlotte en particulier, le mieux est d'agir simultanément dans deux directions, à savoir le chapitre de Remiremont et le Roi de France. Et Commercy doit apparaître comme le centre de gravité naturel de l'élection. Elisabeth-Charlotte s'adresse donc à la doyenne de l'abbaye pour lui rappeler l'attachement réciproque qui les unit, elle et sa famille, et combien il lui serait agréable que le chapitre se prononce en faveur de sa fille qui lui paraît avoir toutes les qualités requises pour une abbesse. Mais elle ajoute qu'elle souhaite aussi que l'accueil préalable qui devra lui être fait en tant que chanoinesse ait lieu à Commercy. Parallèlement Stanislas et son chancelier sont informés de la candidature de la princesse. Ce dernier, non seulement n'y fait pas d'objection, mais il fait savoir que les vœux du Roi vont à une princesse de même rang que l'abbesse qui vient de succomber et que celle qu'un trône a enlevé à cette dignité. Les qualités vraiment royales de celle qui y aspire ne peuvent que renforcer la gloire et la félicité du chapitre de Remiremont.

Tout le monde étant d'accord, la cérémonie d'apprébendement a lieu le 7 mai à la collégiale Saint-Nicolas de Commercy. Trois jours plus tard, à Remiremont, les chanoinesses cèdent aux ordres du Roi et élisent Anne-Charlotte à l'unanimité. Commercy est tout de suite informée du résultat. Dès que la bulle pontificale est signée, l'intéressée y reçoit « le grand couvre-chef affecté à sa dignité »[344]. Désormais Remiremont va vivre à l'unisson de Commercy[345]. Cela n'entrave toutefois ni l'indépendance du chapitre ni la liberté de l'abbesse, puisque celle-ci gouvernera pratiquement à distance et par procuration sans changer son style de vie à Commercy

---

[344] Le processus de l'élection a été développé par Pierre Heili dans la biographie qu'il a consacrée à Anne-Charlotte de Lorraine, p. 45-51 d'après les manuscrits de la BNF et de la BM de Remiremont et les archives départementales des Vosges. Il n'y a rien à y ajouter.
[345] Françoise Boquillon, *op. cit*, p. 111.

auprès de sa mère[346].

Tout ce qui touche à la famille de la souveraine est en soi un événement. La princesse de Lixheim, en 1738 veuve depuis quatre ans, ainsi que nous le savons, projette de convoler à nouveau. Son choix s'est porté sur un honorable militaire, de sept ou huit ans son aîné et dont la carrière paraît déjà bien engagée, Gaston Charles Pierre de Lévis, marquis de Mirepoix. Au début de septembre, quand l'éventualité de cette union commence à s'insinuer, nul, pas même la future, ne sait quelle pourrait être la réaction de Madame. Lorsque celle-ci en est finalement instruite, l'effet est immédiat. Elle clabaude auprès de son entourage et, dans le silence, son cerveau mûrit le compliment qu'elle fera à cette princesse : « Vous avez eu tort, Madame, de ne me pas dire plus tôt votre mariage, car il me fait grand plaisir. Vous n'étiez pas digne d'entrer dans la Maison de Lorraine. Je suis fort aise que vous en sortiez ». Pour sanglante qu'elle paraisse, l'apostrophe ne devrait pas étonner la destinataire. Elle est dans l'état d'esprit sans faille de la parentèle.

Or la princesse de Lixheim a justement prévu de se rendre à Commercy. Chacun est

---

[346] De courts séjours de l'abbesse et de Madame sont signalés, le premier en mai-juin 1739 pour la réception officielle et en août 1740 (Heili et *Journal* de Nicolas).

sur ses gardes en même temps que sa curiosité est aiguisée. Françoise de Graffigny s'interroge sur l'opportunité de la rencontrer. La dame elle-même qui ne peut manquer d'aller saluer sa souveraine cousine, n'est pas tout à fait sûre de son fait. En vue d'éviter de possibles aigreurs de la Duchesse, elle a prié le confesseur de celle-ci de s'arranger pour se trouver là où, dés son arrivée, doit avoir lieu l'entrevue, toutes portes fermées. Au bout d'une demi-heure d'entretien, les deux dames offrent au public un visage serein. Il semble bien qu'aucun gros mot n'a été échangé[347].

Les échanges sont plus vifs quand une des nièces d'Elisabeth-Charlotte, en l'occurrence Charlotte Aglaé d'Orléans, s'avise de lui conseiller de s'en aller en Toscane. La tante a aussitôt répliqué qu'elle ferait mieux, elle-même, de retrouver son mari et son Duché à Modène. Leur correspondance a, paraît-il, été celle de véritables harengères[348].

Dans l'ensemble, les rapports entre les diverses branches de la Maison de Lorraine sont empreints de civilité, au moins sur le

---

[347] Madame de Graffigny qui nous renseigne là-dessus, n'a, naturellement, pas assisté à la "«conférence »" ; elle n'a pu a fortiori sonder les pensées intimes de Madame. Il se peut que son récit soit légèrement romancé.

[348] Le 6 décembre 1738, Mme de Graffigny répète ce que lui a conté Thérèse de Lenoncourt, dame d'honneur de Madame.

papier. Le comte de Brionne demande à S. A. Royale de Commercy l'honneur de sa protection dont il cherchera toute sa vie à se rendre digne, justement. Madame lui répond qu'elle est très touchée et qu'il lui suffit qu'il soit le fils de M. le prince de Lambesc qui lui a toujours marqué bien de l'amitié et dont elle est fort reconnaissante, pour être persuadée que l'on ne peut avoir pour lui une plus parfaite considération. Anne-Charlotte de son côté lui écrit qu'il ne peut rien lui arriver qu'elle n'y soit très sensible. Charles-Alexandre reconnaît qu'il n'est pas connu de son cousin, ce qui ne l'empêche pas de s'offrir à pouvoir le servir en ce pays d'Autriche où il réside[349].

La Cour et les princesses se préoccupent de l'évolution des relations entre les États, non pas tant pour leur enjeu, mais plutôt pour les conséquences bien concrètes qu'on en déduit. En septembre et octobre de 1738, au plus fort de la guerre de l'Autriche contre les Turcs, quand Belgrade est assiégée, les Commerciens ont frémi à l'idée que davantage de Lorrains allaient être envoyés là-bas pour secourir l'Empereur. Ceux qui sont encore attachés à la famille ducale ont tremblé

---

[349] BNF. FR 6677. Correspondance du comte de Brionne-Lambesc, en 1740, après son mariage et donc son entrée dans le monde. Hélas! Louise Charlotte de Gramont qu'il vient d'épouser, mourra en 1742, à l'âge de seize ans et demi.

pour Monseigneur Charles-Alexandre qui y était enfermé. La maladie de Son Altesse François les a vivement inquiétés. Anne-Charlotte en a pleuré. Madame aussi …. un moment, avant de dire d'une voix aussi mordante que la plume qu'on lui connaît, qu'elle « serait bien folle de se faire mourir pour un fils qu'elle haïssait » et d'enfiler pour lui des louanges telles que pourrait les donner son plus grand ennemi. Son optimisme a pris le dessus sur l'inquiétude que l'autre lui causait. Et de se faire frire aussitôt une carpe pour son goûter[350].

Quels que soient ses sentiments profonds, quand meurt Charles VI, la Duchesse douairière, ne peut faire moins que d'ordonner à sa Cour de prendre le deuil et de commander un service solennel à Nancy pour le repos de l'âme du défunt[351]. Cette mort impressionne le public par l'incertitude qu'elle crée pour l'avenir. Comment la succession, dont on ne connaît d'ailleurs pas très bien le contexte, va-t-elle se faire ? À Lunéville, chacun bâtit son échafaudage politique par échanges de royaumes comme cela s'est passé en 1736. De possibles conflits sont dans toutes les têtes et, dès l'abord, beaucoup mettent en avant leur fierté lorraine. Toutefois

---

[350] Graffigny, Lettres des 2 et 19 octobre.
[351] *Journal* de Nicolas, p. 347.

297

François III suscite plus de pitié que de considération[352].

Un autre événement secoue bientôt la Cour de Commercy. La Reine de Sardaigne, Elisabeth-Thérèse, met au monde en juin 1741 un garçon qu'on nomme aussitôt duc de Chablais. L'enfant se porte bien. Mais deux jours plus tard, la mère est attaquée d'une maladie qu'on attribue à « une fermentation extraordinaire dans son sang » et qui se traduit par l'apparition d'un grand nombre de boutons, accompagnée d'une fièvre violente. Après une courte accalmie, ces manifestations redoublent d'intensité. La Reine tombe en convulsions. Moins de deux semaines après l'accouchement, celle qui avait allumé les derniers feux du Lunéville ducal, celle dont on ne disait que merveilles sur son action dans la Maison de Savoie[353], meurt à Turin.

Voilà qui allonge la liste de sa progéniture que la Duchesse voit disparaître avant elle. Le malheur n'a pas seulement une portée familiale. Il attriste les Cours de Commercy et de Savoie, mais aussi la Lorraine et le Barrois, Vienne et Versailles. Obsèques magnifiques et services solennels se succèdent

---

[352] Lettre de François-Antoine Devaux à Mme de Graffigny du 7 novembre 1740.

[353] Saint-Simon, lettre à l'abbé Gualterio du 15 juin 1738, reproduite par Yves Coirault, *Les siècles et les jours*, p. 544.

dans les églises de Commercy et de Nancy et à Notre-Dame de Paris. Le Roi de France, lui-même indisposé par cette perte, se retire quelque temps avec le Duc de Savoie à la chartreuse, voisine de Turin. Après les élans du cœur, vient le temps des procédures officielles. Dès que notification du décès leur a été faite, toutes les Cours d'Europe prennent le deuil[354].

Les Commerciens, même les plus distingués, ne sont peut-être pas au fait de toutes les subtilités de la diplomatie. Ils n'en sont pas moins attentifs à ce qui touche les personnalités qui leur sont proches. Marie-Thérèse règne à Vienne, et aussi en Bohême où elle s'est fait couronner. Mais son père était également à la tête du Saint Empire. Or c'est par une élection que les Empereurs sont désignés. Il est entendu que le choix des princes qui y participent sera fait au nom du Tout-puissant, mais chacun est conscient que celui-ci utilise plusieurs voies pour faire connaître sa décision. D'ici là, il n'est pas interdit d'y contribuer par l'invocation, par les armes, voire par le marchandage. Nul ne sait à quoi on aboutira et la date à laquelle les Électeurs s'assembleront à Francfort à cette

---

[354] *La clef du cabinet des prince de l'Europe*, en particulier, rend compte du décès et de son retentissement en juillet et septembre 1741.

fin. Certains effets, tels que la guerre que se font le Roi de Prusse, Électeur de Brandebourg, Frédéric II et Marie-Thérèse, paraissent montrer que les choses ne sont pas simples.

La Duchesse douairière qui disait, il n'y a pas si longtemps, se désintéresser du sort de son fils aîné, n'est pas si indifférente que cela maintenant. À Commercy, on a choisi la prière argumentée pour exprimer ce que l'on en pense. Le jour de la fête du St. Sacrement, le père Bouchot, un Cordelier chargé du sermon, en présence de Madame et de sa fille, donne quelques conseils à Dieu. Afin qu'il n'y ait plus qu'une foi dans le sein de l'Église, il est souhaitable « que les Électeurs chrétiens, moins occupés de l'intérêt des Cours que de la gloire de [son] nom, s'assemblent dans un esprit de paix, pour donner à l'Empire un chef selon son cœur ». Il l'invite à réunir les suffrages en faveur du Prince qui permettra de faire couler par une double alliance le dernier sang de l'auguste Maison d'Autriche avec celui de la Maison Royale de Lorraine. On a compris de qui il s'agit. Les Princesses et la Cour ont goûté l'homélie.

La réalisation de ce vœu ne va pas de soi. Il existe au moins un prétendant au titre, à savoir l'Électeur de Bavière, Charles Albert, qui est lui aussi gendre d'un Empereur, Joseph Ier. Il a des qualités dont l'époux de Marie-

Thérèse est dépourvu : il ne risque pas de faire ombrage aux autres Électeurs, spécialement à celui du Brandebourg ; il a le soutien du Roi de France et il est précisément Allemand et non Lorrain. Il n'a d'ailleurs pas accepté en son temps la Pragmatique Sanction, proposée par Charles VI.

Pour mieux se faire entendre, il met en branle son armée, rejointe bientôt par une autre force, française celle-là, avec comme objectif la Bohême, qui est l'un des électorats de l'Empire. En s'en emparant et en s'y faisant couronner, le Duc de Bavière s'assurerait une voix de plus en sa faveur. Il pense aussi par là même éviter les critiques que pourrait susciter un vote fait en l'absence d'un Électeur. L'un des noms qu'on commence à entendre à Commercy et ailleurs est alors celui de Prague, capitale de la Bohême. Le plan se déroule comme prévu. Avec le concours supplémentaire de troupes saxonnes, la ville est investie et occupée le 26 novembre 1741. Onze jours plus tard, l'envahisseur est déclaré Roi de Bohême.

L'assemblée des Électeurs, plusieurs fois reportée, est aussitôt réunie à Francfort. Les participants, ayant juré qu'ils vont voter « sans aucune condition, solde, gages, promesses ou engagement de quelque nature

», avec l'aide de Dieu et son saint évangile[355], choisissent unanimement, en son nom, le 24 janvier suivant, Charles Albert Cajetan de Bavière pour être Roi des Romains et futur Empereur. L'ironie de l'Histoire tient à ce que l'heureux élu porte le même prénom que son prédécesseur. La continuité est assurée. Il suffit d'ajouter une unité pour que l'Empereur soit désigné sous le nom de Charles VII. François de Lorraine devra se contenter de son titre de grand-Duc de Toscane et de Co-Régent à Vienne.

Cette élection ne fait toutefois que ranimer la Reine de Hongrie. La guerre continue. Au moment même de son succès politique, le nouvel Empereur perd sa capitale, Munich, tombée aux mains des Autrichiens. Le prince Charles de Lorraine est chargé par sa belle-sœur de reprendre le contrôle de la Bohême. Quelques mois plus tard un nouveau siège de Prague commence. Seuls les assaillants et les défenseurs ont permuté. Á défaut de résultat immédiat, l'opération se transforme en blocus. Les Autrichiens finissent tout de même par reprendre possession de Prague, avant de la laisser aux mains des Prussiens. Entre temps le prince Charles a été dirigé sur un autre front, en Alsace. Les évènements et la volonté de

---

[355] *La clef du cabinet des princes*, mars 1742, p. 229.

Marie-Thérèse le renverront à nouveau en Bohême.

Durant toutes ces péripéties, Commercy a les yeux et les oreilles d'autant plus attentifs qu'outre le sort de ceux qu'elle continue à considérer comme ses princes, nombre de personnes ont des représentants directs sur le théâtre des combats. Deux fils de la comtesse de Marsanne et un proche de Madame sont engagés dans le régiment français d'Heudicourt-cavalerie, au premier rang des militaires français. La comtesse d'Elliot, dame d'atour, est aussi à l'affût des nouvelles. Louis-Henri de Tavannes, Lorrain d'adoption, indésirable en France, adjudant général dans l'armée de l'Électeur de Bavière dont il est occasionnellement l'ambassadeur, se confie à la Cour de Commercy plutôt qu'à celle de la Lorraine occupée. L'appréciation des périls encourus par tel ou tel, les manœuvres de leurs régiments, le décryptage d'un siège, les conjectures sur le mouvement des armées parviennent à Commercy qui les rediffuse aux amis de l'extérieur[356]. De façon plus officielle, le comte d'Argenson, ministre d'État en France, fait étape chez Madame la Duchesse douairière, avant de continuer sa route vers Vienne où il doit faire des

---

[356] Cf. Lettres de Devaux de septembre 1742, citées dans la *Correspondance* de Mme de Graffigny, 3, p. 385-386.

propositions à la Reine de Hongrie[357].

La Toscane se rappelle encore au bon souvenir de Madame. Anne Marie Louise de Médicis, veuve de l'Électeur Palatin, mais surtout sœur du dernier des grands-Ducs de cette dynastie, depuis l'arrivée des Lorrains à Florence, a pratiquement déserté le palais Pitti pour mener une vie austère dans un couvent proche. Sa santé est devenue délicate. À la fin de 1742, elle est atteinte d'un érysipèle. Malgré ses efforts pour paraître bien portante, générateurs de quelques améliorations, ses jambes s'affaiblissent au point de la condamner au lit. Elle décède le 18 février suivant. Or, Richecourt, l'homme fort du Duché, s'est employé depuis longtemps à ce que sa fortune échappe aux Toscans. Il l'a persuadée, non sans mal mais finalement avec succès, de faire un testament en faveur du grand-Duc François. Entre les bijoux qu'elle a réussi à conserver, les médailles, l'argent comptant et les biens moins liquides qu'elle possédait un peu partout, en dépit de nombreux legs particuliers, l'héritage fait l'objet d'un large éventail d'évaluations. On sait seulement qu'il est important. De quoi faire naître les difficultés juridiques. Les procureurs de la Reine de Hongrie attestent que la souveraine de Commercy et d'Euville

---

[357] En septembre 1742. *La clef du cabinet* …, p. 430.

est la seule héritière des biens régis par la coutume de Paris. François, lui, soutient le contraire. Alors que la succession Vaudémont n'est pas encore terminée, la liquidation de celle de la princesse toscane risque de prendre du temps[358].

Marie-Thérèse a depuis longtemps une certaine inclination –certains parleront peut-être de faiblesse – pour son beau-frère, Charles-Alexandre. Elle lui a confié des commandements importants, elle l'a chargé de missions délicates. Sans renier son passé lorrain, l'intéressé se sent désormais à l'aise à la Cour de Vienne même s'il lui arrive de rêver de temps à autre d'une souveraineté en Toscane ou d'un gouvernement aux Pays-Bas qu'on lui a d'ailleurs promis[359]. Marie-Thérèse a une sœur, âgée de 26 ans, non mariée, l'archiduchesse Marie-Anne. Pourquoi ne pas renforcer l'alliance conclue avec François par un autre lien entre les familles déjà unies ? Sur un plan personnel, Charles-Alexandre juge Marie-Anne « très belle, beaucoup de qualités, très bon cœur, quoiqu'on ne puisse pas découvrir absolument son caractère ». « Je ne

---

[358] Henry Poulet, article cité, p. 46 et 134-135. *La clef du cabinet* ..., avril 1743, p. 294 et 315. AN. MC. VIII. 1053 (24 septembre 1743), 1058 (27 décembre 1744), 1061 (11 juin 1745), 1064 (20 décembre 1745).

[359] Michèle Galland, *Charles de Lorraine gouverneur des Pays-Bas*, p. 46.

le crois pas moins bon que celui de Marie-Thérèse », ajoute-t-il dans son journal secret[360].

Au retour de sa campagne d'Alsace, au début de novembre, le mariage des Sérénissimes Prince et Archiduchesse est conclu. Il est prévu de le déclarer incessamment. En fait bien des gens sont déjà au courant. Loin de raviver les rancœurs du passé, la chose réjouit la Duchesse douairière et sa Cour. La célébration de St Charles (Borromée), patron de Madame, attire à Commercy l'essentiel de la Noblesse de la Lorraine et du Barrois qui s'y presse afin de complimenter la souveraine sur le projet déjà éventé.

Est-ce l'émotion ? Toujours est-il qu'Elisabeth-Charlotte tombe en apoplexie quatre jours plus tard, attaque si grave que chacun croit devoir la perdre. Heureusement, quatre autres jours de prières suffisent à la rétablir. Le curé Duhaut ne se contente pas de ce succès. Il voit dans l'accident l'effet de l'irritation de Dieu face aux égarements de ses sujets et il exhorte les fidèles à retrouver le chemin de la sagesse qui passe d'ailleurs par une paix sincère et durable entre deux Nations

---

[360] Rapporté par Hans Urbanski qui estime que ce jugement « sonne un peu sobre ». Le prince Charles de Lorraine, *in* Les Habsbourg et la Lorraine, p. 102.

qu'aime la Princesse, paix à trouver sans intervention des armes, puisque des combats fratricides ne peuvent que lui coûter des pleurs, quel que soit le vainqueur. Madame n'était pas présente et n'a pas entendu l'homélie, mais elle en a témoigné sa satisfaction quand sa fille lui en a rendu compte[361].

À Vienne la mécanique se déroule de la façon traditionnelle : déclaration du mariage, fiançailles, renonciation conforme à la Pragmatique Sanction et, pour finir, le mariage, célébré le 7 janvier 1744. À Commercy les interprétations de la volonté de Dieu oubliées, le désir de communion à l'événement est si fort qu'une fête, présidée par la Duchesse elle-même, permet à chacun de faire éclater sa joie. Selon le sieur Devaux, il y a eu profusion de mangeailles, de bals, d'habits, soixante-deux dames et beaucoup plus d'hommes. Des tables étaient tenues par Madame, par la princesse, par mademoiselle de Bouzey, fille d'honneur, d'autres encore bien sûr. La fête a d'ailleurs duré trois jours. Elle a même inspiré une ode. Quoi qu'en ait pensé M. Duhaut, celle-ci a célébré le bruit des combats, la victoire d'un héros, la sagesse du vainqueur, la tendresse d'une Archiduchesse,

---

[361] Compte rendu dans *La clef du cabinet des princes*, numéro de janvier 1744, 39-41.

en somme la réunion des Héros et des Dieux.
Plus conforme à ses souhaits et au vœu prêté à
Madame, l'espérance que la paix « dans un
calme profond vienne suivre de près/ et/ des
esprits divisés éteindre le murmure/ sans que
de leurs accords reprenne la rupture ». En tout
état de cause « il ne fut un plus superbe jour/
que celui que l'Hymen fit venir dans cette
Cour »[362]. Madame Du Châtelet a eu le
privilège de loger au château. La princesse
Anne-Charlotte a fait louer des lits des villages
voisins pour les autres[363].

Marie-Anne et son époux ne forment
pas un couple ordinaire. Au lendemain de leur
mariage ils ont tous deux été nommés
lieutenants gouverneurs et capitaines généraux
des Pays-Bas, c'est-à-dire chargés d'y
représenter la Reine de Hongrie. Unis à
Vienne, leur résidence sera désormais à
Bruxelles où l'on s'active à préparer le Palais
d'Orange destiné à les recevoir. Mais on a
encore besoin de Charles, le temps de régler
les affaires militaires en cours. La mort, à
Bruxelles, du comte de Kevenhüller, héros des
campagnes passées et l'un des principaux
conseillers de Marie-Thérèse, vient contrarier
l'organisation du voyage de Leurs Altesses.

---

[362] Extrait de l'ode que l'on a prié d'insérer dans *La Clef* …
en février 1744, 133-135.
[363] *Correspondance de Mme de Graffigny*, T. 5, p. 44.

Quand le gouvernement de Vienne le juge nécessaire, le 23 février, le départ est donné. Le voyage est de noce, l'itinéraire est politique. Évitant les zones de combat, celui-ci contourne la Bavière, il passe par la Bohême, la Saxe, la Westphalie et Anvers. Aux principales étapes, décharges de canons et compagnies bourgeoises sont là pour les honorer. À leur tour ils ne manquent pas de se plier aux traditions locales. Certains États leur font de larges présents en argent. À Dresde un magnifique service de porcelaine les attend.

Toutes ces manifestations contribuent à ralentir leur progression. Le 27 mars, ils font enfin leur entrée publique à Bruxelles avec toute la magnificence qui leur est due. Les cérémonies officielles et la prise de contact avec les tâches de gouvernement laissent peu de temps à Marie-Anne et à Charles pour leur vie privée. Et voilà que le 26 avril la France se décide à mettre en accord le droit et les faits. Louis XV déclare formellement la guerre à Marie-Thérèse. Le 7 mai Charles quitte Bruxelles et s'en va reprendre l'état militaire à la tête d'une armée destinée à porter la guerre sur le Rhin. Son épouse reste sur place où elle exercera seule le gouvernement des Pays-Bas. De la Cour de Vienne, la grossesse de l'Archiduchesse gouvernante est tout de même déclarée.

Le franchissement du Rhin et l'entrée

des forces autrichiennes en Alsace apeurent les titulaires du Duché de Lorraine. Ce prince, maintenant lié aux Habsbourg, mais certainement conscient de ses origines, ne va-t-il pas vouloir reprendre le pays de ses ancêtres ? Charles-Alexandre en rêve peut-être. La Reine de Pologne quitte Lunéville avec ses dames, hormis quelques unes attachées à leur terre. Stanislas aussi estime prudent de se retirer à Metz où Louis XV juge bon de se rendre. Heureusement pour eux, le grossissement des eaux du Rhin et la pression des Français amènent leurs adversaires à retraverser le fleuve en sens inverse. D'ailleurs, sa belle-sœur rappelle le général pour tenter de secourir la Bohême, champ de bataille devenu prioritaire depuis que Frédéric de Prusse s'est mis en tête – non sans succès du reste – de s'en emparer[364].

À Bruxelles, le temps des couches de l'Archiduchesse est bientôt arrivé. Le 6 octobre, par césarienne, Marie-Anne met au monde une fille mort-née. D'abord en assez bon état, la mère donne des signes inquiétants des conséquences sur sa santé. Le Saint-Sacrement des miracles est exposé. Alors la Sérénissime Archiduchesse reprend des forces. Les médecins et les chirurgiens qui l'entourent

---

[364] Voir *Correspondance Graffigny*, T. 5 ; Barbier, *Journal* T. III ; J. P. Bled, *Marie-Thérèse d'Autriche*, 110-115 ; etc.

se font forts de son parfait rétablissement prochain. Le Souverain Monarque du Ciel et de la Terre en décide autrement. Le 16 décembre il appelle à lui l'Auguste Princesse[365]. La vie du couple aura duré moins d'un an juridiquement, à peine la moitié effectivement.

Au-delà des réjouissances, durant le cours de 1744, Madame a poursuivi sans faille son rôle de souveraine, en présidant les séances de son Conseil d'État. Sur les rapports qui lui sont faits, le tarif des prélèvements d'Euville sur les particuliers et les forains, y compris ceux qui y ont pris femme, est fixé en mai et en juillet. Jean Brigeat, fermier des domaines de Commercy, obtient en août un rabais sur son bail en compensation des facilités consenties aux propriétaires des nouvelles maisons de la rue d'Orléans. La protection dont bénéficiait l'hôpital Saint Charles de la part du Prince de Vaudémont et son Altesse Royale elle-même, est confirmée en septembre à propos de son finage de Saint-Aubin. L'avis des officiers de l'Hôtel de ville est sollicité le 4 décembre avant de prolonger les privilèges de l'ancien frotteur et garçon de chambre du même Prince, Jean Semille. Satisfaite des bons et fidèles services de

---

[365] Comptes-rendus au fur et à mesure dans *La clef des Princes de l'Europe*.

Dominique Lapaillotte, lieutenant général, civil et criminel du bailliage et gruyer de Commercy, Elisabeth-Charlotte désire accorder à ce personnage un emploi distingué qui l'attache de plus en plus à son service ; elle ne trouve rien de mieux que de lui conférer le 4 décembre un état et office de conseiller en son Conseil d'État et privé. Jusqu'à la mi-décembre tout va ainsi son train habituel, même si parfois la multiplicité des requêtes qui lui sont présentées tend à affaiblir la présence d'esprit et la vivacité de réflexion qui lui sont habituelles[366].

Or, le 17 décembre, sur les deux heures de l'après-midi, la Duchesse est victime d'une nouvelle attaque d'apoplexie qui lui fait perdre connaissance tout en étant agitée de mouvements convulsifs. Les ventouses et saignées qui lui sont immédiatement appliquées, n'ont que peu d'effet. La princesse Anne-Charlotte, éplorée, supplie le corps médical qui l'entoure, de chercher d'autres moyens. On recourt aux excitants, aux emplâtres. Ces traitements n'ont pour résultat que de rendre à la Duchesse la parole et la connaissance pour de brefs moments, suivis de crises plus violentes encore. Sa fille adjure tous ces médecins d'épuiser tout ce que leur

---

[366] Toutes affaires et nominations rapportées en AN. E 3158 et E 3159[3].

art peut présenter de ressources pour soulager la malade. Un répit permet à celle-ci de recouvrer sa lucidité et son jugement. On en profite aussitôt pour appeler le doyen et curé de la collégiale de Saint-Nicolas, Jean-François Simonin. Celui-ci lui administre l'extrême onction le 21 et le st viatique le lendemain. Après avoir jusqu'au bout lutté contre le mal, Madame s'éteint le 23 vers les huit heures du matin. Dans les jours qui suivent, ses entrailles sont portées et enterrées dans l'église de l'hôpital Saint Charles et le cœur déposé aux Chanoines. Le corps est laissé provisoirement dans la chapelle du château. Vignot, d'autres villages sans doute, rendent les honneurs à leur souveraine en faisant sonner trois fois par jour pendant six semaines.

Le 17 février seulement, l'évêque de Toul, escorté d'une partie de son clergé, du chapitre de Commercy, du doyen, de tous les ecclésiastiques de la souveraineté, en présence d'Anne-Charlotte bien sûr, d'Emmanuel d'Elbeuf et de son épouse Marie-Thérèse, du marquis de Lenoncourt, de dames de la Cour et de toute la noblesse du pays, va porter le corps à l'église des chanoines où l'on chante les vigiles. Le lendemain, après les obsèques présidées par l'évêque, les mêmes suivent jusqu'à Toul le carrosse contenant la dépouille où ont pris place les sieurs Simonin en tant que doyen et Duhaut en tant que curé de

Saint-Pantaléon et aumônier de feue la
Duchesse. Le 19, le cortège reprend, à la vue
de tous les villages parcourus, sa progression
vers Nancy où les cérémonies se terminent à
l'église des Cordeliers. Le corps d'Elisabeth-
Charlotte y est enterré dans le caveau où ont
été regroupés ceux de la Maison « Royale » de
Lorraine. Tout cela a été observé d'un œil
plutôt froid par Charles-François Toustain de
Viray que le chancelier du Roi de Pologne a
délégué à cette fin. Le chanoine Simonin
s'étonne d'ailleurs que le dit sieur de Viray ait
affecté de supprimer du procès-verbal son
nom et sa présence. Le sentiment des
responsables de Lunéville, du moins ceux des
plus intransigeants représentants du Roi de
France, n'était peut-être pas porté à
l'enthousiasme, alors que Stanislas était prêt à
accorder à la défunte des honneurs
souverains[367].

La mort de la Duchesse entraîne de
facto la fin de la Principauté de Commercy en
tant qu'entité particulière. Les institutions

---

[367] L'agonie de la Duchesse, son décès et les cérémonies qui
les ont suivis ont fait l'objet de plusieurs récits (Nicolas,
Collins, Dumont, Graffigny, etc.) qui ne concordent pas sur
tous les points. Celui du doyen de Saint-Nicolas de
Commercy, rédigé au retour de Nancy et annexé au registre
paroissial de cette église, paraît le plus fiable (Cf. *Journal de la
Société d'archéologie lorraine* de 1888, p. 150-152). Nous avons
tout de même emprunté quelques éléments à ses
contemporains ou successeurs.

spécifiques, Conseil d'État, Cour des Grands-Jours, la Cour elle-même, n'ont plus lieu d'être. Le comte de Girecour se retire à Nancy. Charles Bagard va poursuivre sa carrière de médecin sous l'égide de Stanislas. François Haizelin a eu le bon goût de s'éteindre en 1741. Dominique Lapaillotte devra se contenter de son office de lieutenant civil et criminel et chef de police. Les membres de la Cour sont abandonnés à leur triste sort ; ils se dispersent où ils peuvent. Pour la plupart des bourgeois, il ne s'agit que d'un changement de maître. Même s'ils regrettent la défunte, la venue de Stanislas donne lieu à réjouissances. Quant au curé Duhaut, il abandonne toute idée de culpabilité de ses paroissiens en se félicitant avec allégresse du changement de souverain.

Reste le destin de la princesse Anne-Charlotte. Privée de sa mère et de Cour, elle n'a pas de raison de demeurer à Commercy. Dans cette perspective, la première fonction à considérer est celle d'abbesse de Remiremont. Cela fait longtemps qu'elle n'y a point mis les pieds. Elle n'y a pourtant pas été oubliée. Mais son but ultime, désormais, c'est Vienne, ville qui se trouve au centre des préoccupations de ses frères. Remiremont est tout de même une étape obligée sur le chemin qui de Commercy mène à la capitale autrichienne. Elle s'y rend donc dans les premiers jours de mars, accompagnée de son fidèle secrétaire, Philippe-Sigisbert Rebour[368] et de son aumônier, le chanoine Léopold Mathieu. Le temps d'y présider un chapitre et d'y régler plusieurs questions pendantes. Quelques jours plus tard, le voyage reprend. La Maison ducale est absente de la Lorraine sauf dans le cœur des nostalgiques. Elle n'a cependant pas disparu et va encore faire parler d'elle. Les armes occupent toujours Charles avant qu'il ne reprenne contact avec son gouvernement des Pays-Bas. La mort opportune de Charles VII à peu de jours de la Duchesse douairière va permettre l'élection, facile cette fois, de François, Empereur, premier du nom.

L'occupation des moments d'Henri d'Elbeuf.

Durant toute cette période, Henri d'Elbeuf n'est pas resté inactif. Ses fonctions de gouverneur de Picardie, toutes importantes et surtout rémunératrices qu'elles soient, ne l'empêchent pas de s'occuper de ses affaires personnelles. Et avant tout du duché normand. Il en a certes le titre. Mais qui en est

---

[368] Le 8 août 1737 nommé à vie secrétaire des commandements et secrétaire greffier du Conseil d'État d'Elisabeth-Charlotte (AN. E 3159³), passé au service de la princesse (Heili, *op. cit.*, p. 114).

véritablement le propriétaire ?

L'arrêt de 1691 était clair. Le duché était alors la propriété commune du duc, de ses deux frères, Louis et Emmanuel Maurice et d'Anne-Elisabeth avec son mari Charles Henri. Depuis, Louis a disparu, les Vaudémont également. Les droits de ces derniers sont passés à Béatrix et Elisabeth de Lillebonne, via leur mère, elle-même légataire universelle de la princesse et en vertu des dispositions testamentaires de Vaudémont lui-même. En fait elles ont un statut de créancières et comptent dans la Direction d'Elbeuf dont elles sont parmi les membres les plus illustres. Donc seuls Henri et Emmanuel restent concernés. Toutefois l'affirmation du principe était assortie de clauses jugées relativement secondaires donc imprécises, concernant entre autres la consistance du duché, sa valeur, son rendement, sa contribution à la réduction des dettes de la famille. Autant de questions qui devaient faire l'objet d'appréciations ultérieures, mais aussi autant de sources de contestations par la Direction d'Elbeuf. D'où procès, oppositions, saisies qui ont alimenté les conflits presque naturels entre le duc Henri, débiteur, et ses créanciers. Pour ajouter à la confusion, la branche d'Harcourt a mis en cause le tiers coutumier et entrepris des poursuites contre les directeurs. Tout cela par référence à des évènements – mariage du second duc d'Elbeuf, succession du troisième et de sa première femme - dont le souvenir est devenu bien flou.

Au début de 1725, cela fait trente-trois ans que durent les chamailleries sans que les solutions avancent d'un pouce. Le duc Henri en est las. Il se rend compte que le temps qui passe s'égrène plus vite que le temps des procédures. Il juge qu'il ne faut plus tarder à se mettre d'accord une fois pour toutes. Il prend donc l'initiative de proposer à ses créanciers d'abandonner les prétentions respectives des uns et des autres, de considérer la vente du comté de Lillebonne, intervenue après le jugement, comme définitivement réglée et de cesser de discuter la valeur donnée au duché. Ses interlocuteurs se chargeraient seuls du contentieux d'Harcourt. Le duc leur laisserait le tiers qui lui appartient dans les biens dépendant du duché aliénés depuis le mariage de son père, à une exception près. Il tient absolument à garder dans son orbite le fief de la Saussaye que Charles III avait vendu en 1662 au sieur Conart de la Patrière et dont nous avons évoqué les péripéties. C'est la demoiselle Vollant, avec qui il est au mieux, qui en est détentrice. Elle pourra le garder en versant à la direction le prix même de sa cession par Charles III, soit quatorze mille livres. Enfin l'essentiel : les créanciers consentiront que lui (et implicitement Emmanuel) demeurera propriétaire incommutable du duché, conformément à l'arrêt de 1691.

Les juristes ont bien préparé le terrain et les choses ne traîneront plus désormais. Le samedi 10 février les créanciers, réunis en assemblée, prennent connaissance des propositions du duc qu'ils acceptent et chargent leur avocat, Michel Ruin, de leur donner une forme juridique. Le samedi suivant, une nouvelle assemblée reconnaît que l'acte préparé par l'intéressé est bien conforme à ce qu'ils veulent et ils conviennent qu'il sera mis au net dans la semaine qui vient. Pendant ce temps l'ensemble des créanciers pourra prendre communication du projet. Le même jour Béatrix et Elisabeth de Lillebonne sont informées des délibérations et du texte élaboré qu'elles disent leur être agréable et elles promettent de tout exécuter de la manière que feront les créanciers. Le dernier samedi est mis à profit pour réunir une nouvelle fois dans la maison de leur procureur, Pierre Bridou, la Direction, les princesses et leurs conseils. Après que lecture leur en a été faite, les personnes présentes adoptent la rédaction définitive de l'acte à passer.

L'équilibre recherché est prêt à être entériné par chacune des deux parties, Henri, duc et Emmanuel Maurice, prince d'Elbeuf d'une part, la quasi-totalité des créanciers d'autre part[369], le tout sous l'égide du notaire Caillet. Lucas de Fleury est là et déclare qu'afin de prévenir et empêcher le trouble qui pourrait être fait à la demoiselle Vollant, il est prêt à payer, de la part de celle-ci, les quatorze mille livres prévues. Dès qu'il s'est exécuté, les directeurs, tout naturellement, consentent que ladite demoiselle demeure paisible possesseur de la Saussaye et qu'elle en dispose comme de chose à elle appartenante ; à cet effet ils la subrogent dans leurs droits. Peu après l'homologation du contrat, on apprendra que ladite somme sera reversée par la direction à la princesse d'Épinoy, pour son compte et celui de la Dame de Remiremont, ce qui servira à alléger les arrérages qui leur sont dus[370].

Jusque là le duc Henri devait ruser avec ses créanciers quand il entendait faire valoir ses vues sur la gestion du duché, quitte à provoquer des réactions hostiles de ses interlocuteurs. Désormais il va pouvoir agir directement et librement dans un cadre apaisé. Les problèmes posés par ses dettes ne sont pas résolus, mais ils n'interféreront plus avec la conduite des terres d'Elbeuf. Sur ces dernières

---

[369] Les absents donneront leur accord dès que possible.

[370] Le déroulement du processus, la transaction et le versement aux princesses sont conservés dans les archives de la direction (AN. MC. LXXV. 550) et les minutes Caillet (LXXV. 524. 24 février, 1er août et 31 décembre 1725).

le système des fermages continue. Dans l'immédiat, Blanchard et Martorey restent titulaires du bail général. Mais, au terme de celui-ci, l'exploitation va devenir moins parisienne et plus normande. À partir de 1730, les actes ne sont plus passés devant des notaires de Paris, mais chez leurs collègues de Rouen. Les personnes choisies, généralement un ou deux ans à l'avance, sont marchands à Rouen ou responsables locaux (Claude Emangard qui possède les deux qualités, Etienne-Gabriel Levert, Nicolas de Baude), associés à des homologues d'Elbeuf même (Jean-Baptiste Dupont, François-Alexandre Quesnay, Pierre Hayet)[371]. Certains éléments de la ferme générale peuvent être rétrocédés par les titulaires ou même par le duc lui-même. En tout état de cause celui-ci se réserve le château avec ses écuries, son jardin et ses dépendances et la garenne de Cléon. Et surtout c'est lui qui pourvoit aux offices ; la charge de bailli d'Elbeuf et de Quatremare par exemple qu'il vend en juin 1729 à Jacques-Louis Flavigny ou celle de Routot à Gaspard

---

[371] Claude Emangard préside le grenier à sel de Pont-de-l'Arche. Le bail de mai 1730 est encore passé en l'étude Desplasses de Paris, les suivants devant Ruellon, notaire à Rouen. AN. MC. 1078, 87-88, inventaire après décès de 1748 ; T 491.1, Papiers de Charles-Eugène de Lorraine, prince de Lambesc, bail de 1746.

Cabut en juillet 1733[372]. Il conserve la faculté de procéder à des transactions sur son patrimoine, faculté qui lui permet de vendre diverses terres à Damneville et Quatremare notamment. En tant que seigneur, il veille à ce que les vassaux nobles ou roturiers tenant des biens relevant du duché fassent régulièrement leurs aveux et déclarations[373]. Il se fait adjuger la garde-noble, c'est-à-dire l'entrée en possession de fiefs hérités par des mineurs et la faculté d'en toucher les revenus jusqu'à leur majorité[374]. D'un autre côté, il arrive que des familles du duché dont la situation sociale est, disons, un peu particulière soient heureuses de se sentir soutenues par notre duc ; telle celle de Nicolas Lefebvre, protestant, dont une fille reçoit le baptême catholique avec le parrainage du seigneur et d'un membre de la lignée des Gaugy[375].

Le prince ne se contente pas d'exercer ses prérogatives de duc ou de gouverneur.

---

[372] H. Saint-Denis, IV. 591. AN. T 491.1 n° 1310.

[373] Cf. procuration du 24 décembre 1736 à Alexandre-Marie Prevost, directeur du papier terrier du duché, citée par H. Saint-Denis, *op. cit.* IV. 591.

[374] AN. T 491. 1. n° 1314. Sentence du 29 mai 1736 relative à Mlle de Quintanadoine, du Bosguerard, à cause de son fief d'Argence, sis au Grostheil.

[375] Baptême à St. Etienne d'Elbeuf, le 19 novembre 1726. Marraine, Henriette de Grouchet, épouse d'Antoine III de Gaugy et donc belle-fille de l'écuyer d'Henri d'Elbeuf. Cité par H. Saint-Denis, T. IV. 438.

Nous savons qu'il ne dédaigne pas les voyages quand ils sont suscités par la curiosité. Il fréquente volontiers les grands et les notables de son monde et ceux qui se trouvent momentanément sous les feux de la rampe. Il se rend volontiers au Palais Royal où demeure la duchesse d'Orléans et dont les galeries constituent le lieu de rencontre du tout Paris. Quand Léopold Desmarest, mandé par Madame, y vient faire part de l'heureuse naissance en mars 1741, à Schönbrunn, d'un héritier, l'archiduc Joseph, il participe à l'enthousiasme général et n'est pas le dernier à « caresser » le porteur de la nouvelle, selon les termes de Madame de Graffigny et à lui promettre sa visite, tout autant que son frère Emmanuel d'ailleurs[376]. Le prince Charles d'Armagnac est l'un de ses compagnons de fortune. Elisabeth-Thérèse d'Épinoy lui sert quelquefois d'intermédiaire. Il lui arrive d'aller voir l'avocat Marais, intime du prince Charles.

Bien entendu, notre duc est invité à l'occasion des évènements importants de la Maison de Lorraine dont il est considéré un peu comme le chef du moment. À peu de temps de la transaction avec ses créanciers, il signe le contrat de mariage de Louise Henriette, fille aînée du prince « postiche » de Guise avec Emmanuel de La Tour

---

[376] *Correspondance*, T. 3, p. 133 et 158.

d'Auvergne, duc de Bouillon, « infatigable en mariages »[377]. Ses relations avec la branche d'Armagnac paraissent du même ordre. En janvier 1740, Louis de Lambesc prépare le mariage déjà évoqué[378] de son fils Louis Charles avec Louise Charlotte de Gramont. La noce doit se faire chez le duc de Gramont dans l'intimité, peut-être en raison de l'âge des futurs qui n'ont pas quinze ans. Pourtant le père du marié, dans l'invitation qu'il adresse à son cousin, assure que la bénédiction de celui-ci est celle qui le flatterait davantage. Alors que pour éviter toute cérémonie, seules les grand-mères[379] ont été priées dans les règles, le même honneur lui est réservé. Au moment même où le chef de la Maison est ainsi convié, le temps est particulièrement rude. La Seine est entièrement glacée et l'on a l'impression que le froid égale presque celui du grand hiver de 1709. L'invitant envisage donc la possibilité que son correspondant, pour cette raison,

---

[377] AN. MC. VIII. 367. Contrat des 18 et 28 mars 1725. La qualification donnée à Anne Marie Joseph de Lorraine et l'appréciation du marié sont de Saint-Simon, *Mémoires*, VII. 664 ; c'est en effet la quatrième union du héros du jour, alors âgé de cinquante-sept ans. La minute du contrat, conclu à Paris, précise que la signature en a été faite le 18 mars en présence d'Henri d'Elbeuf. Mais selon Christophe Levantal, celui-ci ne serait intervenu que dix jours plus tard, en son château d'Elbeuf (*Ducs et Pairs, op. cit.* p. 471).

[378] *Infra*, p. 355.

[379] De la future en l'occurrence.

n'honore pas de sa présence l'événement qui doit intervenir moins de trois semaines plus tard. La flatterie ne coûte pas toujours cher[380]. Il n'empêche.

Henri de Lorraine, comme tout un chacun, a naturellement une vie privée dont les échos se répandent quelquefois à l'extérieur. Sa femme et lui sont séparés de longue date. La duchesse s'est retirée rue Beaubourg dans un hôtel sans prétention mais tout de même comprenant deux appartements, un jardin et ce qu'il faut d'annexes et de commodités. Elle dispose aussi d'une maison de campagne aux Carrières près de Charenton. Si elle le souhaite, cocher, chevaux et berline sont prêts à faciliter ses déplacements. Pourtant elle se sent délaissée. Hormis sa sœur, Gabrielle Victoire, duchesse de Lesdiguières, c'est avant tout chez les dames Ursulines de Sainte-Avoye qu'elle trouve consolations et réconfort. Elle ne renie pas pour autant les membres de la Maison de Lorraine. Lors de la disparition de Léopold, sofas et meubles sont aussitôt recouverts de serge noire, louée, afin de manifester la part qu'elle prend au deuil d'Elisabeth-Charlotte[381].

---

[380] BNF. FR 6677, 1 R° du 13 janvier 1740. Graffigny T 2. 309-310. *Mercure*, janvier 1740.
[381] AD. Paris. DC 6/219 f° 292. Testament du 4 mars 1726. AN. Y 1394. PV. De scellés, 28 avril 1729.

Quand la duchesse d'Elbeuf meurt à son tour un mois plus tard, le même aménagement des lieux subsiste. D'après les clauses du contrat de mariage et la jurisprudence, cette mort pourrait coûter cher au mari. Pourtant le duc Henri n'en est pas triste[382]. Pour lors, la femme qui compte, c'est la châtelaine de la Saussaye, Marie-Joseph Vollant, de trente ans plus jeune que lui. Entre eux il y a de la complaisance financière. Six mois après qu'elle a permis la conclusion de la transaction avec ses créanciers, le duc contribue à agrandir son domaine de la Saussaye en lui cédant huit cents arpents de la forêt des Monts le Comte en échange d'une rente qu'il lui avait lui-même accordée, précisément au moment où elle s'installait[383]. En novembre 1727, la demoiselle en utilisant les facilités de la coutume de Normandie contraint Martorey à lui céder des biens qu'il avait obtenus lors de la mise aux enchères de l'héritage de Nicolas Maille, particulier d'Elbeuf[384]. La conclusion du fermage du duché de 1730 est conditionnée par un intéressement à lui verser de cinq mille livres par an.

---

[382] Mathieu Marais. Lettre au Président Bouhier du 9 mai 1729.
[383] H. Saint-Denis, *op. cit.* IV. 409 & 427.
[384] D°. IV. 450 / 451.

Henri et Marie Joseph ont aussi, naturellement, des relations plus intimes. Officiellement, le duc est domicilié en son hôtel parisien de la rue de Vaugirard, la dame habite à la Saussaye. Mais le premier a besoin, de temps à autre, de prendre quelques décisions dans son duché. Il est donc conduit à venir à Elbeuf et y descendre dans son château. Mais il est fort aise de vite s'en échapper pour aller faire un séjour plus ou moins prolongé à la Saussaye[385]. Là, foin d'étiquette et d'obligations trop contraignantes. Les commandements de l'Eglise sont peu respectés sinon ignorés. En période de carême par exemple, jeûne et abstinence ne font pas partie des habitudes de la maison ; les repas sont indifféremment composés de gras et de maigre. D'ailleurs Henri est plutôt du genre sceptique et ne croit pas trop aux miracles. Les toilettes de Marie Joseph présentent plus de légèreté que d'austérité[386].

En mars 1737, celle qui mène ainsi

---

[385] Parfois c'est Marie Joseph Vollant qui effectue le parcours inverse. Sans faire connaître tous leurs déplacements, les actes que signe l'un ou l'autre et les indications de tiers fournissent quelques repères sur leurs résidences et sur leurs déplacements.

[386] Précisions fournies par H. Saint-Denis, IV. 442 sq. à partir de notes manuscrites relatant les initiatives d'un prétendu guérisseur inspiré.

depuis une quinzaine d'années une existence plaisante et enrichissante, a l'occasion et les moyens d'acquérir une terre, celle de Fumechon située sur la paroisse de La Cambe du côté du Neubourg, qu'un membre de la famille Scot, Marie, veuve d'un important magistrat de Rouen, met en vente. Elle y voit la possibilité de confirmer ses prétentions de seigneur.

Le bourg d'Elbeuf, lui, a forgé sa réputation sur l'industrie textile. Une soixantaine de drapiers y exercent leur métier, rassemblés dans ce qu'on appelle la manufacture. Le Pouvoir s'est toujours intéressé au bon fonctionnement de ce genre d'établissement. Un corps d'inspecteurs est chargé d'en contrôler la quantité et la qualité de la production et de veiller à ce que les progrès techniques y soient pris en compte en permanence. À Elbeuf cette fonction est remplie depuis longtemps par la famille Chrestien, Pierre d'abord, le père décédé en 1731 ; puis Jacques, le fils qui lui a succédé. Ces personnages sont rattachés à la généralité de Rouen, mais demeurent une grande partie de l'année à Elbeuf. Jacques Chrestien est un notable, il est célibataire, il a trente-cinq ans. Marie Joseph Vollant le connaît. Peut-être désireuse de se ranger et de rajeunir son ménage, elle délaisse la Saussaye pour le château de Fumechon. Les dispenses de deux des trois bans réglementaires une fois obtenues respectivement des évêques de Rouen et d'Evreux, le curé de La Cambe dont dépend celui-ci, les marie le 24 juin 1738[387].

Lors du départ de Marie Joseph, il est jugé bon d'inventorier les meubles, non seulement ceux de la Saussaye mais aussi ceux du château d'Elbeuf et même ceux de l'hôtel de Paris[388]. Et puis, peut-être par sentiment ou parce qu'il y avait ses habitudes, Henri d'Elbeuf décide de racheter la terre et la maison de la Saussaye[389]. Celle-ci avait fait l'objet de quelques ouvrages, du temps du sieur de la Patrière, destinés à en faire ce qu'on nomme un peu pompeusement un manoir. Toutefois le confort y reste rudimentaire. Le nouveau propriétaire veut le faire bénéficier d'une véritable transformation, sans viser l'embellissement et sans toucher aux caves. Au bout du compte l'ensemble comprend un

---

[387] AD. Eure. Registre des mariages. Thibouville-La Cambe. Jacques Chrestien, tout en gardant ses fonctions d'inspecteur des manufactures, résidera désormais à Fumechon. Le couple ne va pas durer longtemps. Marie Joseph Vollant décèdera à Elbeuf le 19 juin 1743 et sera inhumée le lendemain sur la paroisse Saint-Jean. Devenu veuf et portant le titre de seigneur de Fumechon, il épousera en secondes noces, le 28 juillet 1756, Marie Françoise Le Seigneur de St Léger qui lui donnera postérité. EC. St Leger le Boscdel.
[388] AN. MC. VIII. 1078. T 491. 1. article 1316 (année 1737).
[389] Cf. AN. MC. 1078. Inventaire de 1748, p. 102, pièces cotées CCC.

bâtiment principal à un étage sur rez-de-chaussée avec grand et petit salon, onze chambres alignées sur deux corridors, un autre bâtiment en face disposant aussi d'une dizaine de chambres, une basse cour et les dépendances nécessaires à la vie quotidienne. Le jardin, déjà bien dessiné par Le Nôtre, dit-on, devient parc avec pelouse, tilleuls, marronniers et allées prolongées jusqu'à la forêt. Le vieux manoir mérite désormais sa qualification de château au moins autant que celui d'Elbeuf[390].

Le départ de sa compagne n'a pas fait oublier à Henri d'Elbeuf la descendance qu'il a eue de celle qui l'avait précédée. Routot bénéficie d'une pension régulièrement versée par son père. En septembre 1745, une rente de 3 000 livres est constituée au profit de Grosley, à prendre sur les revenus du duché d'Elbeuf[391]. Une chambre particulière lui est réservée au château d'Elbeuf.

Au fil des ans, notre duc commence à éprouver quelques ennuis de santé. Il est soigné de longue date par François Flavigny, chirurgien à Elbeuf, et reconnaît volontiers les bons offices qu'il en reçoit, son assiduité dans

---

[390] AN. T. 491. 1 nos 580 et 590. Notices d'H. Saint-Denis, P. Duchemin et L. Delamare.
[391] AN. MC. XCI. 885. Arrangements Grosley. Annexe ; H. Saint-Denis, V. p. 98.

les maladies qu'il a et les soins à lui apporter les remèdes convenables pour sa guérison. Cela vaut bien les six cents livres de rente viagère qu'il lui accorde en 1742[392]. Un an plus tard, Flavigny meurt ; il est remplacé par son petit-fils et élève Jean-François Routier[393]. En dépit de l'attention répétée qui lui est accordée, les soins prodigués sont plus palliatifs que décisifs. L'entourage et particulièrement le prince Emmanuel surveillent l'évolution. Dès 1746, ils estiment que l'intéressé mourra bientôt s'il n'est pas éternel. Le cadet échafaude des projets et multiplie les promesses pour le jour où la destinée du duc en place aura été tranchée[394]. Encore un peu de patience, s'il vous plaît.

Les éminentes dignités d'Armagnac.

La branche cadette des Lorraine-Armagnac, issue du premier duc d'Elbeuf et de Monsieur le Grand, n'a pas de duché à faire valoir. En matière de titres elle se rattrape sur la quantité : marquis de Coislin, comtes de Charny, de Braine, de Brionne, d'Orgon ;

---

[392] AN. Y 55. Donation du 26 décembre 1742.
[393] H. Saint-Denis, V. 88 & 92.
[394] Mme de Graffigny. *Correspondance*, T. 7, p. 193 et 508 ; T. 8, p. 416.

vicomtes de Joyeuse ; barons de Pontarcy, de Mareuille, de La Vieille Tour, de la Roche-Bernard, de Pontchâteau ; seigneurs de Broon, d'Emolan, de Beaumanoir et autres lieux de Bretagne, de Normandie ou de Provence. Le tout résultant de politiques matrimoniales avisées. Pour les porter, il a suffi à leurs possesseurs d'exister. À vrai dire l'étalage de toutes ces dignités est réservé aux grandes occasions, par exemple lors du mariage[395] d'Henriette-Julie avec le duc Nuño III de Cadaval, grand du Portugal, et ce d'autant plus que lui-même a du sang Lorraine dans ses veines. Il s'agit alors d'impressionner le camp d'en face. Dans la vie de tous les jours, ces Lorrains sont désignés par un titre réputé, significatif et suffisamment distinctif, Lambesc ou Brionne. Charles de Lorraine a adopté le comportement le plus radical puisqu'il s'est contenté de se faire appeler *le prince Charles*, tout simplement. Au risque cependant qu'on le confonde avec le fils de Léopold. Il est d'ailleurs piquant que ce soit le Lorrain de Lorraine qui soit obligé de faire notifier qu'en ce qui le concerne, ses véritables noms sont Charles-Alexandre[396]. Le Parisien, lui, compte sur son côté charmeur, sur le prestige de sa

---

[395] Célébré le 12 mai 1739 en l'église Saint-Roch de Paris. AN. T 491/5.
[396] AN. MC. VIII. 1057, acte de notoriété du 18 juin 1746.

charge de Grand Ecuyer et sur son logement au Palais des Tuileries pour asseoir sa notoriété.

Se dire prince n'est pas anodin et ne doit rien au hasard. Son frère aîné, Henri, à la fin du siècle précédent, a provoqué une tempête lorsque, devant accueillir, à la frontière de Savoie, la demoiselle que l'on destinait au duc de Bourgogne, il a prétendu ne pas la laisser entrer dans le Royaume tant qu'il n'aurait pas été traité d'Altesse. Pour vaincre sa résistance, il a fallu abandonner de part et d'autre toute référence à une quelconque dignité[397].

Sans aller jusque là, le prince Charles, qualifié de pair de France, et son cousin Louis, prince de Pons se sont fait attribuer par Sa Majesté un rang au dessus des ducs et pairs, en particulier lors de la nomination des chevaliers de ses ordres dont l'un et l'autre seront promus le 3 juin 1724. Il n'en a pas fallu davantage pour qu'une quinzaine de ces derniers, auxquels s'est joint Saint-Simon, généralement plutôt à cheval sur ces questions, protestent vivement contre cette préséance. Quels sont leurs arguments ?

- Lors de la cérémonie du sacre, Sa Majesté aurait prêté serment sur un exemplaire altéré

---

[397] Saint-Simon, *Mémoires*, I. 338-339.

des statuts de l'ordre du Saint-Esprit, le changement n'étant dû qu'au « pouvoir sans borne des Guise ».

- Les statuts originaux, établis par Henri III en 1578, comme ceux de l'ordre de Saint-Michel que Louis XI avait créé, disposent que l'ordre de la marche commence par les princes du sang et continue par les ducs que les princes ne font que suivre.

- Ils estiment qu'ils sont revêtus de la première dignité de l'État et qu'il a toujours été reconnu que les princes des Maisons étrangères ne doivent avoir d'autre rang que celui que leurs dignités particulières leur donnent.

Le seul résultat de la démarche des protestataires est venu de M. de Breteuil, secrétaire d'État et Prévôt maître des cérémonies des ordres du Roi qui a déclaré qu'il ne voyait aucun inconvénient à faire mention de leurs protestations et à les faire exécuter[398].

Les deux personnages visés ont continué à ne se pas soucier de l'opposition. Plus tard un commentateur déclare qu'on ne peut disconvenir que les observations faites en

---

[398] AN. M 58. Lettre du 22 juillet 1724 à l'abbé de Pomponne chancelier des ordres du Roy.

faveur des pairs ne soient de grande considération. Mais le même ne peut s'empêcher de penser qu'on « peut aussi en opposer de fortes en faveur de la Maison de Lorraine qui tient un tel rang dans l'Europe qu'on peut dire que les Ducs de Lorraine sont dans l'ordre des souverains Ducs ce que nos monarques sont dans l'ordre des souverains Roys » !

Quand ils ne sont pas ecclésiastiques et visant au moins l'épiscopat voire le cardinalat, Armagnac, Lambesc ou Brionne embrassent le métier des armes. Comme ses prédécesseurs Louis Charles de Brionne, arrière-petit-fils de Monsieur le Grand, est orienté vers cette voie. Son père Louis, prince lui aussi, de Lambesc compte que son courage et son mérite personnels lui faciliteront une belle carrière. Le début, à quatorze ans, est modeste. En janvier 1740, il est gentilhomme à drapeau. Il s'agit là d'une place qui présente pour le Roi l'avantage que les titulaires ne perçoivent aucun appointement. Elle est un passage obligé quand on veut être officier dans les gardes. Dans le cas particulier, l'intéressé a été soutenu par celui qui devait être son éphémère beau-père, M. de Gramont. Il a aussi bénéficié de sa qualité de prince lorrain[399]. En tout état de

---

[399] *Mémoires* du duc de Luynes, T 3, 105-106.

cause, la faveur du Roi est toujours précieuse. En 1743 Brionne est déjà colonel depuis près d'un an, mais d'un régiment d'infanterie. Lui et son oncle souhaiteraient qu'il en ait un de cavalerie. Or le prince Charles plaît à Louis XV. La mort prématurée du vicomte de Rohan offre à Sa Majesté l'occasion de marquer sa bonté en donnant au comte de Brionne le régiment du défunt[400]. Les promotions sont préparées par les bureaux et soumises au Roi par le ministre avant qu'elles soient entérinées. En 1745, le secrétaire de la guerre est le comte d'Argenson. À la liste proposée, le monarque aurait déclaré qu'il avait deux officiers à ajouter, encore qu'ils fussent bien jeunes, Monsieur de Brionne et le fils du comte, ajoutant qu'il « faut leur passer leur âge en faveur de leur mérite et les faire brigadiers »"[401]. Réelle ou supposée, l'anecdote trouve sa vraisemblance quelques jours plus tard. Brionne est fait brigadier du Roi le 6 juin.

La charge de Grand Ecuyer constitue l'un des grands offices de la couronne. Les fonctions en sont des plus honorables. Elles consistent à être toujours auprès du Roi, à lui donner la main lorsqu'il sort de son appartement, à veiller à la sûreté de sa personne quand il est à cheval et à être à ses

---

[400] *Mémoires* du duc de Luynes, T 4, p. 403, février 1743.
[401] Graffigny, *Correspondance*, T 6, 407-408.

côtés quand Sa Majesté commande ses armées. Son caractère équestre n'est pas négligé, puisque le Grand Ecuyer a « même » le pouvoir de commander aux Ecuries, haras et tout ce qui en dépend. Elle procure dignités, autorités et prérogatives[402]. C'est tout cela qui a fait désirer aux princes de la Maison de Lorraine de la posséder[403]. Elle est plus précisément entre les mains de la branche d'Armagnac depuis 1643. Pour lors elle est exercée par le prince Charles qui ne prévoit pas de mourir prématurément.

La transmission d'une charge de cette importance est néanmoins une chose qui se prépare. En 1740, il est jugé opportun de s'en préoccuper. Le prince Louis de Lambesc ne la souhaite pas pour lui-même. Il préfère la splendeur de la Maison et les avantages de ses enfants et descendants à son intérêt particulier et personnel. En revanche, il verrait d'un bon œil que son fils aîné, petit-neveu du titulaire, en soit un jour pourvu. Le prince Charles n'a pas d'enfant. Il est vite convaincu que cela permettrait de maintenir cet office dans le cercle de famille. Il s'agit d'ailleurs d'une

---

[402] Énumérées dans les lettres de Provisions. En fait l'autorité du Grand Ecuyer n'est pas totale en ce domaine. La petite Ecurie, dirigée par un premier écuyer qui appartient de fait à la famille Beringhen, lui échappe largement. O¹ 858. 69.

[403] AN. O¹ 855. 12. Notice historique de l'Office de France.

évolution quasi inéluctable car ledit prince Charles a obtenu un brevet de retenue. C'est-à-dire que si la charge vient à vaquer en quelque sorte de manière que ce soit nul ne pourra en être pourvu avant d'avoir payé, en une seule fois, la somme d'un million de livres dont deux cent mille seront affectées au douaire de son épouse[404]. Il n'est pratiquement personne, en dehors des proches, qui veuille et puisse verser une somme aussi considérable, ainsi que l'a souligné Saint-Simon en son temps[405].

Le dessein du prince Charles est un préalable. L'accord de Sa Majesté et un autre brevet à son successeur ne sont que des espérances. Il faut donc réfléchir au financement avant même l'obtention de la survivance. D'autant plus que la bourse du prince Charles est plate. Ses créanciers sont là pour lui rappeler que les huit cent mille livres qui resteront après la mise de côté de ce que le douaire de son épouse rend nécessaire, leur seront destinées.

La première chose qui s'impose consiste à donner au candidat quelque crédit quant à sa solvabilité. Dans ce but, à la fin du mois d'août, le prince de Lambesc décide, en accord avec le tuteur, puisqu'il n'est pas encore

---

[404] O/ 1/ 856. Brevet de retenue du 25 juin 1717.
[405] *Mémoires*. V. p. 683. VI. P. 241.

majeur, de lui faire un don entre vifs de quinze cent mille livres, pour lesquelles il affecte et hypothèque les terres et les autres biens qu'il possède. Seulement, ce capital qui peut paraître largement suffisant, est grevé de plusieurs conditions : d'abord la libéralité est consentie sous réserve d'usufruit ; le prince se garde cent mille livres pour pouvoir en disposer quand il fera son testament ; il faut aussi en déduire près du tiers destiné à payer au décès de la princesse sa mère ce qui correspond aux remplois qui lui sont dus ; il faut encore en soustraire ce que le bénéficiaire est susceptible d'avoir à verser à ses frère et sœurs. Le don effectif représente moins de six cent mille livres, ce qui reste conséquent, mais pas à la hauteur du nécessaire[406].

Malgré tout, ces dispositions n'impliquent pas de mouvement immédiat d'espèces. Un an plus tard, le schéma retenu comprend une délégation au prince Charles des terres de Coislin, Pontchâteau, la Rochebernard et leurs annexes, pour un montant évalué à 700 000 livres, une rente de 5 000 livres par an capitalisée pour 100 000 livres et l'équivalent du douaire de la comtesse d'Armagnac, non versé mais portant intérêt au denier 20. Sur le papier on s'y retrouve.

---

[406] AN. T 491/ 5. Donation de Louis, prince de Lambesc à ses enfants du 30 août 1740.

Toutefois père et fils reconnaissent que ce montage ne dispense pas d'avoir à emprunter, le moment venu, 800 000 livres pour faciliter l'expédition du brevet qu'ils espèrent que le Roi attribuera au comte de Brionne, en maintenant l'estimation de la charge et donc sa valeur de cession au niveau convenu lors de son octroi au prince Charles.

Le décès du prince de Lambesc, en septembre 1743[407], n'interrompt pas le processus et n'en change pas les données. Au début de 1745, les Brionne recueillent le fruit de leur quête de fonds. Une douzaine de particuliers prêtant chacun quelques milliers de livres et les Jésuites de Dijon qui comptent pour dix-huit mille livres, fournissent 40 % du montant total ; une branche d'alliés La Rochefoucauld, Morville, Chauvelin, Masson en apporte près d'un quart. Le reste (36%) vient des financiers descendant de l'inévitable feu Samuel Bernard. L'ensemble représente bien les 800 000 livres qui s'ajoutent au fond du douaire de 200 000 livres de madame d'Armagnac. Tout cela est donc emprunté. Le financement de la survivance est assuré. Au denier 20 cela représente tout de même un coût de 50 000 livres par an, tout juste égal au produit de la charge[408].

---

[407] AN. O¹ 856 . 105 : le 10.
[408] AN. O¹ 855. 12. Mars 1745.

À partir de là, le processus est rapide. Le 15 mars la survivance du grand-oncle est obtenue. Le 25 Louis Charles de Brionne prête serment entre les mains du Roi. Le même jour un brevet de retenue lui est accordé, mais déception, pour 800 000 livres seulement[409]. La charge de Grand Écuyer est toujours aussi brillante aux yeux du monde. Mais sa valeur est diminuée de deux cent mille livres. Au fait le futur titulaire n'a encore que vingt ans. Peut-être aura-t-il d'autres occasions de faire fortune. Elle s'ajoute d'ailleurs à celles de gouverneur d'Anjou du 8 juillet 1740 sur démission de son père et à celle de grand-sénéchal de Bourgogne héritée à la mort de celui-ci[410].

Le deuxième âge du prince d'Elbeuf

Depuis qu'Emmanuel d'Elbeuf a entrepris de voyager, l'âme de l'hôpital de Gondreville, c'est son épouse Marie-Thérèse. Celle-ci ne se soucie d'ailleurs pas seulement des malades ; elle s'applique à soulager tout le pays. De plus en plus portée à la piété, elle édifie son entourage. En 1745 elle décède, à l'établissement même qu'elle a toujours

---

[409] AN. O¹ 856. 184. *Encyclopédie Diderot*, op. cit. , T 5, p. 386.
[410] *Les membres de l'ordre du Saint-Esprit*, op. cit. p. 468.

soutenu[411].

Le mari, lui, se partage entre son château lorrain et son hôtel parisien du faubourg Saint-Jacques, à deux pas du couvent des Jacobins. Les domestiques accompagnent le va et vient de leur seigneur. Pierre Debroux engendre à Gondreville et le sert en tant que maître d'hôtel à Paris. Edme Gabriel parraine là-bas tout en officiant dans la demeure parisienne. Gilles Sizaire y figure comme gentilhomme de Son Altesse. Le prince en tient compte en récompensant la fidélité, le zèle et l'affection que ses officiers éprouvent à son égard. Il leur procure de temps à autre rente viagère ou tontine, en référence aux vingt ou vingt-cinq ans passés à son service, par le biais des emprunts qu'émettent les échevins de Paris pour alimenter le trésor royal. En 1746, c'est même toutes les filles Gabriel qui profitent de sa générosité[412]. En 1745, un nouveau venu, Christophe Colin, originaire de Commercy, y est apparu qui bénéficie des mêmes faveurs dès sa prise de fonctions[413]. Il arrive que le prince d'Elbeuf y trouve l'occasion de placer de la même façon, pour son propre compte, des espèces qu'il détient exceptionnellement. Pendant ce temps

---

[411] *Dictionnaire de la noblesse*, XI. 426.
[412] AN. MC. I. 410 ; VIII. 1065.
[413] AN. MC. VIII. 1063 et 1065.

là, Gondreville conserve jardinier pour l'embellir, postillon assurant les déplacements, menuisier pour l'entretenir, concierge pour le garder[414].

En novembre 1746, il se décide à entreprendre un voyage qui doit le mener à Vienne. Escapade douloureuse car le jour même de son arrivée, ayant porté ses pas jusqu'au palais afin de rendre visite à Leurs Majestés, il gravit les marches du grand escalier de la Cour et la goutte le prend, si violente qu'il ne peut aller plus loin. C'est finalement les souverains, le prince Charles et Anne-Charlotte qui sont amenés à aller le saluer[415].

Si le discernement et la pondération lui sont contestés dans certains milieux, sa politesse légendaire est toujours soulignée. Il advient même qu'elle prenne l'allure d'une certaine exaltation. Par exemple un jour où il se trouve à la messe de l'église des Jacobins en présence de madame de Graffigny qui habite le même quartier, ses prévenances sont tellement pressantes que toute l'assistance la prend « au moins pour la sœur de la reine »[416]. Elle le lui pardonne néanmoins car elle aime le

---

[414] AD. M & M. AC. 230. 2
[415] *Journal* de Nicolas, 1745-1749. Mémoires de la Société d'Archéologie lorraine, T LIX; p. 153.
[416] *Correspondance*, T 5, p. 57 et T 7, p. 193.

ton et les manières des gens de la Maison qui porte le nom du pays où elle est née. Aller chez lui ou le recevoir, converser avec le prince d'Elbeuf lui fait toujours plaisir. Elle ne lui reproche que sa complicité avec celle qu'elle appelle « cette vieille bégueule d'Épinoy ».

Emmanuel de Lorraine ne fréquente pas que les personnes de qualité de son voisinage. Il navigue aisément au milieu des représentants de sa famille ; il est dans son élément au Palais-Royal ou dans le faubourg Saint-Germain et bien sûr les amis de mes amis peuvent aussi être mes amis. Justement la princesse de Pons, née Roquelaure, en a une, veuve depuis peu elle aussi. Connue comme marquise de Coëtanfao, Innocente Catherine appartient à la Maison de Rougé qui a toujours su marier ses filles en Maisons nobles[417] et de la branche du Plessis-Bellière.

Née à la fin de 1707, elle demeurait avec sa mère au couvent des dames Religieuses de Saint-Thomas quand en 1729 un gentilhomme breton, brigadier des armées du Roi, gouverneur des Ville et château de Morlaix, Jean-Sébastien de Querhoent, est venu la cueillir en vue de l'épouser. Le couple royal, des princes du sang, des ducs et pairs, Louise de Kéroualle, duchesse de Portsmouth

---

[417] Selon La Chesnaye-des-Bois.

en Angleterre et d'Aubigny en France et la meilleure société ont marqué leur intérêt pour cette union[418]. La même année, le marquis de Coëtanfao a obtenu le gouvernement de Saint-Pol-de- Léon. En 1739, ayant quitté le service, il est encore devenu secrétaire du Roi[419]. Cinq ans plus tard, il est mort en six heures de temps. Le couple n'a pas eu d'enfant[420].

Sa veuve avait un frère aîné, Louis, qui avait contracté une belle alliance avec une fille du duc de Chaulnes. Les deux fils qu'ils ont eus sont morts en bas âge et ce frère est lui-même décédé.

La mère de Louis et d'Innocente Catherine vit encore, mais veuve elle aussi d'un père qu'elle n'a pas connu, Jean Gilles, quatrième marquis du Plessis-Bellière, tué en 1707 au siège de Saragosse. De tous ces évènements, il résulte que la marquise de Coëtanfao s'est trouvée concernée par un grand nombre de successions. De son mariage, elle dispose de dix mille livres de rente par an de douaire, auxquelles s'ajoutent deux autres milliers de livres, aussi par an, pour son habitation et trente mille de meubles

---

[418] AN. MC. XCI. 726, contrat du 16 avril 1729 ; vicomte Olivier de Rougé, *Histoire généalogique de la maison de Rougé*, 323.

[419] Favre-Lejeune, *op. cit.* I. 470 et II. 920. AN. MC. LXXXIII. 393.

[420] Luynes, *Mémoires*. T 5, p. 383-384.

qu'elle avait apportés à la communauté. Elle est potentiellement riche de la plus grande part de la vente de la charge de secrétaire du Roi, devenue inutile et qui vient d'être réalisée. Les décès survenus dans sa propre famille l'ont par ailleurs rendue propriétaire de nombreuses terres et seigneuries : Fay et Bougligny en Gâtinais ; Fougeray, La Rochegiffard, Glomel, Kerjean et Coscro en Bretagne ; Moreuil et Hardecourt en Picardie et encore Vienne-le-Château dans le Clermontois. Elle a donc du bien. Ses revenus annuels dépassent les 80 000 livres qu'on lui prête.

Financièrement elle est à l'aise. Hors de cela, ceux qui ont l'occasion de l'approcher ont bien pu observer qu'elle avait une démarche quelque peu déhanchée. En revanche sa figure ne laisse pas apparaître de défaut particulier[421]. Au total il ne faut pas s'étonner qu'elle soit courtisée.

Emmanuel d'Elbeuf se trouverait plutôt dans une situation inverse. Il est prince, bientôt duc peut-être. Mais il est dépensier. Il a plus de dettes que de propriétés. La différence d'âge entre les deux personnes ne doit pas être un obstacle à leur rapprochement éventuel. Elle avait trente-deux ans de moins que son mari. L'écart, si cela devait arriver, serait réduit à trente. La situation à laquelle on

---

[421] Luynes, *op. cit.* T 8, 349.

aboutirait pourrait donner la sensation d'un rajeunissement. Tout bien considéré, ces deux là sont faits pour s'entendre.

Malgré tout, la fantaisie a ses limites. L'obligation minimale du prince d'Elbeuf est d'assurer un douaire à sa future épouse au cas qui n'a rien d'improbable, d'un nouveau veuvage. Comment s'y prendre ? Emmanuel a une idée, naturelle compte tenu de ce que l'on sait de lui. Il se tourne vers son cousin François, Empereur des Romains, mais qui se considère toujours comme Duc de Lorraine et qui est effectivement par ailleurs grand Duc de Toscane. Il lui expose non seulement l'intention mais la résolution qu'il a prise, d'épouser Innocente Catherine, sous réserve de l'agrément dudit François bien entendu et il lui représente que tout le bien qu'il possède ne consiste qu'en pensions et rentes viagères, en y incluant sans doute implicitement les revenus qu'il tire de son domaine de Gondreville et de sa part dans ceux du duché d'Elbeuf. Il est donc incapable de résoudre par lui-même le problème posé et il le supplie très humblement de daigner l'aider à surmonter la difficulté en accordant à sa future épouse la survivance de moitié de la pension que le Grand-duché lui verse et s'est engagé à lui verser sa vie durant. Son interlocuteur lui répond qu'il éprouve à son égard une amitié sincère et une affection singulière. Cela ne peut que le conduire à approuver et autoriser le projet de mariage. Dans sa grande générosité, il décide que si la marquise de Coëtanfao survit à son nouvel époux, il lui sera accordé une pension annuelle et viagère de vingt-deux mille cinq cents livres, argent au cours de Toscane, pour lui tenir lieu de douaire, habitation et autres « pactions » matrimoniales[422]. Voilà donc une question réglée. Une autre formalité s'impose encore ; l'agrément du Roi de France, obtenu immédiatement et apparemment sans difficulté[423].

Peut-être instruits par l'expérience, les futurs époux écartent le régime de la communauté. Chacun sera propriétaire de ce qu'il achètera. Plus étonnant : c'est la marquise qui accueillera son mari ; c'est elle qui louera et meublera l'hôtel où les conjoints demeureront à Paris ; c'est elle qui fournira au prince un appartement ; elle se charge encore de loger, autant qu'elle le pourra, ses domestiques et d'offrir les écuries et remises nécessaires à ses chevaux et à ses équipages. Elle tiendra pour lui une table ; elle l'éclairera et le chauffera. Seule restriction, c'est tout de même lui qui devra nourrir ses propres domestiques. Tout

---

[422] AN. MC. XCI. 882. Tout cela expliqué dans des lettres patentes du 4 mars 1747.
[423] Luynes, *op. cit.* T 8, p. 133.

cela ressemble à l'accueil d'un pauvre hère voire d'un paysan parvenu[424] par une femme généreuse mais impérieuse. Il faut dire adieu à Gondreville et au charme du faubourg Saint-Jacques. Désormais le centre de gravité sera l'hôtel de Madame et, dans l'immédiat, rue du Regard où elle réside[425]. Pour entériner ces dispositions, celle-ci a choisi sa baronnie de Vienne-le-château où sa famille a ses habitudes. Le contrat y est signé dans une relative discrétion le 6 juin. La cérémonie est célébrée le lendemain matin sans dispense particulière et dans les formes habituelles du lieu[426]. La nouvelle princesse sera présentée au Roi en décembre par la princesse de Pons, accompagnée de ses deux filles[427].

---

[424] L'expression est de Mme de Graffigny. Le prince à qui celle-ci rend visite en juillet, n'arrête pas de faire état des richesses, des meubles et de tous les biens de son épouse. Il est plein d'espérances mais laisse paraître que celle-ci est sur le qui-vive quant à la compagnie des femmes qu'il fréquente. *Op. cit* T 7. 416-417.

[425] AN. MC. XCI. 842.

[426] Madeleine et Jean Chemery, *Vienne-le-château d'après ses registres paroissiaux.*

[427] Luynes, *Mémoires*, T 8, p. 349.

IV

APPÉTENCE DE PROJETS ET D'ESPÉRANCES
(1748-1756)

Elbeuf : la précipitation d'une relève attendue.

Le samedi onze mai 1748, le duc Henri, dans sa quatre-vingt septième année, n'en peut plus. Couché sous le portrait de son frère Louis dans la chambre qu'il occupe habituellement au premier étage du pavillon donnant du côté de Rouen de son château de la rue Saint-Etienne, ses forces le trahissent définitivement et il entre en agonie. La nuit se passe sans amélioration. Le lendemain dimanche sur les sept heures et demie du matin le duc trépasse. Les domestiques ont juste le temps de disposer sur le lit de plume où il est étendu la courtepointe de coton à fond blanc et fleurs bleues qui confère un peu de dignité au défunt quand débouchent, une heure plus tard, le tabellion Pierre Levalleux, le bailli Jacques de Flavigny, le lieutenant du duché Jacques Pollet et le fils naturel du duc, Alexandre de Grosley. Ils viennent apposer les scellés et procéder dans le même temps à la description et à l'évaluation des objets et biens qui se trouvent dans la demeure. L'une de leurs premières curiosités les conduit dans le cabinet attenant à la chambre du maître ; sans scrupule particulier ils font les poches de sa culotte où ils trouvent une bourse de 28 louis et la clef de l'armoire où il enfermait ses disponibilités ; 6 000 livres que l'on destine aux frais funéraires et aux dépenses des premiers jours, en sont prélevées et laissées entre les mains du bailli. Leur travail va se poursuivre toute la journée et les jours suivants, les bijoux et les objets d'or et d'argent étant dès le départ mis à l'abri[428].

Tous ces personnages ont été mis en branle par les instructions que le prince Emmanuel leur avait laissées dès avant l'événement. Bien qu'il ne dispose pas de moyens de communication exceptionnels, le prince a pu en être immédiatement informé à Paris où il réside. Il l'attendait. Sa priorité à lui est de s'assurer que le duché-pairie, c'est-à-dire les terres, les biens, les droits qui le composent et le titre qui va avec, lui reviennent bien. Pour cela, il n'est pas besoin d'intervention des hautes autorités du Royaume. Il lui suffit de se présenter comme le seul et unique héritier du défunt, quitte à ne revendiquer cette qualité

---

[428] AN. MC. 1078. Inventaire après décès rassemblé en l'étude du notaire parisien Sauvaige sous la date du 30 mai 1748.

que sous bénéfice d'inventaire. Et avant de démontrer, il est bon d'affirmer. Le jour même, Louis Varnier, le procureur au châtelet qu'il a choisi, s'est adressé au lieutenant civil de la capitale, l'a persuadé de faire justice au prince en lui conservant ses droits et obtenu la permission d'apposer les scellés là où cela s'avère nécessaire. Un commissaire enquêteur attitré, Jean Hubert, a été nommé. On a beau être dimanche, à sept heures du soir qui plus est, les formalités ne doivent pas attendre. Les sieurs Hubert et Varnier se dirigent à l'instant, de concert, vers l'hôtel de la rue de Vaugirard dont ils interpellent, à leur arrivée, le suisse et la concierge[429].

Toutes précautions ainsi prises, à Paris comme à Elbeuf, le corps du défunt qu'on ne juge pas nécessaire d'embaumer, est placé le lundi dans un simple cercueil de chêne. Les ducs d'Elbeuf sont pour la plupart enterrés dans la collégiale Saint-Louis de la Saussaye. C'est là que repose en particulier depuis 1657 la dépouille du grand-père d'Henri, Charles le deuxième. Sur le soir les curés de Saint-Étienne et de Saint-Jean d'Elbeuf, leurs vicaires, l'aumônier, le curé de Caudebec, les desservants de la charité de Bosc-Roger, l'écuyer et les autres officiers de la maison en trois équipages se forment en

---

[429] AN. Y 14019. 12 mai 1748.

cortège vers cette destination. Arrivés vers
neuf heures, ils sont reçus par le doyen et les
chanoines qui les attendaient à la porte de
l'église collégiale. C'est alors qu'on s'aperçoit
que, de façon impardonnable, on a oublié
d'insérer le cercueil dans une bière de plomb.
Impossible dans ces conditions de procéder à
la suite des obsèques. Deux voyages à Bosc-
Roger sont nécessaires pour trouver le
fournisseur approprié et réparer l'impair. Ce
n'est que le mardi matin que le mal est effacé
et que le doyen, en présence de la douzaine de
chanoines et de tout le chapitre, peut présider
aux cérémonies selon le rite habituel et
inhumer enfin le personnage dans le chœur de
la collégiale. L'incident a provoqué la
réprobation d'une partie du public[430].

Les experts qui sont au service de la
famille, eux, n'ont pas d'état d'âme. Ils se
pressent à la besogne. En Normandie les
formalités sont assez faciles. L'inventaire des
effets et meubles des châteaux d'Elbeuf et de
La Saussaye est réalisé en même temps qu'on
pose les scellés. Aucune opposition
particulière ne s'y manifeste et le bailli autorise

---

[430] AM. Elbeuf. GG 10. Décès de la paroisse Saint-Etienne.
AN. MC. VIII. 1079, extrait du registre de l'église St Louis
de la Saussaye déposé le 25 août 1748. Alexandre Guilmeth,
Histoire de la ville et des environs d'Elbeuf, 625. H. St. Denis, *op.
cit.*, V. 142.

bientôt leur levée. Il n'en va pas de même à Paris. C'est là que se concentrent ceux qui ont à faire valoir leurs créances et prétentions : Pierre Lucas de Fleury, bien sûr, dont on sait qu'il est l'un des plus importants ; les La Rochefoucauld, cohéritiers de la princesse de Vaudémont, toujours prêts à en découdre avec ses frères ; le prince Charles à qui, il y a plus de trente ans, le duc Henri a cédé « par pure estime et amitié » les deux tiers de l'hôtel de la rue de Vaugirard, celui de Villequier et surtout 140 000 livres à prendre sur le duché d'Elbeuf pour en jouir lors du décès du cédant[431]. La lettre de chancellerie que le prince Emmanuel obtient le 28 ne parvient pas à endiguer le flot des contestataires et le commissaire enquêteur se voit contraint d'assigner tout ce monde à la séance de reconnaissance et de levée des scellés qu'il a fixée au surlendemain.

Le nouveau duc s'est décidé à faire le voyage de Normandie. Plutôt que d'utiliser le château où son frère a vécu ses derniers instants, il préfère s'établir en celui de La Saussaye. Le 23 il est sur place. En présence de son voisin, le seigneur de Saint-Cyr-La-Campagne et d'un avocat au Parlement de Paris résidant rue Saint-Antoine, Florimond

---

[431] AN. MC, XCII. 392. Donation du 13 septembre 1717 de 300 000 livres au total, auxquelles 100 000 autres se sont ajoutées par la suite.

Gervaise, par devant Maître Sauvaige qu'il a chargé de veiller à toutes les formalités juridiques de l'inventaire, il donne à Sébastien Petit, secrétaire de la princesse son épouse, qui a maintenant en mains toute l'intendance de la maison et spécialement la trésorerie, tous pouvoirs pour faire avancer les choses à Paris et même de vendre le mobilier ou de se rendre adjudicataire de celui qu'il croira nécessaire à Son Altesse.

Au rendez-vous du 30, rue de Vaugirard, sous la houlette du commissaire Hubert, il ne se trouve face à face qu'un procureur commun à Lucas de Fleury et au sieur Moirin, marchand tapissier, et Petit assisté d'un procureur au châtelet. Le représentant d'Emmanuel requiert, bien entendu, d'emblée la reconnaissance et la levée des scellés. Il assure que tout a été prévu pour réaliser l'inventaire et faire les prisées adéquates par l'huissier spécialisé Antoine Jules Domanchin de Chavannes. Le sieur Le Riche, parlant pour ses deux clients de l'autre partie, se met à expliquer les causes de leurs oppositions. Le tapissier n'a toujours pas été payé de quelque cent quarante neuf livres, prix d'un ouvrage qu'il avait fourni et l'autre demandeur estime qu'on lui en doit plus de 138 000 depuis dix-huit et vingt-huit ans, à quoi s'ajoutent les intérêts dans les deux cas. Le commissaire enquêteur après les avoir écoutés, prend acte de leurs assertions, constate la défaillance de tous les autres opposants et décide que l'on procédera à l'inventaire. Dans les jours qui suivent ce rituel se renouvelle au cours des huit autres vacations qui se révèlent nécessaires pour venir à bout de la description et de l'évaluation des biens contenus dans l'hôtel. Le tout conduit les intéressés jusqu'au mois de juillet, délai qui fait prendre peur à la concierge et au suisse à qui la responsabilité de tout le bâtiment revient chaque soir et qui, à titre de précaution, se déclarent à leur tour opposants, uniquement afin d'éviter qu'on ne leur impute les frais de garde et de scellés.

Pourtant, en revendiquant la qualité d'héritier, le prince d'Elbeuf s'oblige à respecter les engagements que son frère s'était donnés. Il ne fait aucune difficulté à régler les factures présentées, soit directement, soit en payant à la place de certains de ceux qui réclament, un montant égal de leurs propres dettes ou encore en substituant une rente à leur créance[432]. Il se reconnaît débiteur des quatre cent mille livres exigées par le prince Charles[433]. Seuls les cas de Fleury et des La Rochefoucauld demandent un délai de

---

[432] AN. MC. VIII. 1079, septembre 1748.
[433] AN. MC. Acte passé devant Bronod et son confrère, notaires à Paris, le 29 août 1748.

réflexion. Mieux encore, Emmanuel accepte et promet de continuer à verser la rente qu'Henri avait constituée au profit de Madeleine Privat, la veuve de son ci-devant secrétaire, Claude Noël, et aussi la pension de mille livres par an accordée à la demoiselle Henriette du Theil, la fille de Louis, en 1722 au terme du conflit qui l'avait opposée à son « oncle » et parrain. Implicitement il en va de même pour les enfants naturels du défunt, Routot et Grosley. Un peu plus tard il se penche sur le sort de Charlotte Marguerite, leur « sœur » légitimée, celle-ci veuve du patron de Thuit-Hébert et manquant de moyens à Rouen où elle réside. Dans tous ces cas la succession doit servir de garantie.

Reste le testament d'Henri. Une fois ouvert, ses domestiques sont informés que, contrairement à l'usage et sans doute à ce qu'ils ont pu espérer, leur ancien maître ne les a guère gâtés dans les dispositions qu'il a laissées. Quelques uns des rares privilégiés sont même priés de renoncer à leurs legs. La fille de l'ancien écuyer d'Henri, dame Marthe Julie de Gaugy, veuve du fabricant rouennais de porcelaine, Louis Poterat de Saint-Etienne, avait bénéficié autrefois d'une rente destinée à récompenser les longs services rendus au duc par son père et à l'aider elle-même à subsister avec plus d'aisance. Elle renonce d'autant plus à prétendre à une libéralité quelconque de la part du défunt qu'elle ne fait ainsi que confirmer le sacrifice qu'elle en avait déjà fait en 1740. À Paris, Joseph Bocheud, autrement dit Fribourg, se solidarise avec ses collègues et en tire les conséquences en abandonnant lui aussi le legs dont il devait profiter[434].

Cela ne veut pas dire que toute la maison d'Henri soit absolument négligée. Ne serait-ce que pour la raison que certains des officiers sont en mesure de soulager la bourse du successeur. Tel est le cas de Pierre-Auguste de La Faye qui avait assuré les fonctions d'écuyer et dont l'épouse plaisait tant au feu duc. Prêteur intermittent de son maître, il est prêt à renouveler son aide à Emmanuel. Quinze jours après le décès, il n'hésite pas à mettre huit mille livres à sa disposition qui, ajoutées à d'autres concours domestiques ou parisiens, en font monter le niveau à trente-huit mille livres[435]. Le prince sait aussi prendre en compte le malheur de quelques-uns : les fils de Joseph Levisse de Montigny, orphelins depuis trois ans, ont droit à cinq cents livres de rente au total.

De façon balancée, Emmanuel d'Elbeuf continue à se pencher, parfois avec la

---

[434] AN. MC. 1078. Abstentions de legs des 23 mai et 10 juin 1748.
[435] AN. MC. XCI. 392 (12 juillet 1717) ; VIII. 1079 (septembre 1748) ; H. Saint-Denis, *op. cit.* V. 147 et 149.

complicité de son épouse, sur le sort de ses familiers. Il lui arrive même d'innover. Conscient qu'une bonne éducation constitue pour les jeunes le meilleur investissement, il imagine de faire don de rentes spécialement affectées à une éducation convenable des rejetons de ceux qu'il veut favoriser. Le jeune Mathieu Du Domaine, orphelin à six ans, profite de ce type original de libéralité assorti d'un montage financier avec la communauté des fabricants d'Elbeuf[436]. Au total les rentes et pensions viagères qu'il constitue régulièrement aux parents ou aux enfants, sont si nombreuses qu'elles finissent par ressembler à un supplément de gages accordé à ceux de ses valets ou serviteurs qui lui donnent toute satisfaction. Gilles Sizaire en est un, d'ailleurs envoyé en Normandie pour s'occuper des affaires du duché, loin des siens restés rue du Regard. L'ascension de cet écuyer, de longue date attaché au prince, est malheureusement stoppée par son décès, à l'âge de trente-neuf ans. Venu de la Lorraine belge, passé par Gondreville et Paris, son parcours s'achève à Elbeuf le 29 août 1750[437].

Les constitutions de rente comportent

---

[436] H. Saint-Denis, *op. cit.* V. 172 et 178, 20 août et 10 octobre 1750.
[437] AM. Elbeuf. Inhumé le lendemain, sur la paroisse Saint-Etienne.

toujours une clause de style, à savoir qu'elles sont à avoir et prendre sur tous les biens présents et à venir du donateur. Celles du nouveau duc ne manquent pas de reprendre la formule mais avec une restriction importante qui montre les projets qu'il a en tête. Il est maintenant admis qu'il pourra librement disposer de la baronnie de Routot quand bon lui semblera et, comme il le jugera à propos, du prix qui en proviendra. La vente de ce fief intervient effectivement le 12 octobre 1748. Cette baronnie est détachée du duché et cédée sans difficulté au sieur Guillaume Boissel, receveur des tailles en l'élection de Montivilliers et Secrétaire du Roi résidant à Elbeuf[438]. Par prudence le duc se donne les mêmes possibilités pour les deux hôtels parisiens qui lui appartiennent désormais : celui de la rue de Vaugirard et la grande maison de la rue des Poulies qu'on appelle, malgré cette caractéristique, le petit hôtel de Villequier. Car lui qu'on plaignait parce qu'il était dépourvu de propriétés, n'en éprouve pas ou plus le besoin. Celles que son remariage a mises à sa disposition, suffisent à agrémenter son existence. L'augmentation de ses revenus le préoccupe davantage. Dès juillet, le château, sans les meubles, et la terre de la Saussaye ont trouvé preneur en la personne de Nicolas-

---

[438] AD. Seine-Maritime, C 1675. Levantal, *Ducs et Pairs*, 289.

Charles de Saint-Ouen, maître à la Cour des comptes, aides et finances de Normandie, pour 46 000 livres. L'année suivante, la nue-propriété de la maison, sise à Elbeuf, que l'on a l'air de mépriser mais qui tient lieu tout de même de château, est cédée pour 24 192 livres à Jacques-François Vallon de Boisroger, l'inspecteur des manufactures de la généralité, successeur des sieurs Chrestien, père et fils[439].

Les demeures parisiennes paraissent tout aussi inutiles bien que d'une autre importance. Celle de la rue de Vaugirard n'est plus occupée. Elle est achetée par le sieur Jean Roost, receveur et payeur des gages des officiers du Parlement de Normandie, pour 79 800 livres dont 4 800 comptant de pot de vin et le reste payable sous forme de rente viagère. Du fait de son régime matrimonial, la duchesse est amenée à intervenir lors de cette transaction. Elle déclare qu'elle a cette cession pour agréable et qu'elle décharge l'immeuble vendu de tous les droits et actions qu'elle pourrait avoir dessus, y compris pour raison de son douaire ou s'il naissait des enfants de son mariage. Et là encore les conditions du contrat sont suffisamment complexes pour que le vendeur fasse expliciter sa liberté de

---

[439] Contrat passé devant Ducy et son confrère, notaires à Rouen, le 13 juillet 1748 et contrat devant Levalleux, notaire à Elbeuf, le 4 novembre 1749. Cf. AN. MC. XCI. 885.

disposer de l'hôtel de la rue des Poulies, plus difficile à négocier et dont le sort n'est pas encore réglé[440].

Il arrive que ces opérations immobilières donnent lieu à repentance. Au début de 1750, Jean Roost a trouvé des locataires pour neuf ans, les Feydeau de Marville, moyennant un loyer de 5 000 livres par an. Les intéressés comptent emménager après la Saint-Jean. Toutefois l'hôtel n'est pas habitable en l'état. Des travaux sont nécessaires qui pour l'essentiel consistent à prolonger le grand escalier jusqu'au deuxième étage et à distribuer les pièces de celui-ci en conséquence. Le coût total en est estimé à 19 750 livres, mais les entrants en financeraient près du tiers par une avance de 6 000 livres qui ne leur sera remboursée, par imputation sur les loyers, qu'au cours des huitième et neuvième années du bail et ceci sans intérêt.

Et voilà qu'à peine ses locataires installés, Roost, début décembre, revend cet hôtel pour un prix appréciable à un trésorier des troupes de sa généralité, le sieur Robillard. Quand il apprend la teneur de ces conventions, Emmanuel d'Elbeuf a le sentiment d'avoir été la victime d'une lésion

---

[440] AN. MC. VIII. 1079, 13 septembre 1748. La vente de Routot , postérieure de quelques semaines, fait l'objet de la même réserve.

énorme. Il attaque la cession de l'hôtel faite par Roost et en obtient des lettres de rescision. Tout en menant la procédure judiciaire, il ne renonce pas pour autant à la voie de la négociation avec le vendeur. Au final, Robillard restera bien propriétaire. Mais il lui en coûtera 86 000 livres assorties de 7 500 de rente de la même monnaie. La plus grande partie du profit reviendra au duc d'Elbeuf. Robillard s'en tirera de son côté en se comportant comme un marchand de biens. Il cédera à son tour deux ans plus tard l'hôtel à un autre représentant de la finance, Pierre-Charles de Villette, trésorier général de l'extraordinaire des guerres[441].

Les préoccupations financières du duc n'empêchent pas son épouse de gérer son propre patrimoine de son côté. À cette époque, sur le plan foncier, ses principales opérations ont consisté à vendre des terres bretonnes, celle de Fougeray (en partie à crédit) à Charles Locquet de Grandville et celle du Coscro à Jean de Mauduit, tous deux

---

[441] AN. MC. VIII. 1086 (bail du 6 février 1750 ; devis et marché du 14 février 1750 des ouvrages qu'il est nécessaire de faire à l'hôtel d'Elbeuf de la rue de Vaugirard). CXIII, étude Dupré (vente Roost à Robillard du 3 décembre 1750.) ; VIII. 1093 (Procuration du duc d'Elbeuf à Me Ambroise Félix Baltazar de Richemont, avocat au Parlement du 28 avril 1751) ; Le Paris pittoresque, d'après *Histoire de Paris rue par rue, maison par maison*, de Charles Lefeuve, 1875.

personnages soucieux de s'accrocher à la noblesse. Le produit qu'elle en a tiré lui a permis d'acquérir auprès du duc et de la duchesse d'Estissac un hôtel avec locataires à Versailles, rue de la chancellerie, donc voisin du château et d'arrondir des propriétés en Bretagne et à Vienne–le-château. Il lui a servi également à rembourser des dettes contractées à propos de Glomel, autre terre bretonne, et de la vente de l'office de Secrétaire du Roi de son défunt mari. Avec cela quelques arbitrages financiers consistant à replacer à Paris sur les aides et gabelles des fonds venus à échéance sur les États de Bretagne[442]. Entre les domaines du duc et celui de la duchesse la séparation n'est cependant pas complète. Celle-ci a encore consacré directement et indirectement 260 000 livres au duché d'Elbeuf, ce qui n'est pas rien.

La ferme générale du duché et de ses dépendances se poursuit dans la continuité, avec Claude Emangard et ses associés jusqu'à la fin de 1749 ; avec Nicolas de Baude et les siens à partir de 1750 suivant le contrat préparé et conclu avec le duc Henri trois ans plus tôt[443]. Une difficulté est toutefois soulevée qui doit être résolue lors de l'entrée

---

[442] Mouvements détaillés en AN. MC. XCI. 885. 20 juin 1752.

[443] AN. T 491[1]. Bail à ferme du 19 septembre 1746.

en vigueur du nouveau fermage. Le pré situé sur le bord de la Seine en face du château, connu sous le nom de pré Bazile, a été affermé en même temps que le duché par une disposition particulière et pour un prix supplémentaire. Or cette pièce n'a jamais appartenu au bailleur, mais à la famille Capplet. Moyennant quelques arrangements Emmanuel-Maurice en obtient l'usufruit qui permet de régulariser les choses[444]. Pour le reste, comme son frère il tient à ce que ses droits soient respectés. On le voit successivement bailler les octrois d'Elbeuf et la garenne de Cléon et faire rentrer les impôts qui sont restés dus au décès de son prédécesseur. Il nomme ou confirme les titulaires de charge. Cette fonction est déléguée au sieur de Grosley, capitaine des chasses, en ce qui concerne les gardes des forêts. Le même Grosley est chargé de transmettre le cas échéant aux drapiers d'Elbeuf les desiderata du prince lorsqu'il lui serait agréable d'accueillir au sein de leur corps tel de ses protégés, tapissier et donc pas tout à fait du métier. En revanche il est tout disposé à user de son crédit auprès de l'intendant de la généralité pour défendre les intérêts de la manufacture[445].

---

[444] H. Saint-Denis, *op. cit.* V. 171.
[445] Toutes précisions fournies par H. Saint-Denis.

Le décès de sa première épouse, son remariage et la place que prend désormais le duché d'Elbeuf réduisent progressivement l'intérêt qu'Emmanuel portait à Gondreville. Parisien, il ne s'y rend plus. Le château qu'il y possède est donc disponible. Les religieux, cantonnés dans des locaux étroits et peu commodes, trouvent là l'occasion d'améliorer le fonctionnement de l'hôpital en s'installant en 1750 dans la demeure du seigneur absent. Mais Gondreville fait partie de la Lorraine dont le souverain en titre est Stanislas. Et celui-ci ou son entourage ont un horizon plus large. Ils pensent qu'il serait utile de réunir les deux établissements similaires et proches de Nancy et de Gondreville. Cette idée a le don de soulever l'ire du duc d'Elbeuf qui veut encore rester maître de sa fondation. C'est lui qui la finance. Il défend que les quelque 2 750 livres qu'il verse chaque année aux frères de la charité soient payées autrement que sur la quittance qu'il enverra lui-même à cet effet[446].

Pourtant en février 1753, notre duc abandonne la partie. Il se résout à remettre son domaine au Roi de Pologne avec les

---

[446] AD. M & M. 1 F 238.3. Instruction donnée de Paris le 7 août 1751 à Jeanne Friry, veuve de Pierre François Frimont dont elle a pris la suite, sa «fermière de Gondreville». Un commentateur anonyme observe que cet ordre n'a été donné que pour mettre des obstacles à la réunion de l'hôpital de Gondreville à celui de Nancy afin qu'elle n'ait pas lieu.

revenus que procure la ferme et les droits annexes et effet au premier avril. Les liens ne sont pas tout à fait rompus pour autant. Car le cédant obtient qu'en contrepartie il lui soit versé par quartier, tant qu'il sera en vie, 4 800 livres de pension nettes de toute imposition. Le personnel de Lunéville a tellement peur que l'accord soit remis en cause, qu'il presse la fermière, devenue la sienne et donc la source où l'on puisera, de verser sans délai le premier quartier, même s'il lui faut anticiper quelque peu sur les revenus. Alliot, intendant de Stanislas, l'assure qu'il la fera aussitôt rembourser et l'invite à agir par la suite sur ce pied. Il ne doute pas de sa bonne volonté, reconnaissant qu'il s'agit là d'une simple commission qu'il lui demande de faire à la place du père prieur. Ce dernier, d'ailleurs, aurait dû, selon lui, s'en occuper depuis longtemps, alors que l'hôpital est lui-même aidé comme nous l'avons vu et continuera à l'être par le nouveau propriétaire. Par la suite les revenus du domaine d'une part et la charge de la pension d'Emmanuel seront directement laissés aux religieux[447]. La famille Frimont n'est pas trop satisfaite du changement et veut encore s'adresser à son ancien interlocuteur.

---

[447] AD. M & M. 1 F 238. 2. Contrat du 22 février 1753. Lettre d'Alliot à Frimont du 2 avril 1753. LP Stanislas du 2 mars 1753 et du 21 mars 1754. Voir aussi AN. Y. 10886.

Par l'intermédiaire de Nicolas Joseph Môme, son secrétaire, celui-ci leur fait observer que désormais, il ne peut rien demander ni se mêler de ce qui regarde cette terre[448].

Durant cette période les Elbeuf sont affectés par une série de décès. Au début de 1748, la princesse d'Épinoy est frappée d'apoplexie. Dans les jours qui suivent, son entourage observe une reprise de sa santé et croit qu'elle a surmonté l'accident. Elle s'éteint pourtant subitement dans son hôtel le 7 mars vers six heures trente du matin. Les formalités d'inventaire et de mise sous scellés débutent encore plus tôt que pour son cousin Henri. Une demi-heure suffit. Il est vrai que sa petite-fille, Marie-Louise de Rohan, presque deux fois lorraine, puisque également veuve de Gaston Jean-Baptiste Charles de Marsan, occupe le rez-de-chaussée. Elle n'a eu qu'un étage à monter pour se trouver au chevet de la princesse. Les funérailles ont lieu en l'église Saint-Paul-Saint-Louis, sa paroisse[449]. La cadette des Lillebonne avait près de quatre-vingt-quatre ans.

Cette disparition ne devrait guère avoir de conséquence financière pour les

---

448 Lettre du 11 mars 1754, adressée de Paris.
449 AN. Y 13235, *levée des scellés à l'hôtel de Mayenne ; MC. 864.* BNF, NAF 3179. Rochebilière, d'après le registre des décès de Saint-Paul, f° 12. Luynes, *Mémoires*, T. 8, p. 468.

Elbeuf. Marie-Louise est légataire universelle et cohéritière avec ses deux frères, Charles et Armand. L'événement a plus de portée pour l'hôtel de Mayenne lui-même qui ne connaîtra plus l'ambiance d'autrefois. Charles, titré prince de Soubise, pour l'heure capitaine lieutenant des gendarmes de la garde ordinaire de Sa Majesté, n'est pas sur les champs de bataille, mais il fréquente la Cour où il est l'un des partenaires les plus assidus du Roi aux jeux de cartes. Armand, coadjuteur de son grand-oncle et destiné à lui succéder à l'évêché de Strasbourg, est lui aussi, à Versailles, dans l'entourage de la Reine et de ses dames du Palais.

La comtesse de Marsan reste donc seule résidente d'un hôtel bien grand au regard de ses seuls besoins. Une charge, pratiquement réservée aux Soubise, celle de gouvernante des enfants de France, lui est attribuée au début de 1754. Cet honneur la conduit à son tour à Versailles. Cinq ans plus tard, l'hôtel est vendu à un voisin, François Lefèvre d'Ormesson, maître des requêtes et président du grand Conseil, qui en plus de son logement s'empresse d'y établir ses bureaux. Il ne sera plus appelé de Mayenne désormais mais d'Ormesson[450]. Le décès de la princesse

---

[450] Cf. *Le Marais, op. cit.* , p. 86 et J. F. Solnon, *Les Ormesson,* 236 & 238.

d'Épinoy entraîne, bien sûr l'abandon de la maison de campagne de la rue de Charenton, « entre les deux barrières de Rambouillet ».

Tandis qu'Emmanuel guettait la fin de son frère, son épouse a été éprouvée en la personne de sa propre mère. Florimonde, née de Lantivy, s'est éteinte dans la nuit du treize mai en son château de Rostrenen, âgée de soixante-cinq ans. Elle a été inhumée dans la collégiale le surlendemain[451]. La princesse, sa fille, en était d'autant plus proche que, de ses deux parents, elle n'a connu qu'elle. Depuis 1707 et jusqu'à son premier mariage, la fille et la mère ont vécu ensemble, essentiellement à Rostrenen. En tant que marquise de Coëtanfao, Innocente-Catherine a toujours aimé venir séjourner dans cette terre de Bretagne. L'événement a touché avant tout le sentiment. En effet, dès 1729, par contrat, Florimonde avait donné à sa fille, en avance d'hoirie mais en toute propriété, ses terres et seigneurie du Coscro. Elle y avait ajouté la jouissance de quatre mille livres de rente de son douaire à prendre sur les terres de Faÿ, de Fougeray et de La Roche Giffard[452] dont la pleine propriété est aussi tombée dans l'escarcelle d'Innocente Catherine au décès de

---

[451] AD. Morbihan et AN. MC. XCI. 864. Extrait mortuaire 15 mai 1748.

[452] AN. MC. XCI. 726. Contrat du 16 avril 1729.

son frère Louis. Il ne restait plus à la mère que la baronnie de Rostrenen en Bretagne. La fille en est évidemment la seule héritière. La succession est simple. Il n'est même pas besoin d'inventaire. La princesse, en plus de ses titres de duchesse et de marquise, y ajoute, de droit, celui de baronne de Rostrenen avec toutes les prérogatives qui s'y rattachent, en particulier les droits de nomination auxquels tient la nouvelle maîtresse des lieux. Toutefois si cette terre rapporte des revenus appréciables, le château est dans un état peu satisfaisant en dépit des sommes que la défunte a engagées dans la reconstruction d'une partie du bâtiment et pour son entretien[453]. Il faudra y faire des réparations. L'héritage est aussi une charge.

Le carrousel de la duchesse d'Elbeuf.

À Paris la duchesse habite donc rue du Regard dans un hôtel sur cour construit par les Carmes voisins dans les années vingt[454]. Un général diplomate, le comte de Rottembourg, en a été le premier occupant et lui a donné son nom. Le prince de Torela, ambassadeur

---

[453] Comtesse Du Laz, *La baronnie de Rostrenen.*
[454] En 1720 selon le ministère de la Culture (*Mérimée* n° 1906), en 1728 selon Hillairet, *op. cit.*, II. 32.

extraordinaire du Roi des Deux-Siciles, y a ensuite résidé pendant trois ans, avant qu'elle et son premier mari s'y installent en 1739. C'est dire que la duchesse y a ses habitudes et même bien des souvenirs. C'est là qu'elle a offert l'asile au prince Emmanuel et qu'elle a rassemblé toute la maison, ainsi qu'elle s'y est engagée. Cela fait beaucoup de monde alors que l'édifice n'est pas très grand[455]. Et surtout elle n'est que locataire de l'hôtel. Elle est donc tentée de changer de domicile mais aussi de statut.

Il se trouve qu'elle possède, rue Saint-Nicaise, devant le Petit Carrousel, un hôtel qui lui vient de sa tante Catherine, maréchale de Créqui[456]. Ce lieu, du vivant de celle-ci, était

---

[455] C'est du moins ce qu'en pensait le prince de Torela, obligé de recourir à la demeure du prince de Rohan quand il donnait un grand dîner. Luynes, *Mémoires*, I. 388-389.

[456] A. Berty, *Topographie historique du vieux Paris*, suivi par J. Hillairet, *Dictionnaire des rues de Paris*, assure que l'hôtel s'appelait de Coëtanfao en 1739 parce qu'il appartenait alors à François Toussaint de Kerhoent, marquis de Coëtanfao. Il y a là confusion. Acquis par Suzanne de Bruc, celle-ci le transmit à sa fille, Catherine de Rougé, épouse du maréchal de Créqui. Les deux fils qu'ils ont eus, sont morts respectivement en 1696 et 1702, donc avant la disparition de leur mère en 1713. Par testament Catherine de Rougé le légua à son petit-neveu, Louis de Rougé. Celui-ci étant alors mineur, Florimonde, sa mère, était tutrice et en cette qualité géra l'hôtel en question. Louis décéda à son tour en 1732 sans enfants vivants. C'est sa sœur, Innocente Catherine, qui en hérita. La propriété n'a donc pas quitté la Maison de Rougé depuis 1656. D'ailleurs François Toussaint de

un rendez-vous de la bonne société : mesdames de Sévigné et de Coulanges, des duchesses, des gens d'église et bien d'autres. Après le décès de la maréchale, Florimonde s'est préoccupée de rénover l'hôtel (couverture, plomberie, vitrerie, serrurerie, pavage, peintures, charpenterie, menuiserie, sculpture) sans en changer la structure[457]. Depuis, la mère d'Innocente a préféré la Bretagne à Paris. La famille s'est peu à peu désintéressée de cette adresse. La rue Saint-Nicaise, elle-même, bien que toujours fréquentée, a vu sa physionomie se transformer. L'hôtel de Longueville, mitoyen, a été cédé aux fermiers généraux qui y ont installé leur activité liée au tabac[458]. Le portier

---

Kerhoent (ou Querhoent) a bien été sieur de Coëtanfao, mais jamais marquis et il est mort en 1721. En réalité quand un hôtel était possédé voire habité par une femme mariée, il était habituel de le désigner par le nom du conjoint. D'où les appellations successives de Créqui (à cause de Catherine), de Coëtanfao (à cause d'Innocente, marquise et épouse de Jean-Sébastien de Coëtanfao, avant d'être duchesse d'Elbeuf). Cf. en particulier, AN. VIII. 947. Contrat de mariage de Louis de Rougé, marquis Du Plessis Bellière, 21 et 26 janvier 1722.

[457] Cf. AN. Série Z/1j/ 521 et 528, en 1717 et 1718.

[458] Ce qui a obligé à y ajouter plusieurs bâtiments et à abattre le mur commun aux deux hôtels avec toutes les conséquences qu'un tel voisinage entraîne fatalement. D'où force instances au Châtelet, recours à des experts dont les avis divergent. Mieux vaut traiter à l'amiable. Le sieur Thibaut Larue, adjudicataire des fermes du Roi met un terme aux procédures engagées moyennant le versement de vingt sept mille livres à la duchesse d'Elbeuf (AN. MC.

du bureau du tabac et sa femme ont trouvé bon de demeurer dans l'hôtel même d'Innocente-Catherine[459]. Au total le bâtiment est dégradé et dépourvu des commodités exigées par l'évolution du mode de vie.

L'emplacement, proche des Tuileries, du Palais Royal et même du Louvre, est excellent. La duchesse prend le parti de démolir l'hôtel pour mieux le reconstruire. La première chose à faire est de choisir un architecte. Elle ne juge pas nécessaire de s'adresser à un personnage célèbre. Jean Gingaud, entrepreneur de bâtiments et maître maçon, au demeurant établi rue de Vaugirard, fera l'affaire. Il sera chargé de « conduire et ordonner toutes les différentes espèces d'ouvrages nécessaires à la construction et au parachèvement » du nouvel hôtel[460]. Sa première tâche consiste naturellement à concevoir le futur bâtiment et à en dresser les plans selon les désirs de la duchesse, étant entendu que si l'on s'inspirera de l'existant, l'ensemble sera rebâti à neuf en pierres. Après étude, il est décidé d'édifier un corps de logis de deux étages au dessus du rez-de-chaussée surmontés d'une mansarde et d'un grenier,

---

Transaction du 30 mars 1751).

[459] AN. MC. IV. 565 (Andrieu). Jean Dauphin en cette qualité et Anne Renault, sa femme, y logent en 1750.

[460] AN. MC. XCI. 877. 26 août 1751.

avec deux ailes. Au bout de chacune d'elles il y aura un pavillon et un pilastre. Ce cadre comprendra une cour et un jardin avec terrasse. L'intérieur sera composé de pièces en forme géométrique carrées ou rectangulaires. En plus des éléments indispensables (cuisines, garde-manger, caves, etc.) il y aura place pour des remises, une écurie et un bûcher. Une chapelle aura vue sur le jardin. Salons, salles à manger d'été et de tous les jours et grands escaliers donneront un certain lustre à l'hôtel. Le devant comportera un mur de clôture tenant d'un bout à l'hôtel de Crussol, d'autre bout au bureau de la ferme du tabac. Au milieu l'entrée se fera par une porte cochère placée sur la rue Saint-Nicaise face à la place du Carrousel et au château des Tuileries. L'arrière donnera sur le cul-de-sac Saint-Thomas.

Le projet une fois arrêté, il faut chiffrer le coût des travaux et les conditions dans lesquelles ils devront être réalisés. À cette fin, en août et en novembre 1751, l'entrepreneur passe avec les maîtres des différents métiers qu'il a choisis pour chaque élément de la construction – charpentes, planchers, cloisons, couverture, plomberie, moulures, peinture, dorures – autant de marchés qui précisent les prix et les modalités de leur intervention. Pour mieux fixer les obligations respectives, des acomptes sont versés aux fournisseurs. La duchesse paiera le surplus au fur et à mesure de l'avancement du chantier[461].

Tout cela permet de se faire une idée assez claire de l'ampleur financière du programme. La décision est arrêtée. La démolition de l'hôtel existant est engagée. À la mi-juillet qui suit, le chantier est largement entamé. Mais si l'élimination progressive d'un ouvrage dont la structure n'a rien de singulier et où l'on ne distingue aucune beauté[462] ne soulève pas de difficulté, il n'en va pas de même de son remplacement. Là il faut compter avec un interlocuteur incontournable. L'Administration est dans son rôle quand elle se préoccupe d'urbanisme. En l'occurrence son principal souci concerne la rue Saint-Nicaise dans son ensemble. Elle vise l'alignement de tous les édifices qu'elle comporte. Par la voix du bureau des finances de la ville elle ordonne d'emblée le respect de cet objectif. La duchesse n'a pas tout à fait le même point de vue. Elle souhaite et requiert qu'on lui permette d'assortir le pavillon en avant corps de chacune des ailes de l'hôtel d'un pilastre. Or les deux pilastres en cause,

---

[461] AN. MC. XCI. 877 et 879. Devis et marchés des 26 août et 14 novembre 1751.
[462] Au dire de Germain Brice, *Description de la ville de Paris*, I. p. 189.

bien sûr visibles de la rue, interrompraient la continuité du mur et feraient saillie de six pouces à la base et de quatre au sommet des pavillons.

Une telle entorse au principe mérite une procédure spéciale. Le bureau des Finances, présidé par le trésorier de France Lambert, ordonne que le site sera visité, que l'avis et les objections éventuelles des voisins et intéressés seront sollicités et que le commissaire général de la voirie, Philippe Sagot, en débattra. En fait les principaux concernés, à savoir le marquis de Crussol d'un côté et la ferme générale représentée par le sieur Bocquillon, l'un de ses adjudicataires, de l'autre, dûment appelés par exploit spécial, soit prudence soit indifférence ou parce qu'ils doivent se soumettre à des obligations étrangères, ne se manifestent point. Ils sont donc déclarés défaillants. Sur rapport du président et compte tenu des conclusions du Procureur du Roi, le bureau donne sa réponse. Il autorise la réalisation des pavillons avec pilastres au devant. Mais il réduit d'un tiers environ la saillie par rapport à la demande afin que cela ne puisse nuire ou embarrasser la voie publique[463].

Cette permission, favorable malgré tout, ne comble pas les vœux de la duchesse.

---

[463] AN. Z/1 f/ 459. 99 R°. Permission du 14 juillet 1752.

L'architecte du siècle précédent, Augustin d'Aviler, trouvait que l'entrée de l'hôtel de Créqui, décorée d'un ordre dorique formé de deux colonnes engagées d'un tiers dans le vif du bâtiment, avait des proportions admirables. Ainsi, grâce à son ordonnance, elle constituait un morceau qui avait peu de pareils à Paris[464]. Tel doit être le sentiment de la princesse. Car elle ne se résout pas à faire disparaître ces fameuses colonnes. L'une des deux a été épargnée jusque là. Bien plus, elle voudrait en doubler le nombre et les élever sur piédestal afin de mieux orner l'entrée de l'édifice qu'elle pense soumettre à la vue du public. L'esthétique, les autorités n'en ont cure. Mais ces ajouts feraient aussi saillie et moitié plus que les décors qu'ils remplaceraient. La nouvelle requête doit faire l'objet d'une procédure analogue à celle des pilastres. Elle est mise en train sous l'égide des mêmes services. Seuls les titulaires, qui exercent leur charge par quartiers, ont permuté. Crussol et Bocquillon restent tout aussi silencieux face à la nouvelle version. Le bureau s'avise que la rue Saint-Nicaise a la largeur convenable de vingt-sept pieds et huit pouces et qu'au devant de la maison neuve des fermiers il y a des

---

[464] Jugement exprimé à propos des entablements doriques présentés par Vignole dans son *Cours d'Architecture* et rapporté par Germain Brice.

pilastres en différentes parties qui ont jusqu'à vingt-trois pouces de saillie. Il s'en trouve même un en face de l'encoignure de la rue et de la place du Carrousel. Dans ces conditions la saillie des colonnes ne peut gêner. Leur élévation est acceptée dans la mesure néanmoins où l'ensemble ne dépassera pas de plus de vingt-neuf pouces l'alignement initialement exigé[465]

Anticipant le jugement du bureau, la duchesse a entrepris la fouille des fondations de son futur hôtel[466]. La reconstruction va pouvoir commencer. Il lui faudra encore tenir compte de la réglementation du cul-de-sac Saint-Thomas sur lequel donne l'arrière du bâtiment[467]. Au printemps suivant alors que les travaux sont déjà bien engagés, Emmanuel de Croÿ et sa mère qui habitent une maison située dans un quartier agréable, rue des Petits-Augustins, se trouvent confrontés au désir de leur propriétaire. Monsieur de Pontcarré, il s'agit de lui, est décidé à la vendre et ils ne parviennent pas à l'en dissuader. La princesse connaît madame d'Elbeuf et son objectif. Malgré les réticences de son fils, elle jette son dévolu sur l'hôtel de la rue du Regard

---

[465] AN. Z/1f/ 459. Permission du 24 octobre 1752.
[466] D°. Permission du 3 octobre 1752.
[467] AN. Z/1f/460. Permission d'y poser des étais et chevalements du 3 juillet 1753.

qui devrait se trouver bientôt libre. Pour plus de sûreté elle s'engage et s'entend avec les Carmes à qui il appartient, pour succéder, le moment venu, aux Elbeuf[468]. Son fils en est affecté. Un an plus tard, mère et fils font une ultime tentative auprès des Pontcarré. Mais monsieur, à l'instigation de sa femme, n'est prêt à garder son bien et ses hôtes qu'à la condition d'une augmentation substantielle du loyer des Petits-Augustins. La négociation n'aboutit qu'à se fâcher mutuellement. Le prince de Croÿ se dit qu'après tout il a l'occasion de s'assurer la disposition, pratiquement à vie, d'une belle maison, certes un peu lointaine, sur laquelle il mettrait le nom de sa famille. Sans dépense d'acquisition, il se ferait un superbe hôtel de Croÿ à Paris où il n'y en a jamais eu. Décision est donc prise d'aller s'installer rue du Regard[469].

Parallèlement à ces états d'âme, l'avancement de l'hôtel de la rue Saint-Nicaise se poursuit avec tous les aléas, bien entendu, d'un chantier important. En particulier le maçon ne veut plus passer par l'architecte avec qui il est en désaccord sur sa rémunération. La maîtresse d'ouvrage est donc contrainte d'assigner ledit maçon. En mai 1755, l'essentiel est réalisé. La duchesse fait ses comptes. Elle a

---

[468] Croÿ, *Journal.* T. 1, 199, 6 mai 1753.
[469] D°, 259-260, avril 1754.

très exactement payé pour son bâtiment 359 855 livres, non compris le mémoire du maçon qui demande 85 800 livres pour sa prestation et quelques commodités destinées à son mari. Le couple et tout le personnel de la maison se transportent à leur nouvelle adresse. La dame constate rapidement que le duc d'Elbeuf « s'y trouve bien sans qu'il lui en ait coûté un écu, sinon pour quelques meubles qu'il a fait faire, ayant dix-sept pièces à son appartement »[470]. La satisfaction est probablement réciproque. Quoi qu'il en soit la désignation du nouvel hôtel, comme il est de tradition, perpétuera le nom d'Elbeuf.

Symétriquement, le duc de Croÿ, en août, vide tout ce qui se trouve dans sa maison des Petits-Augustins. Il ne peut s'empêcher de regretter ce qu'il a de plus cher, son cabinet et le quartier lui-même dont il a pris goût au fil des huit années qu'il y a résidé. Le temps de procéder à quelques aménagements nécessaires entre plusieurs parties de chasse et de signer un nouveau bail de trente-six ans avec les Carmes, il est en mesure d'étrenner son nouvel hôtel. Il y rejoint sa mère, magnifiquement établie et contente[471].

---

[470] Lettre du 21 mai 1755 à l'abbé Des Billars, doyen de l'église collégiale de Rostrenen, reproduite par la comtesse Du Laz. *La baronnie de Rostrenen*, p. 184.
[471] Croÿ, *Journal*. Août, octobre et décembre 1755.

Brionne, homme d'avenir ?

Au moment où le duc Henri d'Elbeuf disparaît, Brionne, à vingt-trois ans, est deux fois veuf[472]. Pourtant le mauvais sort ne le décourage point. Il souhaite contracter une nouvelle union. Son choix se porte sur une demoiselle de Rohan, Louise Julie Constance, fille de madame de Montauban, dame du Palais de la Reine. À l'exemple d'autres jeunes filles de la bonne société, elle a été reçue chanoinesse de Remiremont à l'âge de sept ans. C'était sans doute pour se former en attendant l'état que le destin devait lui réserver. Pour lors, elle a quatorze ans.

L'aboutissement du projet suppose naturellement l'accord des deux parties. Il faut y ajouter l'approbation du Roi. Aussitôt qu'elle est obtenue, Brionne se tourne vers les princes aînés de sa Maison pour les informer et solliciter leur consentement. Écrivant à l'Empereur, il assure que la jeune personne qu'il veut épouser, est née avec tout ce que l'on peut désirer de ses bontés. Vis-à-vis de l'Impératrice, il met en avant le fait qu'elle est chanoinesse. À la princesse Charlotte il

---

[472] Augustine de Coëtquen qu'il avait épousée en secondes noces, est décédée le 3 juin 1746.

rappelle qu'elle a l'honneur d'être connue de Son Altesse Royale. La réponse des intéressés est favorable. Marie-Thérèse induit que le choix qu'il a fait ne peut que lui donner une idée fort avantageuse des qualités de mademoiselle de Rohan. François ne doute pas que le nouveau mariage de son cousin ne soit aussi avantageux qu'il l'espère. L'un et l'autre en profitent pour lui témoigner leur affection[473].

En tout état de cause, celle qu'on appelle déjà madame de Brionne a été présentée à la Cour quelques jours plus tôt par sa mère. Le contrat qui doit sceller les dispositions convenues par les parties, est prêt. Louis Charles, comte de Brionne, le prince Charles de Montauban, père de la future, et plusieurs représentants des deux familles s'en vont à Choisy où le Roi se trouve pour lors, afin de soumettre à sa signature l'acte en question.

Les Montauban habitent rue de Varenne à Paris. Tout près de leur hôtel se trouve une abbaye de religieuses Bernardines répondant au nom de Pentémont. Marie-Catherine de Béthisy, sœur de madame de

---

[473] BNF. FR. 6677, août-septembre 1748. En fait pareille correspondance, aussi diplomatique que familiale, est régulièrement échangée à l'occasion des grands évènements particuliers de la Maison.

Montauban la gouverne. Le mariage est célébré dans la chapelle du couvent. Tout aussi naturellement, le prince Constantin de Rohan, frère de monsieur de Montauban et premier aumônier du Roi, officie. Puis le recueillement fait place aux réjouissances : dîner, concert, feu d'artifice, souper, illumination occupent largement les familles et leurs invités. N'oublions pas le plus durable, en tout cas le plus consistant. Le mariage est l'occasion de témoigner les sentiments que l'on éprouve à l'égard des conjoints ou plus précisément de la mariée en lui faisant force présents. Certains préfèrent donner en argent, sans faire preuve de trop d'imagination, mais non sans générosité puisque celle-ci peut aller jusqu'à quelques milliers d'écus. D'autres choisissent des cadeaux plus personnels, tels qu'étoffes précieuses, dentelles ou bijoux. Le prince Charles lui offre un carrosse dont la perfection le surprend lui-même. La princesse de Rohan participe des deux catégories, mais ne veut pas que cela se sache. Le public pourtant a vite fait de percer sa discrétion. La duchesse d'Elbeuf quant à elle, a opté pour des pierreries et la noce se poursuivant pendant plusieurs jours, elle l'invite à souper en son hôtel. Au bout du compte la nouvelle comtesse devrait pourvoir à son ordinaire avec les quelque dix-huit mille livres de rente qui lui ont été promises au moment où elle entre dans le monde[474]. Une semaine plus tard, elle est en effet « présentée » officiellement par sa mère au monarque et à la Cour. Madame de Montauban, en tant que dame du palais, vit dans l'entourage de la Reine. La comtesse de Brionne l'accompagnera pour quelque temps encore. D'un autre côté l'installation du nouveau ménage à l'hôtel de Brionne, place du Carrousel, nécessite le recrutement d'un certain nombre de domestiques, femmes de chambre, de garde-robe, laquais, etc.[475].

Presque trois ans plus tard[476], la comtesse de Brionne met au monde un garçon, prénommé Charles-Eugène. Puisque le grand-père paternel est décédé[477], c'est le prince Charles, son grand-oncle, qui est le parrain. La marraine est sa grand-mère maternelle. La continuité de la Maison semble donc assurée. Le titre de prince de Lambesc est d'ailleurs aussitôt attribué au nouveau-né. Le père ne manque pas d'annoncer l'heureux évènement aux cousins de Vienne. L'Impératrice lui répondra qu'elle espère que son épouse se portera bien et qu'elle souhaite « de bon cœur » qu'ils en ressentent l'un et

---

[474] Le duc de Luynes apporte beaucoup de précisions là-dessus dans le tome 9 de ses Mémoires, p. 100-101.
[475] AN. T/491. 2.
[476] Exactement, le mardi 28 septembre 1751 à Versailles, baptême le lendemain à la paroisse de cette ville.
[477] BNF. FR. 6677, p. 23.

l'autre toute la satisfaction possible[478].

Les bons rapports entre les deux branches se manifestent encore à l'occasion de la naissance des enfants qui suivent. Dès mars 1753, la princesse Charlotte écrit à la duchesse d'Elbeuf qu'elle a obtenu que leurs Majestés impériales acceptent de tenir sur les fonds baptismaux l'enfant dont Madame de Brionne est grosse. Brionne, surmontant sa crainte d'être indiscret, lui demande de bien en vouloir choisir le nom. L'évènement survenu, c'est-à-dire l'arrivée d'une fille, le 26 août, celle-ci doit être ondoyée, toujours à Versailles, en attendant que les promesses puissent être tenues. Elle sera prénommée Josèphe-Thérèse. L'Empereur charge le duc d'Elbeuf de le représenter au baptême qui sera conféré dans la paroisse Saint-Sulpice de Paris[479].

Deux ans plus tard, la duchesse d'Elbeuf se fait à nouveau l'intermédiaire entre les deux familles. La comtesse de Brionne accouche encore d'une fille[480]. Elle suggère que l'abbé de Lorraine et mademoiselle de Brionne représentent leurs cousins de Vienne en tant que parrain et marraine. Réponse positive de la sœur de l'Empereur pour ce

---

[478] Le 9 septembre 1743.
[479] Chastellux, *op. cit.* p. 381.
[480] Le 11 novembre 1755.

choix. La demoiselle s'appellera donc Anne-Charlotte[481]

Le prince Charles n'a guère été moins prompt que son cousin Emmanuel à prendre en compte le décès du duc Henri. Le lendemain même, il en informe le Roi. C'est que l'évènement en entraîne un autre. À son tour d'être le gouverneur de Picardie et d'Artois ainsi que des ville et citadelle de Montreuil dont il a la survivance. La charge n'est pas vraiment éprouvante. Des lieutenants généraux affectés plus précisément à la Picardie et au Boulonnais d'une part, à l'Artois de l'autre sont là pour l'assister. Elle procure un peu d'argent. Elle n'éloigne pas du Roi le titulaire. Ce sont au contraire les délégués des États eux-mêmes qui se dérangent. C'est ainsi qu'un jour de l'été qui suit la nomination du prince, Louis XV reçoit en audience, à Versailles, ceux d'Artois. Le rituel est convenu. Le secrétaire d'État chargé de la province, Pierre Marc d'Argenson, de concert avec le prince Charles, les présente. Jean Armand de Roquelaure, vicaire général d'Arras, est leur porte-parole. Le marquis de Brézé, grand maître des cérémonies, se tient devant eux, recueille et leur transmet la

---

[481] BNF. FR. 6677, p. 34. L'abbé est François Camille, mademoiselle de Brionne Henriette Agathe, oncle et tante de l'intéressée

réponse du Roi, essentiellement quant à la contribution qu'il en attend. Il ne leur reste plus qu'à regagner leur province[482].

De toute façon, en tant que Grand Ecuyer, le prince Charles se doit d'accompagner le Roi et les hôtes de marque quand on a résolu d'aller se promener, à Compiègne ou Chantilly par exemple. Cela est honorable et plaisant. Toutefois le poids des ans commence à se faire sentir et réveille d'anciennes blessures. L'homme peine maintenant à marcher. En 1750, les douleurs se font plus insistantes. On décèle une « gangrène sénile »[483] Les opérations successives qu'on lui fait subir, ne produisent pas les adoucissements attendus. Toujours soucieux de rappeler qu'il est bien le prince Charles, la force physique le trahit et lui interdit désormais d'assister aux cérémonies qu'égrène le rituel de la Cour.

Il est temps de penser à régler quelques affaires de famille. Le prince possède à Marly, au carrefour du chemin qui conduit de Versailles à Saint-Germain et celui de la machine, une maison avec écuries, dépendances et jardin, qu'il tient de son père, connue sous le nom du Cœur volant. Il paraît

---

[482] Luynes, *Mémoires*. T 9, p. 469. 26 août 1749.
[483] Léo Desaivre, *Germain Pichault de La Martinière, premier chirurgien de Louis XV et Louis XVI*, p. 17.

tout naturel de la céder à son neveu et voisin du Carrousel, Louis Charles de Brionne, pour la somme modérée de cinq mille livres, à charge pour l'acquéreur de reprendre les cens et droits seigneuriaux, assez mal définis, qui pourraient être dus[484].

L'entourage du prince voudrait bien qu'il mette un peu d'ordre à sa situation conjugale. Tandis que sa santé se dégrade de plus en plus, la comtesse d'Armagnac envoie souvent prendre chez lui de ses nouvelles. L'intéressé est têtu. Il prétend que ces démarches sont inopportunes et fait savoir par un vieil ami célibataire, M. de Rieux, accompagné de son neveu Brionne qu'elle n'a qu'à s'adresser aux médecins, habilités à décrire son état. Il n'est pas question que les époux se revoient. Quand tout le monde le juge à l'extrémité, confesseur, curé, archevêque, s'emploient à le convaincre de la nécessité d'une réconciliation. Lui, consent tout juste à déléguer un gentilhomme chez elle, porteur d'un message selon lequel il trouve bon de se « pardonner réciproquement tout le passé », terminé par la formule convenue, adaptée aux circonstances, disant qu'il va mourir son serviteur. Les hommes d'église se contentent de ce semblant de contrition. Les derniers sacrements lui sont

---

[484] AN. T 491[1]. Transaction du 20 mars 1751.

administrés avant qu'il disparaisse au moment où l'année s'achève[485].

L'évènement arrache quelques larmes à ceux ou celles qui seront privés des attentions dont il les comblait ou qui regrettent sa conversation, sa douceur, sa politesse, sa délicatesse. La fatalité en calme d'autres, Jeanne-Françoise Quinault par exemple. Elle était une amie éprouvée et influente du prince. C'est souvent par elle que passaient les quémandeurs de services[486]. Quand le Grand Ecuyer, quelques années plus tôt, eut été mis à terre par sa monture, on l'a vue en veuve désolée recevoir les compliments de tout un chacun. Cette fois elle se montre beaucoup plus raisonnable et sereine[487]. Ce qui occupe l'esprit du public, c'est la suite. Qui va remplacer le défunt dans les fonctions qu'il exerçait et qui n'ont pas été prédéterminées ?

Tel est le cas dans l'ensemble de provinces du Nord associant Picardie, Artois, Boulonnais, Hainaut, pays conquis et reconquis voire Montreuil-sur-mer. Le prince Charles n'avait point d'enfants. Il n'a jamais

---

[485] Exactement, le mercredi 29 décembre 1751. Cf. Luynes, *Mémoires*, T. 11 et Barbier, *Journal*, T. 5.

[486] Parmi d'autres, Voltaire, bon connaisseur des voies du succès.

[487] Au témoignage de Françoise d'Happoncourt, alias madame de Graffigny, *Correspondance*, T. 12, lettre du 30 décembre 1751 à François Devaux.

donné de signe sur la destination qu'il souhaitait pour leur gouvernement. Les prendre en charge suppose un rang élevé, une espérance, le cas échéant un peu de mérite, de liberté et surtout des moyens. L'espérance est celle des revenus. Les optimistes en évaluent le produit à cent mille livres par an. L'intendant du défunt qui connaît les comptes, estime qu'ils ne dépassent pas les soixante mille. La plupart s'en tiennent à l'entre-deux. Quant aux moyens, ils sont d'autant plus nécessaires qu'il faut franchir un sérieux obstacle. Le prince Charles disposait sur cette charge d'un brevet de retenue de 300 000 livres à lui accordé par le Régent en 1716. Louis XV n'est pas persuadé des avantages qu'offre au Royaume le système des brevets. Il le supprimerait volontiers. Mais un brevet de retenue représente une garantie de paiement pour les créanciers du titulaire. C'est d'ailleurs à cela qu'ont servi ceux du duc Henri et du prince Charles qui ont même institué une solidarité entre les deux personnages. Le Roi en a néanmoins diminué le poids en décidant d'en étaler le versement sur trente ans. Malgré cela on sait que les postulants seront désargentés et qu'il leur faudra emprunter de quoi respecter les échéances. Il faut croire que l'un d'eux a d'ores et déjà réuni l'ensemble de ces conditions. Alors que le cadavre est à peine refroidi et pas encore inhumé, le soir même du décès, il est annoncé que le gouvernement de la Picardie et de l'Artois est dévolu au duc de Chaulnes. Pair de France, il a le titre qu'il faut. L'un au moins des prêteurs habituels du pays est prêt à lui faire crédit. Il a même un pied dans la place puisqu'il est gouverneur d'Amiens. Le gouvernement particulier des ville et citadelle de Montreuil-sur-mer est séparé du reste. Il est attribué au chevalier de Saint-André, lieutenant général qui a participé à de nombreux combats et qui se trouve pour l'heure en semi-disponibilité.

Le décès du prince Charles soulève aussi, naturellement, la question de la transmission de son patrimoine. Celle-ci devrait être réglée par le testament[488]. La principale disposition étonne. Le légataire universel choisi est Germain Pichault de La Martinière, étranger à la famille. Chirurgien, longtemps au service du prince et de la Grande Ecurie, celui-ci lui a en quelque sorte mis le pied à l'étrier. Depuis quatre ans environ il s'est un peu éloigné du maître pour exercer à Versailles les fonctions de premier chirurgien du Roi, sans pour autant perdre l'amitié de son bienfaiteur. À cette occasion la pension qu'il recevait a été convertie en rente, d'abord viagère, puis perpétuelle, hypothéquée sur les 400 000 livres dues par le duc d'Elbeuf

---

[488] AN. MC. Et/CII/368. 10 décembre 1751.

sur son duché[489]. Son départ a obligé le prince Charles à recourir aux soins d'autres médecins. Quand la maladie s'est aggravée, La Martinière a certes fait des allers et retours entre Versailles et Paris. Mais il n'a pas à proprement parler été de façon continue au chevet du mourant, au contraire du comte de Brionne qui d'ailleurs aurait tout à fait pu faire l'affaire. Qui dit, même, qu'il n'a pas profité de la faiblesse du prince pour se faire attribuer par là quelque avantage ? Le légataire universel désigné est donc suspect. D'autant plus que les directives qui lui ont été fixées par le testament sont minces.

Le marquisat de Coislin était tombé dans l'escarcelle du prince Charles. Ce titre ne lui servant à rien, ce dernier l'a vendu en avril 1744, à crédit comme toujours, à des cousins qui continueraient à en porter le nom, et cela pour 200 000 livres de principal[490]. Avec les intérêts courus, le bénéfice réalisé à cette occasion par le vendeur s'élève à 135 000 livres. La Martinière est chargé d'en faire profiter le comte de Brionne. Il devra prendre en compte les obligations que le prince Charles s'est reconnues envers ses domestiques, nommément désignés comme il est d'usage. Il aura encore à verser 50 000

---

[489] Léo Desaivre, *op.cit.*, p. 14.
[490] Cf. AN. T 491/3 n° 93.

livres à une personne connue de lui seul. Hormis ces trois conditions, le légataire universel est entièrement libre d'attribuer et de distribuer le patrimoine du défunt comme il le voudra, dans le respect du droit tout de même, cela va sans dire.

Les plus proches héritières du défunt sont deux : sa sœur Charlotte, mademoiselle d'Armagnac, et sa nièce, fille de Marie, une autre sœur plus âgée, dont elle a repris les droits quand celle-ci est décédée il y a déjà vingt ans. La nièce en question est Marguerite Camille Grimaldi de Monaco ; elle est mariée et porte le nom de son époux, prince d'Isenghien. Ces dames sont outrées et décident de manifester leur opposition en portant en justice le testament, en vue de faire annuler la dernière disposition et même le testament dans son ensemble. Par avocat interposé elles avancent des faits et des situations qui feraient de M. de La Martinière un personnage peu recommandable. L'état des domestiques à honorer n'est qu'une pièce informe, d'ailleurs remplie de ratures. De toute façon la fonction de chirurgien du prince empêcherait qu'il en soit légataire.

L'accusé répond, « de façon mesurée et respectueuse » nous dit-on, que les allégations lancées contre sa personne sont fausses. Ce ne sont pas des raisons médicales qui ont déterminé le choix du prince Charles.

Depuis longtemps ce n'était pas à lui que celui-ci recourait lorsqu'il était malade ou qu'il allait prendre les eaux. S'il lui rendait de fréquentes visites, ce n'était que par attachement à un homme qui en retour avait confiance en son honnêteté. Il ne souhaite que de rester fidèle à sa mémoire en exécutant scrupuleusement ses dernières volontés. Ne pas se servir d'un chirurgien dans un testament n'est qu'un usage, souffrant des exceptions. Rien dans la loi ne l'impose. Afin de mettre un terme au soupçon dont il est l'objet de n'être qu'un fidéicommissaire chargé de faire passer quelque argent à des personnes que le testateur n'aurait pas voulu faire apparaître, par exemple des enfants naturels, il offre de remettre les cinquante mille livres contestées à leur destinataire en présence d'un magistrat du Parlement. Le testament peut d'autant moins lui offrir un avantage quelconque que le patrimoine à transmettre est loin d'être aussi important qu'on le suppose. À ceux qui prétendent que l'actif représente plus d'un million de livres dont deux cent mille de créances sur le duché d'Elbeuf et que celui-ci n'est grevé que de charges limitées aussi à deux cent mille livres, il avance d'autres chiffres bien différents. Selon ses calculs l'état de ce qui compose le legs universel n'est que de 823 827 livres dont il faut retrancher 415 999 livres de charges constatées et 563 532 de paiements convenus ou destinés à couvrir les services et autres dépenses que la « bienséance » exige ainsi que les frais testamentaires. En réalité l'ensemble des charges dépasse l'actif de 155 704 livres. Bien loin de s'enrichir le légataire doit avancer cette somme de ses deniers en attendant de récupérer les usufruits de contrats en cours ou qu'on vende des propriétés. Sinon il n'aura de quoi satisfaire aux obligations auxquelles il est tenu[491].

Le Parlement va certainement fonder son jugement sur des attendus de fait et de droit. Mais ce sont les circonstances dans lesquelles est intervenue la découverte du testament qui paraissent avoir déterminé les magistrats. La décision est conforme à l'opinion générale. Le testament est annulé, avec une conséquence paradoxale. Plus de testament, plus d'obligation envers la domesticité. Personne ne lui a demandé son avis. Et Dieu sait qu'elle est nombreuse : douze cochers par exemple pour s'occuper des soixante-dix chevaux de la propre écurie du prince et conduire les carrosses dans lesquels il aimait se montrer. Brionne qui fait partie de la famille, s'en tirera. Et le patrimoine du défunt que La Martinière prétendait si médiocre, n'empêchera pas les deux plaignantes de se

---

[491] AN. T. 491/5.

partager 900 000 livres, toutes dettes payées[492].

La succession honorifique du prince Charles, elle, s'effectue en douceur. Il était chevalier de l'Ordre du Saint-Esprit. Celui-ci a, bien entendu, ses règles. Le nombre des chevaliers est limité. La disparition du prince crée une vacance. L'Ordre ne répugne pas à compter en son sein quelques seigneurs lorrains. En fait tout dépend du Roi. Le deux février 1752, un chapitre présidé par Louis XV se tient à Versailles. Sans surprise, celui-ci annonce qu'il en nomme le comte de Brionne chevalier. Encore faudra-t-il que l'intéressé soit reçu en bonne et due forme. Cela exige plusieurs formalités préparatoires. Les preuves de noblesse sont faciles à montrer. L'ascendance de Louis Charles de Lorraine va bien au-delà des trois degrés de noblesse en principe exigés. Celui-ci est aussi tout prêt à faire auprès du grand aumônier de France profession d'une foi conforme aux principes arrêtés par le concile de Trente.

Le dimanche 21 mai, jour de la Pentecôte, tout à fait indiqué pour recevoir le Saint-Esprit, le duc de Nivernais et le comte de Brionne doivent être intronisés simultanément. L'abbé de Pomponne, chancelier, présente les qualités des

---

[492] Luynes, *Mémoires*. T. 11, 335 ; T. 12, 388-390 ; T. 14, 241, 242.

récipiendaires. C'est pour lui l'occasion de nourrir son discours en évoquant ce que tout le monde sait sinon pense : la Maison de Lorraine est une grande Maison. La procédure prévoit que les nouveaux chevaliers soient parrainés. Ce côté-là de la cérémonie est du ressort du marquis Michel de Brézé, prévôt et maître des cérémonies de l'Ordre. Il lui paraît tout naturel que le comte de Brionne ait le soutien d'un membre de la Maison à laquelle il appartient. Charles Louis, prince de Pons, de la même promotion que feu le prince Charles, est tout désigné pour ce rôle. Seulement, pour lui, l'accueil de son cousin ne constitue pas un évènement. Il trouve le moyen de n'arriver qu'une fois l'appel terminé. Juste pour la grand-messe que chante Gilbert de Montmorin de Saint Herem, évêque de Langres et l'un des prélats de l'Ordre[493].

Le gouvernement d'Anjou et surtout la charge de Grand Ecuyer renforcent l'éclat du personnage. Il est sans cesse aux côtés du Roi et chevauche à la droite de celui-ci lors de ses déplacements. En tant que prince lorrain, il accompagne les ambassadeurs étrangers à leur première audience de Louis XV en alternance avec le prince de Pons[494]. Assisté à la Grande

---

[493] Luynes, *Mémoires*. T. 11, p. 389 et T. 12, p. 14-16.
[494] J. N. Dufort de Cheverny, *Mémoires sur les règnes de Louis XV et Louis XVI et sur la Révolution*. T. 1, p. 82.

Ecurie d'un commandant et de trois écuyers ordinaires, les tâches qui lui ont été confiées lui laissent quand même pas mal de temps libre. Avec les ducs de Richelieu et d'Ayen, les princes de Beauvau et de Soubise, le marquis de Marigny ou l'abbé de Bernis, il fait partie d'un cercle restreint, agrémenté de la présence de quelques dames, la sienne, mais aussi la comtesse de Marsan, la maréchale de Mirepoix, la duchesse de Brancas entre autres. Ce beau monde est là pour distraire quand il le faut Louis XV et la marquise de Pompadour par leur conversation ou quelque partie de piquet ou de cavagnole. À défaut on se retrouve à souper chez un petit nombre d'habitués moins en vue mais de bonne condition et amateurs de bonne chère[495].

Côté comptes, les choses sont plus nuancées. Ses gages sont faibles ; leur montant n'a d'ailleurs pas changé depuis l'époque d'Henri IV : 3 600 livres. Des sommes plus substantielles, dépassant 35 000 livres, lui sont allouées pour couvrir diverses charges de l'Écurie, pages, palefreniers, livrées, nourriture de chevaux, sans qu'on sache précisément si la recette égale la dépense. De toute façon cela ne concerne que les quelque vingt chevaux et

---

[495] Etienne Léon de Lamothe-Langon, *Le comte de Saint-Germain et la marquise de Pompadour*. T. 2, p. 103. L'auteur était romancier. Mais ces détails recoupent ceux d'autres sources.

le personnel à son service. Le véritable revenu provient de ce que l'on appelle son casuel, c'est-à-dire ce qu'il touche à l'occasion d'un changement de titulaire de toutes les charges de l'Écurie et du haras qui la fournit, soit 110 000 livres par « année commune ». Il est vrai que dans sa grande générosité, il lui arrive (deux fois en neuf ans) de faire le sacrifice de donner la charge de capitaine des haras sans rien demander[496]. À cela s'ajoutent la rémunération de son gouvernement d'Anjou (de l'ordre de 50 000 livres sans compter un casuel à l'occasion de la mutation des charges de maire, échevins et conseillers de la ville d'Angers), sa pension de chevalier du Saint-Esprit (3 000 livres), le produit de ses terres et même de quelques héritages. Son épouse considèrera, quelques années plus tard, que c'était le bon temps. Et pourtant lui se sent pauvre. Justement parce que la succession notamment de ses parents, chargée de dettes, lui a coûté des sommes considérables. Il en est quelquefois réduit à solliciter des avances de revenus[497].

Tout compte fait les honneurs qui lui sont accordés ne comblent pas notre comte. Il

---

[496] AN. O¹. 50.

[497] Par exemple, le 23 septembre 1748, 200 000 livres sur son gouvernement d'Anjou. Cf. H. Lemoine, *Les écuries du Roi sous l'Ancien Régime*, p. 170.

a d'autres espérances, mêlées d'inquiétudes. Malgré l'enthousiasme montré par Emmanuel Maurice au moment de son remariage pour se faire une postérité, celui-ci n'a toujours aucun enfant. Les comtes d'Armagnac et Louis Charles de Brionne lui-même sont issus de la branche d'Elbeuf. Il n'est pas interdit de penser qu'un jour les biens personnels du duc glissent de ce côté-là. Encore faudrait-il que l'ensemble représente un avoir un peu consistant au moment de sa transmission. Or le bénéficiaire éventuel a pu observer que son parent a une propension à céder peu à peu, sans état d'âme, non seulement ce qui est extérieur ou marginal mais aussi des éléments représentatifs de la famille, la baronnie de Routot, le château d'Elbeuf par exemple comme on le sait. La possession du duché peut paraître plus solide. Brionne voudrait éviter qu'elle ne lui échappe[498].

Emmanuel Maurice a toujours montré que la jouissance lui importait davantage que la propriété. Les désirs de l'un pourraient s'accorder avec l'état d'esprit de l'autre. Néanmoins une possible transaction portant sur le duché soulève pas mal de difficultés. En premier lieu celui-ci sert de garantie pour de nombreuses constitutions, des engagements, des dettes importantes. Par

---

[498] Luynes, *Mémoires*. T. 12, p. 50.

ailleurs tous les mouvements, démembrements et changements intervenus au cours de ces dernières années en rendent le contenu incertain.

L'obstacle principal réside peut-être dans le titre qui lui est attaché. Emmanuel Maurice de Lorraine est duc et Pair de France. La pairie n'est pas le souci principal de Brionne puisque à l'instar du prince Charles il prétend être de ce groupe restreint de grands seigneurs. Il n'en va pas de même du détenteur actuel. À vrai dire, on ne s'est pas particulièrement préoccupé dans le passé de ce qui pouvait arriver en cas de cession du duché. Quand, en 1684, Charles III s'est résolu à abandonner ses biens, d'ailleurs pour mieux conserver le duché dans la famille, l'acte de délaissement énonce simplement que les affaires de justice, de circulation des marchandises, des foires et quelques autres du même ordre ressortaient de la coutume et du Parlement de Normandie alors que ce qui regarde les droits de la pairie allait directement au Parlement de Paris. Charles III est resté duc et Henri son successeur présomptif. Au demeurant Louis XIV a imposé Paris en raison de la complexité et de l'enchevêtrement des requêtes sans justifier sa décision par le statut de celui qui était au cœur des problèmes.

En 1691, il a été jugé que les terres et duché d'Elbeuf étaient une propriété indivise.

Il n'est venu à personne l'idée qu'il y avait de ce fait plusieurs ducs. Après le père, Charles III, ce fut le fils, Henri. Emmanuel a revendiqué le titre en tant qu'héritier de son frère défunt. Quand on parle de duché d'Elbeuf c'est une façon commode de situer un ensemble de terres. Lorsqu'on fait état de droits, il ne s'agit que de créances. Le tout en s'appuyant sur l'érection du marquisat en duché, sans se poser d'autres questions.

Il n'empêche. Il paraît normal de s'interroger. Peut-on se départir complètement d'un duché sans porter atteinte à la dignité qui lui correspond ? En 1581, lors de l'érection du marquisat d'Elbeuf en duché précisément, le Roi a bien marqué qu'il voulait honorer Charles de Lorraine en raison des services qu'il lui avait rendus et de ses mérites. Toutefois avant de choisir ce mode d'élévation, il a souligné qu'il avait pu constater la belle étendue du marquisat, que celui-ci comportait de gros bourgs, de beaux châteaux, que les terres, seigneuries et leurs dépendances en quoi il consistait, étaient proches les unes des autres. L'arrêt de vérification des lettres d'érection affirme que la dignité de Pair de France est annexée au duché[499]. À défaut de réponse claire sur le cas

---

[499] P. Anselme. *Histoire généalogique et chronologique de la Maison Royale de France*. III. 877-881. Pièces concernant le duché-

particulier d'Elbeuf, peut-on se référer aux règles générales posées en la matière, aux avis des juristes et à la jurisprudence ? Il est dit que « le propriétaire qui sollicite l'érection de sa terre en duché-pairie, demande que la dignité de pair demeure unie à la terre pour ne plus former qu'un tout ». Et pourtant il faut distinguer le duché, qui est une seigneurie et la pairie, qui est un office. Au total la pairie serait « une dignité personnelle et réelle à la fois, autant attachée aux fiefs qu'aux familles puisqu'elle suit le sort de la terre ». Pas de quoi être très avancé. Qui plus est, depuis soixante-dix ans les choses ont évolué. Par exemple on ne se soucie plus guère de l'étendue de la « glèbe » sur laquelle la pairie est assise.

Ces considérations d'ailleurs visent l'acquisition du titre de duc et pair plutôt que le problème effectivement posé de son extinction, à quelques exceptions près de successions, de dons voire de pressions de créanciers. Il est en tout cas une condition sur laquelle tout le monde est d'accord : un duc et pair doit jouir d'un revenu assez conséquent pour tenir son rang, revenu procuré de fait par les terres qu'il détient. La cession est faisable, mais le duc d'Elbeuf doit être prudent quant à la forme qu'elle prendra[500].

---

pairie d'Elbeuf.

[500] Les cas de figures, leur discussion et les conclusions

Depuis neuf mois environ Emmanuel Maurice de Lorraine et son épouse se sont offert le plaisir d'une résidence à la campagne qu'ils louent à une dame de réputation sulfureuse, Marie Louise Ragot de la Coudraye, veuve de Charles de Verret, seigneur de Saint-Sulpice, de son vivant inspecteur général de la Marine et des Galères. Il s'agit d'une grande maison qu'on appelle La Barre, située au village d'Issy au dessus de l'église. Outre le bâtiment principal, d'architecture à l'italienne, on y trouve ce qu'il faut pour y effectuer des séjours charmants : avenue plantée d'arbres, orangerie, parterres, cascades, jets d'eau, bassins, canaux, écuries, pour tout dire l'utile et l'agréable[501]. C'est là qu'un bel après-midi de printemps, le 20 juin 1752, les maîtres de maison reçoivent la visite de leur cousin Brionne. Il est vraisemblable qu'il n'est pas venu seulement pour goûter quelques rafraichissements tout en échangeant des propos anodins. Les notaires Claude Aleaume et son confrère munis d'un épais document ont également fait le voyage. Pour

---

qu'on peut en tirer, sont largement explicités dans le *Traité des droits, fonctions, franchises, exemptions, prérogatives et privilèges annexés en France à chaque Dignité* … publié par M. Guyot en M. DCC. LXXXVII, T. second, Liv. I. ch. LXXVIII. *Des Pairs de France* et C. Levantal, *Ducs et Pairs et Duchés Paieries laïques à l'époque moderne.*

[501] AN. MC. LXXXIII. 423. Bail du 1er septembre 1751.

lire et présenter à la signature des hôtes du
jour l'acte qu'ils ont préparé de vente du
duché d'Elbeuf, acte qui va engager nos
princes pour longtemps[502].

Le vendeur et l'acquéreur
reconnaissent d'emblée que le duché d'Elbeuf
comprend des fiefs, des droits, des domaines,
des héritages, des rentes, des redevances et
quelques dépendances. L'ensemble, débarrassé
de Routot, de la Saussaye et du château
d'Elbeuf, s'entend dans l'état où il se trouve
sans aucune garantie particulière. Cette
disposition n'exclut pas d'éventuelles
contestations de la part de tiers. Mais il ne
devrait y en avoir aucune sur ce point entre
Emmanuel Maurice d'Elbeuf et Louis Charles
de Brionne.

Quel qu'ait pu être le débat sur les
conséquences possibles de la vente, le premier
nommé tient à conserver son statut.
Indépendamment de sa satisfaction
personnelle, on peut penser que cette volonté
est aussi celle de son épouse dont on dit que
c'en est l'éclat qui l'a attirée. Son altesse
sérénissime déclare qu'elle se réserve pendant
sa vie le titre de duc d'Elbeuf, Pair de France,
avec tous les honneurs, droits et prééminences
qui y sont attachés. À cette fin il aura la faculté
de se faire recevoir et reconnaître en cette

---

[502] AN. MC. XCI. 885.

qualité tant au Parlement de Paris qu'en celui de Rouen. Plusieurs conditions de l'acte sont susceptibles d'étayer ses prétentions. En premier lieu la vente de ce jour ne s'applique qu'à la nue-propriété du duché. Emmanuel en garde l'usufruit et donc les revenus jusqu'à son décès. Mieux, il continuera à être le maître du duché. C'est lui qui nommera à tous les offices et définira les bénéfices qu'ils comportent et que Brionne s'engage à respecter après la disparition du duc. C'est encore lui qui renouvellera tous les baux généraux et particuliers du duché. Il pourra même en passer de nouveaux. Il impose à Brionne des obligations à satisfaire au-delà de son propre décès. Il conserve tous les titres de propriété du duché, les baux qui en déterminent le fonctionnement ainsi que les titres qui en constituent la mémoire. Ces papiers demeureront enfermés dans le chartrier du duché, fermé par une porte à deux serrures. Brionne choisira une personne résidant à Elbeuf pour en détenir une. L'autre restera à notre duc ou à son homme d'affaire à Elbeuf. En tous ces domaines le titulaire garde l'initiative et l'autorité sur le duché. Rien non plus ne devrait conduire à en diminuer le profit.

Tel que défini, le duché est vendu pour un prix de base de 650 mille livres dont 40 versées comptant, 400 au décès d'Emmanuel, 160 deux ans après et 50 en prenant pour quelques rentes le relai de la duchesse. La chronologie adoptée correspond au transfert de dettes précises contractées par le duc : celle que réclamait le prince Charles et qui ira à ses héritiers et celle due à Innocente Catherine en vertu de ses conventions matrimoniales. De ce fait les créanciers concernés sont garantis par l'affectation donnée à chaque versement. Ce n'est pas tout car Brionne s'oblige à payer neuf mille livres par an à son cousin jusqu'à son décès et à reprendre à ce moment là les rentes viagères que celui-ci a constituées essentiellement pour la satisfaction de domestiques à son service ou celui d'Henri. Si l'on tient compte du fait que Routot a été détaché du duché en 1748 pour l'équivalent de 280 000 livres et de la rente viagère que l'usufruitier recevra, le prix de vente monte à plus d'un million et demi de livres à comparer aux 700 000 à quoi on estimait le duché autrefois. L'opération du jour semble être une bonne affaire pour le vendeur.

Toujours au chapitre des garanties la duchesse intervient pour décharger le duché de tous les droits qu'elle peut avoir dessus, autres que la somme portée dans le contrat de vente. Pour mieux en assurer l'exécution elle démontre, chiffres à l'appui, que les aliénations et les remplois qu'elle a faits depuis son mariage s'équilibrent. Elle n'est l'objet d'aucune pression créancière. Elle a des moyens. À l'inverse du comte qui se révèle à court de trésorerie lorsqu'il lui faut honorer l'engagement qu'il a pris de régler les 400 000 livres dues aux ayants-droit du prince Charles. C'est elle qui va prêter 100 000 livres qui manquent momentanément à son neveu[503]. Le comte et la comtesse de Brionne, de par leur contrat de mariage, vivent sous le régime de la communauté[504]. De ce fait la moitié du duché revient à l'épouse de concert avec son mari. Mais elle n'a encore que dix-huit ans. Brionne promet de la faire obliger, conjointement et solidairement avec lui, à la pleine et entière exécution du contrat après sa majorité qui arrivera le cinq mars mil sept cent cinquante neuf. Ce qu'elle fera sagement après que lecture lui en aura « d'abondance » été faite par maître Aleaume.

Les habitants du duché n'ont pas à attendre aussi longtemps pour être informés de l'évènement qu'il en faudra à la comtesse de Brionne pour en connaître la substance. Successivement à la sortie des messes paroissiales ceux d'Elbeuf, de Caudebec, de Bosc-Roger, de Thuit-Anger, de Cléon et de Saint-Aubin sont prévenus. Et si Louis

---

[503] AN. MC. XCI. 895. Constitution du 30 mai 1753.
[504] Guyot. *Traité ….. Op. cit.* II. Liv. I. ch. LXXXVIII, p. 128.

Charles de Brionne n'est pas encore duc, il trouve bon de se mettre en posture de vassal par devant Guillaume de Lamoignon, chancelier de France. En réponse le Roi par l'intermédiaire des conseillers de la Cour des comptes déclare recevoir ses foy et hommage non sans rappeler que les aveux, autrement dit la composition du duché, devront être présentés et les droits qui vont de pair devront être payés dans le temps porté par la coutume[505].

L'un des personnages les plus touchés par la vente du duché, on s'en doute, est le sieur de Grosley. Son père lui a promis deux rentes viagères de 3 000 livres chacune. En tant qu'héritier d'Henri, le duc Emmanuel en est devenu débiteur, mais n'en a encore rien payé. D'autant plus que, par convention, elles ne peuvent être exercées qu'au décès de celui-ci. Assises sur le duché, la charge qu'elles entraîneront pèsera finalement sur le repreneur, c'est-à-dire sur Brionne. Afin d'éviter toute discussion sur ce point et d'une manière générale les prétentions que Grosley pourrait avoir sur les successions de ses père et oncle, avant même que le contrat de vente n'ait été signé, le dit Grosley et le comte de Brionne se sont mis d'accord sur un autre

---

[505] Henri Saint-Denis, *Histoire d'Elbeuf*, T. V. p. 202-207. AD. Seine Maritime. C. 1675.

schéma. Les donations sont réduites à quatre mille livres, nettes d'imposition, dont mille à la charge de Brionne et trois payées, dans l'immédiat par Emmanuel et après lui par Brionne. Grosley s'engage à ne rien réclamer de plus à quelque titre que ce soit y compris sur les successions d'Henri et d'Emmanuel[506].

Faveur de prince

Emmanuel Maurice d'Elbeuf s'est toujours préoccupé du sort des serviteurs de sa maison, les Sizaire, Gabriel et autres. Christophe Colin que nous avons aperçu furtivement, est l'un d'eux. Il appartient à une famille installée à Commercy et dans les villages voisins de Lérouville et Vignot. Le socle, constitué de bouchers, confère à ses représentants un statut de bourgeois. La plupart assez fortement impliqués dans la vie locale. Son grand-père a été procureur fiscal à Lérouville. Du côté paternel on trouve un échevin de Vignot. Deux maîtres bouchers de la famille, Sébastien et Joseph Colin, ont été doyens de leur corporation à Commercy. La culture des uns et des autres est assez récente.

---

[506] AN. MC. XCI. 885. Arrangements du 20 juin 1752 avec le sieur de Grosley à l'occasion de la vente du duché d'Elbeuf.

Cela fait une ou deux générations que les hommes savent au moins apposer leur signature. Les filles vont suivre. Né en 1725, peu de temps après la mort du prince de Vaudémont, Christophe a passé sa jeunesse sous les règnes de Léopold et de Madame Royale. Son père Claude, aussi boucher à Commercy, est décédé en 1746 à cinquante-deux ans seulement. Lui échappe à la tradition et à l'enracinement familial.

À Paris, valet de chambre du prince d'Elbeuf, comme toute la domesticité de la maison, il est passé du Faubourg Saint-Jacques à l'hôtel de la rue du Regard. Il n'a pas de fonction précise. Vu de l'extérieur, il ne tranche pas. On lui a simplement donné un surnom, Beauséjour. Quelques jours après le décès de son frère, le duc Emmanuel gratifie de rentes viagères par actes passé chez le notaire d'Elbeuf, maître Pierre Levalleux, six de ses domestiques : cent livres à Claude Verbo, postillon et à Jean-Baptiste Chevalier dit Beaufort, valet de pied ; deux cents à Jacques Cuvreau, de même fonction et à Nicolas Joseph Môme, valet de chambre ; trois cents à Louis Renard, autre valet de chambre. Christophe Colin ou Beauséjour comme on voudra jouira de la rente la plus élevée, trois cent cinquante livres. Dans l'euphorie générale le duc et les bénéficiaires en viennent à oublier le contexte dans lequel ces gratifications sont faites. En effet les deux derniers cités ont moins de vingt-cinq ans et sont encore mineurs ; ils ne sont donc pas autorisés à les accepter. Passe encore pour Louis Renard dont le père, sergent en la prévôté et garde forestier en la gruerie de Vienne-le-château, encore vivant, est en mesure de donner son accord et donc de surmonter l'obstacle[507].

La question est plus difficile à résoudre pour Christophe Colin puisque le boucher Claude, auteur de ses jours, est décédé depuis près de deux ans. Les juristes pourtant ne sont jamais à court d'imagination. Qu'à cela ne tienne. Dès que le vice de la donation en question est détecté, un conseil d'amis du bénéficiaire, composé de trois avocats en parlement, d'un licencié en droit, d'un intéressé dans les fermes du Roi et de Sébastien Petit, réunis sur le papier grâce à l'intervention d'un procureur au châtelet sous l'égide du lieutenant civil, décide de le faire profiter de la protection et des bontés dont Emmanuel de Lorraine, duc d'Elbeuf et Pair de France, l'honore. A cette fin il leur suffit de désigner un tuteur ad hoc dont la seule mission sera précisément d'accepter la donation dont le duc ne veut pas qu'elle reste sans effet et qu'il entend réitérer au profit du

---

[507] AN. MC. VIII. 1080, 22 octobre 1748.

mineur. Le surnom de Beauséjour est pour l'occasion accolé à son patronyme à l'aide d'une particule, ce qui pourrait passer pour une manifestation un tantinet prétentieuse. Et ces personnages sont d'avis que pour ce rôle insigne il n'est pas de meilleur choix que celui de Jacques Langlumé, bourgeois de Paris, intervenant fréquent des actes passés par Emmanuel et par le notaire Sauvaige. Tout peut être ainsi régularisé les 9 et 10 septembre[508].

Le sieur Colin se sent d'ailleurs capable d'accomplir des tâches plus en vue que celle de valet de chambre. La place de verdier des forêts, bois et chasses du duché d'Elbeuf qui dans le passé a été tenue par beaucoup de notabilités locales mais aussi par des personnalités extérieures, parisiennes notamment, dotée d'un certain prestige, est vacante. Elle rapporte 400 livres de rente par an et donne en outre à son titulaire le droit de prendre chaque année du bois de chauffage dans la forêt du secteur à concurrence de la moitié de cette somme. Elle n'exige pas de compétence forestière particulière, le rôle du verdier ou gruyer étant celui d'un magistrat non d'un exploitant. Elle n'oblige pas à résidence permanente sur les lieux, la présence du responsable n'étant exigée qu'une ou deux

---

[508] AN. MC. VIII. 1079.

fois par an lors de la tenue des assises mercuriales qui réunissent tous les officiers de la justice seigneuriale. Le verdier dispose d'ailleurs d'un personnel de lieutenants, de greffier, de sergents et de gardes-marteaux capables de soutenir le travail quotidien[509]. Il s'agit d'une charge dont il faut payer la finance. Christophe Colin a placé quelques économies en tontines et en rentes sur l'hôtel de ville. Elles ne sont pas à la hauteur du montant exigé. Pourtant, en accord avec son protecteur, il trouve et verse officiellement sept mille livres « en espèces sonnantes, ayant cours, comptées et déclarées réellement à la vue des notaires » dont le prince le quitte et trois mille supplémentaires sur lesquelles ils ont dû fermer les yeux, soit dix mille livres au total qui représentent le prix de cet office. En conséquence le duc va passer séparément sa nomination ou commission pour l'exercice de ladite charge en faveur dudit sieur de Beauséjour. Le 5 novembre, muni de ses lettres de provision, celui-ci se présente devant le bailli d'Elbeuf, prête serment et est déclaré admis. Il pourra désormais prolonger son nom par sa nouvelle qualité quitte à se faire excuser

---

[509] Alain Roquelet, *Le bailliage ducal et haute justice d'Elbeuf.* AD. Seine Maritime, 52 BP 172. En fait l'absentéisme aux assises est toujours important.

lors des assises d'avril et d'octobre 1750[510].

Christophe Colin fait l'objet d'une clause particulière de la vente du duché. Le comte de Brionne devra tenir les promesses faites par le duc à l'intéressé. Il ne pourra le forcer, tant qu'il sera pourvu de sa charge, à résider à Elbeuf ni à aucuns lieux dépendant du duché. Il lui faudra maintenir ses gages à leur niveau du moment, chauffage compris. Brionne pourra le remercier, lui ou ses ayants cause s'il le juge à propos, mais à condition de lui rembourser les dix mille livres versées pour l'acquisition de la charge.

Verdier du duché d'Elbeuf, cela vous donne une identité. Le sieur Colin vise plus haut. Il brigue une charge extérieure. La maison du Roi comporte au moins deux parties. L'une que l'on pourrait appeler civile, occupe toute une série de gentilshommes, de chambellans, de princes chargés de diriger et d'animer sa chambre, sa garde-robe, ses écuries, la vénerie, la fauconnerie et même sa chapelle. Une autre, destinée à le protéger, constitue sa maison militaire, répartie en plusieurs corps de troupes. Chacun d'eux a sa particularité. Certains ont des rôles de police,

---

[510] AN. MC. VIII. 1079, quittance du 27 août 1748 complétée par acte du 20 juin 1752 où le duc d'Elbeuf dévoile le vrai montant de ce qu'il a reçu. H. St.-Denis, *op. cit.* V. 153.

d'autres gardent les palais royaux ou ont des missions spéciales. Tous sont appelés à se compter et à se « montrer » au cours de revues à faire à intervalles réguliers. À l'issue de ces exercices, un officier d'administration, le commissaire en fait le compte-rendu. Un autre, le contrôleur en extrait la substance, en particulier l'effectif de chaque compagnie qui détermine les payements à faire aux militaires qui la composent. Les fonctions de commissaire et de contrôleur des guerres sont organisées en offices. Christophe Colin a l'occasion d'en acquérir un de contrôleur.

Prendre cet état présente plusieurs avantages. Il est peu absorbant. Il peut être exercé à son domicile et cumulé avec d'autres charges. Il n'oblige pas à quitter celle de verdier, non plus que le service du duc d'Elbeuf dont celui-ci se dit d'ailleurs parfaitement satisfait. Le fait d'appartenir à la maison militaire du Roi lui confère un certain lustre. Le titre de contrôleur est l'un de ceux qui permettent d'accéder à la qualité d'écuyer, premier degré de noblesse. Outre l'honneur qui en résulte, il s'y ajoute la jouissance de « prérogatives, privilèges, prééminences, franchises, libertés, exemptions et immunités ». Cela permet d'échapper à diverses contraintes, telles qu'impositions ou logement de gens de guerre. Une juridiction spéciale, la connétablie et maréchaussée de

France est mieux à même que les tribunaux à compétence indéterminée de trancher les litiges qui peuvent surgir quand le cours des choses s'écarte de la voie ordinaire. Ainsi qu'il en est pour d'autres charges la noblesse de ceux qui possèdent cet office, font souche et ont servi pendant vingt ans, est acquise à leur postérité légitime[511]. En revanche les gages de l'emploi, soit quelques centaines de livres par an, sont plutôt faibles. Ce qui explique qu'aussitôt respecté le délai nécessaire pour profiter de la noblesse héréditaire, beaucoup cherchent un autre emploi.

Louis Marin Clot est de ceux-là. Il est contrôleur ordinaire ancien des guerres à la suite du régiment des gardes suisses qui fait partie de la maison militaire. Il est écuyer et conseiller du Roi. Il a un fils, Gabriel Louis, qui se destine à la carrière d'avocat[512]. Il a obtenu sa lettre de provision en décembre

---

[511] Cf. édit du Roi donné à Marly au mois de mai 1711. Le monarque assure qu'il tient ainsi à marquer la satisfaction qu'il a des services que lui rendent les intéressés. Mais il ne cache pas que ces avantages, assortis d'une augmentation de gages, lui procureront un nouveau secours pour les besoins de son État par la finance qu'ils payeront pour acquérir leurs charges. Le sort des commissaires et des contrôleurs des troupes de la maison militaire a varié par la suite. Néanmoins sur ces points leur statut au milieu du siècle ne diffère pas fondamentalement de celui de leurs prédécesseurs.
[512] Cf. AN. MC. LXXXIII. 508 et 629.

1731. Nous sommes à l'automne de 1751. L'obligation des vingt ans est remplie. Il lui est donc loisible de mettre en vente son office. À vrai dire il manque encore les quarante jours de survie après sa résignation mais les autorités sont prêtes à le dispenser sur ce point de la rigueur des règlements. Christophe Colin de son côté a maintenant atteint et même dépassé l'âge requis de vingt-cinq ans. Les vingt-cinq mille livres demandées par le vendeur sont à une autre échelle que celle de la verderie d'Elbeuf. Mais le jeune homme a ce qu'il faut d'ambition et de désir pour franchir l'obstacle. Peut-être aidé par le duc d'Elbeuf, peut-être grâce aux ressources du crédit, il traite sur cette base avec le vendeur le 15 novembre[513]. Il signe l'acte « C. Colin verdier ».

La quinzaine qui suit est mise à profit par l'entrant pour payer le droit de huitième denier, justifier de son âge, convaincre les secrétaires et contrôleurs généraux des guerres et cavalerie légère de ses bonne vie et mœurs et qu'il est bien de conversation et de religion catholique et romaine. Quant au cédant il a payé le droit annuel exigé de l'office. Ces formalités accomplies, Christophe Colin obtient sa lettre de provision. Il lui est

---

[513] AN. MC. LXXXIII. 424. Traité d'office passé en l'étude Gervais.

confirmé que dès qu'il aura prêté serment il pourra jouir pleinement et paisiblement de son office. Il bénéficiera de tous les avantages offerts par les édits, déclarations et arrêts rendus en faveur des titulaires de ces charges, tels qu'en a joui ou dû jouir son prédécesseur. Il y est même ajouté et détaillé ceux qui découlent d'une activité reconnue : honneurs, fonctions, pouvoirs, autorité, droits (les scribes savent jouer de la redondance). Une fois reçu, les trésoriers de l'ordinaire et de l'extraordinaire lui payeront en la manière accoutumée les gages et droits appartenant à l'office[514]. Le marc d'or et les autres droits prescrits à l'occasion de l'entrée en charge auront majoré le coût de l'office de près de 1 200 livres.

Le duc Emmanuel est toujours soucieux de l'évolution personnelle de ceux qui le servent. S'il a jusque là facilité la carrière de Christophe Colin, il lui semble que l'équilibre de celui qui est maintenant son écuyer devrait le conduire à se marier. Et à cet égard il penche pour la région d'Elbeuf. Plus précisément du côté du Thuit-Signol où réside une famille honorable ayant des liens avec la draperie du chef-lieu, la famille Longuet. Le père, Jean-Baptiste, de son vivant officier de la

---

[514] AN. V¹. 366. Lettre du 1er décembre 1751, signée du garde-minute de la grande chancellerie de quartier, Sainson.

Maison du Roi en qualité de « Grand Laquais pour courir à gages et accoutrements »[515], est mort il y a quatre ans. Sa veuve née Catherine Le Baron s'est retirée au Thuit-Signol avec sa fille, elle aussi prénommée Catherine. La demoiselle n'a que seize ans. Christophe en a vingt-six. L'exemple du comte de Brionne montre que la jeunesse n'est pas un obstacle pour une belle union. Sous le patronage du maître, un contrat de mariage est préparé. Généreux comme à son habitude et peut-être content d'avoir quelqu'un sur place, notre duc offre quatre mille livres à son écuyer et s'engage à loger et nourrir le couple en son château d'Elbeuf[516].

L'union projetée ne se fera pas[517]. Christophe Colin est plutôt casanier. Tout près de la rue Saint-Nicaise où le chantier de

---

[515] Désignation officielle de valets de pied, rattachés aux Écuries Royales, habiles à servir au plus près S M, ouvrir et fermer les portières de son carrosse, l'aider à monter à cheval, aller aux processions... AN. O^1 879/3.

[516] Ces propositions sont données par Henri Saint-Denis (*op. cit.* V. 194-195) comme ayant été arrêtées et signées au château même le 18 mars 1752. Malheureusement les archives notariales d'Elbeuf de l'époque ont été détruites. Elles ne peuvent être vérifiées.

[517] Catherine Longuet épousera au Thuit-Signol le 24 mai 1757 Louis Gabriel Juetz d'Inglemare, demeurant sur la paroisse Saint-Martin de L'aigle (actuellement dans l'Orne) et à peu près du même âge qu'elle. AD. Eure. EC Thuit-Signol, p. 141 du registre.

l'hôtel d'Elbeuf se poursuit, rue du Champ Fleuri, habite une famille répondant au nom de Pigot. Son histoire commence avec Gabriel, laboureur viticulteur à Saint-Loup-de-Naud, paroisse rattachée au diocèse de Sens. Marié avec Jeanne Begue, celui-ci décède en 1709, l'année du grand hiver. Sur les huit enfants que le couple a eus, cinq restent à la charge de sa veuve. Pas un n'est en âge de reprendre l'exploitation. Pas de pension. Pas de revenus. La campagne n'offre plus de perspective. En dépit des interdits qui tendent à endiguer l'afflux d'une population seulement frappée par les conséquences du gel, Jeanne Begue, pour se procurer sa subsistance et la procurer à ses enfants, ne voit qu'une solution : gagner Paris et s'y mettre en service. Les débuts sont difficiles. Elle demeure en différentes maisons avant de pouvoir entrer chez la dame Jeanne Cotelle, femme de François de Troy, peintre ordinaire du Roi et membre de l'académie royale de peinture. Elle y reste jusqu'à la mort de sa maîtresse en 1738. Ses fils sont devenus adultes. L'un d'eux, Jean-Baptiste est resté parisien. Elle se retire chez lui avec le peu de mobilier qui lui appartient : « un petit lit composé de deux matelas, une couverture et un traversin, une commode très ancienne, un fauteuil de paille, une chaise de canne, pelle et pincette de feu ». Sans gage évidemment, mais logée et nourrie, elle est tout de même, « pour fournir à ses menus besoins », amenée à vendre pour six livres la commode qu'elle avait achetée huit livres[518].

Quinze ans ont passé. Jean-Baptiste Pigot a eu une fille, Marie Josephe, de son épouse Marie Catherine Desjardins, maintenant décédée. La demoiselle est mineure. C'est elle qui convient à Christophe Colin. Leur union va donner le jour à un enfant qui sera un garçon et à qui on donnera le prénom de Jean-Christophe. La mère de Christophe, Anne Huot, qui est restée à Commercy, sans doute persuadée de l'importance acquise par son fils qu'elle se représente en « Grand-Maître des Eaux et Forêts du duché d'Elbeuf et intendant de S. A. S. Monseigneur le Prince d'Elbeuf » lui fait confiance. Elle l'autorise à contracter mariage avec qui il jugera à propos et s'engage à approuver ledit mariage et à le ratifier si nécessaire[519]. Christophe Colin et Marie Josephe Pigot par la voix de son père peuvent donc faire part que la célébration de leur mariage se fera incessamment « en face d'église ». Le contrat qui est établi à cette occasion le 14 août a essentiellement pour objet de préciser que les parties, dérogeant aux

---

[518] Toutes précisions données par l'intéressée elle-même. AN. MC. LIII. 348.
[519] AN. MC. LIII. 342 (Billeheu). 5 août 1754.

dispositions de la coutume de Paris, adoptent le régime de la séparation de biens. La future aura donc la libre et entière administration de tous ses biens présents et à venir. Christophe Colin lui assure quatre cents livres de rente viagère de douaire préfix qui demeurera propre aux enfants qui naîtront de leur mariage.

L'accord des parties est honoré de la présence du duc et de la duchesse d'Elbeuf et de la comtesse de Brionne. Le mari de celle-ci dont les titres sont largement énumérés, est représenté par Charles Lorimier, intendant contrôleur des Écuries, maître de la chambre des deniers de Sa Majesté. Leur acquiescement est concrétisé par la signature que chacun d'eux appose en son hôtel ou sa demeure au bas de l'acte[520].

Préalablement un inventaire a été fait et authentifié des meubles que le sieur Colin possède dans l'hôtel de la Rue du Regard[521]. Il aide à se faire une idée des conditions dans lesquelles il y est logé. On y trouve une tenture de tapisserie de verdure, trois trumeaux avec glaces et un miroir pour orner les murs. L'espace occupé doit être assez vaste puisque ces articles sont eux-mêmes de dimension

---

[520] AN. MC. LIII. 342 (Billeheu). 14 août 1754.
[521] AN. MC. LXXXIII. 438. Reconnaissance. M. le duc d'Elbeuf au S. Colin. 3 juillet 1754.

appréciable. Le mobilier comporte douze fauteuils, un sofa de six pieds de long, deux consoles et une commode. L'ensemble paraît être de bonne qualité. Car si l'or des galons est donné comme faux, la commode est en bois de violette à pied-de-biche avec dessus de marbre brèche d'Alet, le sofa est couvert d'une tapisserie d'Auvergne à pavots roses, la tapisserie murale est de Bruxelles. Il y a surtout une pendule à cartel de Lefaucheur, horloger du Roi. L'utile n'est pas négligé avec un lit complet. Des housses de velours protègent ceux des sièges qui ne sont pas cannés. Le tout est au goût du jour, il permet de se sentir un peu chez soi[522].

----

[522] La chronologie de ces évènements soulève plus de questions qu'elle n'apporte de réponses satisfaisantes. Les actes originaux d'état civil parisien ont laissé la place à des documents reconstitués. En ce qui concerne la naissance de Jean-Christophe Colin deux dates sont avancées. Un extrait des registres de l'église paroissiale de S.- Germain l'Auxerrois le fait naître rue Saint-Nicaise le vendredi 18 janvier 1752. Or ce n'est qu'en 1754 que le dix-huit janvier a été un vendredi. Et s'il était né en janvier 1752 de Marie Josephe Pigot, épouse de Christophe Colin qui plus est, pourquoi aurait-on élaboré un contrat de mariage avec une autre personne ? L'année 1754 est donc plus plausible. Elle a été retenue dans tous les actes administratifs qui l'ont concerné (mariages, états de service, légion d'honneur, etc.) et par les auteurs de dictionnaires biographiques (G. Six en particulier). Mais le baptême à Saint-Germain l'Auxerrois ne peut s'expliquer que par la rue du Champ Fleuri ou celle de St Nicaise, alors que le père, donné comme absent il est vrai, réside bien à l'hôtel d'Elbeuf, rue du Regard, donc sur la

Christophe Colin veut aller plus haut. L'une des meilleures voies pour y parvenir passe par l'acquisition d'une charge de secrétaire du Roi à exercer en la chancellerie établie auprès d'une Cour souveraine. Une telle charge sert à décrasser la roture de certains. Elle confirme et consolide les titres d'une noblesse peut-être discutable. Elle a même attiré par son prestige des personnages déjà pourvus tels que le premier mari d'Innocente Catherine, marquis de Coëtanfao. Elle tente le sieur Colin, tout écuyer qu'il soit.

La grande chancellerie de France à Paris est la plus en vue. Étant donné la demande et le prix des offices qu'elle

---

paroisse St Sulpice. Par ailleurs dans l'extrait le plus ancien fourni en 1792 il est bien marqué que Marie Josephe Pigot est l'épouse de Christophe Colin et il n'est fait aucune allusion à une quelconque illégitimité. Par ailleurs il est dit que le parrain est Claude Verneau, du côté Colin et la marraine Jeanne Begue, du côté Pigot. Si l'intéressé est né en janvier 1754, cela veut dire avant le contrat et la cérémonie du mariage qui sont du mois d'août suivant comme l'autorisation donnée par la mère de Christophe. Le duc et la duchesse d'Elbeuf n'ont changé de domicile qu'en mai 1755, précédés de peu par leur serviteur (entre mi-août et le début d'octobre 1754). Et Jeanne Begue déclare qu'elle a été recueillie par son « petit-gendre » en 1755, environ dix-sept ans après la Saint-Jean 1738 et après qu'il a épousé sa petite-fille. D'un autre côté, les époux Colin ont eu un autre fils à fin avril 1756, ce qui est peu compatible avec une venue tardive de son aîné. Tous les documents dont nous disposons sont datés en lettres et en chiffres, ce qui devrait exclure toute erreur. Le résultat est certain, pas le parcours.

comporte il vaut mieux tourner ses regards du côté de la province. Il serait logique de viser le Parlement de Normandie à Rouen auquel ressortit le bailliage d'Elbeuf. Ce n'est pourtant pas celui qui dispose du plus grand nombre de secrétaires. Mais outre les Parlements à compétence générale il existe des Cours plus spécialisées, celles des aides. Ce sont des juridictions chargées de statuer sur des affaires d'impôts (notamment sur les boissons ou aides qui leur donnent leur nom) mais aussi d'enregistrer des édits qui les augmentent ou les titres de noblesse de leur ressort. Trois d'entre elles dont celle de Montauban ont conservé leur indépendance. Elles offrent les mêmes privilèges que les Parlements. L'effectif, en particulier le nombre de secrétaires du Roi n'y est pas nécessairement proportionnel au volume des affaires traitées. À Montauban ils sont plus nombreux qu'à Rouen, alors que les contentieux n'y dépassent pas la trentaine en une année[523]. Comme la fonction d'un secrétaire du Roi ne consiste au plus qu'à

---

[523] Le nombre des secrétaires audienciers est fixé par édits. Il a varié dans le temps. La proportion de Rouen à Montauban est d'un à deux au milieu du siècle. L'importance des contentieux à la même époque est estimée par Monique Cuillieron, *in Contribution à l'étude de la rébellion des Cours souveraines sous le régime de Louis XV. Le cas de la Cour des Aides et Finances de Montauban*, p. 15.

signer les lettres que la Cour expédie et les arrêts et mandements qui en émanent, il est certain qu'il ne s'agit pas d'une tâche écrasante.

En juin 1715 les offices de secrétaires de la Cour des aides de Montauban, jugés inutiles, ont été supprimés. Ils contribuaient tout de même, si peu que ce soit, à alimenter le trésor royal. Sous cet aspect là du moins leur existence pouvait se justifier. Trois ans plus tard ils ont donc été rétablis. Le fait que ces officiers se soient organisés au sein d'une compagnie n'efface pas l'identité propre à chacun d'eux. L'un de ces offices rétablis est allé à un dénommé François Duval, reçu à la fin septembre de 1721. En mai 1733, donc après onze ans et demi d'exercice, il cède son office à Raymond Dubergier. L'acquéreur ne cherche pas à s'agréger à la noblesse puisqu'il en fait partie depuis 1716 que son père l'a obtenue. Son problème serait plutôt de la conserver. Car il s'agit d'un négociant bordelais. Le statut de secrétaire du Roi écarte le risque de dérogeance que peut comporter entre autres le commerce de détail et cela sans avoir à bouger. C'est sans doute une motivation du même ordre qui a poussé Jacques Nuñes Pereyra, aussi de Bordeaux, à en devenir le troisième titulaire. L'intéressé appartient à une famille renommée d'origine juive portugaise, devenue catholique ou en voie de l'être. Il est vicomte de la Menaude près de Bordeaux où il exerce le métier de banquier et de brasseur d'affaires. En bon financier, il met une touche supplémentaire en achetant sa charge à crédit en mai 1753 au fils et héritier de Raymond Dubergier, Jean-Clément, engagé dans une carrière de magistrat au Parlement de Bordeaux. La principale préoccupation de Jacques Pereyra semble avoir été d'obtenir de la grande chancellerie des lettres de survivance permettant d'échapper à la paulette en cas de transmission de l'office.

Tel est le personnage auquel Christophe Colin va avoir à faire puisqu'il est prêt à effectuer le détour de Montauban. Le prix se situe à un autre niveau que ceux des offices qu'il a achetés précédemment : cinquante cinq mille livres. Prix de marché peut-on dire cependant, égal à ceux de transactions contemporaines[524]. Prix qui est le cumul de l'ancienne finance de l'office (33 000 livres environ) et d'un supplément (22 000 livres) défini par un édit de septembre 1755.

Plutôt que de faire le voyage, le vendeur se sert du sieur Louis Benoît

---

[524] Cf. chiffres puisés par Jean-François Solnon aux archives du Doubs et du Rhône portant sur des offices négociés en novembre 1756 et février 1757. *215 bourgeois gentilshommes au XVIII* siècle*, p. 78 et 79.

Roberdeau, notaire à Bordeaux et bourgeois à Paris, pour traiter en l'étude de Claude Aleaume le 7 janvier 1756 avec Christophe Colin[525]. Roberdeau est venu avec toutes les pièces justificatives : provisions des précédents et de l'actuel titulaires et quittances de finance. Il se fait fort d'obtenir que son interlocuteur soit pourvu et reçu à l'office et de le faire profiter de tous les privilèges et gages y attachés dans le délai d'un mois. Il obtiendra mainlevée des oppositions que pourrait faire le sieur Pereyra, dans la quinzaine qui suivra les provisions accordées au sieur Colin. Le vendeur est accommodant et prêt à faire crédit comme ce fut le cas pour lui-même. Mais c'est l'achat au comptant qui est retenu. Colin ira porter le jour même au conseiller responsable de sa Majesté seize mille livres environ. Le reste est versé à Roberdeau à la vue des notaires. Mais la presque totalité en est aussitôt retenue par maître Aleaume en vue de rembourser les trente mille livres que Pereyra reste devoir à Dubergier sur son propre achat de l'office et deux mille livres d'intérêts.

Dès le 20 janvier qui suit Christophe est donc reçu à la Cour des aides de Montauban sur provisions du même jour. Il est désormais secrétaire du Roi. Il l'est même auprès du parlement de Normandie puisque,

---

[525] AN. MC. XCI. 927.

trois mois plus tard, son office est transféré à Rouen[526]. Mais où a-t-il trouvé, se demandera-t-on, de quoi payer un office coûteux malgré tout ? Une partie de la réponse doit être cherchée du côté du duc d'Elbeuf. Celui-ci avait fait en octobre 1754 toute une série de placements auprès des Etats de la province du Languedoc. Or au moment même où son favori retire de sa cassette les sommes qu'on a évoquées, par tout un jeu de transports et de reconstitutions qui ne sont vraisemblablement pas dus au hasard, au moins quarante mille livres se sont trouvées être au nom du sieur Colin[527].

Pourvu d'honneurs et de dignités, le même Colin est maintenant chef de famille. La naissance d'un second fils est en vue. Il juge bon de quitter la rue Saint-Nicaise pour aller demeurer Cloître des Jacobins St Honoré, passant par là-même de la paroisse Saint-Germain l'Auxerrois à celle de Saint-Roch. Avec lui, Marie Josèphe et Jean-Christophe. Il y a aussi Jeanne Begue, venue avec exactement le même bagage que celui qu'elle avait amené chez son fils dix-huit ans plus tôt, pelle et pincette comprises, mais évidemment sans la

---

[526] Comte d'Arundel de Condé, *Les anoblis par charges en Haute Normandie de 1670 à 1790*. La chancellerie de Rouen, p. 181.
[527] AN. MC. 910 du 3 octobre 1754 et XCVI. 396 du 10 janvier 1756.

commode vendue en son temps[528].

Colin se tourne aussi vers la campagne proche, du côté du Nord-Ouest sur un site que le duc d'Elbeuf connaît bien[529]. Un apothicaire parisien, Antoine Juvet, est décédé il y a peu. De son vivant, assez aisé pour se permettre quelques constitutions de rentes, il n'a pas eu le temps de régler tous ses fournisseurs. Au grand regret de sa veuve et de sa fille, certains de ses biens ont été saisis et mis aux enchères. Un nommé Bernard Fauchet, tailleur d'habits de son métier, a présenté la meilleure offre, non pas d'acquisition mais de prise à bail de propriétés dont le défunt disposait dans les hameaux de Mousseaux et de la petite Pologne, dépendant de la paroisse de Clichy-la-Garenne mais en fait situés à la porte de la capitale. Le fermier général Laurent Grimod de La Reynière y possède un château mais les lieux sont essentiellement occupés par des laboureurs et des cultivateurs.

L'ensemble concerné par le bail est composé de deux lots. Le premier vise une masure sise à côté de la chapelle de Mousseaux, nouvellement reconstruite. Il comporte un grand terrain qui forme un clos

---

[528] AN. MC. LIII. 348. Déclaration du 14 mars 1756.
[529] Hippolyte Bonnardot , *Monographie du VIIIᵉ arrondissement de Paris*, pp. 10-11.

d'environ douze arpents tant en luzerne qu'en terres labourables et où il y a plusieurs arbres fruitiers et à haute futaie. Le second, moins vaste, est établi à la petite Pologne sur le chemin qui conduit à Mousseaux. Il comprend une maison présentée comme nouvellement construite avec porte cochère, logement de jardinier, remise et écurie. En forme de pavillon carré, celle-ci est entourée d'un grand jardin prolongé par un petit bois. Sur le derrière de la maison, deux arpents de terre environ sont aussi cultivés en luzerne.

Le bail n'a pas été conclu à l'amiable. Les conditions en ont été fixées par les autorités de justice, d'où sa qualification de judiciaire. Toutefois il laisse la possibilité de cession à un tiers. C'est là qu'intervient Christophe Colin. Le 13 septembre 1756, il le reprend à son compte moyennant huit cent trente livres, versées comptant, avec la garantie que le cédant le protègera de tout trouble ou poursuite[530].

L'affaire ne paraît pas mauvaise car huit jours plus tard la masure et la terre de Mousseaux sont sous-louées pour quatre cents livres par an à un membre de la famille Gillet qui constitue le gros des laboureurs du hameau, mais cette fois sans possibilité de

---

[530] AN. MC. LXIII. 448. Transport du 13 septembre 1756.

cession sauf consentement exprès de Colin[531]. Celui-ci se réserve pour le moment la maison de la petite Pologne. Et là les choses se révèlent plus compliquées. En réalité le bâtiment est loin d'être terminé. Du sol au toit, carrelages, plomberie, vitrages, charpentes, couverture et même murs et peintures ont encore besoin de l'intervention de maîtres et ouvriers qualifiés. Or Colin n'est pas propriétaire. Il doit s'accorder avec les commissaires aux saisies réelles qui commencent par faire appel à un architecte expert reconnu, Gabriel Pothenot. Il faut déterminer les travaux indispensables, s'assurer que ceux qui en seront chargés, sont valables et que leurs prix sont convenables. Heureusement, le rapport de l'expert est rapidement fait (1er octobre) et la sentence d'entérinement rendue sans trop tarder (22 octobre). Le sieur Colin est alors autorisé à faire les réparations et ouvrages énoncés en détail dans le rapport susdit et à en avancer les deniers nécessaires sans avoir l'assurance que l'addition sera suffisante. À la mi-décembre, les ouvrages ont pu être bien et dûment faits et vérifiés par Pothenot. Il en aura toutefois coûté 3 335 livres au locataire[532].

---

[531] AN. MC. LXXXIII. 448. Sous bail du 22 septembre 1756.

[532] AN. MC. LXXXIII. 449. Quittance du 13 décembre 1756

Gérard Colin de Verdière

V

AU CŒUR DU SIÈCLE
(1757-1765)

Savoir tendre la main pour mener son train.

Louis Charles de Brionne a fait de grandes dépenses. En 1751, il a acheté au prince Charles, alors mourant, le comté de Charny en Auxois avec les domaines, aides et péages de celui de Mâcon pour 380 000 livres. On aurait pu penser que la somme ainsi versée à l'oncle était susceptible de retourner au neveu par le biais de la succession du premier et des legs qu'elle comporterait. Mais elle n'a servi qu'à apurer une partie des dettes du prince Charles. L'acquisition du duché d'Elbeuf a sans doute été un placement, mais à long terme, puisque dans l'immédiat c'est l'usufruitier qui profite des fermages et des autres produits qu'il rapporte. Là même, on a vu que l'aide de la duchesse a servi à desserrer l'étreinte, intervention qui, au denier vingt, coûte tout de même cinq mille livres par an. Le secrétaire des commandements du comte, Charles Emmanuel Quelus, est appelé à faire de temps à autre le voyage d'Elbeuf pour apprécier l'évolution de l'exploitation. Les terres que Brionne possède, peuvent faire illusion. Les réparations à faire, les frais d'avocats, de procureurs, les montants que ne manquent pas de réclamer les officiers de justice à l'occasion de la « manutention des droits et devoirs », des procès et litiges, contribuent à la pression constante qui s'exerce sur la trésorerie du prince. Celui-ci ne répugne pas d'ailleurs à s'offrir le cas échéant quelques plaisirs tels que son portrait en miniature ou celui du prince Charles et plus souvent l'ardeur de la chasse[533]. En outre, comme on l'a constaté, il a le sentiment de n'avoir pas sa part légitime des charges qu'il cumule. L'endettement est la solution inévitable de toutes ces difficultés. Il connaît heureusement le chemin des bons prêteurs, Monmartel par exemple qui n'hésite pas à mettre à sa disposition 6 000 livres dont le remboursement est pourtant bien hasardeux[534]. Le plus gros des dettes héritées ou contractées par le prince fait d'ailleurs l'objet d'un véritable marché. Par le jeu d'évènements familiaux, mariages, successions ou par transports les titres des premiers créanciers passent de mains en mains. Nés dans son entourage ils aboutissent, assortis de leurs privilèges, chez des individus liés aux

---

[533] Cf. inventaire après décès du prince.
[534] AN. O^1 402.

milieux financiers voire chez de véritables professionnels, entre autres les Grimod, fermiers généraux[535].

Son épouse s'est par ailleurs livrée à la spéculation comme d'autres avant elle. Cela fait des années que la France et l'Angleterre se harcèlent sur mer et même au-delà. Quand les Français s'en prennent avec succès à l'île de Minorque qui dépend de la couronne britannique, celle-ci, en mai 1756, déclare la guerre à la France qui l'a, selon elle, injustement commencée. Cette dernière réfute les arguments avancés et fait valoir sa longue patience. Elle est décidée à relever le défi. Le maréchal duc de Belle-Isle, déjà commandant général sur les côtes, de Dunkerque à Bayonne, est ministre d'État. L'homme est d'autant plus hostile aux Anglais qu'arrêté alors qu'il traversait l'électorat de Hanovre, il a été leur prisonnier en 1745 durant plusieurs mois[536]. Avec flamme, on envisage non seulement de se défendre mais aussi, pourquoi pas ?, d'envahir le territoire de l'adversaire ou du moins les îles qui en sont proches.

Toutefois si le gouvernement décide de mener une politique hardiment belliqueuse,

---

[535] Cf. AN. MC. Étude LXXXVIII. 661.

[536] Arrêté le 24 décembre 1744, arrivé en Angleterre le 23 ou 24 février 1745. Libéré en août. Cf. Luynes, *Mémoires*, T 16, p. 223 et 225.

celle-ci malgré tout ne peut qu'être coûteuse. Il sait que la marine royale française n'a pas la taille et la portée de l'anglaise. Mais le trésor manque de moyens de façon plus cruelle encore. Seuls les particuliers sont susceptibles de répondre à l'ambition du pouvoir. Dès le début du conflit le ministère a déclaré qu'à cette fin il songeait à recourir à une façon de s'y prendre un peu délaissée depuis quelque temps, à savoir l'armement en course. Il en vante les mérites et l'encourage. Un projet d'expédition du côté des îles anglo-normandes est avancé. Cela demande un chef guerrier. On l'a sous la main en la personne de François Thurot. C'est un natif de Bourgogne, mais passionné de la mer, corsaire de surcroît. Les prouesses qu'il a déjà accomplies, le font considérer comme un digne successeur des Jean Bart, René Duguay-Trouin et de quelques héros de leur espèce. C'est aussi un protégé de Belle-Isle avec qui il a partagé en son temps les geôles anglaises. Il est tout prêt à reprendre du service. Un peu exalté, il suffira de l'encadrer comme officier du Roi faisant fonction de capitaine. Pour le moment trois frégates sont estimées nécessaires et suffisantes. Les armateurs, eux, ne manquent pas ; chaque port un peu important abrite un chantier. Reste le financement. À 250 000 livres la frégate de seulement 26 canons[537], la somme à recueillir est loin d'être négligeable.

L'habitude est de former dans ce but une ou plusieurs compagnies ou sociétés par actions. Divers types d'individus sont appelés à en faire partie. Le premier est constitué par ceux qui embrassent l'opinion du gouvernement sur la justesse et l'opportunité de s'en prendre à l'ennemi désigné. Il y faut aussi des hommes aux vues plus terre à terre. Ce sont des gens animés par la perspective de gains substantiels et surtout prêts à s'engager fortement dans l'affaire, autrement dit à y apporter des capitaux consistants. Pour les attirer, il est bon de leur faire valoir les avantages qui leur sont proposés. L'objectif mis en avant, c'est le commerce anglais. D'ores et déjà on croit savoir qu'une flotte richement chargée de marchandises de valeur, en particulier des fourrures, est partie d'Arkhangelsk. D'autres vont suivre. À côté de ceux-là, on espère que la participation de quelques seigneurs ne manquera pas d'entraîner d'autres personnes de qualité habituées à suivre le comportement du milieu auquel elles ont le sentiment d'appartenir. La présence de plusieurs chefs de bureau de chez le ministre de la Marine est un gage de

---

[537] *La guerre de course en France de Louis XIV à Napoléon Ier*. Colloque Paris, Ecole militaire juin 1987, p. 23.

sécurité[538].

Dans le cas qui nous occupe, la société qui est fondée, sera dirigée par Belle-Isle lui-même et par Germain-Louis Chauvelin, ancien ministre. Ils se connaissent depuis longtemps. Ils ont même été reconnus comme formant un parti à eux seuls et menant une diplomatie secrète qui leur était propre. Pénétrés de leur importance, il est normal qu'ils prennent conjointement la tête d'une affaire dont l'initiative leur appartient. La banque parisienne Le Couteulx et Cie qui a pignon sur la rue Montorgueil, est chargée du placement des actions et de centraliser les fonds récoltés.

La comtesse de Brionne serait plutôt du troisième type, celui des seigneurs et des habitués de la Cour. Elle se persuade de souscrire à l'armement projeté. Elle limite cependant sa contribution à trois mille livres qu'elle fait porter chez le sieur Laideguive, son notaire habituel, à charge de les déposer rue Montorgueil. Elle ajoute néanmoins que dans son esprit, il s'agit là « de participer aux bons ou mauvais évènements qu'il plaira à Dieu de donner aux trois frégates que M. Thurot

---

[538] Voir en particulier : Bulletin de la Société de Normandie. 1913 (T. 12). *Armements en course à Rouen et au Havre.* Documents présentés par MM. L'abbé Blanquart, P. Le Verdier et Vernier, p. 305. Union Faulconnier. Bulletin T. XVII. Fascicule I. p. 114.

commandera »[539].

Ces frégates, armées par le sieur Martin, sont alors en construction à Saint-Malo. Elles répondent au nom des animateurs de l'opération : Le *Maréchal de Belle-Isle,* le *Chauvelin* et la *Marquise* que chacun est libre d'identifier de façon plus précise[540]. Elles sont conçues pour porter trente à quarante canons et un équipage de quarante hommes. Elles seront capables chacune d'accueillir quelques centaines de soldats destinés à agir sur terre quand il le faudra. Afin d'inciter le Seigneur à faire le bon choix, on y ajoutera de l'audace et de la bravoure. Sous le prétexte politique le but de Thurot est de chercher les ennemis de sa patrie et de s'enrichir de leurs dépouilles. L'objectif particulier qui lui a été fixé se trouve dans les îles normandes. Le capitaine est un homme pressé. Le départ des corsaires, alors armés de vingt-quatre canons seulement, prévu d'abord pour la fin de janvier 1757, a été reporté à la fin de février. En juillet la *Marquise* n'est toujours pas prête. Qu'importe ! Au diable les problèmes d'argent ! Le *Belle-Isle* et le *Chauvelin* escortés de deux corvettes suffiront, le capitaine en est sûr. Le 16 juillet[541]

---

[539] Un document daté du 20 août 1757 atteste que les formalités ont bien été accomplies.
[540] Illustre ou simple actionnaire.
[541] *Journal historique du capitaine Thurot,* p. 5, repris dans *Apologie du Capitaine Thurot, extraite de différens journaux de ses*

au petit matin la flottille quitte Saint-Malo et fait voile vers le Vieux Banc.

Bien entendu les Anglais ont eu le loisir d'observer tous les préparatifs. Ils savent à quoi s'en tenir ; ils sont déterminés à contrecarrer l'entreprise française. Les premiers temps sont occupés à se rechercher et à s'observer. Le soir même l'une des corvettes, le *Bastien* a vu des vaisseaux ennemis. Quelques jours plus tard en croisant ici ou là en pleine mer on va jusqu'à entrevoir l'Angleterre. Et les combats vont s'engager. Et les comptes rendus qui suivent, sont remplis de succès. Ou presque. Il y manque toujours un petit quelque chose pour que l'avantage soit décisif. Une fois, les canons du *Belle-Isle* font « les plus grands ravages » sur une frégate anglaise ; Thurot va « monter à l'abordage » quand le grand hunier tombe sur le timon ; l'Anglais s'esquive. Le *Chauvelin* le poursuit ; il est près de l'atteindre quand le commandant sur l'avant aperçoit « la terre sous le beaupré » ; la crainte de l'échouage interrompt la chasse. Un autre jour un petit corsaire anglais vient à passer entre les deux frégates françaises ; le *Chauvelin* lui lâche sa bordée, l'épouvante ; il n'y a plus qu'à s'en emparer ; la

---

navigations … pendant les années 1757 & 1759. G. Lacour-Gayet, auteur de *La Marine militaire de la France sous le règne de Louis XV*, p. 373.

vue de trois vaisseaux anglais qui le suivent, rejette la peur du côté français ; la prise sera pour plus tard. Les éléments s'en mêlent. Un paquebot anglais, pris dans un ouragan, a été durement touché. Nos frégates s'apprêtent à remorquer le navire en péril quand en surgissent trois de son camp. La plus grande s'approche du *Chauvelin* qui, cette fois, reçoit la bordée adverse. Le combat devient défensif. Le *Chauvelin* tient tête hardiment afin de protéger le *Belle-Isle* jusqu'à ce que les anglais lâchent prise. À l'heure des comptes, le résultat n'est pas réjouissant : deux tués et douze blessés sur le *Chauvelin*. Quant au *Belle-Isle* il a été tellement endommagé qu'il doit être tiré par le *Chauvelin* jusqu'à Flessingue.

Lorsque les combats reprennent, on pense qu'un ralentissement du feu de l'ennemi annonce l'aveu de sa défaite. L'apparition d'un vaisseau de guerre du même bord amène Thurot à se dégager, ce qui maintenant suffit à faire la preuve de son habileté. Le *Belle-Isle* reste fragile, à la merci des accidents auxquels il faut parer, laissant les batteries d'en face le foudroyer, en briser les mâts, mettre en pièces ses voiles et son gouvernail. Après quoi on y recense soixante-cinq boulets et trois voies d'eau « assez considérables ». Il faut revenir mouiller à Flessingue afin de le radouber. Le *Chauvelin*, seul, n'est guère plus heureux. D'ailleurs, dans une journée de grande tempête, alors qu'il se croit à l'abri dans une rade d'Écosse, ses câbles se rompent. Le voilà à la dérive. On ne le reverra pas de toute la campagne[542].

Les mêmes causes produisant les mêmes effets, le *Belle-Isle*, immobilisé donc pendant près de deux mois de l'été 1757, doit encore se porter vers Bergen à l'automne et à Gothenburg[543] en février de l'année suivante. Ces séjours successifs se prolongent d'autant plus qu'il faut faire venir de loin les matériaux qui manquent sur place. Ce n'est qu'à la mi-mai que le *Belle-Isle* est en mesure de reprendre la mer.

À partir de là la chance paraît tourner. Les prises, non sans combat, certes, et parfois avec quelques ruses, s'enchaînent. Brigantins, senaux, quaiches et autres navires marchands font les frais de l'ardeur du capitaine Thurot.

---

[542] Égaré du côté de Guernesey, victime de deux frégates anglaises, il est retourné à Saint-Malo pour réparations. En juin 1758 un corps de troupe anglais commandé par le troisième duc de Marlborough débarque dans la baie de Cancale. Stationné dans l'anse de Solidor il est incendié en même temps que les autres corsaires qui s'y trouvent. Notice sur M. du Houx Desages, son capitaine, *in Biographie des Malouins célèbres* par François Gille Pierre Barnabé Manet, p. 94. Tous ces épisodes et ceux qui vont suivre sont racontés dans la *Vie du capitaine Thurot* par M*** [Nicolas Joseph Marey] paru en 1791 qui s'inspire lui-même du *Journal historique de la campagne du capitaine Thurot sur les côtes d'Écosse et d'Irlande en 1757 et 1758.*
[543] Göteborg.

Celui-ci en tire les marchandises les plus diverses : charbon, fer, porcelaine, drap, lin et même des denrées alimentaires non périssables telles que du sel ou de vulgaires harengs qu'il suffit de faire sécher. Ceux qui se sont attachés au détail des prises en ont compté jusqu'à trente-six[544]. Dans le même temps, il faut pourvoir au ravitaillement de tous les jours. Tant qu'il y a des vivres à bord, le seul problème consiste à se procurer par intervalles boissons, viande et produits frais. L'approche des terres permet généralement de le résoudre. Lorsque le nécessaire est près de manquer, on commence par rationner. Si la faim devient trop insistante et parfois plus tôt, le capitaine demande voire exige des habitants et des négociants du cru d'assurer la subsistance[545]. Si par hasard le fournisseur est français, il suffit de faire vibrer la corde patriotique pour adoucir l'autorité locale et convaincre l'ambassadeur d'obtenir les secours utiles[546].

Le règlement des réparations d'un

---

[544] *Manx. Notes & Queries* by C. Roeder. 1904. François Thurot.

[545] Cf. Extrait des Registres du Grand Conseil préposé à la douane de Gothembourg, reproduit dans le *Bulletin de l'Union Faulconnier*, A 2, T. 11. 1899. Le 20 juillet 1758, Thurot se fait livrer de façon musclée 25 tonneaux de vin et 3 pipes d'eau de vie tirés d'un navire suédois en provenance de Bordeaux.

[546] *Vie de Thurot*, op. cit. p. 45.

navire dépasse celui d'un simple ravitaillement.
Le coût est élevé. À Bergen le consul de
France veut bien faire au moins les premières
avances. À Flessingue les choses ont pris une
autre tournure. Thurot a confié la remise en
état du *Belle-Isle* au sieur Pruyst, par ailleurs
bourgmestre du lieu. Elle a entraîné une
facture de 36 760 florins soit l'équivalent de
46 000 livres tournois. Thurot ne disposait
point d'une telle somme mais il a déclaré à son
interlocuteur que sa Compagnie donnait ordre
à la maison Hope, banquier à Amsterdam et
correspondant de Le Couteulx, de faire le
nécessaire pour le désintéresser. Par ailleurs
celui-ci pouvait compter sur des traites
atteignant 68 000 livres qu'un négociant
boulonnais avaient remises à la banque
parisienne. Muni de toutes ces assurances,
Pruyst a laissé partir le *Belle-Isle*. Le temps a
passé. Thurot et son escadre ont poursuivi
leur croisière avec le résultat que l'on a vu. Le
5 décembre 1758 il est parvenu à Ostende
avec l'intention de vendre ce qu'il a récolté au
fil de ses prises. Mais rien de ce qui avait été
promis à Pruyst ne lui a été payé. Les traites de
Boulogne, en particulier ont été protestées.
Afin d'obtenir satisfaction celui-ci s'est résolu
à faire saisir le *Belle-Isle* dès qu'il a eu
connaissance de son arrivée à Ostende. Le
Français y a un allié en la personne du consul
qui l'oriente vers Dunkerque où le créancier

pourra, dit-il, faire valoir ses prétentions. Sans autre effet qu'agiter les autorités locales, mettre en branle la Justice et alerter le gouvernement[547].

Le statut du *Belle-Isle* n'est pas clair. Mais dans les faits il est immobilisé dans le bassin. Les fonds que son capitaine a pu tirer de la vente de ses prises, sont confisqués. La compagnie, justement, comme François Thurot a plus de dettes que d'avoir. Le cabinet de Versailles est au dessus de ces considérations. Ce qui compte plus que jamais, c'est l'hostilité vis-à-vis de l'Angleterre. Faute de pouvoir s'en prendre directement à elle, on va monter une deuxième opération, vraiment guerrière cette fois et pour le bien de l'État. Elle visera l'Irlande où l'on enverra et fera débarquer des troupes de gardes françaises et suisses et de trois régiments français, complétées par des volontaires étrangers.

La réputation de François Thurot est immense. De sa campagne, le public ne veut retenir que les exploits. C'est tout naturellement qu'on entend encore lui confier la responsabilité de la nouvelle expédition. L'intéressé, malgré sa fatigue, est d'ailleurs toujours prêt à batailler. Mais il est aux abois. Un armateur de Dunkerque, Jean-Louis

---

[547] Union Faulconnier. T. XVII. 113 sq.

Briansiaux qui, lui, a gagné environ deux millions de livres pour son propre compte, qui est soutenu par une compagnie de 111 actionnaires, qui sait insuffler à ses concitoyens l'esprit d'entreprise et qui épouse les vues du gouvernement, s'engage dans l'aventure. Il vient de faire construire une frégate de quarante canons, le *Bégon*. Ce navire appuiera le *Belle-Isle* qu'on arrivera bien à sortir des tenailles du port et de ses créanciers. D'ailleurs, comptant que d'une manière ou d'une autre, Versailles fera ce qu'il faut pour lever l'affaire des saisies, on réarme ce dernier dès la mi-mai. De façon plus tangible et sur les assurances des ministres, Briansiaux prête à Thurot directement 200 000 livres en espèces et sans aucun intérêt, il vide sa caisse et s'endette jusqu'à 661 000 livres pour venir au secours de l'État[548]. Sous la houlette du *Belle-Isle* et de son capitaine, le *Bégon* et trois autres frégates achetées ou construites pour la Marine royale, répondant respectivement aux noms de *Blonde*, *Terpsichore* et *Amarante*, réarmées pour l'occasion, ainsi qu'une découverte, le *Faucon*, navigueront de concert. Six cents marins et douze cent soixante

---

[548] *Archives Parlementaires.* Série 1/ tome 42, 268 sq. Déposition et pétition de Jean-Louis Briansiaux, 30 janvier 1792. Le nombre de canons du *Bégon* est de 36 à 40 selon les sources.

militaires dont une partie de volontaires groupés par compagnies levées aux frais de leurs capitaines y seront embarqués. L'ensemble des troupes, largement pourvu d'armes et de munitions, sera commandé par Monsieur de Flobert, jusque là au service de l'Espagne, fraîchement promu brigadier d'infanterie[549]. Certains matelots, pour la plupart étrangers, ont été attirés par des gratifications que leur ont versées les armateurs[550].

L'intendance ainsi réglée, Etienne François, duc de Choiseul, nouveau ministre, interpelle Thurot : « il faut partir, il faut faire parler de vous ». L'homme d'État est plein d'espérance fondée sur les talents du corsaire[551]. Son interlocuteur ne se le fait pas dire deux fois. Chargés de leurs canons, *le Belle-Isle* et le *Bégon*, tirés par des attelages de chevaux, ont pu être menés en une seule marée du bassin à la rade. Tout est prêt. Le temps presse d'autant plus que les troupes ne peuvent s'y tenir longtemps à cause des maladies dues aux mauvaises eaux qu'elles ont pour boisson[552]. Les ennemis surveillent.

---

[549] Pinard, *Chronologie historique-militaire*. T. 8, p. 527.
[550] Union Faulconnier. T. III. Emile Mancel. *L'arsenal de la Marine et les chefs maritimes à Dunkerque*, 385-386.
[551] Lettre du 27 septembre 1759 reproduite *in Vie de Thurot*, 70.
[552] Lettre de M. de Fetzchwitz du 28 septembre 1759 au

Pourtant le 15 octobre au soir, le navire, son commandant et le reste de l'escadre parviennent à tromper la vigilance de ces importuns et mettent à la voile. Pas directement sur la destination qui leur a été fixée. Peut-être avec l'espoir que l'adversaire sera dupe. Quelques réglages sont nécessaires. Le *Belle-Isle* est plus rapide que le reste de l'escadre. La perte de vue du *Faucon* peu après le départ montre que l'écart entre navires n'est pas sans danger. Comme à l'ordinaire il faut compter avec les éléments qui se manifestent souvent par des tempêtes ou des vagues puissantes. Le capitaine en a l'habitude. Cela promet néanmoins quelques dommages et les séjours qu'il faudra pour y remédier. La mer elle-même n'est pas du goût de tout le monde. Dans la troupe beaucoup ont du mal à s'accoutumer à être ballotés. L'automne déjà bien engagé donne à penser que les hommes vont être rapidement confrontés à la rigueur du climat.

La suite confirme les craintes que l'on pouvait avoir malgré les précautions prises. Quelques jours seulement après le départ, le câble d'ancrage du *Bégon* casse. Un peu plus tard le bâtiment est démâté. Le *Belle-Isle* est contraint de lui envoyer un mât de rechange et

---

Général-major de Martange, aide de camp du prince Xavier de Saxe, reproduite par Charles Bréard.

les autres frégates des charpentiers pour le ragréer. Ce n'est qu'une réparation de fortune, à consolider dans le port alors proche de Gothenburg où l'escadre va relâcher pendant trois semaines. À peine a-t-on quitté Gothenburg tout requinqués que dans la nuit on se rend compte que le *Bégon*, la *Terpsichore* et les deux découvertes ne sont plus là. Pour la *Terpsichore* il s'agit d'une fausse alerte. À la fin de la Matinée elle rejoint l'escadre. Deux navires apparaissent. Thurot croit que l'un des deux est celui qu'on attend. C'est une méprise. Point de *Bégon*. Peut-être est-il allé à Bergen, ville désignée comme lieu de ralliement « en cas d'évènement ». Allons l'y retrouver. Là on patiente, on cherche à s'informer. Personne n'en a de nouvelles. Après encore trois semaines, le capitaine se décide à remettre en mer. En fait, mais on ne le saura que plus tard, un coup de vent l'a séparé des autres vaisseaux. N'arrivant pas à les retrouver, il a remis le cap sur Dunkerque. Il est perdu pour l'expédition[553].

Nourrir près de deux mille hommes

---

[553] *Union Faulconnier.* T . XVII, fascicule I. Journal d'Henri Verbeke, Avocat et Echevin de la ville et territoire de Dunkerque. Le déroulement de cette deuxième campagne figure comme la précédente dans l'ouvrage déjà cité, *La vie de Thurot*. Il fait aussi l'objet du *Journal de la navigation d'une escadre française partie du Port de Dunkerque aux ordres du capitaine Thurot*, paru en 1778.

n'est pas une mince affaire. Elle est de la responsabilité de Thurot. Les besoins sont multiples ; il faut de l'orge, de la farine, de l'eau de vie, du tabac, de la viande voire de la tourbe pour se chauffer. La quantité (29 bœufs par exemple pour une livraison) doit aussi être proportionnée à la place dont on dispose qui est rare. Lorsque l'escadre approche une côte ou une île, les habitants acceptent de fournir des vivres dans les conditions d'un négoce normal, c'est-à-dire rémunéré. Malheureusement le capitaine n'a pas d'argent. Les officiers des troupes veulent bien, le cas échéant, réunir ce dont ils disposent personnellement afin d'y suppléer. Mais lorsque l'on a fait le tour le montant récolté se révèle insuffisant. On y ajoute une lettre de change sur l'incontournable Monmartel que l'on remet à l'un des habitants ou, plus illusoire encore, sur l'ambassadeur de France à La Haye. D'ailleurs le règlement de la marchandise n'est pas tout. Les autorités locales, gouverneur, juge ou autre rechignent. Il faut parfois menacer de prendre de force ce qu'elles ne veulent pas donner de bon gré.

En dépit des moyens mis en œuvre, la disette est quasi permanente. L'escadre aborde l'année 1760 avec 25 jours de vivres sur le pied de 10 onces de biscuits par jour et par personne. Le peu de café que l'on conserve ne remplace pas l'essentiel. On commence à se demander s'il est convenable de s'exposer à perdre par misère quatre frégates et 817 hommes qui restent disponibles[554]. Hormis le vent c'est le ventre qui va guider les déplacements. Aux îles Féroé, il serait possible d'obtenir 29 bœufs ou vaches ; mais le canot du *Belle-Isle* est brisé, il faut se contenter de 12 bêtes. On y gagne quand même de légers secours en orge, en farine, de la tourbe et du tabac. Quelques caisses d'oranges et pièces de vin que l'on arrache à un navire marchand en provenance de Lisbonne constituent un butin dérisoire. Vient le temps des restrictions. Le vin est limité à un demi setier[555] par jour, le pain à une livre, moitié froment moitié orge ; il n'est plus servi qu'un repas par jour, le souper étant supprimé, ce qui permet aussi d'épargner le bois dont on a très peu. Il s'avère bientôt nécessaire d'aller plus loin. Les portions quotidiennes de pain sont progressivement réduites à 8, 6, 5, 4 onces. Le remède est classique. Il influe néanmoins sur le moral. La croisière n'est pas la promenade tranquille à quoi beaucoup s'attendaient. D'ailleurs, depuis le temps qu'ils naviguent dans l'incommodité, ils en viennent à s'interroger sur la nature de

---

[554] Ceux qui se trouvaient à bord des bâtiments séparés de l'escadre ne sont ou ne seront évidemment plus comptés dans l'effectif.

[555] Soit un quart de pinte (selon Littré) ou environ 24 centilitres d'aujourd'hui.

l'entreprise à laquelle ils participent.

À cela s'ajoute la division au sommet.
Flobert commande la troupe, Thurot l'escadre,
ce qui pour lui veut dire l'ensemble. Il affirme
qu'il a des instructions conformes à ses
prétentions, mais elles doivent rester secrètes.
Cela est d'autant plus déplorable que leurs
stratégies divergent. Sous la pression de la
base le premier estime que les seules cibles
qu'il convient d'attaquer sont celles où l'on
peut se flatter de trouver des vivres. Si ce sont
des vaisseaux, tant mieux, c'est alors
l'affaire des marins. Il est prévisible que les
villes seront autant d'obstacles à surmonter.
Le second balaie ces considérations, l'objectif
est militaire. Les défenses des sites ennemis,
selon lui, sont fragiles donc faciles à franchir.
Pour essayer de fixer une ligne de conduite
commune, on tient des conseils avec les
principaux officiers. Ceux-ci reprennent à leur
compte la volonté des détachements et des
équipages, en l'occurrence de rentrer en
France. Flobert épouse leur cause. Il n'y a pas
de honte, déclare-t-il, à mener une action à
laquelle la nécessité et les circonstances vous
contraignent. Et si Thurot juge qu'il n'y a pas
de difficulté à s'en prendre aux villes, il n'a
qu'à y aller le premier. Le ton monte, les
injures pleuvent, les bravades aussi. Thurot,
muni de ses pistolets, ne se laisse pas
intimider. Dans un moment de

découragement néanmoins il songe, à son grand déplaisir, à regagner Bergen. Il ne donne pas suite à ce projet mais promet d'atterrer. Effectivement il va relâcher à l'île d'Islay, dans l'archipel des Hébrides. Sous pavillon anglais et en ayant soin de cacher tous les soldats afin de n'être pas reconnu. Il en tire 22 sacs de farine avant de manifester son intention d'emprunter le canal Saint Georges entre l'Irlande et l'Angleterre. Le 20 février il se trouve à l'embouchure de la baie de Belfast. Il voit trois avantages à y effectuer une descente. Le nord-est de l'Irlande est précisément la région que le ministère français lui a prescrit d'atteindre. On va pouvoir enfin faire opérer la troupe, inutile jusque là. Dernier avantage, les vivres y sont abondantes et les perspectives d'y trouver son compte réjouissantes.

Encore faut-il fixer avec précision le lieu retenu pour le débarquement des troupes. Belfast est une ville riche, commerçante et susceptible de fournir tous les secours dont l'escadre a besoin. Mais Carrickfergus, moins pourvue, plus proche de l'embouchure, n'est défendue que par un « mauvais château gardé par une compagnie d'invalides, deux ou trois canonniers et quelques pièces de canon qui ne sont pas montées ». Cent cinquante hommes suffiraient pour s'en emparer. Flobert, toujours économe de ses forces, ne veut pas diviser son détachement. Au vu d'une carte de la baie, il préfère que l'ensemble descende encore un peu en deçà, au village de Kilroot. Pour Belfast on verra. Encouragée par le peu d'eau-de-vie que l'on a conservée précieusement à cette fin, la troupe met pied à terre et suit son général par un chemin étroit, rempli de fossés, coupé par un ruisseau, en direction de Carrickfergus. Les grenadiers, arrivés les premiers au château, sont accueillis par un feu vif auquel, bien entendu, ils répondent vigoureusement. Ironie du sort cependant, Flobert dont la prudence est bien connue, est blessé d'un coup de fusil qui lui perce la jambe ; il en incrimine la légèreté avec laquelle on a décidé l'opération.

L'effet de l'attaque laisse supposer une résistance acharnée. Flobert est tout prêt à se retirer avec les soldats qui l'entourent afin de se mettre à couvert. Une surprise les attend. Le commandant du château, au son du tambour, apparaît à la porte et demande à capituler. Après cette démarche la prise de la ville s'effectue sans trop de peine. Flobert n'est toutefois plus en état de combattre et doit laisser son commandement à son adjoint.

Dès lors que l'on ne craint plus le sifflement des balles et que les assiégés manifestent leurs bonnes intentions, le nécessaire, aiguisé par la longueur du jeûne subi par la troupe sur les frégates, se confond avec les vivres. Celles-ci redeviennent le premier souci. Il est prescrit au maire de s'en préoccuper. Avec peu de succès. Les soldats, morts de faim, se chargent d'aller eux-mêmes en chercher. Dans le désordre naturellement et ce qui approche même de ce qu'on désigne comme un pillage. Le commandement réagit et reprend ce qu'ils ont volé. Pain, bière voire quelques bœufs sont rassemblés au château avant d'être redistribués, de façon organisée cette fois. Il faut d'ailleurs voir plus loin et réfléchir à ce que l'on veut emmener quand l'on se rembarquera. En tout état de cause il est sûr que l'on aura besoin de pain. Ordre est donc donné à tous les boulangers de la ville d'en cuire sans discontinuer, aidés de ce qu'on pourra trouver de soldats qui connaissent un peu le métier. Il ne faut pas s'interdire d'aller s'approvisionner à Belfast. Un marchand de Carrickfergus veut bien s'en charger. Comme l'on se méfie, il est trouvé bon de lui adjoindre un pilote du *Belle-Isle* et de retenir sa femme en otage le temps qu'il fasse sa course. La chose n'est pas si facile qu'on l'avait pensé. Les habitants de Belfast, par crainte plus que spontanément, se laissent convaincre. Mais entre les deux villes il y a des milices et par mer il se trouve au moins un navire anglais équipé de ses canons.

Thurot est partisan de compléter le travail accompli en allant attaquer la capitale. Ses collègues n'y voient que de l'imprudence et refusent. Il les accuse de n'avoir cherché qu'une gloire facile en s'en prenant au seul château de Carrickfergus. Toujours est-il qu'il doit renoncer à son plan. Heureusement de fortes pressions sur les citoyens du lieu font leur effet. Notre marchand accompagné du Lieutenant des Volontaires Etrangers, rendus à Belfast, y trouvent de quoi se ravitailler. Ils reviennent avec « six chariots chargés chacun de deux barils de bœuf salé » et la promesse d'autres convois garnis de différentes provisions tandis qu'il arrive des barques remplies de vivres destinées aux frégates[556].

Puisqu'on ne veut pas prolonger l'action militaire, autant reprendre la route de France. Après tout une capitulation de l'adversaire accompagnée d'un butin constitueront un résultat présentable. Il ne manque plus que de l'eau douce ; la consommation en sera limitée à une pinte par jour et par homme. Des patates remplaceront chaque fois que cela sera possible les biscuits, rationnés à trois onces aussi par homme, servies au dîner. Au total le séjour à Carrickfergus aura duré une semaine. C'est beaucoup. Sans Flobert, retenu par sa blessure, le 28 février, entre minuit et quatre heures du matin Thurot et son monde mettent à la voile en direction de l'île de Man. Ils ne

---

[556] *Journal de la navigation … de Thurot, op. cit.* 125-126.

sont pas conscients de la terreur que le capitaine inspire aux gens de Londres et de leur volonté de résistance. Trois vaisseaux anglais, rapides et bien armés, commandés par un personnage de vingt-cinq ans mais marin éprouvé, le commodore John Elliott, les attendent. Depuis la perte du *Bégon*, de l'*Amarante* et du *Faucon* l'escadre française est réduite à trois frégates. Quand le combat s'engage, la *Terpsichore* et la *Blonde* ne sont pas pressées d'y participer. La défense française repose en fait sur le *Belle-Isle*, en mauvais état qui plus est. Le nombre des soldats embarqués est important, mais sur mer leur supériorité n'apporte aucun concours efficace. Même si l'intrépidité de son capitaine est toujours là, l'affrontement ne peut qu'être disproportionné. L'attaque est rude. L'artillerie ennemie est à l'œuvre. Une ou deux heures durant. Du côté français les munitions commencent à manquer. La cale du *Belle-Isle* se remplit d'eau. Le navire risque de couler. Une balle, venue d'on ne sait où et reçue au creux de l'estomac, met un terme à l'existence de François Thurot. Il avait trente-trois ans. Son corps est jeté à la mer selon les ordres qu'il avait lui-même donnés avant que le combat s'engage. *Blonde* et *Terpsichore* rejoignent le *Belle-Isle*. Trop tard. Sans chef désormais, les trois unités françaises baissent pavillon. Militaires et marins sont faits prisonniers[557].

Voilà comment une bonne affaire se transforme en désastre. Quand la nouvelle parvient en France chacun réagit à sa manière. Voltaire qui se disait l'ami du pauvre Thurot, « gobé lui et son escadre et ses gens », fait tout de suite le rapprochement entre cet évènement et une autre actualité qui doit le toucher tout autant. « Il est dur, écrit-il, de payer un troisième vingtième pour être toujours battus »[558]. Briansiaux qui ne peut

---

[557] Les péripéties de la navigation de Thurot apparaissent dans le fonds Marine des Archives Nationales, sous-série B/4, campagnes, 75,79 et 90 et dans les archives anciennes du Ministère de la Guerre, correspondance, 3497, 3508, 3524-3526, 3532, 3568-3569, 3572. Elles sont décrites par le menu dans les journaux déjà cités auxquels il faut ajouter l'*Apologie du Capitaine Thurot* [de Dom TILLY, abbé d'Abbecourt] et les témoignages de quelques rescapés. Elles ont été reprises dans leur contexte par de nombreux échotiers et par des historiens. Voir en particulier : Union Faulconnier, *Bulletins* de 1899 (Auguste Hémery) et 1900 (Emile Mancel) ; André Guillaume Contant d'Orville, *Les fastes de la Grande Bretagne*, T. 2, 339 sq. ; David Hume, *Histoire d'Angleterre*, T. 9 & 10 ; G. Lacour-Gayet, *La Marine militaire de la France sous le règne de Louis XV*, chapitres XVIII à XX.

[558] *Correspondance*. Pléiade, V. p. 835. Lettre à la comtesse de Lützelbourg du 19 mars 1760. Les dépenses entraînées par la guerre ont conduit le gouvernement à taxer au vingtième, c'est-à-dire 5%, certains revenus. À cet impôt, déjà doublé, la continuation du conflit donne lieu à l'établissement d'un troisième vingtième (15% au total) par Déclaration du Roi du 3 février 1760, enregistrée par le Parlement le 4 mars.

plus compter sur le remboursement du renfort qu'il avait apporté au moment de la deuxième expédition Thurot, se dit ruiné. Des trois frégates sur lesquelles reposaient les espoirs de la comtesse de Brionne, la *Marquise* n'a pas servi. Le *Chauvelin* a brûlé. Le *Belle-Isle* a donné le change plus longtemps mais cela pour finir dans un chantier de démolition ennemi. Son placement n'a rien produit. Louise Julie range ses justificatifs dans les archives familiales. Un semblable souscripteur, le sieur Lacoudrais, d'Honfleur, qui avait un temps rêvé que sa mise serait avantageuse, avait résumé par avance la caractéristique de la course : « il faut regarder que cet argent tiré de votre caisse n'y reviendra point »[559]. La leçon, pourtant, ne va pas être entièrement retenue. Briansiaux, imputant son échec à la seule aventure Thurot, entreprend la construction d'un nouveau navire. La comtesse de Brionne prêtera son nom à un autre corsaire. Il est vrai que ces bâtiments vont servir à un type de commerce différent dont les futures retombées miroitent en proportion inverses des chances de les obtenir : la traite des nègres[560].

Le duc Emmanuel, lui aussi,

---

[559] Bulletin de la Société de l'histoire de Normandie, T. 12, p. 305.

[560] « Commerce fort dangereux où l'on peut perdre plus que son capital » avertit la chambre de commerce de Dunkerque. Union Faulconnier, T. 31, p. 136.

emprunte. Cela peut surprendre. De son duché il continue à tirer fermages et droits seigneuriaux. Il reçoit les échéances des cessions de terres et d'hôtels auxquelles il s'est décidé. Les hospitaliers de Gondreville lui versent régulièrement pension et rente promises. La Toscane et la Cour de Vienne, fidèles à leurs engagements, lui paient des pensions non négligeables. Son épouse l'héberge avec le plus clair de sa domesticité. Est-ce l'habitude presque congénitale des Elbeuf de vivre à crédit qui le pousse ?

De l'argent il y en a et en face quelqu'un qui en a besoin, l'État. Celui-ci bien souvent ne souhaite pas se mesurer directement au public. Il préfère s'abriter derrière des institutions honorables telles que l'hôtel de ville de Paris ou des États provinciaux, à qui il impose des dons dits gratuits ou le relai de secours qu'il a fallu porter à des manufactures ou encore le rachat d'offices municipaux qu'il a lui-même créés. Tout ce que peuvent espérer ces intermédiaires en se soumettant aux injonctions de l'État c'est d'en gommer les excès ou de garder une certaine liberté d'action. À cette fin le recours à l'emprunt s'impose[561].

---

[561] *Compte rendu des impositions et des dépenses générales de la Province du Languedoc, d'après les* **départements** *&* **les** *états de*

Parmi les émetteurs se trouvent les États du Languedoc qui gèrent leurs finances avec compétence et jouissent d'une réputation meilleure que celle du Trésor royal. À eux seuls ils représentent presque la moitié du marché. Les prêteurs sont rémunérés par des rentes annuelles en ce que les arrérages en sont payés à cette fréquence et perpétuelles parce qu'aucun amortissement n'est prédéterminé. Leur remboursement ne peut intervenir qu'à l'initiative du constituant. Mais il n'est pas interdit de substituer un prêteur à un autre. Il existe d'ailleurs un marché secondaire de ces rentes. Du reste, les États eux-mêmes sont portés à les racheter dès qu'ils le peuvent afin de conserver cette latitude qu'ils estiment être l'un de leurs privilèges les plus précieux[562] .

Quand les Etats du Languedoc ont décidé en 1754 de racheter de ces offices plus royaux que municipaux au moyen d'un nouvel emprunt à leurs propres conditions, au denier vingt, le duc y a vu la possibilité d'un placement sûr et il a fait partager son sentiment à son familier Christophe Colin. Le premier a donc fait porter 160 000 livres à l'étude du notaire Morisse chargé de

---

distribution. MDCCLXXXIX. Première partie, chapitre IX, p. 77.
[562] *Idem*, p. 95.

l'opération en échange de 16 rentes de 500 livres dûment numérotées. Le même jour, le second, tout juste marié, en a fait autant à hauteur de 20 000 livres. Le 10 juin 1756, celui-ci a repris trois des rentes du duc, soit 30 000 livres afin de le rembourser de sommes qu'il lui devait, est-il précisé. La « loterie », autrement dit le tirage au sort auquel les Etats procèdent de temps à autre, a touché les titres des deux personnages, si bien qu'à la mi-1758 Colin est entièrement remboursé des rentes qu'il avait souscrites ou reprises et le duc d'Elbeuf n'est plus engagé que pour les deux tiers de sa mise initiale. Dans l'intervalle le ménage Colin, le sieur Môme et leur protecteur se sont échangés et remboursés quelque dix-huit mille livres, exactement dans les mêmes conditions que celles fixées par le Languedoc, à savoir en rente perpétuelle au denier vingt, taux de marché peut-on dire, sans plus, tout en préservant leur capital. La sécurité a un prix. Il s'agit là d'une gestion financière de personnes expérimentées sinon avisées[563].

À la rente perpétuelle s'oppose la viagère. Celle-ci est limitée dans le temps. Mais

---

[563] Les mouvements de capitaux des personnages concernés liés aux emprunts Languedoc et les rentes perpétuelles sont recensés au minutier central des notaires, études LXXXIII (Gervais), XCI (Aleaume) et XCVI (Morisse).

l'habitude a été prise de ne pas prendre en compte l'espérance de vie des prêteurs. Elle est systématiquement au denier dix soit le double de l'autre. Un bon observateur devrait penser que la différence a pour inconvénient de savoir sa mise perdue. Encore que ! S'il était à la fois tant soit peu optimiste et calculateur, il saurait que son avoir cumulé au bout de dix ans et demi devrait être supérieur à celui du tenant de la rente perpétuelle. Et puis le déroulement de la rente viagère ne diffère d'une pension que par son départ. Une donation dans le deuxième cas, un effort financier dans le premier.

Prêteurs et emprunteurs liés à la Maison d'Elbeuf sont peu diserts sur leurs motivations. On peut tout de même penser qu'ils ne sont pas guidés par de grandes connaissances mathématiques ou financières et qu'ils sont amenés à faire quelques constatations. Les constitutions de rentes viagères par le duc Emmanuel Maurice entre 1756 et 1762 portent sur un montant non négligeable, 135 000 livres au total[564]. Mais la plupart ne dépassent pas 5 000 livres. Quant aux prêteurs ce sont presque tous des serviteurs du prince, habitant l'hôtel de la rue

---

[564] Un récapitulatif des emprunts en cours au moment du décès du duc a été établi dans le cadre de sa succession. AN. MC. LXXXIII. 499, 12 janvier 1764.

Saint-Nicaise : valets de chambre, maitre d'hôtel, sous-écuyer, les Pollart, gentilshommes de sa chambre chargés des services intérieurs de la maison, son médecin Nicolas Jeanroy, son secrétaire Nicolas Joseph Môme avant que celui-ci se retire à Toul ou bien le concierge du château d'Elbeuf, Jean-Baptiste Chevalier. Quelques uns ont vu leurs services récompensés par des pensions ou des donations. Ils ont quelques économies. L'État, ils savent qu'il existe, mais c'est un interlocuteur lointain. Pour eux la sécurité se confond avec la confiance. Et qui peut mieux l'inspirer que le maître qu'ils côtoient tous les jours ? Les notaires habilités à rédiger les actes de constitution y insèrent la formule habituelle selon laquelle leur créance est « à l'avoir et prendre généralement sur tous les biens meubles et immeubles présents et à venir de son altesse et qu'il a affectés, obligés et hypothéqués pour en garantir le payement des arrérages ». Il s'agit là d'un langage de spécialiste du droit. Il est imaginable que les relations entre les parties sont avant tout des rapports de proximité. Le peu qu'ils possèdent, mais qui est énorme à l'échelle de leur personne, est remis entre les mains de celui qu'ils pensent savoir le mieux le faire fructifier. Le duc n'intervient pas parce qu'il est à court d'argent mais en tant que gérant de leur épargne. Le prêt est plus chargé de sens que l'emprunt. Sous cet aspect, le cas du duc d'Elbeuf est très différent de celui de son neveu le comte de Brionne. Celui-ci a de vrais et grands besoins. Et c'est vers les plus riches de la Maison qu'il se tourne ou surtout vers les professionnels que sont la famille de Samuel Bernard ou les frères Paris. Les garanties données ne sont d'ailleurs pas les mêmes[565].

Solidarités domestiques

Le duc Emmanuel a gardé, nous le savons, le pouvoir de fixer les conditions des baux de son duché. En 1756 le bail en cours est à deux ans de son terme. C'est l'époque où l'on se préoccupe habituellement de la suite. Pour la première fois il doit se déterminer lui-même. Et il innove. La ferme sera désormais confiée à une femme, Bertrande Pélagie Millet, veuve de Jean Huault, en son vivant secrétaire du Roi et directeur des aides à Pont-de-l'Arche. Peut-être n'est-ce là que la

---

[565] À l'occasion du prêt déjà évoqué que Monmartel a consenti au comte, le ministre de la Maison du Roi, à cette date Saint-Florentin, lui écrit : « cet objet étant plus considérable, vous pourriez être longtemps avant d'en recevoir le remboursement si on attendait à l'assigner sur la vacance de quelque charge et c'est sur cet article que je recevrai le plus tôt qu'il me sera possible les ordres de Sa Majesté ». AN. O¹ 402, dépêche n° 3. Versailles, 2 janvier 1760.

conséquence du fait que le décès du mari est intervenu en janvier 1754, date à la fois assez proche du temps des négociations et sans doute plus précoce que ce qui était envisagé. Car l'intéressé n'avait alors que cinquante quatre ans. Veuve, la dame a le pouvoir de traiter seule. De toute façon c'est à son frère aîné, Servan Millet qui exerce à Saint-Malo la fonction de changeur en titres du Roi, qu'il est demandé de cautionner son bail concurremment avec ceux de ses enfants (un fils et trois filles) qui sont majeurs. À eux de reconnaître en coulisse que leur oncle n'intervient que pour leur faire plaisir et que si leur mère venait à disparaître avant l'expiration du bail toute la garantie pèsera sur eux ; malgré cela l'oncle en question aura alors toute liberté de le gérer et de l'exploiter. La féminisation du fermage est circonscrite[566]. Il est possible d'ailleurs que la confiance dans les capacités de gestion de la fermière ne soit pas totale car l'aide du greffier du bailliage, Claude Duhutrel, lui est offerte. Les obligations du contrat seront quasiment identiques à celles du bail précédent. C'est tout juste si l'on entérine la coutume jusque là non écrite de fournir de

[566] AN. MC. XCI. 940. Procuration à Pierre Clément Le Marchant Desmines, premier commis de la chambre aux deniers du Roi, du 18 décembre 1756. Indemnité du 5 janvier 1757.

quoi se chauffer aux officiers du duché. Pour ce qui est du verdier qui ne réside pas sur place mais à Paris, il est jugé plus commode d'en remplacer le service en lui payant au début de chaque année la somme de deux cents livres. Le pré Bazile n'est plus adossé au duché, le tabellionage n'est plus mentionné parmi les dépendances. Et surtout la baronnie de Routot n'en fait plus partie. Pourtant le prix du fermage passe de 43 230 à 50 000 livres par an. L'augmentation de 15% ne représente pas en soi une amélioration du même ordre puisque la valeur estimée du duché a été fortement accrue ainsi que nous l'avons vu[567].

Les bons rapports de la Maison avec la Cour de Vienne continuent. Le 23 juin 1759 les Brionne ont un second fils. Une fois de plus celle-ci est sollicitée. Le père en informe aussitôt l'Impératrice. Il serait comblé si ses enfants, l'archiduc Joseph et l'archiduchesse Marie Anne, voulaient bien choisir le nom du nouveau-né. Il souhaiterait même que cette dernière le tienne sur les fonds de baptême. Le frère et la sœur sont d'accord pour lui donner le prénom de Joseph, garantie de leur affection[568]. La perspective étant fixée, l'ondoiement ayant fourni la précaution

---

[567] AN. MC. XCI. 940. Bail du 5 janvier 1757.
[568] BNF. FR. 6677. Lettre du 23 juin. Réponse du 6 octobre.

nécessaire, le baptême attendra. Dans les actes juridiques l'intéressé sera désigné tout simplement « Anonyme ».

Le fil du temps amène d'autres évènements. En janvier 1761 le prince Henri Louis de Guémené s'apprête à épouser sa cousine Victoire Armande de Soubise. Tous deux appartiennent à la Maison de Rohan. L'union appelle deux cérémonies importantes. Le contrat est signé au château de Versailles dans le cabinet du Roi. La célébration religieuse doit suivre à Paris dans l'église de Saint-Jean-en-Grève. N'importe quel curieux intéressé observerait le cadre de ces manifestations ou la physionomie des mariés et de leurs proches. Il serait peut-être sensible aux dires des personnages qui les président. Les yeux et les oreilles des Lorrains sont tournés vers tout autre chose. Derrière la mariée se trouvera une demoiselle de sept ans qui portera la mante de l'héroïne du jour et qui n'est autre qu'une fille du comte de Brionne, Josèphe Thérèse. Une princesse de Lorraine au service d'une Rohan ! Voilà une situation absolument contraire au rang, aux prérogatives et aux droits de la Maison. Emmanuel Maurice ne sera pas présent. Cependant quand la nouvelle lui parvient, sa surprise est grande. Il ne veut pas y croire. Mais il estime qu'en qualité d'aîné de ceux de la Maison de Lorraine établis en France, il convient de s'assurer qu'il n'en a rien été. Il prie donc le prince Camille de Marsan, lui aussi de la Maison, de se renseigner et si ce que l'on dit est avéré, de demander au Roi la permission de faire les protestations qui s'imposent. Le prince de Marsan va donc voir le comte de Brionne qui lui dit qu'effectivement on l'a sollicité pour qu'il envoie sa fille à la cérémonie, qu'il s'y est engagé et qu'il ne peut plus revenir sur la parole donnée. Tout au plus pourrait-on faire quelques représentations. Les princes et les princesses de la Maison dans un bel ensemble approuvent le point de vue lorrain et décident de n'assister ni à la répétition des cérémonies ni à la signature du contrat ni aux fiançailles. Seule la comtesse de Marsan, née Rohan, belle-sœur du prince Camille, y paraît par complaisance envers sa propre Maison. Toute la Cour est étonnée.

Le duc d'Elbeuf voit donc ses craintes confirmées. Il se fait un devoir de rompre le silence qui ferait présumer un consentement tacite à ce qui s'est passé. De son château d'Elbeuf où il réside pour le moment, conscient de ses responsabilités, il charge le prince Camille de protester auprès du Roi et de lui faire valoir qu'il n'y a aucun exemple d'une scène telle que celles que l'on a vues à l'occasion du mariage du prince de Guémené avec mademoiselle de Soubise. Selon la formule d'usage « ce qui s'est passé ne pourra nuire ni préjudicier aux rang, préséances, prééminences, prérogatives et droits des princes et princesses de la Maison de Lorraine établie en France ni être tiré à aucune conséquence contre eux ». Le porte-parole fera toutes réserves de droit. Afin de les officialiser il requerra acte de ces protestations. On reconnaît l'idée que chacun de ses princes se fait de son appartenance. En faisant la démarche prescrite Camille, sire de Pons et prince de Mortagne, y ajoute son nom et fait état de tous ceux de la Maison[569].

Des amazones entreprenantes

Le comte de Brionne ne fait pas que courir après Mammon. Il répond à ce que l'on attend de lui. Sur un plan familial il veille à ce que les dispositions naturelles de ses enfants les rendent à l'avenir capables de soutenir leur rang, de servir le Roi et d'être utiles à la patrie. Cela passe par la discipline. Il choisit lui-même leurs instituteurs et préside à leurs exercices[570].

---

[569] AN. MC. XCI. 982. Procuration du 8 février 1761.

[570] *Oraison funèbre prononcée dans l'église des Dames Religieuses de l'ordre de St Benoist, de la ville du Pont de Ces par* **** [vraisemblablement l'abbé Louet cité par L. de Lens, *Université d'Angers du XVe siècle à la Révolution française.* T 1, Faculté des droits, p. 84], *chanoine régulier.* Manuscrits de la Bibliothèque Sainte- Geneviève, Ms 1114 / 8.

Il ne néglige pas pour autant sa famille élargie. On se souvient peut-être que le duc Henri d'Elbeuf et d'autres avaient envisagé un temps de marier son fils Philippe avec mademoiselle d'Armagnac. Cela avait suscité l'ire de la princesse de Vaudémont. Le destin a rendu son verdict. Charlotte de Lorraine Armagnac est restée célibataire. Elle décède le 21 janvier en son domicile de la rue Sainte-Anne, âgée de près de soixante dix neuf ans. Son corps est aussitôt transporté dans l'église conventuelle des religieuses Capucines de la place Vendôme. En compagnie de son frère François Camille qui, bien qu'abbé commendataire de Saint-Victor de Marseille et chanoine capitulaire de l'église de Strasbourg, demeure au château des Tuileries, le comte se fait un devoir d'assister le lendemain à l'inhumation de leur tante dans la sépulture de ses ancêtres[571].

Pour prévisible qu'il fût, ce décès n'est pas mal venu. Brionne est légataire universel et exécuteur testamentaire. Cela lui donne l'opportunité de bénéficier de quelques rentes et créances dont la défunte disposait, à partager avec la princesse d'Isenghien, seule héritière[572]

---

[571] AN. T 1503/1. Papiers de la comtesse de Brionne saisis chez Quelus, son secrétaire des commandements.
[572] En particulier le restant à payer par le comte Etienne de

Gouverneur et sénéchal d'Anjou il en recueille les honneurs et la rémunération[573]. À la Grande Ecurie l'administration quotidienne le porte à se préoccuper des besoins et des achats de chevaux, du personnel aussi et encore des solliciteurs. Il réfléchit aux moyens qui lui sont nécessaires[574] . Il s'emploie par ailleurs discrètement à obtenir de la Cour les ressources nécessaires à la noblesse indigente tout en sachant résister aux appels des personnes qui ne présentent pas le profil prédéfini. Il a son rôle dans les cérémonies officielles. En 1756 le Parlement s'était opposé à l'enregistrement des édits instituant les impôts du vingtième. Louis XV avait résolu de tenir un lit de justice. Une marche soigneusement programmée avait accompagné le souverain depuis son appartement jusqu'à la grande salle des gardes du château de Versailles. Notre comte y avait été chargé de porter l'épée de parement du Roi[575]. Trois ans

---

Drée pour l'acquisition de diverses terres que la famille possédait en Mâconnais, Beaujolais et Lyonnais, des rentes versées par le duc de Villeroi et bien sûr de montants dus par le duc d'Elbeuf, exigibles à son décès. AN. T 491/3 et T 1503/1.

[573] Selon Marcel Marion qui se réfère à Saint-Simon et à d'Aguesseau, c'est en fait le lot commun d'un gouverneur (*Dictionnaire des institutions de la France aux XVIIe-XVIIIe siècles*, p. 260.).

[574] O^1 857 n° 49. Mémoire de 1758.

[575] Barbier. *Journal*. T 6. p. 361.

plus tard lors d'un autre lit pour l'organisation des marchés, la suppression de divers offices et le financement de la guerre, nous le retrouvons toujours à Versailles sur un tabouret au bas du siège royal portant au col la même épée[576].

En fait c'est souvent qu'il accompagne Louis XV. Un trajet aussi court que celui qui mène du château à Trianon requiert une quinzaine de valets-de-pied, petits ou grands, autour du carrosse, gardes du corps de sa maison ou écuyers. Les seigneurs qui les commandent, précèdent ou suivent le Roi. Au soir de la froide journée du 5 janvier 1757 illustrée, si l'on peut dire, par le geste assassin de Robert François Damiens, quand il arrive au bas de l'escalier donnant sur la cour de marbre, ce rôle est tenu par devant par le marquis de Montmirail, capitaine colonel des cent Suisses et à l'arrière par le duc d'Ayen, capitaine de la première compagnie des gardes du corps, bavardant avec le duc de Richelieu. Louis XV, lui, « appuie sa main droite sur le bras gauche » de Beringhen tandis que Brionne est à sa gauche[577]. Alertés par la réaction du souverain, la main du second et les

---

[576] Séance du 20 septembre 1759.
[577] Selon les dépositions des intéressés rapportées par Alexandre-André Le Breton, greffier criminel du Parlement, *in « Pièces originales et procédures du procès fait à Robert François Damiens »*.

bras du premier les aident à le remonter aussitôt à son appartement. Leur pouvoir s'arrête là. La Martinière, déjà reparti vers Trianon, averti un quart d'heure plus tard, se transporte instantanément en la chambre de Sa Majesté qu'il trouve sur son lit, sonde la plaie et se rassure en remarquant qu'il n'a été porté qu'un seul coup. Moins optimiste, Louis XV croit son dernier jour arrivé.

À l'intérieur le personnel s'occupe du scélérat. À l'extérieur la rumeur et l'exagération se répandent. Le lendemain les interrogatoires commencent. Les Princes et Pairs suivent avec la plus grande exactitude, nous dit-on, le cours de l'instruction. Lorsque celle-ci est assez avancée ils — pas tous puisque le duc d'Elbeuf n'est pas mentionné — assistent même et prennent leur place au côté des magistrats en vue de la confrontation des témoins et de l'accusé. Brionne et les autres réitèrent leurs déclarations. On connait la suite.

Le Roi a vite ôté au public toute inquiétude sur sa santé. Levé dans sa chambre deux jours après l'attentat, il s'y amuse, devise avec le prince de Soubise, il est déjà en mesure de recevoir les corps constitués. À la fin du mois, Barbier note qu'il a repris ses occupations habituelles, qu'il a rendu visite à la marquise de Pompadour et qu'il tient ses conseils à l'ordinaire[578] . Retrouver son rôle c'est aussi faire la revue des régiments des gardes de sa Maison. De tradition l'évènement se déroule dans la plaine du Trou d'Enfer à côté de Marly en présence d'une foule immense en grande partie venue de Paris. D'où l'encombrement des carrosses en fin de soirée jusqu'au pont de Neuilly. Désormais la revue a lieu dans la plaine des Sablons. Du coup c'est la distance depuis Versailles qui a augmenté. En 1756, le 13 mai, le duc de Biron, colonel du régiment des gardes françaises, a voulu faire profiter du spectacle la comtesse de Brionne. Pour être sûr du succès il a cru bon de faire camper sa troupe sur place pendant deux jours sous des tentes[579]. Un an plus tard le Roi se livre aussi « à l'ordinaire » au même exercice avec les gardes françaises et suisses au même endroit[580].

En revanche celui-ci s'est chargé d'une fonction supplémentaire. En février il a décidé de se séparer de son garde des sceaux, monsieur de Machault, sans le remplacer. Il appartient alors au Roi lui-même de tenir et de présider l'audience du sceau. Cela va

---

[578] Barbier, *Journal.* T 6. p. 464 & *Archives de La Bastille*, documents recueillis par François Ravaisson, p. 428. Lettre d'un jésuite à l'abbé ***.
[579] Barbier, *Journal.* T 6. p. 304.
[580] Barbier, *Journal.* T 6. p. 529.

compliquer ses déplacements puisque la marche de l'État et l'enregistrement des décisions ne sauraient attendre. Ce n'est pas une occupation épisodique puisque l'avocat Barbier nous informe qu'en août le Roi a tenu le sceau à Compiègne pour la onzième fois et le 20 septembre suivant à Fontainebleau pour la quatorzième fois[581].

  Or Louis XV aime le mouvement. Plus qu'à Versailles il se sent bien à Choisy, un lieu où l'on travaille mais aussi où l'on peut se livrer à des occupations un peu plus frivoles autour du Roi, de la marquise de Pompadour, d'une ou deux dames de la maison de la Reine ou des filles de France voire de la comtesse de Baschi, belle-sœur de la favorite. Ce sont les courtisans qui font le nombre, les uns tenus par leurs fonctions, les autres impressionnés par l'honneur d'y être invités. Loger et sustenter tout ce monde demande beaucoup d'organisation. Le personnel des écuries est mis à contribution. Le comte de Brionne est un habitué de ces séjours. Des mansardes lui sont attribuées au dessus de la tribune du Roi dans le bâtiment principal ou dans l'aile droite, côté jardin. Le moment fort de la journée vers neuf heures et demie du soir est celui du souper, délicat à préparer, lourd à digérer. Pensez donc ! Quatre services comprenant 4

---

[581] Barbier, *Journal.* T 6. p. 580.

potages, 16 entrées, 4 relevés, 4 grands
entremets, 8 rost, 16 petits entremets le 29
septembre ; 2 oilles, 8 entrées, 4 relevés, 8
plats de rost, 4 salades, 12 entremets le 11
octobre 1759 par exemple. Au nombre
s'ajoute la variété des mélanges, combinaisons,
compositions et garnitures. La fabrication et le
service demandent bien sûr de nombreux
domestiques.

Les convives ne sont pas obligés de
manger de tout. Mais est-il sûr que
l'abondance de viande donne la force et la
vigueur espérées ? Les menus présentés
paraissent plus propices aux excès de table et
de vin[582].

Quand le Roi n'est pas occupé à ses
devoirs de guerre et de conseil, sa plus grande
distraction c'est la chasse. Or Compiègne est
loin. Fontainebleau est fréquentée à l'automne.
La forêt de Rambouillet présente l'intérêt de
n'être qu'à quelques lieues de Versailles tout
en étant giboyeuse. À partir d'un modeste
rendez-vous Louis XV a décidé la
construction d'une résidence à Saint-Hubert
sur ses confins. Ce qu'on considère comme un

---

[582] Logements de la Cour et menus de la table de sa Majesté
sont consignés dans les volumes des *Voyages du Roy au château
de Choisy* par Brain de Sainte-Marie conservés à la BNF
(numérisés par Gallica) ou à la bibliothèque de Rouen (ceux-
ci évoqués par Edmond et Jules de Goncourt dans leur
ouvrage sur *Madame de Pompadour*).

château dédié à la chasse, inauguré à la fin de juin 1758, lui permet de pratiquer son sport favori en compagnie de quinze à vingt-cinq seigneurs. On a ainsi la possibilité de chasser toute l'année en s'abstenant seulement pendant les gelées. L'inconvénient tout de même est de multiplier les « petits voyages » de Versailles à Saint-Hubert et de Saint-Hubert à Choisy. En outre la forêt d'Yveline se révèle terriblement humide.

Et la chevauchée permanente n'est pas sans danger. Au début de 1760, le comte de Brionne fait une chute sérieuse. Il est blessé. L'accident pourrait n'être qu'une alerte entraînant la frayeur de l'entourage mais curable. Tel fut le cas naguère pour le prince Charles. L'auteur déjà mentionné de son oraison funèbre soulignera plus tard qu'il n'avait pas « la complexion robuste des anciens spartiates ». Cette fois-ci la souffrance persiste et même s'aggrave. Elle devient le signe d'une véritable maladie[583]. Notre comte

---

[583] La plupart des rapporteurs n'évoquent qu'une maladie aussi cruelle que longue. Sans plus de précision. Toutefois la *Correspondance de Grimm*, en février 1765, observe la similitude du sort réservé au comte de Brionne et à Jean-Baptiste Deshays, membre de l'académie royale de peinture (tome 6, p. 211). Le graveur Charles Nicolas Cochin dans l'essai qu'il a consacré à la vie de ce dernier est plus explicite : « Il s'ouvrit un vaisseau dans une partie les plus délicates du corps humain : la filtration imperceptible du sang, qui s'ensuivait, augmenta insensiblement à un tel degré qu'il

est amené à quitter Versailles pour Paris, logé à l'hôtel de la Grande Ecurie aux Tuileries. Chacun s'accorde à lui reconnaître au moins trois qualités : courage, patience et prévoyance. Mais la façade cache des côtés moins brillants. Le courage correspond à

---

devint inévitable de le soumettre à une opération des plus redoutables & dont le succès, même dans les corps constitués, est toujours très incertain ; son extrême délicatesse & l'agitation d'esprit dont il avoit paru pendant le cours de sa maladie qui a été de plusieurs mois, rendoient l'opération d'autant plus dangereuse. Cependant il la soutint avec beaucoup plus de courage qu'on ne l'avoit espéré. Le chirurgien célèbre, qui avoit bien voulu entreprendre sa cure, eut tout lieu pendant plusieurs jours de se flatter du succès le plus consolant. Il lui avoit ordonné à cause de son extrême foiblesse, de se substanter : mais, soit que M. Deshays se fut figuré que ces ordonnances n'étoient dictées que par l'indulgence, & que ce qui pourroit lui donner des forces, pourroit aussi augmenter le danger en lui donnant la fièvre, il s'obstina à ne point faire usage de ce secours. C'est cependant ce qui paroit avoir été la cause de sa perte ; à la suite d'un sommeil qui fut troublé par quelque songe effrayant, vraisemblablement l'effet de son extrême foiblesse, il se réveilla dans une grande agitation. Une hemorragie, dont la cause étoit peu considérable en elle-même, augmenta son effroi ; cette agitation occasionna la fièvre & les autres accidens qui décident de la vie dans ces cruelles circonstances ». (*Œuvres diverses*, volume 2, p. 251-253).

Il n'est pas sûr mais peut-être plausible que ce qui s'est appliqué à l'intéressé ait été identique à ce qu'a connu Louis Charles de Brionne et que les réactions de l'un et de l'autre aient été exactement les mêmes. L'opération subie par Deshays a été une amputation. Rien ne prouve que ce fût le cas de son contemporain.

l'ampleur de la souffrance et à la lutte vigoureuse qu'il faut entreprendre pour tenter de la vaincre. Le résultat tardant à venir, vient la patience. L'orateur nous explique alors que cette vertu n'est pas « l'apathie des stoïciens », elle évite de « se raidir contre la nature » ; tout compte fait elle « vaut mieux que le courage »[584]. Elle est sans murmure et tourne à la résignation. Reste la prévoyance. Le malade est soucieux de perpétuer le statut de la Maison. Cela se traduit par une véritable inquiétude. L'avenir n'étant plus pour lui, Brionne se demande ce que deviendront femme et enfants. Il pense à s'adresser au Roi.

Un personnage anonyme mais que l'on pense assez proche du pouvoir, le persuade qu'il ne faut pas être trop direct. Il propose de sonder le Roi avant d'intervenir. Profitant d'un moment où celui-ci se trouve seul dans son cabinet, l'intermédiaire se confie, maniant tour à tour le sentiment et le concret. Il fait part de l'état du patient, fait valoir les bontés naturelles du Roi. Mais ses inquiétudes sur le sort de ses enfants l'emportent sur celles que peut donner la maladie. Le Roi a le moyen de les calmer en accordant la survivance de la charge de Grand Ecuyer. Sans risque puisque l'écurie dispose de responsables compétents et lui-même serait

---

[584] Oraison funèbre, *op. cit.*

délivré de beaucoup d'importunités voire de cabales, de sollicitations injustes (etc. ..., ajoute-il !). Sans être trop précis Louis XV répond que Brionne peut être tranquille et que ce qui compte c'est la guérison. Son interlocuteur se plaçant à nouveau sur le plan du sentiment, se confond en remerciements. Il s'estime content mais ne juge pas inutile néanmoins d'aller voir madame de Pompadour et de s'assurer de son soutien. Brionne peut préparer la lettre qu'il doit écrire au Roi. La chose est bientôt faite, mettant en avant le danger de son affligeante situation, son zèle et l'espoir qu'il met dans le cœur bienfaisant et compatissant de Sa Majesté[585]. En réponse Louis XV lui donne acte de son zèle dont il souhaite profiter longtemps. La charge restera certes dans la famille, mais l'âge et les précédents lui ont appris que l'on ne doit pas donner de survivance à des enfants que l'on ne peut connaître tant qu'ils ne seront pas grands et formés. En attendant il prie Dieu qu'il ait son cousin en sa sainte et digne garde, formule convenue et peut-être vœu pieux[586].

Faute de mieux, le comte de Brionne s'emploie à exercer ses droits de seigneur, par exemple en nommant un nouveau curé à

---

[585] AN. O¹ 857 N° 518, 5 décembre 1760 et N° 120.
[586] AN. O¹ AN. I/2/6/1. Lettre du 13 décembre 1760.

Epreville[587]. Il constitue quelques rentes au profit de ses enfants et rédige son testament[588]. Il s'éteint le 28 juin 1761. Trois jours plus tard, après le saint sacrifice et les prières pour les défunts à l'église Saint Germain L'auxerrois, son corps est transporté en carrosse en celle des Capucines de la place Vendôme pour y être inhumé dans le caveau de famille en présence de son frère Camille et de son cousin Camille Louis de Marsan[589]. Sa mémoire est célébrée plus tard par des établissements religieux de province : Confrérie Royale des pénitents de S. Antoine de Marseille le 13 octobre, Oraison funèbre aux Ponts-de-Cé le 30 juin 1762[590]. L'évènement est communiqué par les principales revues. *La clef du cabinet des princes de l'Europe* range le défunt parmi les personnes illustres. Sur le même registre les *Affiches* ... font état de sa naissance et de son rang. Le *Mercure de France* met en avant son caractère, ses vertus et les regrets qu'il inspire au public.

---

[587] Le 14 mars 1761. *Inventaire historique des actes transcrits.* *Ancien diocèse de Lisieux* par l'abbé Piel. Tome IV, registre XXVIII, p. 453 (Gallica).

[588] AN. MC. XXIII. 9 décembre 1760. Testament daté du 26 février et codicille du 21 avril 1761.

[589] Acte de décès, copie du 7 août 1761 conservée en l'étude parisienne XXIII. 640.

[590] AFFICHES, ANNONCES *ET AVIS DIVERS* du mercredi 28. Octobre 1761. Oraison funèbre, manuscrit conservé à la bibliothèque Sainte Geneviève, *op. cit.*

Les lettres de condoléance des cousins de Vienne se réfèrent sans trop d'originalité à l'amitié qui les liait au défunt[591]

Il était âgé de trente-cinq ans. La comtesse, sa veuve, en a vingt-sept. Les enfants sont mineurs. Le dernier et deuxième garçon n'a même pas de prénom bien qu'ayant deux ans passés, puisqu'il n'est qu'ondoyé ; en remplacement il est désigné sous l'appellation « Anonyme ». Le jour même du décès le testament est ouvert par le lieutenant civil. L'exécuteur testamentaire choisi par le prince est Jean François Joly de Fleury, conseiller d'État. Un conseil de famille se tient le 13 juillet. Autour de la comtesse de Brionne sont réunis, de façon équilibrée comme il se doit, quatre princes représentant la famille de Lorraine dont le duc d'Elbeuf et quatre autres pour le côté Rohan, tous habitant Paris. Ceux-ci sont d'avis que la comtesse soit élue tutrice honoraire de ses enfants. Quant au tuteur onéraire, chargé de régir et d'administrer leurs biens au quotidien, ce sera Charles Emmanuel Quelus, secrétaire des commandements de la famille. Les pouvoirs de ce dernier seront limités étant donné que les actes un peu importants exigeront l'aval de la comtesse qui pourra se faire aider sur le plan juridique par Maître Charlemagne Lalourcé, avocat au

---

[591] Bibliothèque Nationale, *Manuscrits Français*, 6677 54-55.

Parlement et conseil habituel du comte. Le grand doyen du chapitre de Strasbourg François Camille sera subrogé tuteur devant veiller sur l'inventaire et les partages à établir[592].

L'organisation de la tutelle étant ainsi mise sur pied, il n'y a pas un moment à perdre. Quelus s'emploie comme à l'habitude à superviser les affaires de trésorerie (transports de rentes, garanties, accords avec les créanciers …), en particulier à propos des changements prévisibles de statuts. Dès le 16, procureur, huissier et notaire au châtelet sont à pied d'œuvre à l'hôtel de la place du petit carrousel pour commencer l'inventaire et la prisée de ce qui s'y trouve[593]. Ce qui préoccupe spécialement leurs mandants se rapporte naturellement au gouvernement de l'Anjou et à la Grande Ecurie. Dans l'hôtel il faut procéder à « la perquisition des pièces nécessaires ».

Le gouvernement de l'Anjou est plus honorifique qu'effectif ; le comte y avait été nommé à l'âge de quinze ans[594]. Il n'est guère

[592] AN. MC. ET/XXIII/639. 13 juillet 1761. Procuration d'avis de parents pour la tutelle des Princes et Princesses enfants de Monseigneur le comte de Brionne.
[593] AN. MC. ET/XXIII/639.
[594] Chanoine François-Constant Uzureau, *Les Gouverneurs de l'Anjou et du Saumurois,* Mémoires de la société nationale d'agriculture, sciences & arts d'Angers, tome XIX, 1916, pp.

disputé. La Grande Ecurie c'est autre chose. Tandis que les préposés à l'inventaire s'y appliquent la comtesse de Brionne va voir le Roi. Celui-ci avait invoqué l'incertitude dans laquelle on était quant aux talents que la jeunesse de Charles-Eugène ne permettait pas de mesurer. L'obstacle est toujours là. Sa mère fait état de tout ce qui permet de le surmonter. Le passé et le présent sont garants de l'avenir. Car il ne pourra que suivre les grands exemples tracés dans sa Maison ; il sera orné des mêmes qualités que ses ancêtres. Et justement la charge de Grand Ecuyer est tenue depuis longtemps par des princes de Lorraine. Dès maintenant il a fait paraître quelques heureuses dispositions, ce qu'admet son interlocuteur. Celui-ci est même persuadé qu'élevé sous les yeux de sa mère et conduit par ses conseils, il règlera sa conduite sur le modèle de ses prédécesseurs. Tout cela donne une légitimité au prétendant. Convaincu, il reste à trouver la solution. La voilà. Le prince de Lambesc sera bien titulaire de la charge. Mais jusqu'à sa majorité il y aura une sorte de régence. C'est sa mère qui détiendra « tous les pouvoirs nécessaires pour l'arrêté des dépenses et pour ordonner, dans toutes les parties de la Grande Ecurie et ses dépendances, sur tous les objets qui y sont

---

22 & 52.

relatifs ». L'évolution des idées du Roi et leur aboutissement seront évoqués au moment de la publication des décisions.

Cette répartition des rôles n'est pas en soi quelque chose d'inconnu. Elle s'est déjà appliquée au pays tout entier. Pas à la Grande Ecurie et qui plus est en impliquant une femme. L'intéressée ne peut que se déclarer honorée de la confiance que Sa Majesté lui accorde ; elle la remercie de sa bonté ; elle respectera scrupuleusement les principes qui étaient ceux du prince Charles et de son mari et travaillera avec le zèle le plus suivi. Avant même que le choix du Roi soit confirmé la nouvelle se répand. Chacun considère que le passage de pouvoir est une chose acquise. Françoise Adelaïde de Noailles, veuve du prince Charles, Mathieu François Molé, premier président du Parlement de Paris, la famille Grimod, des bourgeois de Paris se dépêchent de transférer les privilèges qu'ils ont sur la charge de Grand Ecuyer du comte de Brionne sur celle dont sera incessamment pourvu le prince de Lambesc voire sur le brevet lui-même. La comtesse est plus soucieuse de légalité ; elle s'impatiente et se plaint du retard des expéditions, plusieurs parties restant en souffrance faute d'autorisation. Elle va faire remettre immédiatement au comte de Saint-Florentin, Secrétaire d'Etat, responsable de la

Maison du Roi, les papiers nécessaires pour les provisions de son fils. Rien, selon elle, ne devrait retarder l'expédition du brevet de commandement et des lettres patentes[595]. Plusieurs semaines sont encore nécessaires pour la concession officielle de la charge et le serment dont le prince est tenu[596].

Le public a compris l'importance de la mission de la comtesse. Certains, faisant fi du détail, sont prêts à l'appeler tout simplement « Madame la grande écuyère »[597]. Il y a tout de même quelques modalités d'application restées plus discrètes. Louis XV a expliqué à sa cousine la manière dont il désire qu'elle conduise l'objet qu'il a confié à ses soins. Précisant sa pensée, il l'invite, pour sa propre tranquillité, à faire appel aux sieurs de Briges et Tourdonnet, écuyers de la Grande Écurie, pour ces petits détails qui, réunis, forment un objet assez considérable : marchés à faire pour la nourriture des chevaux, leur achat et les autres articles qui méritent le plus d'attention. Tout cela avec l'objectif du retranchement des dépenses qui lui paraîtront superflues et de

---

[595] AN. O¹ 857 n° 523. Lettre du 5 août 1761.
[596] AN. O¹ 857. 10 & 11 août ; enregistrement du 19 septembre en la chambre des comptes.
[597] AN. O¹ 896 n° 358. Titre utilisé en 1764 par le piqueur Leroux, alors chargé d'acheter des chevaux en Angleterre. Remarque de l'auteur des *Écuries Royales du XVI ᵉ au XVIII ᵉ siècle* p. 68.

diminution du nombre de chevaux entrenus[598].

Son statut est défini par arrêt du 19 septembre. La chambre des comptes pour sa part rechigne à enregistrer une décision qui lui paraît singulière. La comtesse de Brionne est combative. Sur deux plans. En droit elle tire ses arguments de son titre de tutrice. De par les arrêts du conseil d'Etat et du Parlement eux-mêmes, en cas de minorité, c'est le tuteur qui signe les actes d'engagement du mineur et en est responsable en son propre et privé nom. Il nomme à tous les offices qui en dépendent sans qu'il soit besoin d'autre autorisation que de sa qualité de tuteur. Dans les faits elle regarde ce qu'il en est pour la gouvernance des enfants et la charge de grand amiral de France qu'elle estime plus étendues que celle de Grand Ecuyer. L'arrangement prévu est tout à fait conforme à ce qui s'y pratique sans avoir jamais suscité d'objections. Au-delà de sa plaidoirie, elle possède quelque chose peut-être plus efficace : l'appui de personnages tels que Monsieur de Nicolaÿ, premier président de la chambre et celui du Roi lui-même. La chambre des comptes en est réduite à discuter quelques points secondaires, en particulier l'âge de la majorité du titulaire. Au lieu des vingt ans envisagés par la

---

[598] AN. O¹ 857 n° 117. Lettre du 8 novembre 1761.

comtesse elle voudrait que l'on se conforme à l'usage qui la prévoit à vingt cinq, apparemment sans penser que par là même sa position reviendrait à prolonger la durée d'un interrègne qu'elle conteste. Toujours est-il que le 3 février 1762 le commandement des Ecuries et des haras du Roi est attribué pour dix ans à Julie Constance de Rohan, comtesse de Brionne[599]. Un rôle à sa mesure.

Une autre tâche doit être menée en parallèle. Celle précisément qui faisait hésiter Louis XV : la formation du nouveau Grand Ecuyer. Dans un premier temps, on recourt à la tradition en recherchant un précepteur. La Grande Ecurie ne fait pas oublier l'Anjou. D'ailleurs là encore, sans en avoir le titre on la considère comme la gouvernante. Sur la suggestion de l'Académie d'Angers, elle choisit pour ce faire un bon chanoine, Louis Seguin. Cependant afin de lui inculquer les vertus qu'on lui veut, humilité, soumission, zèle, on l'enverra au collège du Plessis. À l'usage, il s'avèrera que là ou à la Grande Ecurie il est dangereux de le laisser environné de jeunes gens qui en droit lui sont subordonnés. Il a besoin de savoir monter à cheval. Le mieux est que sa mère veille elle-même sur sa conduite. Avant chaque démarche la comtesse propose, le Roi approuve. L'étude de la

---

[599] AN. O¹ 855 n° 16.

Nature sera encouragée, l'enseignement de l'Histoire développé sans oublier que la Maison de Lorraine est alliée avec tous les Rois de la Terre[600].

Pendant que le comte et la comtesse de Brionne s'employaient à maintenir le rang et le rôle de leur branche, leurs cousins d'Elbeuf ont continué et continuent à gérer leurs affaires personnelles. En 1759 la duchesse a jugé bon de céder la partie de l'hôtel de Saint-Germain-en-Laye qui avait appartenu à sa tante la maréchale de Créqui et dont elle avait hérité. Les acquéreurs étaient bourgeois du lieu[601]. Elle s'est appliquée à apurer les comptes qu'elle avait avec son cousin Pierre Georges de Rougé, officier de cavalerie qui a trouvé la mort un mois plus tard dans une de ces batailles perdues des campagnes que la France menait en Allemagne en pendant de ses préparatifs de descente en Angleterre[602].

---

[600] Uzureau, *Gouverneurs d'Anjou, op. cit.* Société nationale d'agriculture, sciences et Arts d'Angers, 1846, T 1, N 30 ; AN. O¹ 857 124 ; BNF. FR 15315 & 15326.

[601] AN. MC. LXXXIII. 462 (Gervais). 10 mai 1759, vente à Jean Philippe Meyer et Marie Turlure, sa femme.

[602] AN. MC. LXXXIII. 463. Transport de droits du 17 juillet 1759. Décès du vicomte de Rougé à Todtenhausen prés de Minden, en Westphalie, le premier août suivant. Ce jour-là 46 officiers de cavalerie y ont été tués. Cf. Richard Waddington, *La guerre de sept ans ; histoire diplomatique et militaire.* Tome III. Minden, p. 63.

L'un et l'autre se plient aux exigences de leurs seigneuries. La duchesse reçoit foi et hommage du lieutenant civil au châtelet Jérôme d'Argouges en tant que châtelaine de Moreuil en Picardie en 1759. Peu après, pour un fief qu'elle possède à Boissy-aux-cailles, c'est à elle de faire la même démarche vis-à-vis de l'abbesse de Montmartre, dame du lieu et qui y exerce la justice. Baronne de Rostrenen, elle y présente et nomme des chanoines de la collégiale[603].

Son époux est bien sûr amené à se pencher de temps en temps sur l'organisation de la justice du duché. Le 5 janvier 1757, Jacques Pollet, âgé de 77 ans, décède. Avocat à la Cour et lieutenant général du duché depuis trente-cinq ans, on avait l'habitude de recourir à lui presque jour après jour. Il remplaçait au besoin le bailli ou le procureur fiscal, en particulier quand il fallait présider les assises annuelles. Il n'est pas étonnant qu'il ait été difficile de lui trouver un successeur. Ce n'est qu'en octobre 1760 que le duc accorde la charge à Louis Grandin, fabricant qui a déjà tâté de fonctions voisines. En moins de deux ans presque toute la justice du duché est renouvelée. Le bailli Jacques Louis de Flavigny à qui le prince a donné la survivance, cède la

---

[603] Minutes des études Sauvaige et Gervais (1760, 1761, 1762).

place à Luc-Pierre Routier, avocat au Parlement de Rouen en mai 1759. La vente de l'office de procureur fiscal est approuvée en août 1760. La nomination d'un avocat fiscal intervient en octobre. Le 10 janvier suivant Christophe Colin démissionne de son office de verdier[604].

Au printemps de 1758, le prince a eu un accès de goutte qui l'a attaqué sur la main droite[605]. Il est plutôt coutumier de ce genre d'incommodité que l'on n'observe plus par la suite. Toutefois l'âge est là. Il s'éteint en l'hôtel de la rue Saint-Nicaise dans l'après-midi du dimanche 17 juillet 1763, âgé de quatre-vingt-cinq ans. À La Saussaye, à Bosc-Roger, à Caudebec, à Cléon notamment chanoines et paroissiens manifestent leur émotion en faisant sonner les cloches de leurs églises.

De façon plus terre à terre Pierre Thierion, commissaire au Châtelet, le jour-même du décès à trois heures de relevée, est sur place ; il monte le grand escalier de gauche de l'hôtel. Au premier étage, en face, dans une chambre à coucher ayant vue sur la cour, la duchesse d'Elbeuf l'attend. Elle lui dit que son mari vient d'y décéder et lui demande, dans

---

[604] Tous évènements recensés par Henri Saint-Denis, *op. cit.* Tome V.
[605] D'où l'impossibilité de signer divers actes gardés dans l'étude parisienne Morisse. XCVI. 403 & 404, mars et juin 1758.

l'intérêt même des héritiers présomptifs, de faire une description sommaire des biens et effets laissés en évidence dans la chambre où gît le défunt et d'y apposer ses scellés. Ce qui les préoccupe le plus c'est le testament qu'ils ne trouvent pas pour la simple raison que le prince l'avait déposé chez son notaire, maître Lambot. Le surlendemain Pierre Levalleux, Pierre Routier, Louis Grandin sont à pied d'œuvre à l'hôtel de la rue Saint-Etienne à Elbeuf pour y entreprendre le même travail[606]. Entre-temps, le lieutenant civil de Paris, Alexandre François Jérôme d'Argouges de Fleury qui vient de succéder à son père a été prévenu. René Lambot, notaire au châtelet, est venu le trouver en son hôtel. Celui-ci lui apprend qu'au mois d'avril Emmanuel Maurice de Lorraine, duc d'Elbeuf, pair de France lui a remis un paquet cacheté qu'il lui a dit contenir ses dernières volontés. Il le présente à son interlocuteur pour qu'il soit ouvert. Le paquet en question se révèle contenir une enveloppe cachetée en cire d'Espagne rouge. À l'intérieur se trouve le testament daté du 5 octobre 1760, un codicille du trois octobre 1761 et un second du 18 avril 1762[607]. Il y exprime son exigence d'être

---

[606] AN. Y. 10886. Inventaire après le décès du duc d'Elbeuf, juillet 1763. Henri Saint-Denis, *op. cit.* Tome V, p. 329.
[607] Cf. AN. Compte-rendu détaillé de l'ouverture par

inhumé sans aucune cérémonie[608], de verser « aux Capucins de Normandie » de quoi célébrer 300 messes à son intention et de rembourser les rentes viagères qu'il a accordées sur le pied du denier dix. Les domestiques se partageront comme il est d'usage les hardes, le linge de corps et les habits du prince et pourront garder leur livrée avec quelques espèces. Le fils aîné de monsieur Collin, secrétaire du Roi[609], bénéficiera d'un sort particulier. Le testateur lui lègue douze mille livres. En cas de décès de celui-ci le legs passera à ses frères et sœurs. Pierreries, argenterie et meubles seront employés à couvrir les dettes du prince[610].

Par les codicilles le duc d'Elbeuf a aussi accordé à son sous-écuyer Christophe Jacquot de St Hilaire par disposition universelle la moitié de ce qui restera de la succession une fois payés les dettes et legs particuliers. Mais aussitôt qu'il apprend cette faveur l'intéressé déclare y renoncer absolument car il estime avoir profité suffisamment des bontés dont son altesse l'a

---

d'Argouges.

[608] Ses biographes sont muets sur le lieu de l'inhumation.

[609] Il s'agit de Jean-Christophe, fils de Christophe Colin dont nous avons raconté l'ascension.

[610] AN. LXXXIII. 498. Lambot. L'exécuteur testamentaire est Louis Gervais, titulaire de l'étude à l'époque où le testament a été rédigé.

honoré de son vivant[611].

Tandis que l'inventaire va se faire tant à Paris qu'à Elbeuf trente cinq individus au moins signifient personnellement ou par procureur interposé leur opposition à la levée des scellés. La plupart se présentent en tant que créanciers. Il y a comme toujours la cohorte des fournisseurs, des domestiques et des rentiers. Nicolas Le Cordier de Boisenval, receveur des tailles de l'élection de Pont-de-l'Arche, prend date pour le remboursement d'un prêt qu'il a consenti en 1756, une fois réglés les comptes de l'octroi d'Elbeuf pour la période allant de 1690 à 1725, prêt dont l'échéance se situe à un an après le décès de son altesse. Nicolas Adrien de Boisneuf, secrétaire du Roi, se préoccupe du recouvrement de la capitation au profit de la grande chancellerie et de la Cour alors que le sieur Morebrun agit pour la même cause mais au profit de la ville de Paris. On y retrouve de vieilles connaissances : Joseph Môme, désormais héros d'armes à Toul ; Edme Gabriel qui a quitté ses fonctions de lieutenant contrôleur en la prévôté de Gondreville et demeure à présent à Neufchâteau ; et encore Jean Antoine Hoppen qui s'était reconverti comme capitaine des chasses du Roi de Pologne, maintenant résidant à Nancy.

---

[611] *Idem.* 19 juillet 1763.

L'hôpital de Gondreville fonctionne bien semble-t-il, ce qui fait qu'on l'a un peu oublié. Son fondateur n'a pas complètement réglé la dotation qu'il avait promise au moment de son ouverture. Et pourtant les Religieux qui en ont la charge lui versaient régulièrement et par trimestre d'avance une pension viagère d'ailleurs financée par le Duché de Lorraine. N'ayant vécu que dix sept jours du troisième trimestre, le frère Desmarais, procureur général syndic de l'ordre de la Charité est venu demander l'équivalent du retard d'exécution d'un côté et le trop perçu de l'autre.

Toutes ces demandes sont sans doute fondées, en tout cas vérifiables. Une autre catégorie de personnages n'ont rien à monnayer dans l'immédiat mais prétendent à autre chose. C'est celle des héritiers présomptifs. Le duc d'Elbeuf n'avait pas d'enfant mais des parents plus éloignés tant du côté paternel que maternel. Ils sont huit à croire à leur chance d'être pris en considération. Trois seulement, neveux du duc, seront retenus, mais renonceront finalement à la succession[612].

Emmanuel Maurice d'Elbeuf n'était plus qu'usufruitier du duché. Maintenant qu'il

---

[612] AN. MC. LXXXIII. 513. Rappel et dates de ces renonciations. 28 août 1765.

a disparu ainsi que le comte de Brionne, les droits de Charles Eugène, fils aîné de ce dernier, devraient donc être incontestables. En fait la situation n'est pas si simple. Le duc défunt était Pair de France. Cette dignité ne se transmet pas automatiquement. Une règle a été conçue précisément pour le duché-pairie d'Elbeuf avant d'être étendue à d'autres : « Défaillant la ligne masculine de nostredit cousin et de ses descendants masles, ladite qualité de duc et Pair demeurera esteinte et supprimée ...»[613]. En tout état de cause le prince de Lambesc n'est nullement héritier de son cousin. Dans la pratique aucun hommage, serment ou réception ne vient étayer pour lui un titre de Pair. *L'almanach Royal* fait disparaître Emmanuel Maurice de sa liste des Ducs et Pairs de France sans le remplacer[614].

Quant au duché c'est la mère elle-même qui constitue l'obstacle à une vision claire de la situation. Car elle et son mari vivaient en communauté. C'est ensemble qu'ils ont participé à la transaction intervenue en 1752. Elle est donc propriétaire de la moitié du duché. Il s'agit d'un cas singulier que la

---

[613] Cl. Levantal, *op. cit.* p. 194.

[614] À l'occasion du couronnement de Louis XVI, le prince de Lambesc, cité comme Grand Ecuyer portant le manteau royal, le Roi dit que ce Prince a fait cette fonction comme Prince de maison souveraine étrangère. AN. K 1714 – 21. 8. 7e pièce.

réglementation[615] non plus que l'acte lui-même n'ont envisagé. Il est décidé de le soumettre à des commissaires du Conseil choisis pour la plupart dans le sein du Parlement. Après délibération cet aréopage décide que le duché doit rester dans la famille de Lorraine, représentée en l'occurrence par Charles Eugène en versant à l'autre acheteur, sa mère, une indemnité correspondant à la valeur de sa part. C'est ce qu'on appelle un retrait lignager ou ducal quand il porte sur un duché. La valeur de cette part sera fixée sur le pied du revenu du duché au denier vingt-cinq, taux fixé dans le régime général de la transmission des duchés-pairies[616]. La même formule est appliquée de façon plus habituelle puisqu'elle ne concerne pas la comtesse de Brionne au château d'Elbeuf que le duc Emmanuel avait cédé aussi avec réserve d'usufruit au sieur Vallon de Boisroger qui l'a depuis revendu au sieur Béranger et que la famille[617] veut reprendre.

Après ces décisions la terre d'Elbeuf apparaît comme une trinité symbolisée par un duc sans pairie, une comtesse expropriée et

---

[615] Spécialement l'édit de mai 1711.

[616] *Traité des droits, fonctions, franchises, exemptions, prérogatives et privilèges*. Guyot, tome second. Des Pairs de France, pp. 128-129. Arrêt du 4 juin 1764.

[617] En fait Charles Eugène. An. MC ; LXXXIII (Lambot). 18 octobre 1765. Retrait du 18 juillet 1764.

une duchesse sans duché. Toutefois il est clair que les deux veuves ont ce qu'il faut de courage mâle et guerrier pour les animer sur le champ d'horizons nouveaux.

ANNEXES

Filiation naturelle Lorraine. Harcourt. Guise. Bourbon

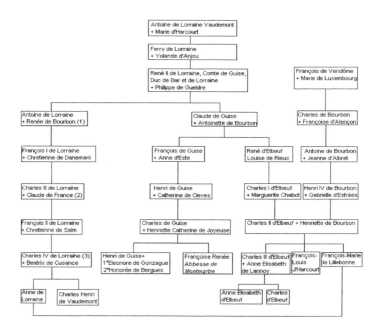

(1) Soeur de Charles, connétable de Bourbon
(2) Fille d'Henri II et de Catherine de Médicis
(3) Beau-frère de Gaston d'Orléans, frère de Louis XIII

Parenté Duché d'Elbeuf

L'église Saint Pantaléon de Commercy avant
sa transformation
Cliché Bastien

Chambre de la Princesse de Vaudémont,
Hôtel de Mayenne
DAAVP Exposition Boffrand 1986

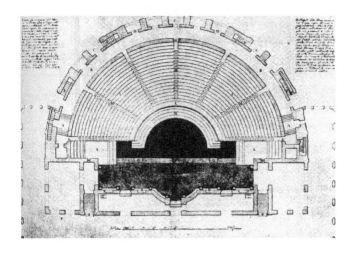

Théâtre d'Herculanum reconstitué par
Piranese

Gondreville, le château d'Emmanuel d'Elbeuf

Chapelle de l'hôpital St Charles
Image du patrimoine de Commercy

Emmanuel de Nay, comte de Richecourt
© *Musée Lorrain Nancy*

Rue Saint Nicaise à Paris
Archives Nationales

Extrait des voyages du Roy au château de
Choisy par Brain de Sainte Marie
BNF Gallica

INDEX

procureur général des Finances d'Amiens, pp. 69, 118.

BOUZEY (Anne-Dorothée de), fille d'honneur de la Duchesse douairière à Commercy, devenue comtesse de Marsanne à la suite de son mariage avec Alexandre d'Adhémar de Monteil Brunier, pp. 303, 307.

BRANCAS (Marie de Clermont-duchesse de Villars-), dame d'honneur de Mesdames de France, p. 400.

BRANDEBOURG *voir* FREDERIC-GUILLAUME

BREVEDENT (Leonore de), seigneur d'Oissel et de Sigy, p. 186.

BRÉZÉ (Michel, marquis de Dreux de), grand-maître des cérémonies, pp. 389, 399.

BRIANSIAUX (Jean-Louis), armateur français, pp. 450, 462, 463.

BRICE (Germain), Historien, topographe, p. 377.

BRIDOU (Pierre), procureur en Parlement, p. 319.

BRIGES (Nicolas Augustin de Malbec de Montjoc, seigneur de), écuyer ordinaire de la Grande Ecurie du Roi), p. 491.

BRIONNE (Anne-Charlotte de), fille de Louis Charles, comte de Brionne, p. 388.

BRIONNE (François Camille de Lorraine de), abbé de St. Victor de Marseille, chanoine capitulaire de l'église de Strasbourg, frère de Louis Charles, comte de Brionne, pp. 475,

commercien p. 20.

CAMILLY (François Blouet), évêque de Toul, p. 197.

CAPPLET (famille de greffiers d'Elbeuf), p. 366.

CARAFA ( ), prieur de Bari, frère du suivant, p. 54.

CARAFA (Tibère, prince de Chiusano), seigneur napolitain, p. 54.

CARIGNAN (Victor Amédée de Savoie, prince de), général des armées de France et de Savoie, p. 258.

CARLOS (Don), infant d'Espagne, aspirant au grand-duché de Toscane, Roi de Naples puis d'Espagne, pp. 219, 241, 242, 246, 247.

CARTIGNY (de), Inspecteur général de la marine et des galères de France, p. 80.

CEINTREY (de), coseigneur de Pulligny en Lorraine p. 178.

CHABLAIS (Benoît-Marie-Maurice, duc de), fils d'Élisabeth-Thérèse de Lorraine et de Charles –Emmanuel de Sardaigne, p. 298.

CHAMILLART (Michel de), ministre de Louis XIV, p. 144.

CHANOT ( ), correspondant à Paris du baron Olivier, p. 204.

CHARLES II, Roi d'Espagne, p. 78.

CHARLES III de BOURBON, Roi de Naples puis d'Espagne, fils de Philippe V. *voir* CARLOS (Don).

CHARLES VI (Charles François Joseph de

Duchesse de Lorraine, Madame Royale, p. 323.

DESPLASSES (Pierre), notaire parisien, pp. 121, 321.

DE TROY (François), peintre français, p. 423.

D'HOZIER (Charles-René), juge d'armes de France, p. 32.

DIODATI (Laurent), ambassadeur de la République de Lucques, p. 267.

DOMANCHIN DE CHAVANNE (Antoine Jules), huissier-priseur au châtelet, p. 356.

DRÉE (Etienne, comte de), seigneur de la Bazole en Mâconnais, p. 476.

DREUX (Thomas), conseiller à la grand-chambre du Parlement, p. 187.

DUBERGIER (Jean Clément), magistrat au Parlement de Bordeaux, fils du suivant, p. 430.

DUBERGIER (Raymond), négociant bordelais, secrétaire du Roi à la Cour des aides de Montauban, pp. 429, 430, 432.

DUBOIS (Guillaume), cardinal, premier ministre pp. 176, 183.

DUBOUT (Antoine), commis du munitionnaire Charpentier, pp. 116, 118.

DUCHESSE (Louise Françoise de Bourbon, dite Madame la Duchesse), p. 179.

DUCY (François), notaire à Rouen, p. 362.

DU DOMAINE (Mathieu), fils d'un marchand marié à Saint-Jean d'Elbeuf, p. 360.

DUGUAY-TROUIN (René Trouin, sieur du Guay, dit), corsaire français, p. 440.

d'Elbeuf, pp. 46, 353.

ELBEUF (Charles de Lorraine), fils du troisième duc d'Elbeuf, chevalier de Malte, pp. 66, 69.

ELBEUF (Charles de Lorraine), troisième duc d'Elbeuf, pp. 119, 318.

ELBEUF (Charlotte de Lorraine d'), fille légitimée du troisième duc d'Elbeuf, épouse du seigneur d'Oissel, Leonore de Brevedent, dame d'honneur de sa sœur Suzanne, Duchesse de Mantoue, pp. 71, 186.

ELBEUF (Charlotte-Marguerite de Lorraine d'), fille légitimée du troisième duc d'Elbeuf, p. 358.

ELBEUF (Elisabeth, légitimée de Surville), nièce de Thérèse d'Elbeuf, p. 85.

ELBEUF (Emmanuel Maurice de Lorraine), successivement prince et duc d'Elbeuf, pp. 53-61, 89-99, 128, 156, 176, 179, 186, 194, 195, 203, 212-214, 221-232, 236, 239, 240, 262-264, 266-268, 270, 271, 313, 320, 323, 331, 341-349, 351-372, 387, 394, 402-412, 421, 422, 463-469, 487, 494-503.

ELBEUF (Françoise de Montaut-Navailles, duchesse d'), troisième épouse de Charles III d'Elbeuf, pp. 31, 72, 78, 185-189.

ELBEUF (Henri de Lorraine), prince puis duc d'Elbeuf, pp. 31, 51, 52, 67, 68, 72, 86, 97, 105, 106, 108, 117-142, 149, 170, 176-186, 194, 235, 237, 258, 316-331, 333, 351-371, 383, 392, 403, 404, 411, 475.

ELBEUF (Innocente Renée Catherine de
Rougé Du Plessis-Bellière, princesse puis
duchesse d'), seconde épouse d'Emmanuel de
Lorraine, pp. 344-349, 360, 362, 364, 365, 371-
381, 385, 387, 406, 407, 409, 410, 425, 437,
464, 495, 496, 503.
ELBEUF (Louis de Lorraine), abbé
d'Ourscamp, pp. 31, 138, 317, 351, 358.
ELBEUF (Marie Eléonore de Lorraine d'),
sœur des précédents, religieuse visitandine, pp.
35, 82, 112.
ELBEUF (Marie Françoise de Lorraine d'),
sœur des précédents, religieuse visitandine, pp.
35, 82, 112.
ELBEUF (Philippe de Lorraine, prince d'), fils
du duc Henri d'Elbeuf, p. 475.
ELBEUF (Suzanne Henriette de Lorraine d'),
fille de Charles III d'Elbeuf, épouse du Duc
de Mantoue, pp. 71-73, 187.
ELBEUF (Thérèse de Lorraine légitimée d'),
fille naturelle du deuxième duc d'Elbeuf, p. 85.
ELLIOT (Jeanne-Thérèse Du Han de
Martigny, comtesse d'), dame d'atour à
Commercy, p. 303.
ELLIOTT (John), officier écossais de la *Royal
Navy*, p. 461.
EMANGARD (Claude), président du grenier
à sel de Pont-de-l'Arche, fermier du duché
d'Elbeuf, pp. 321, 365.
ÉPINOY (Armande de La Tour d'Auvergne,
duchesse de Melun d'), épouse de Louis II de

et Adélaïde Hérault, son épouse), locataires de l'hôtel de Villequier, p. 363.

FLAVIGNY (Alexandre), procureur fiscal d'Elbeuf, p. 131.

FLAVIGNY (François), chirurgien à Elbeuf, p. 330, 331.

FLAVIGNY (Jacques Louis de), bailli d'Elbeuf et de Quatremare, pp. 321, 351, 495.

FLEURY (Pierre Lucas de), gentilhomme de la grande fauconnerie, verdier du duché d'Elbeuf, pp. 128, 129, 320, 355-357.

FLOBERT (de), Brigadier d'infanterie, pp. 451, 456-458, 460.

FOUG (Nicolas de), recteur d'école de Commercy, p. 221, 224.

FOURIER (Edme), entrepreneur de bâtiments, pp. 19, 20, 23, 158.

FRÉDÉRIC II, Roi de Prusse, p. 300.

FRÉDÉRIC-GUILLAUME, Roi de Prusse, p. 28, 246.

FRIMONT (Pierre François), fermier de la terre de Gondreville, p. 367, 368.

FRIRY ( ), bourgeois de Commercy, p. 228, 282.

FRIRY (Claude), laboureur à Gondreville, p. 95.

FRIRY (Jeanne), femme de Pierre François Frimont et fermière de Gondreville, p. 367.

FÜRSTENBERG (Marie-Françoise, comtesse de), dame de la suite de la Duchesse de Lorraine, amie d'Emmanuel d'Elbeuf, des

HUNOLSTEIN (Henriette Marie Adélaïde Christine du Buchet, comtesse de), dame d'honneur de la Princesse de Vaudémont à Commercy, p. 84.

HUNOLSTEIN (Otto Louis, comte de), écuyer de la Princesse de Vaudémont à Commercy, pp. 259.

HUOT Anne, épouse du boucher de Commercy Claude Colin, pp. 219, 424.

HUSSON (Jean Dominique), valet de chambre de la Princesse de Lillebonne, pp. 158, 173.

INFANTE (Marie Anne Victoire de Bourbon, dite l'), fille de Philippe V, fiancée à Louis XV, p. 145.

ISENGHIEN (Louis de Gand de Merode, prince d'), maréchal de France époux de Marguerite Camille Grimaldi de Monaco, p. 395.

ISSONCOURT (Louis Ignace de Rehez d', comte de Sampigny), Secrétaire d'État et Gouverneur de Commercy, pp. 9, 16, 35, 66, 70, 84, 134, 174, 161, 193, 197, 202, 211, 216, 218, 287.

JACQUES II, Roi d'Angleterre. *voir* STUART (Jacques II).

JACQUINOT (Claude), boucher de Commercy, p. 21.

JACQUOT DE ST HILAIRE (Christophe), sous-écuyer du duc Emmanuel d'Elbeuf, p. 499.

Coudre, dit), négociant et armateur d'Honfleur, p. 463.

LA FAYE (Pierre Auguste de), écuyer d'Henri d'Elbeuf, p. 359.

LA GALAIZIÈRE (Antoine-Martin CHAUMONT de), chancelier de Lorraine et Barrois, p. 292.

LA GARDE (de), médecin à Commercy, p. 24.

LA GORGE (Claude Elisabeth de, dite l'aînée), dame d'honneur de la princesse de Vaudémont, pp. 34, 84.

LA GORGE (Marie Charlotte de, dite la cadette), sœur de la précédente, dame d'honneur de la princesse de Vaudémont, pp.34, 84, 209.

LA GRANDEUR (P. PERROTY dit), valet de pied de Madame Royale à Commercy, p. 282.

LAIDEGUIVE (Pierre-Louis), notaire parisien, p. 442.

LALLEMAND (Dominique-François), receveur des domaines et procureur syndic à Commercy, fils du suivant, p. 8.

LALLEMAND (François-Dominique), receveur des domaines à Commercy, pp. 8, 28.

LALOURCÉ (Charlemagne), avocat en Parlement, p. 487.

LA MARTINIÈRE (Germain Pichault de), chirurgien au service du prince Charles, de la Grande écurie et premier chirurgien du Roi, pp. 393-398, 478.

LAMBERT ( ), trésorier de France, président du bureau des finances, p. 378.

LAMBESC (Charles-Eugène de Lorraine, prince de), fils de Louis Charles, comte de Brionne, duc d'Elbeuf, Grand Ecuyer de France, gouverneur d'Anjou, pp. 386, 489-491, 494.

LAMBESC (Jeanne Henriette Marguerite de Durfort, princesse de), épouse du suivant, p. 388.

LAMBESC (Louis de Lorraine-Armagnac, prince de), militaire français, fils d'Henri, comte de Brionne, pp. 49, 108, 184, 324, 335, 337, 340.

LAMBOT (René), notaire parisien, p. 497, 498.

LAMOIGNON de BLANCMESNIL (Guillaume de), avocat général au Parlement de Paris, puis chancelier de France, pp. 139, 411.

LANGE (François), notaire parisien, pp. 68, 121.

LANGLUMÉ (Jacques), bourgeois de Paris, p. 415.

LANGUET de GERGY (Jean-Baptiste Joseph), curé de Saint-Sulpice, p. 263.

LANNOY (Anne Elisabeth de), veuve du comte de La Rocheguyon, première épouse de Charles, troisième duc d'Elbeuf, alors prince d'Harcourt, pp. 67, 97.

LAW de LAURISTON (John, souvent appelé Las(s)), Écossais naturalisé Français, directeur de la Compagnie des Indes et de la Banque Royale, contrôleur général des finances françaises, pp. 148-172.

LE BARON (Catherine), épouse de Jean-Baptiste Longuet, p. 422.

LE BRETON (Alexandre-André), greffier criminel du Parlement de Paris, p. 477.

LE COIGNEUX (Présidente), légataire de la duchesse douairière d'Elbeuf, p. 186.

LECOMTE (Robert), prêtre du diocèse d'Evreux, p. 138.

LE CORDIER (Nicolas, sieur de Boisenval), receveur des tailles de l'élection de Pont-de-l'Arche, p. 499.

LE COUTURIER (Eustache François), trésorier de l'ordinaire des guerres, p. 145.

LEFAUCHEUR (Alexandre), horloger du Roi, p. 426.

LE FEBVRE (Nicolas-Joseph), conseiller d'État, procureur général de la Chambre des comptes de Lorraine, p. 220.

LEFEBVRE (Pierre), homme d'affaires parisien, p. 85.

LEFEBVRE (Nicolas), bourgeois d'Elbeuf, p. 322.

LE HEUX (Pierre, Françoise et Jean les), bourgeois de Gondreville, p. 228.

LEJEUNE (Nicolas, sieur de Franqueville), bourgeois de Paris, lieutenant colonel de la

Lorraine), filleul du cardinal de Retz, officier français, p. 42, 43.

LIXHEIM (Anne Gabrielle Marguerite de Beauvau, princesse de), épouse en première noce du suivant et en seconde noce du marquis de Mirepoix, pp. 175, 291, 294, 400.

LIXHEIM (Jacques-Henri de Lorraine de Marsan, d'abord appelé le chevalier de Lorraine puis prince de), militaire français et officier du Duc de Lorraine, pp. 175, 177, 234, 235, 238, 240, 244, 245.

LOMBARD Claude, facteur des postes de Commercy, p. 207.

LONGUET (Catherine), fille du suivant, pp. 421, 422.

LONGUET (Jean Baptiste), officier de la Maison du Roi, p. 421.

LONPRÉ (Marguerite de), première femme de chambre de la Princesse de Lillebonne, épouse de Jean Hallé de La Chapelle, p. 76.

LORIMIER (Antoine Charles), notaire parisien, p. 121.

LORIMIER (Charles), intendant contrôleur des Écuries, maître de la chambre des deniers du Roi, p. 425.

LORRAINE (Anne de), *Voir* Lillebonne.

LORRAINE (Anne-Charlotte de), fille du Duc Léopold, abbesse de Remiremont. pp. 254, 260, 273, 274, 288-297, 307, 308, 312, 313, 315, 343.

LORRAINE (Anne Marie Joseph de, comte

220.

MAILLE (Nicolas), particulier d'Elbeuf, p. 326.

MAINTENON (Françoise d'Aubigné, marquise de), gouvernante des enfants de Madame de Montespan, épouse non déclarée de Louis XIV, pp. 74, 187.

MARAIS (Mathieu), avocat au Parlement de Paris, pp. 105, 108, 140, 176 , 184, 215, 243, 323, 326.

MARCILLAC (François, prince de), *voir* LA ROCHEFOUCAULD (François VII, duc de).

MARIGNY (Abel François Poisson, marquis de), frère de madame de Pompadour, directeur général des bâtiments du Roi, p. 400.

MARPON (Louis Philbert), avocat au Parlement, fils du suivant, p. 120.

MARPON (Philbert), procureur au Parlement de Paris, p. 119, 120.

MARSAN (Camille Louis de Lorraine, sieur de Pons, prince de Mortagne, prince de Marsan), officier supérieur, pp. 473. 486.

MARSAN (Charles de Lorraine d'Armagnac, prince de Pons, comte de), officier français, pp. 33, 175.

MARSAN (Gaston Jean Baptiste Charles de Lorraine, comte de), époux de la suivante, officier colonel d'infanterie, p. 369.

MARSAN (Marie-Louise de Rohan-Soubise, comtesse de), petite-fille d'Elisabeth de Lorraine, princesse d'Épinoy, épouse de

Toscane, p. 261.

MELUN (Anne Julie Adélaïde de Melun-Épinoy), sœur de Louis II de Melun, pp. 94, 135, 136.

MESANGÈRE (Catherine-Antoinette du Fay de la), p. 31.

MESANGÈRE (Pierre II du Fay, marquis de la), p. 139.

MEYER (Jean), bourgeois de St Germain-en-Laye, p. 494.

MÉZIÈRES (Eugène Marie de Béthisy, marquis de), militaire français, p. 69.

MILENDONCK (Marie-Marguerite-Louise, comtesse de), mère d'Emmanuel de Croÿ, p. 380.

MILLET (Bertrande Pélagie), fermière du duché d'Elbeuf, veuve de Jean Huault, p.469.

MILLET (Servan), changeur en titres du Roi à Saint-Malo, frère aîné de la fermière du duché d'Elbeuf, p. 470.

MIREPOIX (maréchale de), *voir* LIXHEIM (princesse de).

MIREPOIX (Gaston Charles Pierre de Lévis, marquis de), militaire diplomate, deuxième époux de la princesse de Lixheim, p. 294.

MIROIR (Amateur), Religieux de l'hôpital de Gondreville, p. 226.

MODÈNE (Charlotte Aglaé d'Orléans, duchesse de), fille du Régent, p. 295.

MODÈNE (Rinaldo d'Este, Duc de), p. 104.

MOIRIN (Louis Justin), marchand tapissier à

Paris, p. 356.

MOLÉ (Mathieu François, marquis de Méry, comte Champlâtreux), premier président du Parlement de Paris, p. 490.

MÔME (Nicolas Joseph), secrétaire d'Emmanuel Maurice duc d'Elbeuf, héros d'arme à Toul, pp. 369, 413, 466, 468, 499.

MONTAUBAN (Charles, prince de), officier supérieur, père de Louise Julie Constance devenue comtesse de Brionne, p. 384, 385.

MONTAUBAN (Catherine Éléonore Eugénie de Béthisy de Mézières, Madame de), épouse de Charles de Montauban, dame du palais de la Reine, pp. 383-386.

MONTJEU (Marie Louise Chrétienne de Castille, demoiselle de), *voir* HARCOURT (la comtesse d').

MONTJEU (marquis de), *voir* JEANNIN DE CASTILLE (Gaspard).

MONTLAUR, *voir* Harcourt (César d').

MONTMIRAIL (Charles François César le Tellier, marquis de), Capitaine colonel des cent Suisses, p. 477.

MONTMORENCY (Pierre Henri de), *voir* LUXEMBOURG (abbé de).

MONTMORIN de SAINT HEREM (Gilbert Gaspard) évêque de Langres, commandeur du Saint-Esprit, p. 399.

MOREBRUN ( ), receveur de la Capitation de Paris, p. 499.

MORISSE (Charles-Philippe), notaire parisien,

PHILIPPE V, duc d'Anjou puis Roi d'Espagne., pp. 53, 142, 143.

PIGOT (Gabriel), laboureur viticulteur, p. 423.

PIGOT (Jean-Baptiste), fils de Gabriel, p. 424.

PIGOT (Marie-Joseph), fille de Jean-Baptiste, épouse de Christophe Colin, pp. 424, 426, 427.

PLANCY (Anne Marie Françoise de Mérode, marquise de), épouse du suivant, p. 137.

PLANCY (Henri de Guénégaud de Cazillac, marquis de), créancier d'Elbeuf, p. 137.

PLESSIS-BELLIÈRE (Florimonde de Lantivy, marquise Du), mère d'Innocente-Catherine de Coëtanfao, *voir* LANTILLY de CROSCO.

PLESSIS-BELLIÈRE (Jean-Gilles de Rougé, marquis Du), père d'Innocente-Catherine de Coëtanfao-Elbeuf, p. 345.

PLESSIS-BELLIÈRE (Louis de Rougé, quatrième marquis Du), frère d'Innocente-Catherine de Coëtanfao-Elbeuf, pp. 345, 372.

PLESSIS-BELLIÈRE (Marie Thérèse d'Albert Du), épouse du précédent, p. 345.

PLINE le jeune, écrivain latin, p. 57.

POLLART (Louis Marie, seigneur de Préau et Nicolas de Mignot, son frère cadet), gentilshommes de la chambre du duc Emmanuel Maurice d'Elbeuf, p. 468.

POLLET (François Nicolas), chanoine de la collégiale de La Saussaye, p. 132.

ROHAN (Marie Louise de, princesse de Soubise), *voir* MARSAN comtesse de.

ROHAN (Marie-Sophie de Courcillon, princesse de), deuxième épouse d'Hercule, prince de Rohan & de Soubise, p. 385.

ROHAN-GUÉMENÉ (Armand-Jules de), abbé du Gard et de Gorze, archevêque de Reims, frère d'Hercule Mériadec de Rohan-Soubise, p. 94.

ROHAN-GUÉMENÉ (Henri-Louis-Marie de), *voir* GUÉMENÉ (Henri-Louis).

ROHAN-GUÉMENÉ (Louis-Constantin dit le prince Constantin), premier aumônier du Roi, p. 385.

ROMARIC (Saint), fondateur de l'abbaye de Remiremont, p. 75.

ROMÉCOURT (Elisabeth-Charlotte de), épouse séparée de Pierre des Armoises, p. 29.

ROOST (Jean), receveur des tailles et payeur des gages des officiers du Parlement de Normandie, pp. 362-364.

ROQUELAURE (Jean Armand Bessuéjouls de), vicaire général d'Arras, p. 388.

ROTTEMBOURG (Conrad-Alexandre, comte de), officier supérieur et ministre plénipotentiaire au service de la France, p. 372.

ROUGÉ (Catherine de), fille de Suzanne de Bruc, épouse du maréchal de Créqui, p. 373.

ROUGÉ (Pierre Georges de), officier de cavalerie, p. 494.

SOURCES ET BIBLIOGRAPHIE

MANUSCRITS

Aux sources mentionnées précédemment il convient d'ajouter, aux ARCHIVES NATIONALES, les séries E 3157 à 3159 concernant la principauté de Commercy sous le gouvernement de Madame Royale.

MÉMOIRES ET CORRESPONDANCES

BARBIER Edmond-Jean-François. *Chronique de la Régence et du règne de Louis XV ou Journal de Barbier (1718-1763)*. 1-8. G. Charpentier et Cie, Éditeurs. Paris. 1885.

BROSSES Charles, Président de. *Lettres d'Italie*. I. « Les introuvables ». Editions d'aujourd'hui. Plan de la Tour (Var). 1976.

BUVAT Jean. *Journal de la Régence (1715-1723)*. Introduction et notes d'Émile Campardon. 2 volumes. Henri Plon. Paris. 1865.

CROŸ Emmanuel, duc de. *Journal inédit* -1718-1784- publié par le Vte de Grouchy et Paul Cottin. Tomes 1 &2. Ernest Flammarion. Paris. 1906.

DUFORT de CHEVERNY Jean Nicolas, comte. *Mémoires sur les règnes de Louis XV et Louis XVI et sur la Révolution (1731-1802)*. Plon. Paris. 1886.

GRAFFIGNY Françoise d'Happoncourt, madame de. *Correspondance*. I à XIII. Voltaire Foundation. Oxford. 1985-2010.

LORRAINE Élisabeth-Charlotte d'Orléans, duchesse de. *Lettres à la marquise d'Aulède (1715-1738)*. Éditées par E. Alexandre de Bonneval. Lucien Wiener, libraire. Nancy. 1865.

LUYNES Charles Philippe d'Albert, duc de. *Mémoires sur la cour de Louis XV (1735-1758)* publiés par L. Dussieux et Eud. Soulié. I-XVII. Firmin Didot. Paris. 1860-1862.

MADAME PALATINE Élisabeth Charlotte, duchesse d'Orléans. *Lettres françaises*. Éditées, présentées et annotées par Dirk Van der Cruysse. Fayard. Paris. 1989.

NICOLAS Jean-François. *Journal de ce qui s'est passé à Nancy depuis la paix de Ryswick conclue le 30 octobre 1697 jusqu'en l'année 1749*. Édité par Christian Pfister. Mémoires de la Société d'archéologie lorraine et du Musée historique lorrain. XLIX et LIX. Nancy. 1899 & 1909.

SAINT-SIMON. *Mémoires.* Édition établie par Yves Coirault. III-VIII. « Bibliothèque de la Pléiade ». Gallimard. Paris. 1984-1988.

BIBLIOGRAPHIE

ACTON Harold. *Les Bourbons de Naples.* Traduit par Jacques Georgel. Perrin. Paris. 1986.

BÉLY Lucien. *La société des princes XVIe-XVIIIe siècle.* Fayard. Paris. 1999.

BLED Jean-Paul. *Marie-Thérèse d'Autriche.* Fayard. Paris. 2001.

BONNARDOT Hippolyte. *Monographie du VIIIe Arrondissement de Paris.* A. Quantin. Paris. 1880.

BOQUILLON Françoise. *Le chapitre des Dames* dans Remiremont : histoire de la ville et de son abbaye VI & VII. Gérard Louis. 1985.

BRIOT Pierre. *Les forges dans le pays de Commercy au XVIIIe siècle.* 2005. in Commercy du château à la ville. Editions Serpenoise. Metz. 2009.

CHEMERY Madeleine et Jean. *Vienne-le-château d'après ses registres paroissiaux.*

CHEVALLIER Pierre. *La Monnaie en Lorraine sous le règne de Léopold, 1698-1729.* Publications du Centre d'histoire du droit lorrain. Impr. De Causse, Graille et Castelnau. Montpellier. 1955.

CORTI Egon Caesar, comte. *Vie, Mort et Résurrection d'Herculanum et de Pompéi.* Traduit par Henri Daussy. Librairie Plon. Paris. 1953.

CROQUEZ Albert. *ROUBAIX, Les seigneurs & la Seigneurie.* Émile Raoust. Lille 1931.

CUILLIERON Monique. *Contribution à l'étude de la rébellion des Cours souveraines sous le régime de Louis XV. Le cas de la Cour des Aides et Finances de Montauban .* PUF. Paris 1983.

DE CLERCQ Charles. *François-Etienne de Lorraine, Marc de Beauvau-Craon et la succession de Toscane.* Centre de recherches historiques. Ventimiglia. 1976.

DESAIVRE Léo (Le docteur). *Germain Pichault de la Martinière, Premier chirurgien de Louis XV et de Louis XVI 1697-1783.* Blois. Paul

Girardot. 1895.

DESSERT Daniel. *Argent, pouvoir et société au Grand Siècle.* Fayard. Paris. 1984.

DU LAZ (La comtesse). *La baronnie de Rostrenen.* Vannes. Imprimerie Galles. 1892.

DU TOT Nicolas. *Histoire du système de John Law (1716-1720).* Institut National d'Études Démographiques. Paris. 2000.

FAURE Edgar. *La banqueroute de Law.* Gallimard. Paris. 1977.

GALAND Michèle. *Charles de Lorraine, Gouverneur Général des Pays-Bas Autrichiens (1744-1780).* Éditions de l'Université de Bruxelles. Bruxelles. 1993.

HANSY Denis (de). *Notice historique sur la Paroisse Royale Saint-Paul Saint Louis.* Imprimerie de Ve Dondey-Dupré. Paris. 1842.

HARSANY Zoltan. *La cour de Léopold, duc de Lorraine et de Bar.* V. Idoux. Nancy. 1938.

HAUSSONVILLE (comte d'). *Histoire de la réunion de la Lorraine à la France.* IV. Lévy frères. Paris 1860.

HEILI Pierre. *Anne-Charlotte de Lorraine (1714-1773), Abbesse de Remiremont et de Mons. Une princesse européenne au siècle des Lumières.* Gérard Louis. Remiremont. 1996.

LABROT Gérard. *Études napolitaines.* Champ Vallon. Seyssel (Ain). 1993.

LACHIVER Marcel. *Les années de misère.* Fayard. Paris. 1991.

LAUMON Gilberte. *Histoire des Postes en Lorraine.* Presses Universitaires de Nancy. Nancy. 1989.

LECLERC H. (Dom). *Histoire de la Régence pendant la minorité de Louis XV.* III. Honoré Champion. Paris. 1921.

LEFEUVE Charles. *Histoire de Paris Rue par Rue Maison par Maison.* T. 3 & 5. Paris. 1875.

LEMOINE Henri. *Les écuries royales sous l'ancien régime.* Revue de l'histoire de Versailles et de Seine et Oise. T. 35. 1933.

LEVANTAL Christophe. *Ducs et Pairs et Duchés-Pairies laïques à l'époque moderne (1519-1790).* Éditions Maisonneuve & Larose. Paris. 1996.

POULET Henry. *Les Lorrains à Florence*. Revue lorraine illustrée. Nancy. 1909.

RICCA Erasmo cav. *La nobilita delle due Sicilie*. III. IV. Naples. 1859- 1869.

ROCHE Daniel (sous la direction de). *Les Écuries Royales du XVIe au XVIIIe siècle*. Association pour l'Académie d'Art Équestre de Versailles. Paris. 1998.

ROQUELET Alain. *Le bailliage ducal et haute justice d'Elbeuf.* Archives départementales de la Seine-Maritime. Rouen. 1978.

SAINT-DENIS H. *Histoire d'Elbeuf.* IV et V. Elbeuf. 1894-1897.

STREIFF François. *Les frères hospitaliers de Saint-Jean de Dieu en Lorraine*. Le Pays Lorrain, vol. 77, n° 1. Nancy. 1996.

TILLY (Dom, abbé d'Abbecourt). *Apologie du Capitaine Thurot, extraite de differens journaux , de ses Navigations sur les côtes d'Irlande & d'Écosse, pendant les années 1757 & 1759. Contre l'Auteur anonyme d'un journal, au sujet de ce brave Marin.* Lambert/ECCO. Paris. 1778.

La composition et l'étendue du duché d'Elbeuf ont été représentées par Patrick

FERTÉ. Bulletin de la Société de l'Histoire d'Elbeuf, n° 48 novembre 2007. *Atlas Historique de l'Agglomération d'Elbeuf.*

TABLE DES MATIÈRES

Gérard Colin de Verdière

FSC
www.fsc.org

MIXTE

Papier issu
de sources
responsables
Paper from
responsible sources

FSC® C105338